Kaffee, Tabak, Zucker, Kakao – diese klassischen »Kolonialwaren«, aber auch alkoholische Getränke wie Bier und Wein haben die Geschichte unserer Kultur in mancherlei Hinsicht mitgeschrieben. Als Luxusgüter und Massenkonsumartikel sind sie zugleich Mittel zur sozialen Unterscheidung. Ihr Genuß geht über reine Gaumenfreuden hinaus: Ebenso wichtig sind zum Beispiel das Ambiente, die kleinen und großen Zeremonien des Zubereitens und Zu-sich-Nehmens, aber auch das Wissen um ihre Geschichte sowie der Rest von Exklusivität, der ihnen zugeschrieben wird.

Die Aufsätze dieses Bandes informieren über Anbau und Herstellung, über die realen und imaginierten Eigenschaften dieser »besonderen Substanzen«, und sie beleuchten den soziokulturellen Kontext ihres Konsums.

Die Herausgeber:

Thomas Hengartner ist Professor für Volkskunde an der Universität Hamburg.

Christoph Maria Merki ist Oberassistent am Historischen Institut der Universität Bern.

insel taschenbuch 2761
Genußmittel
Eine Kulturgeschichte

Genußmittel

Eine Kulturgeschichte

Herausgegeben von
Thomas Hengartner und
Christoph Maria Merki

Insel Verlag

insel taschenbuch 2761
Erste Auflage 2001
Insel Verlag Frankfurt am Main und Leipzig

Hinweise zu dieser Ausgabe am Schluß des Bandes
Vertrieb durch den Suhrkamp Taschenbuch Verlag
Umschlag: Michael Hagemann
Druck: Pustet, Regensburg
Printed in Germany

1 2 3 4 5 6 - 06 05 04 03 02 01

Inhaltsverzeichnis

Für eine Geschichte der Genußmittel

Thomas Hengartner
und Christoph Maria Merki

Einleitung

Seit Jahrhunderten haben Genußmittel im Alltag jedes einzelnen Menschen eine überragende Bedeutung, die nicht nur auf ihre geschmacklichen Eigenschaften zurückzuführen ist, sondern in weit höherem Maße auf ihre kulturellen Zuschreibungen und Bewertungen. Das heißt: der Genuß dieser »besonderen« Substanzen geht über reine Gaumenfreuden hinaus: ebenso wichtig sind zum Beispiel das Ambiente, die kleinen und großen Zeremonien des Zubereitens und des Zu-Sich-Nehmens, aber auch das Wissen um ihre lange Geschichte sowie den Rest von Exklusivität, der ihnen nach wie vor zugesprochen wird. Die Bedeutung der Genußmittel steht in einem krassen Gegensatz zu der minimalen Aufmerksamkeit, die sie in den Kultur-, Sozial- und Geisteswissenschaften genießen. Wer sich längere Zeit mit den Genußmitteln beschäftigt, kommt leicht in den Geruch, sich in der Gastrosophie oder in feuilletonistischen Betrachtungen verlieren zu wollen. Dabei öffnet eine angemessene Beschäftigung mit der Geschichte der Genußmittel und ihres Konsums ein weites interdisziplinäres Feld, das neben geschichtswissenschaftlichen und volkskundlichen auch mikroökonomische, soziologische oder literaturwissenschaftliche Zugänge umfaßt. Im besseren Fall resultiert daraus ein tieferes Verständnis aktueller Probleme wie Globalisierung und Drogenpolitik; im schlechteren Fall ergeben sich neue Einblicke in scheinbar altbekannte Prozesse wie Industrialisierung und Rationalisierung, Säkularisierung und Medikalisierung.

Das vorliegende Buch bereitet das weit verstreute Wissen über die Geschichte der Genußmittel in handlicher Art und Weise auf. Es will zunächst die kulturgeschichtlich interessierten Konsumenten mit der langen und verschlungenen Geschichte ihrer alltäglichen Genüsse vertraut machen. Darüber hinaus versteht es sich als Angebot für eine weiterführende Beschäftigung mit dem Thema sowie als Aufforderung, Parallelen zwischen den verschiedenen

Genußmitteln aufzudecken, ihren Gemeinsamkeiten in Produktion und Verbreitung, Aneignung und Umgang nachzuspüren. Es gibt, soweit wir sehen, kein biochemisches Merkmal, das allen »Genußmitteln« eigen wäre. Was den Kaffee zu einem »Genußmittel« macht und ihn von einem »Heilmittel« oder einem »Suchtmittel« unterscheidet, ist nicht etwa die Folge einer auf biochemischem Wege isolierbaren Eigenschaft, sondern das Ergebnis soziokultureller Lern- und Deutungsprozesse. Sowohl die Bedeutung des Konsums als auch seine Sinn(en)haftigkeit ergeben sich dabei weniger über einen wie auch immer gearteten körperlich-materiellen Bedarf als über jene stets neu auszuhandelnden kulturspezifischen Übereinkünfte, die den Umgang mit dieser Substanz prägen (Wierlacher 1993:2). Die Vorliebe für ein bestimmtes Genußmittel fußt zu einem nicht unbedeutenden Teil auf geschmacklichen Präferenzen, die – folgt man der Lebensstilforschung (Bourdieu 1982; Schulze 1992) – vorab aus sozialisations- und milieubedingten Erfahrungen und Gewohnheiten hervorgehen. Geschmackliche Präferenzen haben sowohl innerhalb einer bestimmten Biographie als auch innerhalb einer bestimmten Kultur eine erstaunliche Beharrungskraft. Gleichwohl tragen die Genußmittel keine ihnen immanente, quasi transhistorische Bedeutung; diese wird vielmehr permanent ausgehandelt und (re-)definiert. Die Zuschreibungen, welche die Genußmittel auf sich ziehen, ändern sich nicht nur im Laufe der Zeit; sie variieren darüber hinaus auch geographisch und sozial (d.h. alters-, gruppen- und geschlechtsspezifisch) und schwanken beispielsweise zwischen legal und illegal (Schmidt-Semisch 1994), legitim und illegitim, zwischen Genuß und Nahrung. Genuß ist also zu weiten Teilen ein soziokulturelles Konstrukt – von dieser These sind sowohl die Herausgeber des Buches als auch die Autoren der einzelnen Artikel ausgegangen.

Die These von dem soziokulturell konstruierten Genuß hat insofern Konsequenzen für die wissenschaftliche Beschäftigung mit den Genußmitteln und ihrem Konsum, als sich die Kultur-, Sozial- und Geisteswissenschaften nicht mehr länger von einer ernsthaften Auseinandersetzung mit diesem Gegenstand dispensieren können: nur sie bringen das notwendige Rüstzeug mit, um die historische Entwicklung jener Kontexte entschlüsseln zu können, die dem

Umgang mit einer bestimmten Substanz sowie ihrer jeweiligen Bewertung zugrunde liegen. Auf der andern Seite sollten sich auch die Naturwissenschaften und die Medizin, die auf diesem Feld über eine nahezu uneingeschränkte Deutungsmacht verfügen, den Erkenntnissen der kulturwissenschaftlichen Fächer öffnen. Solange sie das nicht tun, besteht die Gefahr, daß sie wichtige, ja zentrale Aspekte des Konsums vernachlässigen. So bleibt zum Beispiel die wissenschaftliche Beschäftigung mit dem Thema Tabak allzu stark jenem medizinischen Diskurs verhaftet, der vornehmlich mit der Kategorie des Risikos operiert (Franzkowiak 1985). Den in der »Tabakfrage« tonangebenden Wissenschaftlern kann jedoch dann mit einigem Recht Reduktionismus vorgehalten werden, wenn sie sich ausschließlich an einem exklusiv biomedizinischen Gesundheitsbegriff orientieren und die verhaltensbezogenen Faktoren analytisch und pragmatisch aus den lebensgeschichtlichen und lebensweltlichen Sinnzusammenhängen des menschlichen Handelns herauslösen.

Die Begrifflichkeit: luxury food, excitants, Genußmittel

Der Begriff *Genußmittel* ist ein spezifisch deutschsprachiger Begriff, der sich in anderen Sprachen kaum in dieser Form wiederfindet. Auf englisch entspricht ihm am ehesten die Sammelbezeichnung *luxury food*; auf französisch würde man von *excitants* oder *stimulants* sprechen. Jede der erwähnten Bezeichnungen stellt einen ganz bestimmten Aspekt der Genußmittel und ihres Konsums in den Vordergrund. So verweist der deutsche Begriff primär auf die soziokulturelle Komponente der durch ihn bezeichneten Lebensmittel, der englische auf die sozioökonomische und der französische auf die pharmakologisch-physiologische. Die drei charakteristischen Komponenten, die bei allen Genußmitteln anzutreffen sind, sollen im folgenden kurz umrissen werden.

Die englische Bezeichnung *luxury food* oder *semi-luxury food* hebt vor allem auf den sozioökonomischen Aspekt der Genußmittel ab. In dieser semantischen Sicht handelt es sich um knappe oder teure Güter, deren Gebrauch als Luxus angesehen wird. Tatsächlich wurden Genußmittel immer wieder als Verschwendung, als überflüssig und unnötig eingestuft (und tatsächlich sind sie auch, rein physiologisch gesehen, weitgehend entbehrlich). In einer Gesellschaft, die sich selber als Überflußgesellschaft bezeichnet, ist der Begriff des *luxury food* dabei, seinen Sinn einzubüßen: die Veralltäglichung der damit bezeichneten Genüsse bringt deren luxuriösen Nimbus zwangsläufig zum Verschwinden. Der Champagner und die Praline mögen nach wie vor zum Luxuskonsum zu zählen sein, der Zucker hat dieses Charakteristikum schon an der Wende zum 20. Jahrhundert eingebüßt, ja mittlerweile handelt es sich bei ihm um das Gegenteil von Luxus, nämlich um ein sogenanntes inferiores Gut – sein Verbrauch nimmt tendenziell ab, obwohl das Volkseinkommen wächst. Wenigstens ist das in (West-) Europa so, wie denn überhaupt die Zuordnung zum Luxus (Perrot 1995) sowohl räumlich als auch zeitlich stark schwanken kann.

Luxus ist, per definitionem, ein schichtspezifisches Kennzeichen, das die Herrschenden von den Untertanen oder – in der Moderne – die Reichen von den Armen trennt (Sombart 1983). Für die Angehörigen feudaler Herrenschichten war der Luxus nicht etwas Überflüssiges, sondern, mit Max Weber, »eines der Mittel ihrer Selbstbehauptung« (Weber 1985:651). In der Frühen Neuzeit hatten Genußmittel unter anderem den Rang wichtiger Statussymbole, und noch heute dienen sie hin und wieder der sozialen Distinktion – ein gut geführter Weinkeller schmeichelt nicht nur dem Gaumen der Gäste, er erhöht auch das Prestige seines Besitzers. Hervorgebracht wurde die Wertschätzung der Genußmittel sowohl durch einen hohen Preis als auch durch die exotische Herkunft, welche viele von ihnen auszeichnete. Insgesamt eigneten sie sich hervorragend für die Stilisierung der Lebenswelt, für das, was Thorstein Veblen als »demonstrativen Konsum« bezeichnet hat.

Als *luxury food* boten sich die Genußmittel für eine steuerliche Erfassung an, versprachen sie doch Einnahmen, welche lediglich jene trafen, die es sich sowieso leisten konnten. Neben dieser fiskalisch progressiven Wirkung sprachen auch noch andere Argumente für die Einführung solcher Abgaben und für eine gewisse Kontrolle des Konsums: die Belastung der Außenhandelsbilanz (vor allem jener Staaten, die sie importieren mußten und keine Kolonien hatten), aber auch das Interesse an einem mäßigen

Konsum, der weder die vom Konsum ausgeschlossene Bevölkerung allzu stark provozierte noch die Gesundheit der Verbraucher gefährdete. Aus den Importzöllen der Frühen Neuzeit (die oft durch Schmuggel unterlaufen wurden) entwickelten sich nach und nach hochkomplizierte, international verflochtene und meist stark protektionistische Subventions- und Steuersysteme, die heutzutage selbst für die Spezialisten der Welthandelsorganisation WTO nur noch schwer zu durchschauen sind. Die luxuriösen Genußmittel standen also sowohl an der Wiege des modernen Steuerstaates als auch an der des Weltagrarmarktes.

Im Gegensatz zur englischen verweist die französische Bezeichnung *excitant* und/oder *stimulant* in erster Linie auf die pharmakologisch-physiologische Komponente der Genußmittel, also auf die körperlich anregende (mitunter auch dämpfende) Wirkung, die sie haben können. Genußmittel regen jedoch nicht nur den Körper an, sondern vor allem auch den Geist, sei dies zu einem kraftspendenden Zwischenhalt in Form einer Kaffeepause oder *tea time*, sei dies zum Transzendieren der Wirklichkeit, zu einer Reise in jene »künstlichen Paradiese«, die Charles Baudelaire 1851 beschrieben hat, sei dies zur Flucht in den (Alkohol-)Rausch oder zu einem »Trip« mit Hilfe anderer, psychoaktiver Substanzen. Es ist denn auch schwer – und in gewissem Sinne müßig –, Genuß und Sucht, Genußmittel und Droge streng voneinander scheiden zu wollen. Die französischen Bezeichnungen *excitant* und *stimulant* weisen Überschneidungen mit dem herkömmlichen Drogenbegriff auf, der in einem weiten Sinne alle Substanzen einschließt, »die dazu benutzt werden, einen veränderten Zustand des Bewußtseins oder der Körperempfindlichkeit und damit ein subjektiv verändertes Erleben von Wirklichkeit herbeizuführen« (Renggli/Tanner 1994: 8). Darunter fallen Kaffee, Tee und Kakao genauso wie der Tabak und die Alkoholika. Gerade die stets neu auszuhandelnde Grenzziehung zwischen Genuß- und Suchtmitteln bzw. (kriminalisierten) Drogen illustriert eindrücklich das Auseinanderklaffen zwischen den chemisch-physiologischen Eigenschaften dieser Substanzen einerseits und deren kultureller Bewertung andererseits. Nicht nur der Genußbegriff ist also soziokulturell konstruiert, sondern ebenso derjenige der »Sucht«. Seit 1964 spricht die Weltgesundheitsorganisation WHO nicht mehr von »Sucht«, sondern von seelischer oder körperlicher »Abhängigkeit«. Sie folgt damit einem weit gefaßten Verständnis von »Drogen« als etwas Materiellem oder Immateriellem, »was zu repetitivem Verhalten, zum Wiederholungszwang und schließlich zu psychischer (und/oder physischer) Abhängigkeit führt« (Ebd. 1994:12). Die Ersetzung des Terminus »Sucht« durch »Abhängigkeit« ändert allerdings nichts daran, daß es in erster Linie die jeweils dominierenden diskursiven Muster sowie die kulturellen Wert- und Normenhorizonte sind, welche die Bedeutung und Beurteilung der einzelnen Genußmittel bestimmen, nicht aber deren biochemische Eigenschaften.

Gerade der Aufstieg des Suchtbegriffs und die als gefährlich eingestufte Nähe der Genußmittel zu den Suchtmitteln, aber auch die ideologisch-ethisch motivierte prinzipielle Mißbilligung von Genuß haben dazu geführt, daß Genußmittel weltanschaulich-politische und/oder religiöse Vorbehalte auf sich gezogen haben. Das Spektrum reicht dabei von der staatlich verordneten Prohibition in den USA der 1920er Jahre über weltliche wie religiöse Temperenz- und Abstinenzbewegungen bis hin zu der Ablehnung von Alkohol, Tabak sowie hedonistischer Lebensgestaltung im allgemeinen durch kirchliche und außerkirchliche religiöse Sondergruppen (Hengartner 1995). Wie stark der Gesundheitsdiskurs der letzten Jahrzehnte, der unter anderem den Zucker um den letzten Rest seiner Bedeutung als Genußmittel gebracht hat, moralisch motiviert war, ist eine jener Fragen, denen sich eine kulturwissenschaftlich orientierte Genußmittelforschung zu stellen hat.

Kommen wir nun noch kurz zu der deutschsprachigen Bezeichnung *Genußmittel*, die einen weiteren zentralen Aspekt dieser Substanzen zur Geltung bringt: den der soziokulturellen Praxis. Zu »genusz« schrieb das Deutsche Wörterbuch vor rund hundert Jahren (DWB IV/2:3518): »Das wort hat eine ziemlich merkwürdige geschichte, die es hochdeutsch eigentlich als recht jung zeigt. (...) Noch im 17. jahrhundert kennen es die meisten wörterbücher nicht. (...) Im jetzigen begriff fällt das hauptgewicht auf die lust, die den genusz begleitet und freilich von jeher darin eingeschlossen ist, nicht aber als hauptmerkmal.« Erstaunlich früh weist damit das Lemma im Deutschen Wörterbuch auf die Wandelbarkeit dessen hin, was zu einem bestimmten Zeitpunkt (zu ergänzen wäre: von einer bestimmten sozialen Gruppe) als Genuß empfunden wird.

Ein »Genußmittel« ist für das DWB (IV/2:3524) ein »lebensmittel, das weniger zur ernährung als vielmehr dem genusz dient, wie gewürze, thee u. dgl.«

In der Bezeichnung Genußmittel steckt das Verb »genießen«, das auch bei der Schöpfung eines anderen Wortes Pate gestanden hat: Genosse (Sandgruber 1986:9). »Genossen« sind – sprachgeschichtlich gesehen – die Angehörigen einer Gruppe, die einen bestimmten Genuß (oder Nutzen) teilen, die gewissermaßen gemeinsam genießen. Eine solche Bedeutung verbirgt sich auch in der Bezeichnung Genußmittel. Immer wieder wurden und werden sie zum Ausdruck gemeinschaftsbildender Prozesse, bekräftigt ihr gemeinsamer Konsum die (temporäre) Kohärenz einer sozialen Gruppe, die verschiedenste Formen annehmen kann: vom Kaffeekränzchen über den Stammtisch und die biertrinkende Runde bis hin zum Kreisen-Lassen eines *joints.* Bei diesen gemeinschaftsbildenden und -versichernden Prozessen, in deren Zentrum ein Genußmittel steht, handelt es sich um ein ubiquitäres Phänomen. Der sozial integrierte und somit tolerierte Gebrauch der Genußmittel, der auch Ausgangspunkt für individuelle Bedeutungszuschreibungen ist, basiert auf einem komplizierten Regelwerk. Dieses umfaßt sowohl institutionelle Normen (wie zum Beispiel die schriftlich formulierten Sittenmandate des 18. Jahrhunderts oder die Ausschankbestimmungen heutiger Gasthäuser) als auch andere gesellschaftliche und kulturelle Übereinkünfte (wie Verhaltensanforderungen, Gepflogenheiten und Gewohnheiten).

»Genußmittel« sind also, wenn wir die Begriffsbestimmungen an dieser Stelle zusammenfassen wollen, Lebensmittel, die – je nach Angebot und soziokulturellem Kontext – einmal als Nahrungs-, ein anderes Mal als Sucht- oder Heilmittel bewertet bzw. gedeutet werden. In der Regel allerdings dominiert der Genußwert über den Nähr- und den Heilwert, ja viele Genußmittel besitzen überhaupt keinen Nährwert. Konsumiert werden die Genußmittel einerseits wegen ihrer als angenehm empfundenen anregenden oder dämpfenden Wirkung auf das Nervensystem, die Geschmacksorgane, das Gefäßsystem und die Verdauungsdrüsen, andererseits spielt auch ihre symbolische Aufladung eine ganz erhebliche Rolle. Im Unterschied zu anderen (optischen, haptischen, olfaktorischen, auditiven) Genüssen werden Genußmittel eingenommen und verschluckt, d.h. gekaut, geraucht, gegessen oder getrunken, wobei der entsprechende Genuß durchaus eine synästhetische Dimension haben kann – so ist das Tabakrauchen auch ein olfaktorisches oder die Feuerzangenbowle auch ein optisches Vergnügen.

Genußmittel sind sowohl geographisch als auch historisch omnipräsent. Entsprechend heikel war die Auswahl der »Genußmittel« für dieses Buch. Wir sind dabei von drei Kriterien ausgegangen:

1. Die vorgestellten Genußmittel müssen in der Gegenwart und in unserem Kulturraum anzutreffen sein, was zur Folge hat, daß der Gebrauch vergessener Heilkräuter und Heilmittel (Pilze, Arsen, »Hexensalben« usw.; Camporesi 1990:179-191) außer Betracht fällt. Auch auf die Behandlung außereuropäischer Genußmittel wird verzichtet, handle es sich nun um das Kauen von Qat, Coca und Betel oder um den Genuß von Peyote, Kawa und Kola (Völger/Welck 1982).

2. Die vorgestellten Genußmittel müssen mindestens einmal während längerer Zeit und in größerer räumlicher Streuung als »Genußmittel« gegolten haben, d.h., sie dürfen weder »reine« Nahrungs- noch »reine« Suchtmittel sein. Folglich gehören Zucker und Tabak in dieses Buch, Heroin hingegen nicht. Der Tabak, der seit den 1950er Jahren zunehmend und mittlerweile vielerorts fast ausschließlich als Suchtmittel bewertet wird, galt in Europa anfänglich als Heilmittel, während der längsten Zeit seiner (europäischen) Geschichte jedoch als Genußmittel (Hengartner/Merki 1993). Das Salz, das bis am Ende der Frühen Neuzeit eine wichtige Triebkraft der Wirtschafts- und Politikgeschichte gewesen ist (Bergier 1982), würde eine besondere und auf engem Raum kaum zu bewältigende Darstellung verlangen und wird in diesem Band ausgeklammert.

3. Die vorgestellten Genußmittel müssen ursprünglich auf natürlicher, mithin auf pflanzlicher Basis hergestellt worden sein. Moderne Drogen auf synthetischer Basis wie LSD oder Crack bleiben demnach unberücksichtigt. Die Abgrenzung zwischen »natürlich« und »künstlich« ist alles andere als eindeutig, und oft fällt eine Zuordnung schwer, wie das Beispiel der Süßstoffe zeigt (vgl. dazu den Artikel Zucker). Auch ist darauf hinzuweisen, daß die wichtigsten Genußmittel zwar pflanzlichen Ursprungs sind, daß

sie aber nicht »roh« in die Hände der Endverbraucher gelangen, sondern meistens erst nach einem komplizierten und kapitalintensiven Fabrikationsprozeß. Das Raffinieren des Rohrzuckers, das Gären des Traubensaftes oder das Fermentieren der Tabakblätter sind alte Techniken, die im Laufe der Jahrhunderte verbessert und schließlich auch verwissenschaftlicht worden sind. Die moderne Biochemie und die Gentechnik konnten in den letzten beiden Jahrhunderten oft an diese Techniken anknüpfen.

Legt man die erwähnten Kriterien zugrunde, sind es die folgenden Substanzen, die das vorliegende Handbuch vorzustellen hat: Getränke wie die Alkoholika Bier, Branntwein und Wein sowie die Kolonialwaren Kaffee, Kakao und Tee; Rauchwaren wie Tabak, Opium und Cannabis, schließlich die Gewürze, den Honig und den Zucker. Die Artikel sind alle ähnlich aufgebaut, so daß sich der Interessierte schnell zurechtfinden kann. Als Ausgangspunkt für weitere Recherchen empfehlen sich die Bibliographien, die nicht nur auf Forschungsinstitutionen und Zeitschriften hinweisen, sondern auch die wichtigste Überblicksliteratur gesondert auszeichnen (*). Wert gelegt wurde auf die Behandlung der Surrogate, die rein mengenmäßig manchmal wichtiger gewesen sind als das eigentliche Original (vor allem beim Kaffee). Gleichwohl konnten einzelne Genußmittel nicht berücksichtigt werden, und zwar vor allem solche, die erst im 20. Jahrhundert wichtig geworden sind, so die Kolagetränke, der Kaugummi (der mit dem Kauen von Süßholz und Tabak verwandt ist) oder der Orangensaft, der an der Rohwarenbörse von New York als »Genußmittel« gehandelt wird.

Die Genußmittel als Thema der Neuen Kulturgeschichte

Zweifel, daß es sich bei der Geschichte der Genußmittel um einen untersuchungswürdigen Gegenstand handle, sind meist mit einigen Hinweisen auf ihre historische und alltagskulturelle Relevanz zu zerstreuen, zum Beispiel mit dem Hinweis auf ihre Rolle bei der Entstehung des Welthandels oder auf das Konfliktpotential (über-)mäßigen Konsums. Schwieriger wird es, wenn es anschließend konkrete Literatur zu empfehlen gilt. Ein erheblicher Teil davon gehört in das Genre der Kulturgeschichte alten Typs. Solche Abhandlungen ergehen sich mit Vorliebe in anekdotischen Schilderungen pittoresker Genüsse, sie schwärmen für die Schönheiten fein ziselierter Rokokozuckerdosen oder konstruieren nach freiem Gusto eine Entwicklungslinie, die nach »primitiven« Anfängen in außereuropäischen Gebieten in der höfisch-adeligen Kultur des 18. Jhs. gipfelt und seither in einer Sinkbewegung den Weg zum Populären genommen hat. Selten sind hingegen jene Untersuchungen, die sich der Komplexität des Gegenstandes gewachsen zeigen und diesen auf kompetente Art und Weise kontextualisieren können. Dabei ist die Anschlußfähigkeit einer richtig verstandenen Genußmittelgeschichte sowohl in theoretischer als auch in thematischer Hinsicht groß.

In theoretischer Hinsicht hat eine richtig verstandene Geschichte der Genußmittel die Chance, einige jener Postulate einzulösen, die sowohl von den Anhängern als auch von den kritischen Beobachtern der Neuen Kulturgeschichte (Hardtwig/Wehler 1996; Mergel/Welskopp 1997) formuliert worden sind. Mit Hilfe der Genußmittel ist es – so Roman Sandgruber – »möglich (...), auf relativ einfache Weise eine modellhafte Verbindung zwischen den Sehnsüchten des Alltags, der wirtschaftlichen und kommerziellen Entwicklung und den Handlungsebenen der Politik herzustellen« (Sandgruber 1986:10). Stellt man den Konsum (also die »Sehnsüchte des Alltags« und damit auch den Menschen) ins Zentrum der Aufmerksamkeit, geht es um die Wechselwirkungen zwischen kultureller Praxis und symbolischer Repräsentation, um die Spannungen zwischen individuellem Bedarf und budgetären Restriktionen, um die unterschiedliche Nutzung zunehmend homogenisierter Produkte oder um den Eigensinn, der sich mit dem Konsum kriminalisierter Ware ausdrücken läßt. Hier bietet sich also die Möglichkeit, dem individuellen Handeln und Deuten einen breiten Stellenwert einzuräumen, genauso wie den kulturell fundierten Werten, die diesem zugrunde liegen. Die Berücksichtigung sozioökonomischer Verflechtungen und des offensichtlichen Ringens um Diskurs- und Deutungsmacht können verhindern, in kulturalistischer Manier das Gesellschaftliche aus dem Blickfeld zu verlieren. Deshalb ist es wichtig, die Ebene des Konsums mit derjenigen der Politik und der Wirtschaft, des Handels und der Produktion zu verbinden und die entsprechenden

Interdependenzen bei jeder Untersuchung mitzudenken. Eine so verstandene kultur- und geschichtswissenschaftliche Beschäftigung mit den Genußmitteln entgeht auch der Gefahr, sich im mikrohistorischen Detail zu verlieren – meistens verfügt bereits das Produkt, mit dessen wirtschafts- und sozialgeschichtlicher Analyse man sich beschäftigt, über internationale und damit makrohistorische Bezüge.

Nicht nur in theoretischer, auch in praktisch-thematischer Hinsicht ergeben sich bei einer Geschichte der Genußmittel zahlreiche Anschlußmöglichkeiten an aktuelle Debatten und Kontroversen in der Wirtschafts- und der Sozial-, ja sogar in der Politikgeschichte. Dazu kurz einige Beispiele:

– Weltgeschichtlich am folgenreichsten war wohl die Rolle der »Kolonialwaren« bei der Entstehung des Fernhandels. Zucker, Kaffee, Tabak, Kakao und Tee sowie die Gewürze waren schon früh global gehandelte und kommerzialisierte Produkte, die der Geldwirtschaft sowohl in den Herkunftsgebieten als auch, Tausende von Kilometern davon entfernt, in den Empfängerländern den Boden bereitet haben (Braudel 1990; Wünderich 1997).

– Auch in den Ländern, die keine Kolonien besaßen, hatten Genußmittel einen wirtschafts- und politikrelevanten Stellenwert. So war die Bedeutung jener Branchen, welche Genußmittel (Branntwein, Bier, Zucker, Tabak) herstellten, für die Industrialisierung Deutschlands beträchtlich (Ellerbrock 1993). Die auf die Schwerindustrie (Kohle, Eisen, Eisenbahn) fixierte Industrialisierungsforschung Deutschlands hat dies bislang nicht zur Kenntnis genommen.

– Auf die fiskalische Ergiebigkeit der Genußmittel (Wein, Zukker, Tabak, Branntwein usw.) wurde bereits hingewiesen. Bis vor wenigen Jahrzehnten waren diese Steuern in vielen Ländern Europas wichtige Stützen des Staatshaushalts. Entsprechend häufig waren die Konflikte, die sich an ihrer Einführung und Erhöhung oder überhaupt am »ungerechten« Preis für Genußmittel entzündeten. Der Bierpreis war im Bayern des 18. Jahrhunderts ähnlich wichtig wie heute der Benzinpreis, und die US-amerikanische Revolution hat durch den *sugar act* (1764) und den Teezoll (1773) entscheidenden Schwung erhalten.

Anbinden ließe sich die Genußmittelgeschichte aber nicht nur an die herkömmliche Politik- und Wirtschaftsgeschichte, auch neuere Ansätze wie die Mentalitäts-, Körper- und Geschlechtergeschichte bieten sich für ihre Erforschung an – da diese zum Teil in den einzelnen Texten zum Zuge kommen, können wir hier auf weitere Hinweise verzichten.

Ausblick: für eine vergleichende Genußmittelforschung

Die einzelnen Genußmittel stehen in mannigfaltigen Beziehungen zueinander, und zwar sowohl bei der Produktion und beim Handel als auch beim Konsum und der Bewertung. Drei Beispiele aus der Gegenwart mögen genügen, um diese These zu illustrieren: 1. Produktion: der Zusammenbruch der Kaffeepreise führte vor einigen Jahren zu einem Boom der kolumbianischen Schlafmohn-Produktion; 2. Handel: der US-amerikanische Tabakkonzern Philip Morris, der in seinem Heimatland durch die Antitabakbewegung bedrängt wird, hat 1990 den Kaffee- und Schokoladenhersteller Jacobs übernommen und entwickelt sich zu einem global tätigen Genußmittelkonzern; 3. Konsum: in Großbritannien gewinnt das kontinentaleuropäische Kaffeetrinken immer mehr Anhänger – auf Kosten des Tees. Eine vergleichende Genußmittelforschung darf allerdings nicht bei der Analyse substitutiver oder komplementärer Beziehungen zwischen einzelnen Genußmitteln stehenbleiben, sie muß darüber hinaus versuchen, Wesentliches zu einem besseren Verständnis der sozialen, ökonomischen und kulturellen Komponenten und ihres Zusammenwirkens in den Phänomenen Genuß und Konsum beizutragen.

An und für sich häufen sich in letzter Zeit Arbeiten über die Geschichte einzelner Genußmittel. Vor allem die Historiographie der alkoholischen Getränke hat eine gewisse Konjunktur; aber auch der Kaffee, der Tabak und der Zucker finden seit den 1980er Jahren vermehrt Beachtung, was vorab damit zusammenhängt, daß die Ernährung (Teuteberg 1992) und der Konsum (Siegrist/Kaelble/Kocka 1997) zu wichtigen Themen historischer Forschung geworden sind und sich etwa auch in der Volkskunde seit etlichen Jahren ungebrochener Zuwendung erfreuen (Tolksdorf 1988). Darüber hinaus existieren diverse Sammelbände, die sich der Geschichte mehrerer Genußmittel annehmen. Ihnen fehlt aber weitgehend eine systematische und konsequent vergleichende Perspektive (Völger/Welck 1982; Sandgruber 1986; Jahrbuch für Wirtschaftsgeschichte 1994/1; Sandgruber/Kühnel 1994; Goodman/Lovejoy/Sherratt 1995). Außerdem behandeln sie die Geschichte der Genußmittel manchmal lediglich als Vorgeschichte der heutigen Drogenproblematik, womit sie nur einen – wenn auch wichtigen – Aspekt einer vielschichtigen kulturellen Praxis einseitig betonen.

Vorarbeiten zu einer wirklich vergleichenden Genußmittelforschung gibt es unseres Wissens kaum. Zu erwähnen ist an erster Stelle die 1979 erschienene Studie des Kultur- oder vielleicht besser: Ideenhistorikers Wolfgang Schivelbusch: *Das Paradies, der Geschmack und die Vernunft*, die zwar mehrere Auflagen erlebt, von der Fachhistorie aber zurückhaltend zur Kenntnis genommen worden ist. Die Arbeit beeindruckt sowohl durch ihr disziplinübergreifendes Vorgehen als auch durch ihren zivilisationsgeschichtlichen Anspruch. So hält Schivelbusch paradigmatisch fest, daß jede Gesellschaft die Genuß- und Rauschmittel habe, »die sie verdient, die sie braucht und die sie verträgt« (Schivelbusch 1979:215). In seinen Augen verweisen neu auftauchende Genußmittel nicht nur auf neue Genußbedürfnisse, sie signalisieren gleichzeitig grundlegende Veränderungen in der betreffenden Gesellschaft. So erklärt er den Erfolg des »nüchtern« machenden Getränkes Kaffee im Europa der Frühen Neuzeit mit dem Siegeszug der protestantischen Ethik; in den sogenannt weichen Drogen Haschisch und Marihuana glaubt er die Markenzeichen einer allmählich heraufziehenden »postindustriellen Gesellschaft« erkennen zu können. So faszinierend solche Thesen sind, so schlecht lassen sie sich belegen; und wo umfangreiche Quellenarbeit, wirtschaftsgeschichtliches Argumentieren und diskursanalytisches Vorgehen unabdingbar wären, favorisiert Schivelbusch die Konstruktion von Sinnzusammenhängen, das kontextfreie Zitat sowie die essayistische Pointe.

Ähnlich anregend wie Schivelbusch, für die Forschung aber infolge ihrer ästhetischen Überformung ebenfalls nur mittelbar in Anspruch zu nehmen ist die Belletristik, die sich immer wieder mit den Genußmitteln abgibt und sich durch deren bewußtseinsverändernde Eigenschaften inspirieren läßt. Für Bertolt Brecht war die Zigarre sein »wichtigstes Produktionsmittel«; in Marcel Prousts *À la recherche du temps perdu* verbinden sich in der Schlüsselszene des Romans (in welcher der Protagonist eine Madeleine in den Tee tunkt) sinnliches Erleben, Erinnerung und Reflexion; für Charles Baudelaire, dessen *Künstliche Paradiese* zu einem Klassiker der Drogenliteratur geworden sind, war der Genuß sogar die Essenz dichterischer Existenz. Einzelne Poeten haben sich auf eine geradezu sozialwissenschaftliche Art und Weise mit den sie fesselnden Stoffen auseinandergesetzt. So publizierte Honoré de Balzac 1839 einen *Traité des excitants modernes*, in dem er die »exzessive Entwicklung« von fünf Substanzen (Alkohol, Zucker, Tee, Kaffee, Tabak) untersucht. Die Abhandlung nimmt mehrmals Bezug auf das erfolgreiche Werk von Brillat-Savarin über die Physiologie des Geschmacks, so daß einige Balzac-Interpreten gemeint haben, sie sei ursprünglich als Vorwort zu diesem Buch gedacht gewesen. Dafür ist die Abhandlung aber zu kritisch, moniert sie doch wiederholt, daß Brillat-Savarin die Genußmittel stark vernachlässigt und den Tabak sogar ganz vergessen habe (Balzac 1994).

Ausführlich zur Sprache kommt der Tabak im *Contrapunteo cubano del tabaco y el azúcar*, der 1940 vom kubanischen Schriftsteller Fernando Ortiz publiziert und vor einigen Jahren auch auf deutsch erschienen ist (Ortiz 1987). Ortiz erklärt das Zusammentreffen und die Symbiose mehrerer Kulturen (der europäischen, der afrikanischen sowie der autochthon-kubanischen) aus dem Gegensatz zweier Kulturen – »Kulturen« hier nun im engeren Sinne –, welche die Geschichte Kubas seit Jahrhunderten prägen: Tabak und Zucker. In seinem Essay verdichtet sich die Wirtschafts-, Sozial- und Kulturgeschichte dieser beiden Genußmittel zu einem faszinierenden Gemälde der Karibikinsel, das sowohl literarische wie wissenschaftliche Qualitäten aufweist. Selbstverständlich ließe sich auch an Ortiz' *contrapunteo* einiges aussetzen, so die Verabsolutierung des Gegensatzes von »europäisch-afrikanischem« Zucker und »kubanischem« Tabak oder die Tendenz zur Reifikation der beiden Genußmittel, die in seiner Geschichte als Protagonisten mit eigener Logik auftreten. Trotzdem sei jenen, die sich für eine kulturgeschichtlich ausgerichtete Genußmittelforschung interessieren, dieser Essay als Einstieg empfohlen.

Daß für Ortiz nicht die konkrete wirtschafts-, sozial- und kulturgeschichtliche Beweisführung im Vordergrund stand, versteht sich vor dem literarischen Anspruch seines Œuvres von selbst. Zudem fehlten sowohl ihm wie auch späteren Autoren anregende Anstöße aus dem wissenschaftlichen Feld oder sie wurden nicht zur Kenntnis genommen, wie z.B. Liselotte Faßhauers Studie über *Die Entwicklung des Genußmittelverbrauchs in Deutschland und einigen anderen europäischen Ländern*, die 1943 als hektographierter Band der Reihe »Monographiae Nicotianae« herausgekommen ist. Ähnlich wie später Schivelbusch geht auch Faßhauer von der Überlegung aus, daß es sich bei dem Bedürfnis nach Genußmitteln zwar um eine Konstante handle, daß aber die Art des Genußmittelkonsums, also: dessen Muster stark variiere, und zwar sowohl historisch als auch zwischen den verschiedenen Gesellschaften, Schichten, Geschlechtern und Generationen. Die Autorin argumentiert mit einem beeindruckenden Arsenal statistischer Angaben und kann unter anderem zeigen, daß während der US-amerikanischen Prohibition der 20er Jahre der Alkohol durch andere Genußmittel ersetzt worden ist. Faßhauer stellt immer wieder Fragen, die auch ein halbes Jahrhundert nach Erscheinen der Studie nichts von ihrer Aktualität verloren haben, so die nach den geschlechtsspezifischen Zuschreibungen für bestimmte Genußmittel oder nach den Einflüssen von Angebot, Reklame und Politik auf die Höhe des Konsums. Andere ihrer Überlegungen sind sowohl dem Zeitgeist als auch ihren Auftraggebern verpflichtet. So spekuliert sie über den »Zusammenhang zwischen Genußmittelverbrauch und Volkscharakter« oder verharmlost die problematischen Folgen übermäßigen Tabakkonsums – die Studie entstand im Auftrag der Tabakwissenschaftlichen Gesellschaft, die 1938 von der deutschen Tabakindustrie gegründet worden war, um die Argumente der sie bedrohenden nationalsozialistischen Antitabakbewegung zu entkräften (Merki 1998:32).

Forschung über Genußmittel wird bestimmt nicht einfacher dadurch, daß sie immer wieder – mal offensichtlich, mal verdeckt – von eindeutigen Interessen geleitet ist. In diesem Zusammenhang wird ein ideologiekritisches Vorgehen zum erkenntnisleitenden Muß. Auch gewinnt die Forderung nach einem vergleichenden Vorgehen (unterschiedliche Zeit- und Kulturräume, verschiedene

Genußmittel) an zusätzlicher Plausibilität. Eine solche Forschung könnte zumindest das vermeiden, was für allzu viele Genußmittelstudien, -pamphlete und -abhandlungen typisch ist: daß sie sich zu stark auf eine einzelne Substanz konzentrieren, diese kulpabilisieren und stigmatisieren oder, im Gegenteil, idyllisieren und glorifizieren, daß sie die Wechselwirkungen zwischen den einzelnen Genußmitteln unterschlagen und die entscheidenden, oft langfristig wirksamen soziokulturellen Faktoren vernachlässigen.

Bibliographie

Balzac, Honoré de (1994): Traité des excitants modernes. Textes de Pierre Alechinsky et Michel Butor, lecture de Raymond Mahieu, Arles

Bergier, Jean-François (1982): Une histoire du sel, Paris

Bourdieu, Pierre (1984): Die feinen Unterschiede, Frankfurt a.M. (frz. 1979)

Braudel, Fernand (1990): Sozialgeschichte des 15.-18. Jahrhunderts, Bd. 3: Aufbruch zur Weltwirtschaft, München (frz. 1979)

Brillat-Savarin, Jean-Anthèlme (1991): Physiologie des Geschmacks. Betrachtungen über das höhere Tafelvergnügen, Frankfurt a.M. (frz. 1826)

Camporesi, Piero (1990): Das Brot der Träume. Hunger und Halluzinationen im vorindustriellen Europa; Frankfurt a.M./New York (ital. 1980)

Ellerbrock, Karl-Peter (1993): Geschichte der deutschen Nahrungs- u. Genußmittelindustrie 1750-1914, Stuttgart

Faßhauer, Liselotte (ca. 1943): Die Entwicklung des Genußmittelverbrauchs in Deutschland und einigen andern europäischen Ländern, Bremen (MS)

Franzkowiak, Peter (1985): Alltäglicher Genußmittelkonsum und medizinische Risikodefinition. Eine kultursoziologische Kritik an epidemiologischen und gesundheitserzieherischen Konzepten zum sozialen integrierten Zigarettenrauchen und Alkoholkonsum, Göttingen

Goodman, Jordan/Lovejoy, Paul E./Sherratt, Andrew (Hg.) (1995): Consuming Habits. Drugs in History and Anthropology, London/New York

Hardtwig, Wolfgang/Wehler, Hans-Ulrich (Hg.) (1996): Kulturgeschichte Heute, Sonderheft 16 der Zeitschrift »Geschichte und Gesellschaft«, Göttingen

Hengartner, Thomas (1995): Gott und die Welt im Emmental. Eine volkskundliche Untersuchung zur Entstehung, Ausbreitung und Gestaltung religiösen Lebens im Rahmen religiöser Sondergruppen, 2. Aufl., Bern/Stuttgart

Hengartner, Thomas/Merki, Christoph Maria: Heilmittel, Genußmittel, Suchtmittel: Veränderungen in Konsum und Bewertung von Tabak in der Schweiz, in: Schweizerische Zeitschrift für Geschichte 3/1993, S. 375-418

Jahrbuch für Wirtschaftsgeschichte 1994/1: »Kolonialwaren« für Europa

Mergel, Thomas/Welskopp, Thomas (Hg.) (1997): Geschichte zwischen Kultur und Gesellschaft. Beiträge zur Theoriedebatte, München

Merki, Christoph Maria (1998): Die nationalsozialistische Tabakpolitik, in: Vierteljahrshefte für Zeitgeschichte 1/1998, S. 19-42

*Ortiz, Fernando (1987): Tabak und Zucker. Ein kubanischer Disput, Frankfurt a.M. (span. 1940) [kubanische Geschichte als Genußmittelgeschichte; spannender Text mit literarischen und wissenschaftlichen Qualitäten]

Perrot, Philippe (1995): Le luxe. Une richesse entre faste et confort, XVIIIe–XIXe siècle, Paris

Renggli, René/Tanner, Jakob (1994): Das Drogenproblem. Geschichte, Erfahrungen, Therapiekonzepte, Berlin usw.

*Sandgruber, Roman (1986): Bittersüße Genüsse, Wien/Köln/Graz [eine wirtschaftsgeschichtlich fundierte Kulturgeschichte über die Alkoholika, Kaffee, Tabak und Zucker]

Sandgruber, Roman/Kühnel, Harry (Hg.) (1994): Genuß & Kunst. Kaffee, Tee, Schokolade, Tabak, Cola, Innsbruck

*Schivelbusch, Wolfgang (1979): Das Paradies, der Geschmack und die Vernunft. Eine Geschichte der Genußmittel, München/Wien [anregend geschriebene Kulturgeschichte, die sich v.a. mit der »Drogenrevolution« der Frühen Neuzeit (Kaffee, Kakao) befaßt]

Schmidt-Semisch, Henning (1994): Die prekäre Grenze der Legalität. DrogenKulturGenuß, München

Schulze, Gerhard (1992): Die Erlebnisgesellschaft, Frankfurt a.M./New York

Siegrist, Hannes/Kaelble, Hartmut/Kocka, Jürgen (Hg.) (1997): Europäische Konsumgeschichte. Zur Gesellschafts- und Kulturgeschichte des Konsums (18. bis 20. Jh.), Frankfurt a.M./New York

Sombart, Werner (1983): Liebe, Luxus und Kapitalismus. Über die Entstehung der modernen Welt aus dem Geist der Verschwendung, Berlin (zuerst 1913)

Teuteberg, Hans J. (Hg.) (1992): European Food History. A Research Review, Leicester/London/New York

Tolksdorf, Ulrich (1988): Nahrungsforschung, in: Rolf Wilhelm Brednich

(Hg.): Grundriß der Volkskunde. Einführung in die Forschungsfelder der europäischen Ethnologie, Berlin, S. 171-184
Veblen, Thorstein (1986): Theorie der feinen Leute. Eine ökonomische Untersuchung der Institutionen, Frankfurt a.M. (engl. 1899)
*Völger, Gisela/Welck, Karin von (Hg.) (1982): Rausch und Realität. Drogen im Kulturvergleich, 3 Bde., Reinbek b. Hamburg [Sammelband mit zahlreichen Aufsätzen über Geschichte und Gegenwart verschiedenster Drogen und Genußmittel]
Weber, Max (1985): Wirtschaft und Gesellschaft, Tübingen (5. Aufl.)
Wierlacher, Alois (1993): Einleitung. Zur Begründung einer interdisziplinären Kulturwissenschaft des Essens, in: Ders., G. Neumann und H. J. Teuteberg (Hg.), Kulturthema Essen, Berlin, S. 1-21
Wünderich, Volker (1997): Zum globalen Kontext von Konsumgesellschaft und Konsumgeschichte, in: H. Siegrist, H. Kaelble, J. Kocka (Hg.), Europäische Konsumgeschichte, Frankfurt a.M./New York, S. 793-810

Trinkbares

Alkoholische Getränke

Hasso Spode

Einleitung

Als ›alkoholische Getränke‹ bzw. ›Alkoholika‹ werden Getränke bezeichnet, die Äthylalkohol – in der rationalen Nomenklatur: Ethanol – enthalten. Zwar können in ihnen auch geringe Mengen anderer Alkohole vorkommen, doch wird im allgemeinen Sprachgebrauch unter dem Trivialnamen Alkohol einzig Ethanol verstanden. Alkoholika können auf den verschiedensten Ausgangs- und Zugabesubstanzen basieren. Lebensmittelrechtlich werden vor allem die Großgruppen Bier, Wein und Spirituosen bzw. Branntweinprodukte unterschieden. Unter Wein soll hier nur Traubenwein verstanden werden (obschon seit alters auch Met und Fruchtweine – Most, Cider bzw. Apfelmost, Palm-, Dattelwein etc. – eine bedeutende Rolle spielen). Als Faustregel für den Alkoholgehalt kann derzeit gelten für Bier um 5 Volumen-%, Wein um 10 Vol.-% und Spirituosen knapp 40 Vol.-%, (bzw. 4 g, 8 g und 32 g Ethanol je 100 g Flüssigkeit), wobei letztere mit einer Bandbreite von 14 Vol.-% (Eierliköre u.a.) bis über 70 Vol.-% (Rum, Arrak, Bitter u.a.) die größte Varianz aufweisen.

Alkoholika: Begriff

Das Wort »Alkohol« ist erst in der zweiten Hälfte des 19. Jhs. in die Umgangssprache eingedrungen. Sein Ursprung ist nicht, wie häufig zu lesen, arabisch, sondern babylonisch (akkad. *guhlu*). Über das arabische *alkul* (»aus Antimon bereitete Augenschminke«) gelangte es in die Alchemie, wo es das feinpulverige Substrat der Dinge bezeichnete, also eine trockene Substanz. Im 16. Jh. – 1526 bei Paracelsus und 1597 bei Libavius – wurde es sinngemäß auf den flüssigen Weingeist übertragen: *alcool vini*. Ob sich in vormoderner Zeit ein den ›Alkoholika‹ entsprechender Oberbegriff herausbildete, ist zweifelhaft. Erst bei den Iatrochemikern des 17. Jhs. setzte sich die Ansicht durch, daß in Wein, Bier und Branntwein genau dieselbe berauschende Substanz enthalten sei. Diese wurde jedoch als »Oel« oder »Spiritus« bezeichnet. »Alkohol«, und dann auch: »Aethylalkohol«, wurde vielmehr erst in der chemisch-technischen Fachsprache der ersten Hälfte des 19. Jhs. gemein, als es die Alkoholometrie ermöglichte, den Alkoholgehalt von Flüssigkeiten zu bestimmen; von dort wurde sie dann umgangssprachlich.

Ethanol entsteht als Abbauprodukt des Stoffwechsels von Hefen (der Synthesealkohol, meist aus Äthylen, kann hier außer Betracht bleiben): Sie spalten Zucker in Kohlendioxid (ugs. Kohlensäure) und (Gärungs-)Alkohol. Sein Brennwert ist mit 7,1 kcal/g sehr hoch. Er findet daher nicht nur als Getränk Verwendung, sondern – mengenmäßig bedeutender – auch als Brenn- und Kraftstoff sowie als Basis für Kosmetika und Arzneien, für die Essigproduktion, als Lösungs-, Konservierungs-, Desinfektions- und Reinigungsmittel. Zumeist wird dieser »technische« Alkohol vergällt, d.h. durch Zusätze ungenießbar gemacht, um Steuern auf Trinkalkohol erheben zu können.

Da Hefen und Saccharide fast ubiquitär vorkommen, ist auch die alkoholische Gärung fast überall in der Natur anzutreffen; selbst das menschliche Blut enthält stets Spuren von Alkohol. Zu der obigen Definition ist daher hinzuzufügen, daß bei Alkoholika der Alkohol zu Trinkzwecken dient und planvoll genutzt und/oder erzeugt wird. In diesem Sinne sind letztlich auch die vergorenen Früchte, die Elefanten oder Affen in freier Wildbahn sammeln, um sich zu berauschen, Alkoholika. Bereits 1879 wurde eine Rauschskala für Säugetiere aufgestellt und 1903 in Verhaltensstudien mit Pavianen nachgewiesen, daß diese Alkohol gezielt als Rauschmittel nutzen – denn den Primaten sei die Last des Bewußtseins aufgebürdet. Die in vielen Kulturen verbreiteten Mythen, nach denen der Mensch den Gebrauch alkoholischer Getränke von den Tieren abgeschaut habe, enthalten also durchaus einen wahren Kern. Ob und in welchem Umfang prähistorisch-nomadische Kulturen Alkoholika kannten, ist aber bislang nicht nachgewiesen; ein zumindest sporadischer Gebrauch – analog zu höheren Säugetieren – erscheint plausibel. Milch und fruktosereiche Wildformen späterer Kulturpflanzen könnten hierfür genutzt worden sein, vor allem aber der Bienenhonig, der spätestens seit dem Neolithikum gesammelt wurde: Wird er gewässert und offen gelagert, geht er leicht in Gärung über, und es entsteht Honigwein (Met). Gegenüber dem oft gefährlichen Brunnen- und Flußwasser besaßen Alkoholika den Vorteil geringerer Keimbelastung und größeren Nährstoffgehalts. Ein täglich-nutritiver Konsum ist allerdings erst für die frühen Hochkulturen belegt. Seither bildete – da abgekochte Heißgetränke erst seit dem 1. Jt. n.Chr. und nur in Ostasien bzw. später im Vorderen Orient Verbreitung fanden – die berechtigte Furcht vor Erkrankungen ein Hauptmotiv, den Durst möglichst nur mit Alkoholika zu löschen; in Europa galt dies bis weit ins 19. Jh., obschon auch hier Kaffee und Tee Einzug gehalten hatten.

Physiologie

Metabolismus

Ein physiologisches Argument für einen historisch weit zurückreichenden Gebrauch von Alkoholika liefert der menschliche Alkoholstoffwechsel: Die Leber produziert Enzyme – Alkoholdehydrogenase (ADH) und Aldehyddehydrogenase (ALDH) –, die einzig dem Zweck dienen, Alkohol in seine chemischen Bestandteile zu zerlegen: Der im Verdauungstrakt resorbierte Alkohol wird in Acetaldehyd und dann in Essigsäure gewandelt, die wiederum in Kohlendioxid und Wasser gespalten wird. Daneben, zu mindestens 3%, dient auch das mikrosomale Ethanol-oxidierende System (MEOS) dem Alkoholabbau in der Leber; anders als das ADH/ALDH-System nimmt dessen Aktivität mit der Blutalkoholkonzentration (BAK) zu. Ebenso der Anteil des unverändert mit Atemluft, Urin und Schweiß ausgeschiedenen Alkohols (2% bis über 5%).

Da das variable MEOS maximal nur rund ein Zehntel des konsumierten Alkohols abzubauen vermag, ist die Leistungsfähigkeit des Alkoholstoffwechsels *ceteris paribus* (s.u.) genetisch festgelegt. Säuglinge und Kleinkinder können Alkohol noch nicht metabolisieren, Erwachsene maximal fast 200 g pro Tag. Hierbei bestehen aber gravierende Unterschiede. Zum einen zwischen Männern und Frauen: Letztere weisen bei gleicher Trinkmenge eine (um etwa ein Drittel) höhere BAK auf bzw. eine niedrigere Abbaurate und ein höheres Risiko für Alkoholfolgekrankheiten. Die nahezu universelle Tatsache, daß Frauen im Durchschnitt weniger trinken als Männer und weibliche Trunkenheit schärfer sanktioniert wird, hat also eine biologische Grundlage (ob diese wiederum in prähistorischer Zeit eine kulturelle Ursache hatte, muß Spekulation bleiben). Zum anderen variiert die Alkoholverträglichkeit mit der ethnischen Zugehörigkeit, wobei die Verteilung verschieden leistungsfähiger ADH-Varianten eine wichtige Rolle zu spielen scheint: Semiten und Indoeuropäer weisen eine besonders hohe Verträglichkeit auf (sie hatten die ersten Kulturen hervorgebracht, die im großen Stil Alkohol produzierten, jedoch bliebe auch hier der Schluß von kulturellen auf physische Differenzen spekulativ).

Die individuellen Varianzen der biologisch bestimmten Durchschnittswerte sind sehr groß. Hinzu tritt, daß die Pharmakokinetik und -dynamik des Alkohols auch von den konkreten Umständen des Konsums (Gewöhnung, Getränkeart, Setting, Stimmungslage etc.) abhängen. So wird die Resorption gehemmt und der Anteil des unverändert ausgeschiedenen Alkohols erhöht, wenn der Magen gefüllt ist, zumal mit Fetthaltigem; ob Alkohol gewöhnlich zu den Mahlzeiten getrunken wird oder nicht, ist daher ein wichtiges Kriterium für die Unterscheidung und Bewertung von Trinkkulturen. Gleiches gilt sinngemäß für die Bevorzugung der Getränkearten, die sich ja nicht nur im Alkoholgehalt unterscheiden, sondern auch in den unzähligen, teils gesundheitsfördernden, teils toxischen Begleitstoffen – und nicht zuletzt in den konkreten Verbrauchsweisen und symbolischen Zuschreibungen bzw. Erwartungen, die ihre physiologischen Wirkungen stark mitbeeinflussen. So bekunden in Laborversuchen Probanden deutliche Anzeichen von Trunkenheit, obschon sie nur alkoholfreie Placebo-Drinks erhalten haben. Selbst der durch das Acetaldehyd und die Dehydrierung bewirkte »Kater« ist abhängig von kulturellen und psychischen Faktoren. Psyche und Physis – plakativ gesprochen: Kultur und Natur – zeigen beim Alkoholkonsum ein vielfältiges und noch recht wenig erforschtes Zusammenspiel.

Rausch

Eine halbe bis eine Stunde nach dem Konsum wird die höchste BAK erreicht. Da Alkohol sowohl wasser- als auch fettlöslich ist, durchdringt er leicht die Zellmembranen und führt zu Veränderungen der Zellfunktionen, die zumeist als Störungen klassifiziert werden (was ein allerdings normativer Begriff ist, denn Alkohol und etliche seiner Begleitstoffe zeitigen auch positive Wirkungen). Verglichen mit den meisten anderen Genußmitteln ist Alkohol eine Substanz, die besonders starke psychotrope Wirkungen erzeugt, und gilt daher heute zugleich – oder ausschließlich – als »Droge«. Die nach dem Übertritt durch die Blut-Liquor- bzw. Blut-Hirn-Schranke erfolgende Anreicherung von Ethanol in den Nerven- und Gehirnzellen bewirkt die unter dem Begriff ›Rausch‹ zusammengefaßten Veränderungen der Motorik und des Denkens und Fühlens. Der Rausch ist, physiologisch gesprochen, ein Prozeß, der durch das Anfluten des Alkohols im Großhirn eingeleitet wird und dann allmählich abklingt. An ihm sind neben dem Zellstoffwechsel auch körpereigene Botenstoffe (Endorphine etc.) beteiligt; hier hat die neurobiologische Forschung zu vielversprechenden, wenn auch noch nicht zu abschließenden Ergebnissen geführt.

Seit der Antike werden Grade oder Formen des Rausches klassifiziert. In der Frühen Neuzeit setzte sich eine Typologie entlang der vier ›Temperamente‹ durch (so würden Melancholiker im Rausch traurig, Choleriker aggressiv etc.). Im 18. Jh. wurde dieser Typologie eine Stufenfolge zur Seite gestellt, die von der leichten Animierung zur Volltrunkenheit reicht; hierfür hat auch die Umgangssprache eine Vielzahl von Begriffen (»beschwipst«, »blau« etc.): 1773 listete Lichtenberg 144 Ausdrücke für Trunkenheit auf, von denen viele noch gebräuchlich sind – ein Indikator für den hohen und zugleich prekären Stellenwert des Alkohols. Die heutige Medizin spricht von einer »akuten Alkoholvergiftung« (auch: »einfacher Rausch«) bei einer BAK ab 2 bis 3 Promille, wobei die Wirkungen geringerer Dosen meist mit »Erregung« und »Enthemmung« umschrieben werden, die höherer mit »Lähmung« und »Hemmung«; es kommt zu einer Gefäßerweiterung (täuschendes Wärmegefühl), Gesichtsfeldeinschränkung (Tunnelblick), Verminderung der motorischen Koordination, der Schmerzempfindlichkeit etc., bis schließlich, ab ca. 5 Promille, die Letaldosis erreicht ist. Eine dosisabhängige Symptomatik liefert aber lediglich grobe Richtwerte: die individuellen, gruppen- und kulturspezifischen Varianzen sind enorm. Generell wird ein umweltunabhängiges Rauschverhalten erst bei hohen und sehr hohen Dosen zunehmend deutlich und bleibt auch dann noch in kulturelle Muster eingebettet, die Selbst- und Fremderleben mitprägen. Ein Beispiel hierfür ist die Selbstverständlichkeit des Erbrechens beim archaischen Trinkgelage: Nur am falschen Ort und zur falschen Zeit galt es als peinlich und unangenehm. Schlüsse vom tierischen Trinkverhalten auf das menschliche führen daher oft in die Irre: So sondern sich betrunkene Elefanten von der Herde ab; der Typus des »einsamen Zechers« – zumal der heute häufige Rückzug von AlkoholikerInnen zum Trinkexzeß – ist aber primär eine neuzeitliche Erscheinung, eine Konsequenz der Marginalisierung des Rausches seit dem Ausgang des Mittelalters. Allerdings scheint bei mittleren Dosen ein erhöhtes Erregungsniveau, das sich in gesteigertem Redefluß, sexueller Appetenz oder Aggressionsbereitschaft zeigt, ein sehr weit verbreitetes Charakteristikum des Rauschprozesses – wobei zu beachten ist, daß sich diese Ent-Hemmung auf der Folie je verschiedener soziokultureller Standards entfaltet.

Organschäden und protektive Wirkungen

Die akute Alkoholvergiftung erhöht das Risiko von Verletzung und Tod durch Unfall oder andere Gewalteinwirkung, nicht zuletzt als Opfer Dritter; zumal in Osteuropa ist auch der Erfrierungstod häufig. Die Bedeutung dieser Effekte hängt stark von der jeweiligen Trinkkultur ab. Daneben zeitigt die akute Vergiftung i.d.R. keine langfristigen Folgeschäden. Dagegen führt ein dauerhaft hoher Konsum – unabhängig davon, ob sich hierbei sichtbare Rauschwirkungen einstellen – zu zahlreichen Organschäden: Es gibt kaum ein Organ, das dabei nicht geschädigt würde. Schätzungen der durch Alkoholkonsum (mit)bedingten Aufnahmen in Krankenhäuser reichen in verschiedenen Ländern von einem Zehntel bis zu einem Drittel (einschließlich Unfälle). Die prominenteste Alkoholfolgekrankheit ist die Fettleber bzw. deren Endstadium, die Leberzirrhose; während erstere bei Umstellung der

Diät ausheilt, sterben an letzterer in Deutschland jährlich rund 20.000 Menschen, d.s. über 2% aller Todesfälle (einschließlich nicht-alkoholbedingter Zirrhosen). Weitere Folgeschäden betreffen vor allem den Verdauungstrakt (Ösophagitis, Pankreatitis, Darmkrebs etc.) sowie das Zentralnervensystem (am prominentesten: das Alkoholdelir) und das Herz-Kreislauf-System; auch kann die Leibesfrucht durch Alkoholabusus der Mutter geschädigt werden: bei ca. 0,3% aller Geburten liegt in Deutschland eine Alkohol-Embryopathie vor; hinzu kommen Schwachformen, die schon bei geringerem Alkoholkonsum während der Schwangerschaft hervorgerufen werden können.

Insgesamt – einschließlich Unfälle etc. – wird die Zahl der »Alkoholtoten« für Deutschland von der ›Hauptstelle gegen die Suchtgefahren‹ mit 30 bis 40.000 pro Jahr beziffert (Jahrbuch Sucht '95:31), d.s. gut 3 bis 4% aller Todesfälle. Dies mag eine eher konservative Schätzung sein – es wird auch von bis zu 10% gesprochen –, jedoch sind Qualität und Validität solcher Globalzahlen generell gering (so wird in derselben Quelle der alkoholbedingte Anteil der Verkehrstoten mal mit einem Fünftel, mal mit der Hälfte angegeben: Jahrbuch Sucht '95:24 vs. 31). Dies erstens, weil sie die salutogenen Effekte des Alkohols (s.u.) unberücksichtigt lassen; zweitens, und grundsätzlich, weil sie die multifaktorielle Ätiologie von Krankheit und Tod nicht abbilden können: Ein Gutteil der »Alkoholtoten« und »-kosten« ist daher zugleich in ähnlichen Globalzahlen, z.B. über Ernährung, enthalten und *vice versa*. Drittens, schließlich, weil solche Zahlen oft zur Legitimierung moral- und interessenbezogener Zwecke erstellt und publiziert werden: Alkohol ist ein hochgradig wertbefrachtetes Sujet. Unstrittig aber ist, daß Alkohol – anders als z.B. Heroin – im Spektrum der Todes- und Krankheitsursachen eine große Rolle spielt (und zwar relativ am stärksten bei Männern in jüngeren und mittleren Altersgruppen, da bei ihnen die Gesamtmortalität und -morbidität sehr niedrig ist).

Alkohol fördert aber auch die Gesundheit. Vor allem senkt er das Risiko von Erkrankungen der (koronaren) Blutgefäße. Das ärztlicherseits zumeist beklagte Zusammentreffen von Alkohol- und Tabakkonsum macht in diesem Licht durchaus einen physiologischen Sinn, da Ethanol den gefäßschädigenden Effekten des

Rauchens entgegenwirkt. Manche Warnungen der Ernährungsexperten haben sich als verfehlt erwiesen, so ist der lebensverlängernde Effekt mäßigen Trinkens bei Altersdiabetes enorm. Auch dürften etliche Begleitstoffe, die in Wein und Bier enthalten sind (Polyphenole u.a.), weitere protektive Wirkungen entfalten. Der Schutz der Koronargefäße scheint aber auf dem Ethanol selbst zu beruhen (und nicht etwa auf Begleitstoffen des Rotweins, wie Studien im Auftrag der Weinwirtschaft nahelegen). Selbst starke Trinker sterben ungewöhnlich selten an Erkrankungen der Herzkranzgefäße; ein günstiger Effekt auf die *Gesamt*mortalität gilt aber nur für mittlere Konsummengen, da bei höheren die Schäden an anderen Organen eindeutig überwiegen. Die Schätzungen dieses optimalen, »mäßigen« Quantums gehen – was nicht überraschen kann – weit auseinander und bewegen sich zwischen 10 und 50 g Reinalkohol pro Tag (für Männer, Frauen ein Drittel weniger). Setzt man vorsichtig 20 g an, entspricht dies 3,5 Liter Bier oder 1,8 Liter Wein oder 0,4 Liter Spirituosen pro Woche (wobei es keine große Rolle spielt, wie diese Menge über die Zeit verteilt wird). Sowohl geringere als auch – und dann ansteigend – größere Mengen erhöhen das Mortalitätsrisiko. Weder sind die Gründe für diese sog. »J-Kurve« abschließend geklärt, noch die ›Kosten-Nutzen-Bilanz‹ des Alkoholkonsums im Mortalitätsspektrum der Gesamtbevölkerung.

Alkoholismus

Unter Alkoholismus wird hier ein pathologisches, nämlich »süchtiges« Trinkverhalten verstanden. Diese wohl spektakulärste Konsequenz des Konsums von Alkoholika ist ein Schlüsselphänomen für die historische Anthropologie und Kulturgeschichte. Der immer wieder behauptete positive Zusammenhang zwischen der Prävalenz des Alkoholismus und dem Pro-Kopf-Verbrauch ist im langen historischen Vergleich nicht belegt und auch im Ländervergleich schlecht bestätigt. Das Aufkommen dieser Krankheit war vielmehr umgekehrt an den säkularen *Rückgang* des Durchschnittsverbrauchs gekoppelt, mit dem eine individuelle und soziale Diffenzierung der Trinkmuster einherging. Vormodernen Kulturen war diese Krankheit unbekannt, häufige schwere Trunkenheit galt als Fehlverhalten, als »Laster«. Erst um 1800 dringt das Paradigma der »Trunksucht«, d.h. die entlastende Idee zwanghaften Trinkens als Krankheit *sui generis,* in die Medizin ein. »Die Trunksucht (ist) eine Krankheit«, hieß es 1819 in der grundlegenden Arbeit Brühl-Cramers, »und nicht (eine) Verletzung der Moralität, wie man gewöhnlich zu glauben geneigt ist.« Um 1900 setzte sich in der europäischen Medizin das Suchtmodell – nun »Alkoholismus« genannt – endgültig durch; in der nordamerikanischen erst rund fünfzig Jahre später, um von dort – zum einen über die Weltgesundheitsorganisation, zum anderen über die Selbsthilfegruppen der Anonymen Alkoholiker – weltweit zum medizinisch und außermedizinisch dominanten Erklärungsmuster dauerhaft maßloser Trunkenheit zu werden. Seine vor allem von E.M. Jellinek in den 1940er und 50er Jahren aufgestellten Grundannahmen lauten: Aus unbekannten Gründen (»X-Faktor«) würden einige Menschen ein süchtiges Trinkverhalten entwickeln (unterteilt in Typen, z.B. der »episodische« Epsilon-Typ); Kennzeichen sei die Triade: Kontrollverlust, Dosissteigerung und Entzugserscheinungen; dabei würden mehrere Stadien durchlaufen; erst im letzten, häufig letalen »chronischen« Stadium sei der Erkrankte therapeutischer Intervention mit dem Ziel völliger Abstinenz zugänglich.

Dieses »klassische Krankheitsmodell« bestimmt heute das Alltagswissen über die Sucht. Die Forschung ist davon aber inzwischen weitgehend abgerückt. Zentrale Kriterien, wie der progrediente Verlauf, sind empirisch schlecht bestätigt. »Suchtkarrieren« scheinen seltener einer stadienartigen Eigendynamik zu folgen als Veränderungen im sozialen Umfeld; die Prognose ist daher gut, »Spontanremissionen« eher die Regel als die Ausnahme; die Unabdingbarkeit professioneller Therapie und lebenslanger Abstinenz sind entsprechend strittig. Um das Modell zu retten, wurden die Kriterien beständig abgeändert, und zwar zumeist weiter gefaßt. Insbesondere wurde 1975 in der Internationalen Krankheitsklassifikation der Begriff ›Sucht‹ (ICD 8, 303.2) durch ›Abhängigkeitssyndrom‹ (ICD 9, 303) ersetzt, was die ohnehin bestehende diagnostische Unschärfe nochmals vergrößert hat: »Diese neuere Vorstellung (...) impliziert eine vielfältige Ätiologie und das Fehlen einer klaren Unterscheidung zwischen normalem und abweichendem Trinken«, heißt es hierzu zustimmend (Edwards 1997:79). In der Tat ist eine empirisch befriedigende Grenzziehung nicht in Sicht (ist sie doch notwendig kulturbestimmt). Doch das diesem Mangel entsprungene »flexible Konzept« ist mit dem bewährten medizinischen Krankheitsbegriff unvereinbar, der ja eine »binäre Codierung« (N. Luhmann) – krank oder nicht krank – voraussetzt, um den Ansatzpunkt ärztlichen Handelns innerhalb einer faktisch gleitenden Merkmalsverteilung begründen zu können.

Eine Minderheit in der Forschung verwirft das Krankheitsmodell gänzlich: Zum einen fasse es (was andere just als positiv herausstellen) eine Unzahl inkompatibler Verläufe und Ätiologien zusammen; zum anderen fungiere es als eine sich selbst erfüllende Prophezeiung: Als ein »Etikett« diene es der Fremd- und Selbststigmatisierung von Individuen und ganzen Sozialmilieus, wobei das zugeschriebene abweichende Verhalten erst erzeugt bzw. verfestigt werde. Da ›abweichend‹ mit ›pathologisch‹ gleichgesetzt sei, erhielten Werturteile durch Wissenschaft und Politik eine scheinobjektive Legitimation. Alkoholismus sei ein – gefährlicher – Mythos.

In der Tat ist es nicht gelungen, die basalen Inkonsistenzen des Suchtparadigmas in den zwei Jahrhunderten seines Bestehens auszuräumen. Trunksucht galt mal als Resultat der Droge, mal des Erbguts, mal der Lebensumstände. Nach wie vor sind die Gewichte und Zusammenhänge physischer, psychischer und umweltbedingter Faktoren ungeklärt. So kann (bei Männern) eine erbliche Disposition zu einem riskanten Trinkstil bestehen, doch erklärt sie nicht die enormen Varianzen im individuellen, soziokulturellen und historischen Vergleich. Diese müssen also primär außerbiologische Ursachen haben (ein Schluß, der sich bereits 1897 in Durkheims Selbstmordstudie findet). Doch wissen wir noch nicht, was hierbei »primär« bedeutet. Strenggenommen wissen wir nicht einmal, ob Alkoholismus durch Alkohol verursacht wird. Ebenso wenig, ob es diese Krankheit gegeben hat, bevor sie erstmals beschrieben wurde. Die Betroffenen hat die wissenschaftliche Kontroverse bislang kaum tangiert, Selbstbild und Therapie bleiben vom »klassischen« Modell bestimmt, zumal die Kritik einem neuen Paradigma noch nicht zum Durchbruch verholfen hat. Eher gleicht der Diskussionsstand dem mittelalterlichen Streit um die

Frage, wie viele Engel auf einer Nadelspitze Platz finden: Jede mögliche Antwort ist derzeit begründbar. So fahnden die einen nach genetischen Markern einer Krankheit, die andere für einen Mythos halten.

Immerhin ist, erkenntnistheoretisch gesprochen, der naive Realismus – Sucht sei ein durch bloße Laborwerte objektivierbares, kulturunabhängiges Phänomen – nachhaltig erschüttert worden (andererseits erfreut sich allerdings zumal in den Medien ein simpler Biologismus wachsenden Zuspruchs). Damit sollten die Chancen für eine komplexe »biopsychosoziale« Modellbildung (W. Feuerlein) steigen. Billigerweise wird hierbei, unbeschadet theoretischer Kautelen, am Krankheitswert einiger – allerdings scharf zu definierender – Trinkmuster festgehalten werden, denn nur so lassen sich Therapie und deren Finanzierung begründen.

Dagegen wird die gegenwärtige Inflation des Suchtbegriffs sowohl als alltagsweltliches Wissen als auch als statuspolitisch motivierte Zuschreibung zu analysieren sein, die unerwünschtes Verhalten mit dem Krankheitsverdikt belegt. Diese Inflation geht sowohl in die Breite als auch in die Tiefe, d.h., die Zahl der Süchte (Spielsucht etc.) nimmt ebenso zu wie die der Erkrankten in den jeweiligen Suchtgruppen. So wird in Mitteleuropa derzeit von einer Alkoholikerquote von bis zu 5% ausgegangen – zehnmal mehr als um 1900 bei kaum höherem Konsumniveau; in den USA – bei niedrigerem Pro-Kopf-Verbrauch – sogar bis zu 10%. Solche Zahlen sind medizinisch nahezu wertlos, kulturhistorisch jedoch höchst aufschlußreich: Über die Erkenntnis des normativen Charakters von Schätz- und Grenzwerten gelangt die Forschung zu einem Verständnis der Wandlungen, die die Rolle des Alkohols durchläuft, und damit der Wandlungen des Menschen selbst.

Bier

›Biere‹ sind Alkoholika auf der Basis stärkehaltiger Substanzen, in der Regel Cerealien. Während Wein – im weitesten Wortsinn – unmittelbar durch Gärung von (Frucht-)Zucker entsteht, also durch einen in der Natur spontan einsetzenden Prozeß, muß beim Bier zunächst die Stärke aufgeschlossen und enzymatisch in (Malz-)

Zucker umgewandelt werden. Technisch wird dies durch verschiedene Verfahren, z. B. Kauen und Einspeicheln, erreicht, von denen sich das des Mälzens, Darrens und Maischens durchgesetzt hat (Brauen).

Altorientalische Kulturen

Die Erfindung der Braukunst wird den Ackerbaukulturen im Vorderen Orient zugeschrieben, wo erstmals Getreide angebaut wurde (Gerste- und Weizenbier evtl. ab dem 8. Jt.). Andere Wildpflanzen kultivierend, aber analoge Schritte der Seßhaftwerdung durchlaufend, entstand in Ostasien das Hirse- und das Reisbier (fälschlich Reiswein; 4. Jt.), in Amerika das Maisbier (3. Jt.), und in Afrika das Hirsebier (2. Jt.). Doch erst die um 3000 v.Chr. mit dem Bewässerungs- und Städtebau aufkommenden Priesterkönigtümer an Euphrat, Nil und Indus betrieben die Bierproduktion im großen Stil: In den frühesten Hochkulturen erlangte das Bier einen enormen nutritiven und ökonomischen Stellenwert. Die Veralltäglichung des Konsums bedeutete zugleich eine Entzauberung des Rauschtranks. Dessen magisch-entgrenzende Qualitäten lebten jedoch am Festtag wieder auf, der die archaische Institution des Gelages in einer veränderten Welt aufbewahrte.

In Mesopotamien verwandten die Sumerer über ein Drittel der Getreideernte auf die Produktion des flüssigen Brots. Sie wurde bereits manufakturmäßig betrieben: Angekeimte (gemälzte) Gerste oder Emmerweizen wurde dabei zu Brotfladen gebacken (gedarrt), diese zerteilt und gewässert (eingemaischt), unter Zusätzen, wie hefehaltigem Dattelsaft, vergoren und auf Krüge gezogen; filtriert wurde nicht: man benutzte Trinkröhrchen, die mit einem Filter versehen waren. 19 Sorten sind überliefert. Schutzgöttin der Brauer war Ninkasi; so wichtig war deren Arbeit, daß sie vom Kriegsdienst befreit waren. Das Kulturprodukt Bier erst machte das Tier zum Menschen: Im Gilgamesch-Epos wird die Wandlung Enkidus zum ersten Menschen durch den Genuß von sieben Krügen Bier besiegelt: »Da wurde er entspannt und heiter, er wurde glücklich und sein Angesicht strahlte.« Bier war Zahlungsmittel und Lohnbestandteil (so erhielten Tempelarbeiter 1, Oberpriester 5 Liter täglich). Der Codex Hammurabi regelte die Bierqualität und das Schankwesen in Babylon – betrügerische Wirtinnen wurden im

Euphrat ertränkt. In persischer Zeit verfiel der Getreideanbau, und (Dattel-)Wein ersetzte das Bier.

In Ägypten hielt es sich bis weit ins Mittelalter. Neben dem Klein- bzw. Hausbrau gab es hier überwachte staatliche Brauereien. Die Erfindung des Biers wurde Osiris zugeschrieben. Die gewöhnlichste Sorte war *taq*, ein leichtes Gerstenbier, doch die Palette reichte bis zu süßen Starkbieren. Aus dem Neuen Reich sind Mahnworte gegen die Trunkenheit überliefert: »Übernimm dich nicht beim Biertrinken (...). Du fällst und deine Glieder versagen. Kommt man dich suchen, findet man dich am Boden liegen. Du bist wie ein kleines Kind.« Am Festtag aber war der Rausch nicht nur erlaubt, sondern kultisch geboten: Pharao, Hofbeamte und Priester/innen betranken sich bis zum Erbrechen, bis zur heiligen Bewußtlosigkeit. Hierzu wurde auch Wein gereicht, der unter den Ptolemäern zum Getränk der Vornehmen wurde, ohne dabei das Bier zu verdrängen.

Am Indus, der dritten frühen Hochkultur, spielte das Bier wahrscheinlich eine vergleichbar große Rolle, später auch in China und Altamerika. Dagegen war der kretisch-mykenische Kulturkreis dem Wein zugetan, ebenso die späteren mediterranen Kulturen: Den Juden war das Bier zumal aus dem ägyptischen und babylonischen Exil bekannt, doch die Bibel erwähnt es – vielleicht deshalb – nicht, sondern spricht nur vereinzelt und vage von »starkem Getränk«. In der Antike wurde das Bier ebenfalls wenig geschätzt. Die Griechen sagten, Dionysos sei zu ihnen aus Mesopotamien geflohen, weil man dort dem Bier ergeben sei; den Römern diente der »bockstinkende Keltentrank« (so Kaiser Julian) eher als Arznei gegen Würmer, war aber bei Legionären aus den afrikanischen und nördlichen Provinzen beliebt.

Germanen

Die früheste Kunde nennt um 300 v. Chr. Met und Bier als berauschende Getränke der Germanen. Die Braukunst war über das keltische Westeuropa, vielleicht auch aus dem Osten, zu ihnen gekommen. Bevorzugt wurden Hafer- und Gerstenbier, versetzt mit Honig oder Eichenrinde. Anders als die arbeitsteilig-städtischen Hochkulturen kannte die halbnomadische Stammeskultur nur die von Frauen betriebene Kleinbrauerei. Es ist unklar, ob deren

Kapazität ausreichte, Bier zum Alltagsgetränk zu machen, oder ob es lediglich zu besonderen Anlässen hergestellt wurde. Im Gegensatz zur ökonomischen und nutritiven Bedeutung steht aber die kultische und soziale außer Zweifel.

Den Himmel dachten sich die Germanen als riesigen Braukessel, und die wichtigsten Götter waren der Ekstase verbunden: Odin, der »Begeisterte«, und Wodan, der »Wütende«. Um 100 n.Chr. vermerkte Tacitus: »Am wenigsten können sie den Durst ertragen.« Das »Tag und Nacht hindurch« andauernde Trinkgelage trug magisch-sakralen Charakter und war streng ritualisiert. Das Zurinken und Erwidern des Zutrunks (später: »Bescheidtun«) sowie das Trankopfer (Libatio) symbolisierten den Bundesschluß der Teilnehmer untereinander und der Menschen mit den Göttern und Ahnen (»Gedächtnis-« bzw. »Minnetrunk«). Als kontrollierte Aufhebung der Kontrollen sicherten die Rituale den prekären Übergang vom Profanen zum Heiligen. Die Ekstase (gr. *ékstasis*: Aussichheraustreten) schuf Gemeinschaft durch Transzendenz und war zugleich Quell der Erkenntnis; wichtige Beschlüsse wurden daher beim Gelage gefaßt. Voraussetzung war der Trinkzwang: Indem die Regeln jedem ein gleiches Quantum zumaßen, war sichergestellt, daß sich niemand ausschloß und womöglich Vorteile aus der Berauschung der anderen zog. Das Gelage war zumeist waffentragenden Männern vorbehalten. Trotz der sichernden Rituale kam es »öfters zu Totschlag und Verwundungen« (Tacitus); so fungierte es auch als Prüfung, als Initiation in den Kreis der Helden (die sich schließlich in Walhall an stetem Kampf und Trunk erfreuen durften). Vergleichbare Trinkkulturen der sporadisch-exzessiven Berauschung finden sich in zahlreichen tribalen Gesellschaften.

Im Zuge der Christianisierung und sozialen Stratifizierung seit der Spätantike verliert diese Trinkkultur ihre unbefragte Geltung. Missionare erklärten die Trunkenheit zur Todsünde und mahnten: »Keiner darf bei einem Gelage seinen Nächsten nötigen, übermäßig zu trinken.« Columban zerstörte um 600 bei einem Wodansfest das heilige Faß. Indes: Er vollbrachte später ein dem biblischen Weinwunder nachgebildetes Bierwunder – die Kirche akzeptierte den nutritiven Wert des »heidnischen« Tranks und beschränkte sich auf die Bekämpfung des Mißbrauchs (»Sättigung«, »Trunkenheit«), vor allem nach den Regeln des archaischen Gelages (»Zwingen«).

Mittelalter und Frühe Neuzeit

Dies wird zumal bei Karl d.Gr. sichtbar. Die Trunkenheit »verabscheute« der Kaiser (so sein Chronist Einhard) und suchte sie durch Erlasse zu bekämpfen, doch zugleich förderte er aus gesundheitspolitischen und ökonomischen Gründen die Bier- und Weinproduktion nachhaltig. Wassertrinken war, mit Ausnahme von Quellwasser, gefährlich und galt als Zeichen tiefster Armut oder überspannten Asketentums. Das meiste Bier entstammte dem Hausbrau, der von Frauen in Verbindung mit dem Backen betrieben wurde (›brauen‹, ahd. ›briuwan‹, zu ›brodeln‹, ›Brühe‹, ›Brot‹). Explizite Brau- und Schankrechte wurden vom Feudalherrn an Klöster und Kirchen verliehen; Verschriftlichung der Rezepturen und technisch-handwerkliche Spezialisierung führten hier zu höherer Quantität und Qualität. Zunächst zur Eigenversorgung und für Arme und Pilger produziert, wurde Bier zu einer Handelsware. In St. Gallen – der dort aufbewahrte Idealplan von ca. 830 hatte drei den Biergüten entsprechende Brauhäuser vorgesehen – betrug die tägliche Zuteilung an die Mönche 5 Maß.

Hierbei könnte es sich auch um Nachbier (Kofent) gehandelt haben, ein Leichtbier aus dem zweiten oder dritten Aufguß, während aus dem ersten oft alkohol- und extraktivstoffreiche Starkbiere erzeugt wurden. Als Ausgangsstoffe verwendete man – ganz in der Tradition der Sumerer und Ägypter – Gerste und Weizen, auch Dinkel u.a. Getreidesorten. Zur Verbesserung der Haltbarkeit und des Geschmacks (größtes Problem war die Nachgärung und die Kontamination, die das Bier oft schon im Braukessel verderben ließ) fügte man zahlreiche, meist gerbstoffhaltige Substanzen hinzu, wie Porst, Wermut, Salbei oder Eicheln. Im Hochmittelalter drang dann im Süden der seit spätrömischer Zeit vereinzelt verwendete Hopfen vor, während im Norden und Westen zunächst noch der Porst dominierte (›Bier‹ meinte nun primär gehopftes Bier, während mit Porst versetztes ›Grutbier‹ oder ›Ale‹ – schwed. ›Öl‹ – hieß).

Mit dem Aufstieg der Städte erhielten auch diese Braurecht (Augsburger Brauordnung von 1155). Das Brauen wurde städtisch, genossenschaftlich oder von einzelnen Bürgerfamilien betrieben, auf deren Grundbesitz eine Braugerechtigkeit lag, oft wechselte jährlich die Ausübung des Braurechts (»Reihebrauen«); auch Spitäler oder Universitäten bzw. Professoren durften brauen und ausschenken. Im Spätmittelalter schlossen sich die – zunehmend professionell arbeitenden – Brauer zu zunftähnlichen Innungen zusammen (Symbol: Pentagramm; nicht-kanonisierter Schutzheiliger: Gambrinus). Die Produktionszentren hatten sich von Süd nach Nord, von den Klöstern in die Städte verlagert; Bier errang einen enormen ökonomischen, sozio-kulturellen und nutritiven Stellenwert. Die schlechte Wasserqualität in den Städten erhöhte die Nachfrage, wohl auch der starke Salzverbrauch; jedenfalls war die tägliche Flüssigkeitsaufnahme weit größer als heute. Als Lieferant von – wie wir heute wissen – Energie, Vitaminen und Spurenelementen spielte Bier eine große Rolle im Nahrungssystem. Auf symbolischer Ebene gelang es einigen Städten, dank strenger Brauordnungen ihr Bier zu einem Markenartikel zu machen. Solche Biere hatten einen hohen Stammwürze- und Alkoholgehalt (um 500, maximal 1700 kcal/l) und wurden von den Ärzten als sehr gesund und nahrhaft empfohlen – ein zumal durch die Transportkosten teures Luxusgut, das dem Gast vorgesetzt wurde, um standesgemäße Lebensführung zu demonstrieren. Daneben entstand für die heimischen, durch Bannmeilen und Zölle geschützten Märkte eine Unzahl mittlerer und schlechter Sorten von heller bis dunkler Farbe und von bitterem bis süßem Geschmack. Namen wie ›Speie‹ und ›Dünnebacken‹ lassen ahnen, wie es um deren Qualität bestellt sein mochte.

Die das Mittelalter überdauernde Macht der Hanse verdankte sich nicht zuletzt dem Bier-Export: Führende Braustadt war Hamburg, wo um 1500 ca. 300.000 Hektoliter produziert wurden, begehrt waren auch Biere aus Wismar, Danzig, Lübeck, Rostock, Stralsund oder aus den Binnenstädten Schweidnitz, Braunschweig, Goslar, Göttingen und Einbeck (dessen ›Bockbier‹ bis ins Osmanische Reich gelangte und später in Bayern nachgebraut wurde). Dagegen war die süddeutsche Produktion unbedeutend. Doch legten die bayerischen Herzöge mit landesweiten Brauordnungen – die von 1516 erlangte als »Reinheitsgebot« im 20. Jh. landesweite Gültigkeit – die Grundlage für den Nimbus Bayerns als Bierland:

Danach waren nur Wasser, Gerste und Hopfen zugelassen (ab 1602 auch Weizen; Hefe wird nicht erwähnt), was sowohl gesundheitsschädliche Beimischungen als auch die Einfuhr des rheinischen Grutbiers unterband.

Im 15./16. Jh. galt bei Adel und wohlhabenden Bürgern ein Jahreskonsum um 1000 Liter, teils auch das Doppelte, als gesund und standesgemäß. Da über die unfreie Landbevölkerung wenig bekannt ist, kann der Pro-Kopf-Verbrauch in Mitteleuropa mit 250-500 Liter (das sind 330-650 l für die über 15jährige Bevölkerung) nur grob geschätzt werden. Die größten Verbrauchsunterschiede bestanden zwischen den Ständen (Arme tranken Kovent oder dünnes »Halbbier«); zwischen Stadt und Land (wo teils noch Wasser oder Eigenversorgung durch primitiven Hausbrau dominierten); und zwischen Nord und Süd (Bier- und Weingebiete). Frauen tranken im Alltag kaum weniger als Männer desselben Standes; auch der Exzeß in der Tradition des archaischen Gelages, das vor allem bei Adel, Patriziat und den Zünften fortlebte, kam unter Frauen vor (Weiberzeche, Kranztrinken), wenn auch weit seltener – niemals aber kamen »ehrbare« Frauen und Männer zusammen zum Gelage; die Gemeinsamkeit des Trinkens war sozial und geschlechtlich auf Gleiche unter Gleichen beschränkt. Kinder tranken ebenfalls Bier; Starkbier und Wein wurden von den Ärzten aber erst ab dem 12. bis 14. Lebensjahr empfohlen.

Mit dem Dreißigjährigen Krieg setzte ein zwei Jahrhunderte währender Niedergang der Qualität und Quantität der Bierproduktion ein. Die Gründe lagen sowohl in der schleichenden Verarmung der handarbeitenden Schichten, die den Nahrungsspielraum und damit den Markt für kräftig eingebraute Biere verengte, als auch im Aufkommen einer neuen Trink- bzw. Genußmittelkultur: Zum einen machten die alkoholfreien Heißgetränke Kaffee und Tee, zum anderen der Branntwein den herkömmlichen vergorenen Getränken zunehmend Konkurrenz. Einzig einige Großstädte und süddt. Regionen (Württemberg, Salzburg, Böhmen) blieben beim Bier; vor allem Bayern mit seiner staatlich kontrollierten Brauwirtschaft: Obschon auch hier der Konsum zurückging, spielte der Branntwein eine geringe Rolle; und nicht nur schlechtes Leicht- und Grutbier waren gesetzlich verbannt, sondern es dominierte nun das um 1500 entwickelte, aufwendige untergärige Brauverfahren, das die Haltbarkeit verbesserte (daher ›Lagerbier‹).

19. und 20. Jahrhundert

In der ersten Hälfte des 19. Jhs. beschleunigte sich der Niedergang des Bieres dramatisch. In Preußen sank der Pro-Kopf-Verbrauch auf unter 20 Liter. Doch im Vormärz kündigte sich zugleich eine Trendwende an. Zum einen durch den Imagewandel des untergärigen, sog. »bayerischen«, später auch »böhmischen« Biers: Intellektuelle, Künstler und Handwerksgesellen in den Städten konnotierten das teure Lagerbier im Gegensatz zu den obergärigen heimischen Sorten, wie die Berliner *Weisse*, als modern, demokratisch und national; zum anderen auf dem Lande durch die Temperenzbewegung, die für die Substitution des Branntweins durch Bier agitierte (s.u.).

Im deutschen Kaiserreich wurde Bier dann wieder zu einem bedeutenden Wirtschaftgut, das seit der Jahrhundertwende fast die Hälfte der Ausgaben für Genußmittel ausmachte und wertmäßig den Steinkohlenbergbau überflügelte. Bei wachsender Sortenvielfalt drängten untergärige Biertypen (*Pilsener, Märzen, Bock*) die obergärigen in die Rolle regionaler Spezialitäten (daher seit den 1950er Jahren *Altbier*). Verwissenschaftlichte Großtechnik (Dampfkraft und -heizung, Kältemaschine, Reinhefezucht, Pasteurisierung) förderte den Ausstoß und Konsum; ebenso gezieltes Marketing: Bier symbolisierte – den industriellen Produktionsverfahren zum Trotz – nicht mehr Modernität, sondern Tradition und Respektabilität. Lagerbier wurde seit den 1880er Jahren zunehmend auf Flaschen gezogen, eine Absatzstrategie, die die Verhäuslichung des Konsums und die Zurückdrängung des Branntweins begünstigte. Das Brauen wurde ein kapitalintensives Geschäft, so daß zahlreiche Brauereien auf Aktienbasis umgestellt bzw. gegründet wurden, die zu expansiven Konzernen aufstiegen; Berlin – Sitz der größten Brauerei (Schultheiss) – und Dortmund überflügelten München als Produktionsstandorte. Der Pro-Kopf-Verbrauch verdoppelte sich bis 1900 (von rund 60 l 1870 auf 120 l, d.s. 150 l für die über 15jährige Bevölkerung). Damit war der Zenit erreicht; dank Steuererhöhungen und Antialkoholbewegung fiel er bis 1913 wieder um ein Siebentel. Dennoch war das Bier nun etabliert. Vor allem die wachsende Industriearbeiterschaft hatte vom Schnaps zum Bier gewechselt; zugleich ging der Alkoholkonsum in den Fabriken zurück und verlagerte sich in die arbeitsfreie Zeit – Bier wurde vom unentbehrlichen Nahrungs- und Stärkungsmittel zum bloßen Genußmittel.

Dabei avancierte das bürgerlich-respektable Bier zum »sozialdemokratischen Saft«. Um 1900 lag der Verbrauch in der Arbeiterschaft höher als bei Angestellten und Beamten, wobei bereits ein sozialer Angleichungsprozeß eingesetzt hatte (während die regionalen und geschlechtsspezifischen Unterschiede beträchtlich blieben). Eine zentrale Institution der proletarischen Beziehungsnetze und somit auch der Arbeiterbewegung war die Kneipe – zumal als ihr während der Sozialistengesetze andere Versammlungsräume verschlossen waren. Wie in Skandinavien und den USA wurde der Kampf gegen das sittlich und politisch »verderbliche« Wirtshaus ein zentrales Anliegen der bürgerlichen Sozialreform: die sog. »Alkoholfrage« wurde zunächst als Problem der Arbeiterschaft definiert. Entsprechend zögerlich nahm die Arbeiterbewegung gegen den Alkoholmißbrauch Stellung. Nach der Jahrhundertwende aber vertrat auch die Führung der deutschen Sozialdemokratie den »Mäßigkeitsstandpunkt«; in Österreich, Belgien, Frankreich und der Schweiz in Teilen sogar die Abstinenz. Ihre Klientel beeindruckte dies zunächst wenig; das prestigeträchtige Getränk ließ sie sich von niemandem streitig machen. Die neue Konsumentenmacht nutzend, organisierten Gewerkschaften vielmehr monatelange »Bierboykotte« gegen bestreikte Brauereien, exemplarisch in Berlin 1894; solche Aktionen gab es auch in Österreich. In Bayern dagegen führten Preiserhöhungen zu spontanen »Bierkrawallen«, da Bier noch weithin als Nahrungsmittel galt – für Münchener Bauarbeiter war ein Jahreskonsum von 2000 Litern nicht ungewöhnlich.

Dank des Reinheitsgebots, das 1906 auch im Norddeutschen Brausteuergebiet verbindlich wurde, und der darauf zugeschnittenen untergärigen Brautechnologie gewann das deutsche Bier Weltruhm, so wie umgekehrt der Stolz auf dieses Getränk zum Bestandteil nationaler Identität avancierte. Doch auch in Österreich (Böhmen, Salzburg, Wien) verlief die Produktions- und Konsumentwicklung in vergleichbaren Bahnen; hier war der Durchschnittsverbrauch um 1900 auf rund 90 Liter (Cisleithanien) gestiegen. Ähnlich die Entwicklung in der Schweiz, wo die Brauer zudem von der Reblaus profitierten, die die Weinstöcke vernichtet hatte; hier betrug der Verbrauch zur Jahrhundertwende 65 l und erreichte danach Spitzenwerte von 85 l. Nahezu unbekannt war Bier dagegen in Italien (1 l). Weitere Länder mit moderner Brautechnologie und relativ hohem Konsum waren um 1900 Dänemark (95 l) und Schweden (60 l); die beiden Länder mit dem höchsten Pro-Kopf-Verbrauch aber hielten an älteren Brautraditionen fest: Belgien (220 l), wo teils sehr altertümliche Verfahren überlebten (*Lambic, Faro*), und Großbritannien (140 l), wo noch obergärig gebraut wurde (*Ale, Porter, Stout*). In den USA (95 l) verwendeten die – meist deutschstämmigen – Brauer neben Gerste auch Mais und Reis (z.B. für das von der Brauerei Anheuser-Busch kreierte *Budweiser*). Die zur Jahrhundertwende ausgeprägten Sortenpräferenzen und Images des Bieres blieben bis in die Gegenwart wirkmächtig; dagegen waren die Konsummengen starken Schwankungen unterworfen.

Die Zwischenkriegszeit war in vielen Ländern durch ein einmalig niedriges Konsumniveau von Alkoholika, somit auch von Bier, gekennzeichnet. Modellgebend waren die USA, wo die Prohibitionsgesetze lediglich alkoholfreies Bier zuließen; nach deren Aufhebung 1933 lag der Verbrauch bei 60 Liter. In der gleichen Größenordnung – rund die Hälfte niedriger als um 1900 – bewegte er sich auch in Deutschland. Die Brauwirtschaft versuchte durch Fusionen und Rationalisierung dem Absatzeinbruch zu begegnen; in Deutschland entstand durch die Verbindung mit Brennereien der erste Getränkekonzern (Schultheiss, heute: Brau und Brunnen). Als nach dem Zweiten Weltkrieg der Bierverbrauch wieder kräftig zunahm, bedeutete dies nur eine kurze Atempause in diesem Konzentrationsprozeß. Zumal kleinere Länder gingen hierbei voran und machten ihre Marken zu Exportschlagern (Niederlande, Dänemark, Irland). Nur in Deutschland haben sich neben Großkonzernen noch über 1200 Brauereien für die lokalen Märkte halten können (während Großbritannien mit 60 auskommt); sie bringen nicht weniger als fünftausend Sorten in den Handel. Die Aufhebung des deutschen Reinheitsgebots durch die EU hatte nicht die befürchtete Importbier-Schwemme ausgelöst (weiterhin bleibt die Bezeichnung ›Bier‹ geschützt), doch landesweit vertriebene Premium- auf der einen und billige Dosenbiere auf der anderen Seite bringen die lokalen Märkte und zeitintensiven Brauverfahren ins Wanken. Gleiches gilt für den abgeschotteten Schweizer Markt, wo 1991 das sechs Jahrzehnte herrschende Bierkartell endete. Die Haupterzeugerländer sind die USA und Deutschland (24 bzw. 11 Mrd. Tonnen); den höchsten Pro-Kopf-Verbrauch weisen Tschechien, Deutschland, Australien, Belgien, Dänemark, Irland und Österreich mit 110 bis 140 Litern auf, die Schweizer trinken rund die Hälfte.

Wein

Sämtliche achttausend Rebsorten stammen von einer einzigen Traube ab. Die Spuren der *vitis vinifera* weisen in den Kaukasus und das Land Ararat. Da Wein auch ohne menschliches Zutun vergärt, dürfte sein Gebrauch weiter zurückreichen als der des Biers. Das Produktionsprinzip besteht darin, die Trauben zu Most zu zerstampfen – bis in die Frühe Neuzeit geschah dies meist mit den Füßen, doch waren schon früh mechanische Pressen (Kelter) bekannt – und diesen vergären zu lassen; freilich kamen nach und nach zahlreiche weitere Technologien hinzu, von der Züchtung bis zum Nachreifen.

Erst für die Sumerer und Ägypter im 4. Jt. v. Chr. ist belegt, daß sie systematisch ein Getränk hergestellt haben, das mit unserem Wein vergleichbar ist (die älteste noch angebaute Rebsorte, Gutedel/Chasselas, stammt aus Ägypten). Damit war der ewige Streit zwischen Wein und Bier eröffnet. Die getreidereichen Bewässerungskulturen entschieden sich für das Bier – Traubenwein war den Reichen und dem Kultus vorbehalten (verbreiteter war zunächst der auch zum Brauen benötigte Dattelwein). Ähnlich China: Wein wurde hier erst nach der Zeitenwende importiert, noch später selbst erzeugt, und blieb stets ein Luxusgetränk. Weinkulturen par excellence bildeten sich dagegen im östlichen Mittelmeerraum aus sowie in Kaukasien und Persien, wo der bislang älteste Weinkrug gefunden wurde (6. Jt. v. Chr.).

Judentum

Die Bibel hatte in Noah zwei verschiedene Gründungsmythen vereint: Stammvater der neuen Menschheit und Weinbringer. Wein und Kultur gehörten untrennbar zusammen. Die Sippe der Rechabiter baute kein Haus, bestellte keinen Acker und pflanzte keinen Weinberg (Jer. 35,5ff); diese Nomaden waren Gott zwar wohlgefällig, doch standen sie außerhalb, besser: vor der Kultur. Für die Juden war die Rebe die Kulturpflanze schlechthin; Brot, Öl und Wein symbolisieren die Nahrung, die Arbeit und das Wohlergehen des auserwählten Volkes. Noch Jesus sagt: »Ich bin der wahre Weinstock und mein Vater ist der Weingärtner« (Joh. 15,1). Zu Kanaa verwandelte er Wasser in Wein, und beim Abendmahl wird das Brot, das er bricht, und wird der Kelch, den er erhebt, zum neuen Bund mit Gott.

In Abgrenzung zu ekstatischen Riten der umwohnenden Heiden wird in der Schrift zumeist ein strikteres Ideal der Mäßigung vertreten. Doch bereits Noah – nachdem er den Bund mit Gott geschlossen und einen Weinberg gepflanzt hatte – tat zuviel des Guten: »Und er trank von dem Weine und ward trunken, und er entblößte sich in seinem Zelte« (1. Mos. 9,21). Worauf er seinen Sohn Ham verfluchte, da dieser nicht den Kopf abgewandt hatte; zum Gebiet des Stammes Ham, dem Land Kanaan, aber gehörten dann Sodom und Gomorrha. Sexuelle Ausschweifung, Gewalttäigkeit und Gottlosigkeit sind böse Folgen des Übermaßes. »Weh denen, die des morgens früh sich aufmachen um starkem Getränk nachzulaufen und bis spät am Abend bleiben« (Jes. 5,11). Freilich verdammt die Schrift den Wein nie und die Trunkenheit nicht durchgängig, denn der Mensch braucht bisweilen Tröstung im irdischen Jammertal: »Daß der Wein erfreue des Menschen Herz« (Ps. 104,15).

Griechen und Römer

Wohl von den Phönikern, den biblischen Kanaanitern, gelangte der Wein in die Ägäis. Im 2. Jahrtausend war er in Kreta und Mykene ein hochgeschätztes Getränk. Von Homer (8. Jh. v. Chr.) hören wir über die Rolle des Weins als Trankopfer und als Nahrungs- und Stärkungsmittel. Doch er ist mit Vorsicht zu genießen: Beim Wein werden prahlerische Versprechungen gemacht; es kann zum tödlichen Streit kommen; die stärkende Wirkung kann ins Gegenteil umschlagen. So rät etwa Odysseus dem Achill, den Kriegern vor der Schlacht Brot und Wein zu geben: »Denn darin liegt Mut und Kampfeskraft« (IL 19,160f); dagegen lehnt Hektor den Trank, den ihm Hekabe bietet, ab: »Reiche mir nicht den Wein, den honigsinnigen, hehre Mutter. Daß du mir nicht die Glieder lähmst, und ich Mut und Kraft vergesse« (IL 6,258ff).

Grundsätzlich sollte der Wein mit Wasser gemischt sein; das Verhältnis schwankte je nach Sorte und Anlaß zwischen 1:1 und 1:5. Beim Symposion, dem pazifizierten Relikt des archaischen Trinkgelages, bestimmte der gewählte Symposiarchos Trinktempo und Mischungsverhältnis; enorme Mengen wurden dabei vertilgt, sich zu erbrechen war daher nicht unschicklich. Allein den Wein pur zu trinken, galt als Kennzeichen des Säufers. Zu Demonstrationszwecken wurden den jungen Spartiaten alljährlich Heloten vorgeführt, die sich mit unverdünntem Wein betrinken mußten. Schreckliche, immer wieder zitierte Beispiele lieferte auch die Historie: Daß der Spartanerkönig Kleomenes (ca. 520-487 v. Chr.) dem Wahnsinn verfiel und sich ins Schwert stürzte, schrieb man seiner Angewohnheit zu, den Wein »nach skythischer Art« pur zu trinken. Im fernen Samarkand im Winter 327/328 v. Chr., als beim Bankett nach Landesart ungemischter Wein aufgetragen war, erschlug Alexander d. Gr. im Streit seinen Freund und Lebensretter Kleitos – vom Entsetzten gepackt, wich er drei Tage nicht von der Leiche.

Unbeschadet seiner Gefahren, war der Wein selbstverständlicher Bestandteil der Nahrung und viel besungenes Rauschmittel. Letzteres vor allem bei den zahlreichen Festen; hier hatte sich seine sakrale Funktion als Mittler zwischen profaner und heiliger Welt, zwischen Menschen und Göttern ungebrochen erhalten. Gott des Weines wurde Dionysos Bromios, der »Rasende« (vgl. die Namen Wodan und Odin). Um ihn entwickelten sich in klassischer und hellenistischer Zeit ekstatisch-orgiastische Kulte, die bis nach Indien drangen.

In homerischer Zeit war der Wein nach Italien gekommen. Unter seinem lydischen Namen Bacchus eroberte Dionysos auch den römischen Pantheon. Im Jahre 186 v. Chr. verbot der Senat die Bacchanalien, über 7.000 Anklagen wurden eröffnet; doch lebte der Kult im Verborgenen weiter und wurde in der Kaiserzeit wieder zugelassen. Auch das Symposion wurde übernommen (Convivium). Wein wurde zum wichtigsten Agrarprodukt. Über die Anbaumethoden erschienen Lehrbücher, wie das des Varro und des Columella im 1. Jh. n. Chr.; die Ausfuhren allein nach Gallia Narbonnensis erreichten ca. 150.000 Hektoliter. Denn 90 n. Chr. wurde die Produktion außerhalb Italiens untersagt; solche bis ins 3. Jh. reichenden Verbote zeitigten aber wenig Erfolg, und in den Provinzen, wie Gallien und Germanien, erblühte der Weinbau.

Die Römer machten eine Wissenschaft aus dem Wein; hier wird er erstmals rational-systematisch als Genußmittel betrachtet. 185 verschiedene Sorten sind überliefert. Zahlreich waren, wie schon in Griechenland, die erlaubten und unerlaubten Zusätze; bis heute erhalten hat sich das Harzen des Weins um der Haltbarkeit willen. Bevorzugt wurden kräftige, süße Weine (einige waren so stark, daß sie beim Erhitzen eine Flamme abgaben). Zum Mischen standen in den Tavernen erwärmte Wasserkessel bereit; endlos sind die Klagen über die betrügerischen Wirte, die zuviel Wasser oder mindere Sorten zusetzten. Ein Gast hatte an die Wand einer Taverne in Pompeji gekritzelt: »Du trinkst ungepanschten Wein, aber den Gästen schenkst du Wasser ein.« Das höchste Prestige genossen Importe aus Griechenland, als bester heimischer Wein galt der rote und weiße Falerner. 15 Jahre sollte er reifen, manche Jahrgänge hielten sich über 100 Jahre. Hochgeschätzt waren auch die Weine vom Vesuv, vor denen Plinius allerdings warnte, da sie einen Kater erzeugen würden. Wenngleich ausgereifter Wein bevorzugt wurde, war auch der ganz frische begehrt; der römische Primeur wurde ab dem 23. April, zum Fest der *vinalia priora*, ausgeschenkt.

Unter den Gebildeten gab es etliche, die das Übermaß verabscheuten. Seit der späten Republik sahen sie sich als Zeugen eines unaufhaltsamen Sittenverfalls, der sich in Ungehorsam und unnatürlicher Maßlosigkeit zeige – vor allem im Trinken. Am ausführlichsten die Kritik Plinius' d. Ä., der zwar 80 Weinsorten beschreibt, doch den Exzeß wortreich verdammt – als ob »der Wein nur dazu gemacht wäre, durch den Leib gesiebt zu werden«. Seneca erinnert an die ruchlose Tat des Alexander und warnt: »Sobald die überwältigende Kraft des Weins die Herrschaft über uns gewonnen, tritt jedes bisher verborgene Laster zu Tage.« Der

Konsum war mit dem Reichtum Roms stark angestiegen. Gerade in den herrschenden Schichten wurde exzessiv getrunken. So mußte Cicero dem Marcus Antonius zornbebend vorhalten, er habe sich im Senat »erbrochen und mit nach Wein riechenden Speisebrocken seinen Schoß und seinen ganzen Sitz besudelt«. Manche Kaiser, wie Tiberius – als Biberius verspottet –, waren zeitweise wegen Trunkenheit geschäftsunfähig.

Die Unentbehrlichkeit des Weins in der Diätetik, als Nahrungs-, Stärkungs- und Heilmittel stand dagegen außer Zweifel. Auch Sklaven sollten ihr tägliches Quantum bekommen – schon um ihre Gesundheit und somit ihren Wert zu erhalten. In mythischer Zeit soll ein strenges Weinverbot für verheiratete Frauen gegolten haben; in der Kaiserzeit hatte es jedenfalls keinerlei Bedeutung, wenngleich weibliche Trunkenheit stärker geächtet war. Der Diskurs über die Trunkenheit bewegte sich zum einen in den Bahnen fast aller vormodernen Kulturen: der Nutzen des Weins wurde gepriesen, das Übermaß verurteilt, und eine Vorstellung von einer Krankheit Alkoholismus war nicht entwickelt. Zum anderen aber zeigten antik-mediterrane Trinkkulturen ein Strukturmerkmal, das erst wieder im Spätmittelalter mit Macht hervortreten wird: der Wein war ein profanes Getränk geworden, hatte seine sakrale Funktion eingebüßt – der Rausch als fundamentale Seins- und Erkenntnisweise war zur Disposition gestellt, wurde zum bloßen Vergnügen.

Mittelalter und Frühe Neuzeit

In der Kaiserzeit hatten griechische Experten Weinberge an Rhein, Mosel und Südbritannien angelegt, und die rechtsrheinischen Germanen importierten vereinzelt Wein, doch erst mit dem Christentum setzte er sich nördlich der Alpen durch. Im Gegensatz zum Bier trug er nicht das Stigma eines heidnisches Tranks. Vor allem Mönche sorgten für seine Verbreitung. Dabei wurde der Wein auch re-sakralisiert. So war er als Trankopfer für den Kultus des Abendmahls unerläßlich. Wo es Christen gibt, gibt es auch Wein. Nur in Notzeiten mußten Bettler und Landleute Wasser trinken. Die freiwillige Ablehnung der Gottesgabe aber galt als Gradmesser des Strebens nach Vollkommenheit – konnte jedoch auch leicht den Verdacht der Häresie erregen (nicht immer zu Unrecht, lehnten doch z.B. Katherer den Wein ab). Zum anderen: Aus dem Zerfall antiker Zivilisation und Staatlichkeit erwuchs erneut eine archaische Welt, die allein personale Beziehungsnetze und magische Wissenssysteme kannte. Für den Wein hieß das, daß sein symbolischer Stellenwert stieg – und seine Qualität sank.

Hochwertiger Wein muß unter Luftabschluß nachreifen, soll er nicht zu Essig werden. Ägypter, Griechen und Römer verstanden es, luftdichte Amphoren herzustellen – Qualitätswein wurde mit Angabe des Erntejahres und der Lage eingelagert. Im Mittelalter aber wird Wein in Holzfässer abgefüllt; das Faß war eine Erfindung der biertrinkenden Germanen, das Karl d. Gr. in Unkenntnis des Gärprozesses auch für den Wein-Transport vorgeschrieben hatte. Beim Faß hielt nicht einmal das Spundloch dicht – technisch und wegen des Unterschleifs (für einen längeren Transport rechnete man auf 20 Fässer 1 Faß Schwund). Flaschen aus Glas, Metall oder Holz wurden nicht zur Lagerung verwendet, sondern um den Wein auf den Tisch zu bringen. Zwar versuchte man seit dem Hochmittelalter, ihn darin auch länger aufzubewahren, doch war der Verschluß aus Hanf und Öl nicht genügend gasdicht. So ist er bis weit in die Frühe Neuzeit ein Produkt, das frisch verbraucht sein will. Man kann auch eine Meisterschaft in der Pflege jungen Weins erwerben, wie Weinkunden seit dem Hochmittelalter nahelegen, doch die antike Qualität des Getränks ging weitgehend verloren.

Die Quantitäten waren dagegen enorm. Wie beim Bier hatten im Hoch- und Spätmittelalter Produktion und Verbrauch zugenommen. Um 1500 lag in oberdeutschen Städten der Pro-Kopf-Verbrauch von Erwachsenen bei 400 Liter, d.h. bei 1 Liter am Tag; konkret galten auch 3 bis 4 Liter nicht als unmäßig. Im Vergleich zum Bier war der Wein teurer und prestigeträchtiger. Im Süden kostete er das Zwei- bis Dreifache, im Norden das Zehn- bis Zwanzigfache, war hier also ein Luxusgetränk. Sein theologisch und diätetisch-medizinisch begründeter Wert erhob ihn zugleich symbolisch über Bier, Most und Met (dessen Verbrauch stark zurückging). So eignete er sich vorzüglich zum demonstrativen Verbrauch: Adel und dann auch Bürger pflegten den Gast mit möglichst großen Trünken zu ehren. Gegen die Unmäßigkeit bei Laien und Klerus zogen Prediger zu Felde, und es wurden Satiren verfaßt wie die »Wiener Meerfahrt«, in der sich eine Zecherrunde auf einem Schiff wähnt: einer wird »von Bord« geworfen und bricht sich auf der Straße die Glieder. Unstrittig war, Kranke und Wöchnerinnen mit großzügigen Weingaben zu stärken (eine Therapie, die sich bis ins 19. Jahrhundert halten sollte). Spitäler und Aussätzigenheime verfügten meist über eigene Weinberge; Klöster und Grundherren, zumal geistliche, zogen, wo immer dies örtlich möglich war, Gewinne aus dem Wirtschaftsgut Wein. Etliche Städte wurden durch den Weinhandel reich, wie Köln und Straßburg, wo im 15. Jahrhundert eine Million Hektoliter umgesetzt wurden. Die Nachfrage führte zur Ausdehnung der Anbaugebiete, die sich schließlich im Westen bis Mittelengland, im Norden bis Dänemark, im Osten bis zur Memel erstreckten. In Deutschland war die Anbaufläche um 1500 vier- bis fünfmal so groß wie heute. Der nördliche Wein war zwar sauer, aber durchaus begehrt. So exportierten die Berliner bis nach Rußland. Über die Qualität sagt dies wenig: Wein wurde kreuz und quer durch Europa geschickt, im Glauben, er werde durch den enorm kostenintensiven Transport mit jeder Meile besser.

Der Wein war nicht selten mit Kräutern und Gewürzen versetzt und wurde auch warm getrunken. Nur gute Sorten wurden zu Rot- oder Weißwein; meist glich der Wein einem leichten Rosé. Ihn mit Wasser zu mischen, war nicht unüblich, aber nicht mehr die Regel – sieht man vom heimlichen Strecken ab. Die Methoden der Weinfälscher reichten vom Umetikettieren der Fässer bis zu alchimistischen Geheimmitteln, wie Kupfervitriol. 1494 heißt es bei Sebastian Brant: »Vor allem darf der Wein nicht bleiben, nur Fälschung tut man mit ihm treiben: Salpeter, Schwefel, Totenbein, Weidasche, Senf, Milch, Kraut unrein, stößt man durchs Spundloch in das Faß; (...) viel Krankheit kommen auch daraus, und mancher fährt ins Totenhaus.« Weinfälschern wurden die Wangen durchstochen, sie wurden ausgepeitscht und mußten hohe Geldbußen zahlen, kam jemand zu Schaden, drohte das Rad – genützt hat dies wenig.

Als im 16. Jh. der langfristige Verfall der Reallöhne einsetzte, war der Gipfelpunkt der Verbrauchskurve überschritten; Wein wurde bei den Ärmeren durch Bier, teils durch Most ersetzt. Allmählich zog sich der Anbau auf die älteren Weingebiete zurück.

So verschwanden sie in Polen fast völlig; in Deutschland, Österreich und der Schweiz sind sie seit dem frühen 19. Jh. im ganzen unverändert. Die nördlichsten Lagen blieben in Sachsen und Schlesien erhalten (und seit den 1950er Jahren wieder in Südengland; bis in die 1920er Jahre auch in Posen und Brandenburg). Die Aufhebung der Klöster durch die Reformation, der Dreißigjährige Krieg, sinkende Einkommen und eine säkulare Kälteperiode sowie die Konkurrenz mediterraner Weine, des Branntweins und der neuen Heißgetränke waren für den Rückgang verantwortlich. Hinzu kamen gestiegene Qualitätsansprüche bzw. Weiterentwicklungen der Weinkultur: Nicht jede Lage schien mehr geeignet, die Sorten wurden besser gepflegt. Der Wein wurde nun nach der Faßlagerung in Glasflaschen abgefüllt, die mit einem Pfropfen aus der Rinde der iberischen Korkeiche verschlossen wurden. Erst der fast gasdichte Korken ermöglichte ein Wiederanküpfen an die antike Praxis, den Wein sorten-, lage- und jahrgangsrein auszubauen und in der Flasche reifen zu lassen. Der Weingenuß konnte wieder zu einer Wissenschaft werden.

19. und 20. Jahrhundert

Die Qualitätssteigerung hatte allerdings ihren Preis: Wein wurde außerhalb der nun räumlich konzentrierten Anbaugebiete ein reines Luxusgetränk für Adel, Großbürger und Gebildete; Ärmere lernten ihn allenfalls als Arznei kennen. Klassik und Romantik sind ohne diesen Stoff der Intuition kaum vorstellbar; letztere suchte den Rausch sogar als »dionysische« Erkenntnisweise zu rehabilitieren. Deutsche Intellektuelle erhoben das Gelage zur sublimen »Zechkunst« und die Trunkenheit zur Nationaltugend, dabei ihre tiefe »Kultur« gegen die oberflächlich-kalte »Zivilisation« des Westens abgrenzend. Des ungeachtet heißt es bei der Weinprobe in Auerbachs Keller: »Ein echter deutscher Mann mag keinen Franzen leiden, doch ihre Weine trinkt er gern.« Goethe verbrauchte zwei bis drei Flaschen am Tag, was sein Chronist Eckermann als »nie übermäßig« wertete. Als beste Rotweine galten die französischen (Bordeaux u.a.), als beste Weißweine die deutschen (Rheinfall u. a.). Neben das Wissen der Winzer trat das der Biochemiker; Pasteur machte seine bahnbrechenden Versuche zum Nachweis der Existenz der Mikroorganismen mit Hefen. Dennoch blieb guter

Wein rar und teuer; seine Produktion ließ sich nicht im gleichen Maße industrialisieren wie die von Bier und Branntwein. Die Preise zogen zusätzlich an, als in der zweiten Hälfte des 19. Jhs. aus Amerika eingeschleppte Schädlinge (Reblaus, Mehltau) weite Anbaugebiete vernichteten, die mühsam unter Verwendung resistenter Reben aus Übersee rekultiviert werden mußten. In Frankreich, dem wichtigsten Erzeugerland, ging weit über die Hälfte der Rebfläche verloren; neue Weinbauregionen entstanden: so emigrierten französische Winzer mit ihren noch nicht befallenen Rebstöcken nach Algerien und Spanien (Rioja).

Seinen Status als exklusives Getränk der Reichen und Gebildeten behauptete der Wein bis in jüngere Zeit. Allein in den Weingebieten bzw. Weinländern war und blieb er Alltagsgetränk. Um 1920 war der Pro-Kopf-Verbrauch im Jahr mit rund 175 Litern am höchsten in Frankreich sowie in Italien und Spanien (um 100 l); in Deutschland (5 l) und den USA (3 l vor der Prohibition) dagegen glich er dem Spirituosenverbrauch; im nicht-weinerzeugenden Großbritannien lag er sogar bei 1 Liter; auch in Österreich war er moderat (Cisleithanien: 17 l); eine Mittelstellung nahm die Schweiz ein (um 50 l), wo sich der Konsum in den romanischen Kantonen konzentrierte; hinzu kam hier der bis in die 50er Jahre einmalig hohe Mostverbrauch (30-40 l; in Deutschland um 2 l).

Erst nach dem Zweiten Weltkrieg wurde der Wein außerhalb der Anbaugebiete demokratisiert. Und zwar als reines Genuß- und nicht als Stärkungs- und Nahrungsmittel; in der Medizin wurde er gänzlich durch chemische Präparate verdrängt. In den 50er Jahren bewirkten süße, wenig durchgegorene Getränke mit Namen wie »Liebfrauenmilch« den Durchbruch zum Massenkonsum. In riesigen Tanks wurden sie nach dem neuesten Stand der Lebensmittelchemie und -technik fabrikmäßig produziert. In den USA und der Bundesrepublik stieg der Verbrauch um das Vier- bis Fünffache (der Anstieg in der DDR blieb ca. 10 l unter dem der BRD und erreichte rund 15 l), in Österreich um gut das Doppelte. Anders die Weinländer: In der Schweiz fiel er aufgrund gegenläufiger Trends und der Substitution von Most durch Wein nur geringfügig; aber in Frankreich, später auch in Italien, Spanien, Argentinien und Portugal sank er dramatisch. Die wichtigsten Erzeugerländer bleiben dessen ungeachtet weiterhin Italien und Frankreich. Mit je 5 bis 6 Mrd. Tonnen steuern sie somit das meiste zur Überproduktion in der EU bei; Deutschland erzeugt rund eine, Österreich 0,2 und die Schweiz 0,1 Mrd. Tonnen. Zur Vernichtung der Überschüsse werden absurd unökonomische Wege beschritten: So wird Wein zu Sprit, Essig und Dosagezucker umsubventioniert. Das 20. Jh. brachte eine durchgreifende Verrechtlichung der Weinwirtschaft. Anknüpfend an die ins Mittelalter reichende Tradition landesherrlicher und städtischer Mandate einerseits und die freiwilligen Regularien vor allem französischer Erzeuger anderseits bildete sich ein hochkomplexes Rechtssystem und eine entsprechende Bürokratie; für jede der derzeit sieben »Weinbauzonen« der EU gelten dabei andere Bestimmungen, in die zudem nationale Qualitätsstandards einfließen (wobei der Wein in Deutschland seit 1925 im Gegensatz zu allen anderen Alkoholika unbesteuert bleibt). So prämieren die mitteleuropäischen Systeme das Mostgewicht und somit den Zuckergehalt. Seit den 70er Jahren sind indes die trockenen (und somit oft alkoholreicheren) Weine auf dem Vormarsch, was einen epochalen Geschmackswandel bedeutet: immer war es der süße, »honigsinnige« Wein, der als vollkommen galt. Die Entsüßung des Weins war im England des 17. Jhs. eingeleitet worden (*Dry Sherry*) und ist nun ein Massenphänomen. Da Wein sich vorzüglich eignet, soziale Distinktion zu demonstrieren, könnte eine Renaissance des lieblichen Tropfens bevorstehen. Insgesamt ist von den einstigen Geschmackspräferenzen wenig geblieben; gleiches gilt für zentrale Trinkmotive und -rituale und erst recht für die Konsummengen. Einzig die Tradition der Weinfälschung scheint ungebrochen; immer wieder erschüttern Skandale das Image; dennoch zeitigt die Weinbürokratie – bzw. die immer feineren Analyseverfahren – durchaus Erfolge: wohl noch nie dürfte es so viele unverfälschte Weine gegeben haben wie heute.

Schaumwein

Da bei der Gärung Kohlensäure frei wird, kannte man schon immer moussierenden Wein; in Frankreich wurde er bereits im Spätmittelalter auf Flaschen gezogen. Doch erst die Einführung des Korkverschlusses ermöglichte es, diesen Effekt durch Nachgärung gezielt zu steigern. Mitte des 17. Jhs. wurde in England begonnen, Schaumwein zu produzieren. Die Legende schreibt diese Erfindung dem Kellermeister Dom Pérignon aus Hautvillers zu. In der Tat hatten er und andere Mönche um 1700 die Technologie des Verschneidens (*Cuvée*) und der künstlichen Nachgärung mittels Zugabe von Most und Zucker (*Dosage*) perfektioniert – mit 3 bis 5 atü war der Geist in die Flasche gesperrt. Der nach seinem Hauptproduktionsort »Sillery-Champagner« genannte Göttertrank eroberte rasch die Höfe Europas. Seit 1800 ist er klar wie Wein, Dank des von der Fa. Clicquot entwickelten *Remuage*-Verfahrens, mit dem das Sediment entfernt wird.

Zunehmend wurde das Adelsgetränk auch im wohlhabenden Bürgertum populär. Klagen, wie die eines Hamburger Arztes 1840 über »das so häufige Champagner-Trinken«, waren freilich maßlos übertrieben. Das galt selbst für die preiswerteren Nachahmungen aus heimischer Produktion (in Deutschland seit 1826). Deren protzige Aufmachung kontrastierte nicht selten mit dem Inhalt (Kunstwein, Einpressen von Kohlensäure etc.); Thomas Mann läßt im »Felix Krull« urteilen: »Vor acht Tagen habe ich mich verleiten lassen, eine halbe Flasche davon zu trinken, und noch heute hat meine Natur sich nicht von diesem Angriff erholt.« Gemeinsam war Original und Imitat oft nur der hohe Zukkergehalt (die heute beliebte Geschmacksrichtung *brut* – d.h. roh – kam fast nicht in den Handel). Immerhin war »Schampus« so beliebt, daß das Deutsche Reich mit der Sektsteuer den Flottenbau finanzieren half. Zumal nach dem Ersten Weltkrieg wurde hier auch vorzüglicher Champagner produziert: Seit dem späten 18. Jh. waren Winzer in die Champagne ausgewandert (Bollinger, Krug, Mumm, Heidsieck, Geldermann u.a.); im Krieg wurden die nichtnaturalisierten Familien enteignet und stellten ihr Produkt fortan in Deutschland her – laut Versailler und Madrider Vertrag von 1919 bzw. 1932 allerdings unter dem Namen ›Sekt‹. (Das Wort – aus vino secco, also Trockenbeerenauslese – meinte eigentlich schweren Südwein; um 1820 war es im trinkfreudigen Berliner Künstlerkreis um E.T.A. Hoffmann für Champagner benutzt worden und setzte sich Ende des Jhs. in dieser Bedeutung durch.)

Die Deutschen haben heute den höchsten Schaumweinkonsum; mit 5 Litern pro Jahr liegt er auf dem Niveau des Gesamtweinverbrauchs der Zwischenkriegszeit (im Champagnerverbrauch führend sind Frankreich, Deutschland, Schweiz und USA). Um die

Bezeichnung des prestigeträchtigen Getränks wird erbittert gerungen: Daß sich in der BRD nur heimische Produkte ›Sekt‹ nennen dürfen, während importierte als ›Schaumwein aus Wein‹ zu deklarieren sind, hatte der Europäische Gerichtshof untersagt. Frankreich setzte sogar das Verbot der Zusatzbezeichnung ›méthode champenoise‹ durch; auch wenn ein Sekt so produziert wird, darf dies nur ›traditionelles Verfahren‹ heißen. Seit 1919 unverändert gilt, daß sich allein der nach dieser Methode aus bestimmten Rebsorten in der Champagne erzeugte Schaumwein Champagner nennen darf – die erste europaweit geschützte Herkunftsbezeichnung (in den USA heißt selbst das billigste Imitat weiterhin ›Champaign‹). Champagner bleibt nicht zuletzt dank künstlicher Hochpreispolitik eines der letzten Luxusgetränke; dagegen ist der – teils hervorragende – Sekt in den letzten Dekaden demokratisiert worden und konnte sich dennoch ein außeralltägliches Flair bewahren – das »Sterne trinken«, wie Dom Pérignon gesagt haben soll.

Spirituosen

Der Gärprozeß stoppt, wenn in der Flüssigkeit ein Alkoholgehalt von 14 bis 20 Vol.-% erreicht ist; um stärkere Mischungen zu erhalten, muß das Wasser vom Alkohol getrennt werden. Eine Methode stellt das Einfrieren dar. Die unterschiedlichen Gefrierpunkte von Wasser und Alkohol sollen sich schon die Chinesen im 1. Jt. v. Chr. zunutze gemacht haben, um konzentriertes Reisbier herzustellen – wahrscheinlich die erste synthetische Droge; wohl bereits im Mittelalter wurde das Fraktionieren in Osteuropa bekannt, und auch heute wird auf diese Weise Starkbier (»Eisbock«) produziert. Effektiver und präziser aber lassen sich die unterschiedlichen Siedepunkte nutzen: Beim Destillieren bzw. Brennen steigt der Alkohol – idealiter – in einen Kühler auf (Helm, *Alembik*), während das Wasser in dem auf 78° C erhitzten Kolben verbleibt (Blase, *Cucurbita*).

Mittelalter und Frühe Neuzeit

Diese Technik soll mal auf alexandrinische, mal auf arabische Gelehrte zurückgehen; auch irische Mönche, chinesische Weise, indische Gurus und sibirische Schamanen werden als Erfinder genannt. Tatsächlich dürfte die Weindestillation im 11. Jh. an der Universität von Salerno entstanden sein; erstmals erwähnt wird sie beim Magister Salernus (gest. 1167). Denkbar ist, daß arabische Alchimisten die Destillation von Rosenwasser bereits auf den Wein übertragen hatten; allerdings fand sich hierfür kein Beleg. Alle anderen Theorien gehören ins Reich der Legende. So wurden im nachchristlichen Alexandrien zwar Destillierapparate entwickelt, aber kein Weingeist erzeugt, da man mit zu hohen Temperaturen arbeitete, und zu den innerasiatischen Turkvölkern gelangte eine simple Destilliertechnik erst im 14. Jh.

Die Kunst, aus Wein brennendes Wasser – *aqua ardens* – zu machen, war zunächst ein wohlgehütetes Geheimnis: Die Alchimie spürte den Kräften nach, die die Welt zusammenhalten. Dazu suchte sie, den Schlüssel der Wandlungen zu finden (Stein der Weisen) und Substanzen zu extrahieren, die das Wesen der Dinge in ihrer letzten, »feinstofflichen« Form darstellen (Quintessenz) – beides vereint das *aqua ardens*: Es überschreitet die Grenzen der vier Elemente und ist zugleich die Quintessenz eines der am höchsten geschätzen und symbolbeladenen Stoffe, des Weins. Nicht weniger als die Lebenskraft selbst hatte man isoliert: das *pneuma* bzw. den *spiritus*. Von Süditalien aus drang die Kunde im 13. Jh. in die Alchimisten-Zirkel des Orients und Okzidents. Durch mehrmalige Destillation (Rektifizierung), auch durch Zugabe von Brennkalk, erhielt man immer stärkeren Stoff, der zugleich reiner war, da giftige Bestandteile wie Fuselöle und Methanol abgetrennt wurden. Albertus Magnus, Raimundus Lullus, Taddeo Alderotti und besonders Arnaldus Villanova, der ruhelose Arzt und Goldmacher, priesen den Weingeist als Jungbrunnen, Helfer gegen alle Krankheiten, Protektiv gegen die Pest, kurz als Lebenswasser: *aqua vitae* (vgl. Eau de vie, Aquavit, Whiskey).

Die Propaganda für den Zaubertrank führte dazu, daß das Geheimnis nicht zu bewahren war. Apotheker wurden privilegiert, »geprent wyn« herzustellen und feilzubieten, z.B. 1351 in Berlin. Bald mußten die Stadträte in Nürnberg, Würzburg, Frankfurt oder Colmar gegen Weinfälschung mittels Branntwein einschreiten – Importwein war bereits teurer als aufgespritete Fälschungen. Freilich blieb der gebrannte Wein ein Luxus, vor allem wegen der hohen Energiekosten (obschon sich das Abfallprodukt, die

Schlempe, gut an Viehzüchter verkaufen ließ). In den Städten und Klöstern wurden zahllose Frucht- und Kräuterliköre entwikkelt – eine ausnahmsweise einmal schmackhafte Medizin. 1490 behauptete der Nürnberger Wundarzt und Dichter Hans Folz in seinem Lehrgedicht »Wem der geprant wein nutz sey oder schad«, daß ihn »nun schier jederman« trinke. Er vertreibe das Phlegma und den morgendlichen Kater und mache fröhlich, beherzt und frei, aber Choleriker mit ihrem trocken-heißen Temperament sollten ihn meiden. Als beste Medizin propagierte ihn 1534 der berühmte Arzt Hieronymus Baunschweig: »Zu der wochen zwey odder drey man braucht (des morgens), so beheblt es ein Menschen von allen kranckheiten ym leib.«

Zu jener Zeit war indes eine Entwicklung eingeleitet, die den Branntwein entwerten mußte: Man verstand, ihn auch aus Getreide zu machen – sowie aus jeglichen anderen gärfähigen Stoffen. Zudem war das europäische Monopol gebrochen. Im Orient wird aus Reis und Palmwein Arrak gebrannt, in der Karibik aus Rohrzuckerabfall Rum. Dieser anfangs zur Selbstversorgung produzierte »Kill Devil« wird schließlich bis nach Europa exportiert. Auch ein innereuropäischer Fernhandel setzt ein; besonders begehrt sind Weinbrände aus Jerez und Armagnac, seit Mitte des 17. Jh. auch aus Cognac. Durch die Faßlagerung erhielt der »Brandy« sein geschätztes Aroma und seine braune Farbe, was zum einen durch gezielte Nachreifung verstärkt, zum anderen durch Beimischungen nachgeahmt wurde. In Mitteleuropa entstehen zahlreiche Hausbrennereien in den Städten, die vor allem Roggen brennen und mit Essenzen und Kräutern, wie Anis und Kümmel, versetzen (sofern dies nicht eigenen Innungen vorbehalten war). Bedeutendste Produktionsstätten werden hier Danzig und Nordhausen, wo man seit 1507 erstmals eine Branntweinsteuer erhob. Preiswertere Sorten waren zweifach destilliert und enthielten 15 bis 25 Vol-%; die teuersten Brände wurden weiterhin aus Wein oder Obst gemacht und konnten bis zu 70 Vol.-% stark sein. Der Verkauf erfolgte nicht mehr allein in Apotheken; für manche wird der sonntägliche Gang zur »Branntweinbude« eine Ergänzung – oder Alternative – zum Kirchgang. 1594 droht der brandenburgische Kurfürst allen, die während der Predigt Branntwein trinken, mit Gefängnis. Freilich behält der Branntwein eine Zwitterstellung als Genuß- und Heilmittel, und sein Gebrauch bleibt auf wohlhabende Stadtbürger – zumal im Norden – beschränkt sowie auf Soldaten und Seeleute. Der Branntweinrausch blieb ein relativ seltenes Phänomen; obschon der Pro-Kopf-Verbrauch in einigen Städten 10 Liter pro Jahr erreicht haben könnte, dürfte er in Mitteleuropa insgesamt unter einem Liter gelegen haben. In Polen und Rußland dagegen machten gebrannte »Wässerchen« zunehmend dem Bier Konkurrenz und wurden dort »fast als ein Getränck gebraucht«, wie ein deutscher Beobachter 1732 angewidert vermerkte; ein anderer titulierte die Russen »Weltmeister im Brandwein-Sauffen«.

Die Gin-Epidemie

Erstmals breit thematisiert wird der Branntwein in England. Ausgelöst durch eine Erhöhung der Biersteuer 1694 überspülte eine Gin-Flut das Königreich (*Gin* – Kurzform für den holländischen Wacholder-Schnaps Genever, einst ein Mittel gegen Tuberkulose – meinte zu jener Zeit jeglichen Billigbranntwein). Der Pro-Kopf-Verbrauch verzehnfachte sich bis 1750. Henry Fielding registrierte eine »neue Art von Trunkenheit, die unseren Vorfahren noch unbekannt war«. Die tatsächliche und vermeintliche Wirkung der »Gin-Epidemie« war deshalb so schrecklich, weil sie sich sozial auf die schlecht genährten Unterschichten, räumlich auf die Elendsquartiere der Städte konzentrierte: ein erwachsener Londoner konsumierte durchschnittlich 63 Liter im Jahr. In Petitionen an das Parlament wurde der einstige Heiltrank als »Zerstörer« der Körper und der Ordnung angeprangert. Reformer suchten das »Gift« wieder durch Bier zu ersetzen. Tatsächlich gelang es 1751, durch Steuererhöhungen und Einführung von Schanklizenzen den Verbrauch deutlich zu senken. Später stieg er zwar wieder an, doch die Gin-Epidemie kehrte nicht zurück – statt dessen geriet der Tee in Verdacht, die soziale Ordnung zu zerstören. Was blieb, war eine Unzahl von Menschen, die im Mutterleib oder als Kinder schwere körperliche Schäden davongetragen hatten. Und es blieb die Unterscheidung von ›gutem‹ und ›bösem‹ Alkohol: Das Bier wurde zum »natürlichen« Getränk, das die Zeit des guten, alten Handwerks symbolisierte; dem »künstlichen« Branntwein haftete das Stigma an, ein »Gesöff des Pöbels« zu sein.

Dies galt freilich nur für den billigen Fusel; französischer Brandy und Danziger Goldwasser bewahrten ihr Prestige. Die Unterscheidung in erlaubten teueren und unerlaubten billigen Rausch verweist zugleich auf die tieferen Ursachen der Gin-Epidemie: den Zusammenbruch der Ständegesellschaft, die die Armen noch recht und schlecht einzubinden vermocht hatte. Noch nie in der europäischen Geschichte war das Leben breitester Schichten so elend, so hoffnungslos, wie in den Dezennien, die der Industrialisierung vorangingen. In diese entwurzelte Lazarusschicht schlug das ungewohnt starke Getränk ein wie der Blitz. Zudem bot der Gin-Verkauf oft die einzige legale Einkommensquelle; in jedem fünften Londoner Haus wurde Branntwein ausgeschenkt. Der Gin erfüllte eine unschätzbare Doppelfunktion: Er war der Tröster der Armen und das gute Gewissen der Reichen. Er bot eine bündige Erklärung für das Massenelend, für die Kindersterblichkeit von 75%, ohne von den Ernährungs- und Hygieneverhältnissen reden zu müssen. Das Chaos ließ sich einem quasi von außen in die an sich vernünftige Ordnung einsickernden Gift zuweisen, und somit den Elenden selbst, die in ihrer Unvernunft nicht davon lassen wollten.

19. und 20. Jahrhundert

Die Grundkonstellation der Gin-Epidemie sollte sich noch vielfach wiederholen: Irland, USA, Deutschland, Skandinavien. Allein die Länder mit einer ungebrochenen Tradition, Wein oder Bier als Nahrungsmittel zu betrachten, wie Italien oder Bayern, zeigten sich gefeit gegen den »mächtigen Zerstörer«. Verblüffend und in seinen letzten Ursachen nicht ganz geklärt ist der Gleichklang der Verbrauchsentwicklung bei teils durchaus unterschiedlichen Randbedingungen. In großen Teilen Europas und Amerikas hatte der Branntweinkonsum im Laufe des 18. Jhs. allmählich zugenommen. Nach 1800, zumal in den 1830er Jahren, beschleunigte sich der Anstieg dramatisch. So verfünffachte sich der »Schnaps«-Verbrauch in Preußen und Hannover auf fast 25 Liter pro Kopf und Jahr (zu 33 Vol.-%; im Deutschen Bund rund 15 l), d.s. über 40 Liter bezogen auf die erwachsene Bevölkerung; in der gleichen Größenordnung wurde in den USA »Liquor«, vor allem Whiskey und Rum, konsumiert.

In Nieder- und Ostdeutschland, Teilen Österreichs und der

Schweiz war der Ausbruch der »Branntweinpest« (so 1837 der Aargauer Dichter Heinrich Zschokke) mit der Gewerbefreiheit und/oder der Kartoffel verbunden: die hemmenden Zunft- und Schankgrenzen fielen, und als Rohstoff diente – wie auch in Osteuropa und Irland – statt Getreide die ertrag- und stärkereiche, billige Kartoffel. Die Preise sanken, das Angebot stieg. Die Produktion verlagerte sich aufs Land. Allein in Preußen arbeiteten 1831 fast 14.000 Brennereien. Die meisten waren Ein-Mann-Betriebe, doch auf den ostelbischen Rittergütern – und bald auch in Rußland – produzierten dampfbetriebene »Giftfabriken« den Kartoffelschnaps dank modernster Technik in bis dahin ungeahnten Mengen. Die Brennblasen wurden automatisch aus Maischetanks beschickt oder durch kontuinuierlich arbeitende Röhrensysteme ersetzt. Meist ging die Brennerei Hand in Hand mit Massentierhaltung, die die Schlempe als Mastfutter verwertete. Das ökonomisch-technische System der Branntweinwirtschaft gab vielerorts den Auftakt für ein neues Zeitalter – den Industriekapitalismus.

Während in wohlhabenden Häusern der Branntwein von hoher Qualität war und oft als Mixgetränk (Punsch etc.) auf den Tisch kam, tranken die Unterschichten den schlecht rektifizierten Fusel pur. Die unterernährten Körper boten dem starken Stoff wenig Widerstand, die alten Trinkrituale waren auf ihn kaum übertragbar. Wie zuvor Fielding notierte Friedrich Engels: »Der Charakter des Rausches hat sich total verändert.« In einem Bericht aus dem Königreich Hannover hieß es 1839: »Der Branntwein ist zu einem allgemeinen und täglichen Getränke geworden. (...) Der Arbeiter geht nicht gern an seine Arbeit; neben dem Meister trinkt der Geselle und Lehrbursch; neben dem Hausherrn macht der Knecht und Junge auf ihn Anspruch; auch Frauen, Mägde und Wäscherinnen kennen und trinken ihn, selbst Knaben und Säuglingen wird er gereicht.« Aus der Klage wird auch deutlich, daß Branntweinkonsum bei »Meister« und »Hausherr« längst üblich – und legitim – war. In der Tat verdankte sich das Steigen des Durchschnittsverbrauchs nicht einer Zunahme des individuellen Konsums, sondern der Zunahme der Zahl der Konsumenten. Der Branntwein erfaßte die pauperisierten Schichten der Tagelöhner und Handwerker in Stadt und Land. Er durchtränkte den Alltag und wurde für viele Männer, auch Frauen, zum wichtigsten Energielieferanten; hierbei wirkte die überkommene Zuschreibung als Stärkungsmittel verhängnisvoll nach. Doch war der sog. »Elendsalkoholismus« nicht die bloße Folge der Massenarmut, im Gegenteil: Voraussetzung war auch die Einführung des Geldlohns im Frühkapitalismus; es gab immer auch ein paar »gute Tage«. Wer Geld in der Tasche hatte, gab es umgehend aus – angesichts der grundlegenden Existenzgefährdung mußte der zugleich stärkende und betäubende Trank des Städters und des »Hausherrn« als eine gute Investition erscheinen.

Ausgehend von den USA und Großbritannien setzten um 1830 in zahlreichen Ländern Temperenz-Kampagnen ein. In Mitteleuropa, zumal in den ländlichen Regionen Norddeutschlands, Schlesiens und Preußisch-Polens, entstanden über 1.200, freilich sehr lose strukturierte, Mäßigkeitsvereine. Nüchternheitsapostel zogen übers Land und nahmen auf unzähligen Massenversammlungen das Gelübde ab, nie wieder Schnaps zu trinken (anders als in Amerika beschränkte man sich auf die Bekämpfung des Branntweins); bis zu zwei Millionen Männer und Frauen hatten sich hier dem »Kreuzzug« angeschlossen. Doch im Gegensatz zu Amerika, Irland und Skandinavien blieb die Mehrzahl der Menschen reserviert und hielt den Temperenzlern maßlose Übertreibung und bigotte »Pietisterei« vor; zumal das städtisch-liberale Bürgertum verachtete die staatstragend-frommen »Entsagungsvereine«, würden sie doch bloß an den Symptomen des Pauperismus herumkurieren. Und die Obrigkeiten unterstützten die Bewegung zwar verbal, scheuten sich jedoch, durchgreifende Gesetze zu erlassen, waren sie doch oft personell mit der Branntweinwirtschaft verflochten.

Mitte des 19. Jhs. – in Europa ausgelöst durch die 1848er Revolution, in Amerika durch den Bürgerkrieg – brachen die Bewegungen fast überall zusammen. Doch ganz folgenlos blieben sie nicht. Sie stärkten nachhaltig das Ansehen des Biers und stigmatisierten den Branntwein. In Mitteleuropa hatte der gescheiterte Kreuzzug zudem ein äußerst stabiles Negativ-Image des Temperenzlers geschaffen: Die »Branntweinpest« war für Jahrzehnte kein Thema mehr, obschon der Verbrauch vielfach neue Höhen erklomm.

Um 1900 betrug er etwa in Dänemark 20, Österreich 15,

Deutschland, Niederlande, Schweden, Frankreich, USA, Rußland und Schweiz 8 bis 12 Liter (zu 33 Vol.-%) pro Kopf und Jahr. Zu diesem Zeitpunkt war der Höhepunkt der Verbrauchskurve in vielen Ländern bereits überschritten – die Maschinerie der Hochindustrialisierung verlangte nüchterne Operateure, und die steigenden Realeinkommen erlaubten, den übel beleumundeten Fusel durch gutes Bier zu ersetzen. Im deutschen Kaiserreich halbierte sich der Branntweinverbrauch (1913: knapp 9 l), und sein Anteil am Gesamtalkoholkonsum sank von rund zwei auf ein Drittel; eine parallele Abnahme zeigte der Verbrauch in der Schweiz (knapp 6 l); in Österreich setzte der Rückgang erst kurz vor dem Weltkrieg ein (gut 9 l).

Verstärkt wurde die Trendwende zum einen durch staatliches Handeln, zum anderen, und damit verwoben, durch eine neue weltweite, nun medizinisch-wissenschaftlich argumentierende Mäßigkeitsbewegung. Den Anstoß hatte häufig die Missionstätigkeit amerikanischer Organisationen (*Good Templars, Women's Christian Temperance Union*) gegeben. Den konkreten Ausgangspunkt bildeten in Mitteleuropa die Anforderungen der zunehmend komplexeren Fabrikarbeit und die »Soziale Frage«, d. h. die Einbindung der Arbeiterschaft in die entstehende Industriegesellschaft. Aus dem »Kreuzzug wider den Branntwein« wurde die »Alkoholfrage«, die in Deutschland zunächst primär vom 1883 gegründeten »Verein gegen den Mißbrauch geistiger Getränke« thematisiert wurde. Es begann die Erforschung der Alkoholwirkungen im Körper und der vielfältigen sozialen und ökonomischen Folgeschäden des Mißbrauchs; erst jetzt setzte sich die Auffassung allgemein durch, daß schwerer Alkoholmißbrauch eine Krankheit sei, nämlich »Alkoholismus«. Die Arbeiterbewegung erklärte den maßvollen Biergenuß zum Zeichen des klassenbewußten Arbeiters – »Der Schnaps, das ist der Feind«, meinte SPD-Cheftheoretiker Karl Kautsky.

Auch die Mäßigkeitsvereine waren zunächst gegen den Schnaps angetreten und wandten sich erst unter dem Druck einer radikaleren Konkurrenz den anderen alkoholischen Getränken zu: Während in den USA das »temperance movement« generell auf Prohibition zielte und man nur stritt, ob dies durch Überzeugung oder Verbot am besten zu erreichen sei, kam es in Mitteleuropa erst um 1900 – vor allem auf Betreiben von deutschschweizerischen Guttemplern und von Rassenhygienikern – zur Spaltung der Mäßigkeitsbewegung in einen »abstinenten« und einen »mäßigen« Flügel. Führende Wissenschaftler, die mit der »Alkoholfrage« befaßt waren, schwenkten auf die »abstinente« Linie. Entscheidend war hierbei der Siegeszug der »Degenerationstheorie« im Alkoholdiskurs zumal in Europa: Die moderne Zivilisation produziert »künstliche Keimgifte« und setzt durch soziale Maßnahmen, wie die Trinkerfürsorge, die »natürliche Auslese« außer Kraft; die Folge ist die »Entartung« ganzer Völkerschaften. Schon wegen seiner enormen Verbreitung sei das gefährlichste »Keimgift« der Alkohol. Die Prohibition sei daher ein »Akt der Notwehr« (G. v. Bunge). Auch vor den bereits erblich geschädigten Trinkern müsse die Rasse geschützt werden, und zwar durch »strenge Zuchtwahl« (A. Forel), besser »durch Vernichtung oder Ausstoßung« (A. Ploetz). Die rassenhygienische Sicht war zwar umstritten, doch prägte sie die wissenschaftliche Debatte noch lange und – wie wir heute wissen – auf tragische Weise. In vielen Ländern floß sie in Erbgesundheitsgesetze ein (s. u.). Erst in den 1960er Jahren nahm die Medizin Abschied von der Alkoholismus-Entartungs-Hypothese.

Obschon die Abstinenzvereine weit mehr Mitglieder anzogen als die »Mäßigen« (in Deutschland mit fast 0,4 Mill. etwa zehnmal so viel), blieben sie in Europa gesellschaftlich und politisch isoliert, wogegen die »Mäßigen« durch Aufklärungskampagnen und Lobbyarbeit beträchtlichen Einfluß auf die Öffentlichkeit und auf Gesetzgeber, Kommunen und Unternehmen gewannen. Die Schanklizensierung wurde vielerorts restriktiv gehandhabt, eine Trinkerfürsorge wurde aufgebaut, und aus den Fabriken wurde der Schnaps weitgehend verbannt.

Staatlicherseits wurde der Spirituosenkonsum sowohl durch Aufklärungskampagnen als auch – und vor allem – durch rechtlich-fiskalische Maßnahmen gedrosselt. Die Mittel der Wahl waren Steuererhöhungen und Monopole. In Rußland reichte ein staatliches Wodkamonopol bis ins 18. Jh. zurück, doch wurde es meist als Regal gehandelt, dessen jeweiliger Inhaber an einer Produktionssenkung naturgemäß wenig Interesse zeigte. Die nun entstehenden staatlichen Regulierungen suchten dagegen Ökonomie und »Volksgesundheit« in Einklang zu bringen. In diesem

Sinne wurde 1886 in der Schweiz ein Alkoholmonopol eingeführt, und in Deutschland im Folgejahr eine Verdopplung der Branntweinsteuer mit Ausgleichszahlungen und der Förderung von Brennspriritus verbunden, was ebenfalls in ein faktisches Branntweinmonopol führte (offiziell 1919). Im Zwiespalt divergierender Interessen verfügte der Fiskus dabei neben Steuererhöhungen meist komplizierte Kontigentierungen und Subventionen, die den Brennern das wirtschaftliche Überleben sichern sollten; unter den verschiedenen Produzentengruppen, wie den Kartoffel-, Getreide-, Obst- und Wein-Brennern, entbrannte ein zäher Kampf um Quoten und Steuersätze. Im enger werdenden Markt wurden etliche Brände nach 1900 gesetzlich geschützt: Armagnac, Cognac, Whisky, Korn etc. (Wie beim Champagner mußte Deutschland seine Bezeichnung ›Kognak‹ dann aufgrund des Versailler Vertrages in ›Weinbrand‹ ändern; und wie beim Sekt sollte schließlich die EU die Reservierung dieser Bezeichnung für inländische Produkte untersagen.) Im Endeffekt bewirkten die diversen Regeln eine Verteuerung von Trinkbranntwein und damit zumeist einen Produktions- und Verbrauchsrückgang. Das Überangebot an »Sprit« – wie es nun technisch hieß – auf dem Weltmarkt blieb zwar bestehen, vor allem aufgrund subventionierter russischer Exporte. Doch bis zum Ersten Weltkrieg hatten sich die meisten Staaten fiskalisch-rechtliche Instrumentarien geschaffen, die den Konsum des allenthalben als gefährlich eingestuften Stoffes in weiten Grenzen steuern konnten und zugleich der Staatskasse beträchtliche Einnahmen bescherten. Diese Grenzen wurden verschieden gezogen, doch Konsens herrschte, daß der im Zeichen der Ideologie des Frühkapitalismus beschrittene Weg, den Branntwein dem freien Spiel des Marktes zu überlassen, gescheitert war. Die Grenzen einer restriktiven, meist alle Arten von Alkoholika treffenden Regulierung – wie sie Norwegen, Schweden, Kanada und die USA betrieben – bildeten dabei zum einen die kulturelle Akzeptanz der Maßnahmen, zum anderen die Fähigkeit, ihre Einhaltung zu überwachen (verglichen mit Mitteleuropa entwikkelten zumal Rußland und Nordamerika eine beachtliche Schwarzbrennerei).

Einen anderen Weg beschritt man beim Absinth: Der um 1780 in der Westschweiz entstandene Medizinal-Schnaps aus Wermut,

Anis und etlichen weiteren Kräutern war dort und in ganz Frankreich zur mit Abstand beliebtesten Spirituose geworden. Unter Berufung auf seinen Gehalt an toxischem Thujon wurde er 1910 in der Schweiz gänzlich verboten. Obschon nur verdünnt genossen, rufe der hochprozentige Aperitif eine eigentümliche Geisteskrankheit hervor, den »Absinthismus«. Ab 1915 folgten Frankreich und viele andere Länder dem Beispiel; das Verbot gilt bis heute (außer in Dänemark, Tschechien und der Iberischen Halbinsel; eine Absinth-Kopie ist seit 1928 in Form von Pernod im Handel). Die Abschaffung der geliebten »Grünen Fee« stieß kaum auf Widerstand, standen doch ausreichend andere Alkoholika zur Verfügung – so gehörten die Winzer zu den größten Befürwortern der Absinthprohibition.

Im Ersten Weltkrieg wurde die gesamte Branntweinproduktion – stärker als die anderer Alkoholika – abrupt gedrosselt. Auch als die Restriktionen nach 1918 allmählich aufgehoben wurden, erreichte der Konsum nicht mehr die alten Höhen. In der Zwischenkriegszeit betrug er in Deutschland und Österreich deutlich weniger als die Hälfte des Vorkriegsniveaus, in der Schweiz hatte die mit der Novellierung des Alkoholmonopols 1932 verbundene Verteuerung denselben Effekt. Den Branntwein als den ›bösen‹ Alkohol traf die verbreitet kritische Einstellung gegenüber jeglichen »Genußgiften« in besonderem Maße. Eine Ausnahme bildete die USA, wo die Prohibition zum einen den Anteil der Spirituosen am illegalen Gesamtalkoholverbrauch erhöhte, zum anderen den Whiskey symbolisch aufwertete. Hiervon profitierten die schottischen Produzenten (die bis in die 70er Jahre den europäischen Whisky-Markt beherrschen sollten), vor allem aber die Seagram's-Brennerei, die von Kanada aus den amerikanischen Markt belieferte – 1936 kaufte sie sich mit 1,5 Mio. $ von den US-Forderungen wegen Verletzung der Prohibitionsgesetze frei.

Nach dem Zweiten Weltkrieg gelangte das freiheitlich-weltläufige Image der »harten Drinks« nach Europa – nicht zuletzt durch Film-Größen wie Humphrey Bogart oder später Sean Connery. In der hedonistischen Konsumgesellschaft des Nachkriegsbooms wurden Sprirituosen immer weniger als »Genußgift« gesehen, sondern als Bestandteil des modernen Lebensstils, je nach präferierter Sorte entweder im Zeichen des »American way of life« oder bodenständiger Wohlhabenheit. In den meisten Ländern überschritt der Verbrauch das Niveau der Zwischenkriegszeit, stieg allerdings langsamer, als der von Wein und Bier, und blieb deutlich unter dem Niveau des 19. Jhs. Hierzu trug auch bei, daß Spirituosen vermehrt in verdünnter Form konsumiert wurden. Seit der »gebrannten Suppe« des 16. Jhs. waren zumal in Übersee zahllose Rezepte für Mixgetränke entwickelt worden, doch nun wurden Longdrinks und alkoholärmere Cocktails zu Massengetränken: Den Jungen und Erfolgreichen vermittelten sie nicht nur das kosmopolitische Flair der »großen weiten Welt« (bereits um 1900 kamen in der Berliner Halbwelt »amerikanische« Bars in Mode), sondern waren dank steigender Realeinkommen auch bezahlbar, so daß selbst schottischer Whisky mit Coca-Cola aufgegossen wurde. In den 70er Jahren wurden in den meisten Ländern der höchste Pro-Kopf-Verbrauch erreicht (führend in der westlichen Welt die USA und die Bundesrepublik mit knapp 10 Litern Trinkbranntwein jährlich). Seither sinkt er allmählich – teils Indikator für einen erneuten Imagewandel, teils Folge von Steuererhöhungen und Senkungen des gesetzlichen Mindestalkoholgehalts (z.B. für Eierlikör in der BRD von 20 auf 14 Vol.-%). Eine andere Tendenz zeigten – neben Spanien – einige Ostblockländer, wo Wodka, Liköre, Obst- und Weinbrände weiterhin fast nur pur getrunken wurden, voran die DDR: in den späten 80er Jahren egalisierte sie mit 15 Litern – doppelt soviel wie die BRD – den Verbrauch ein Jahrhundert zuvor und war damit Weltspitze. Inzwischen wird dies in etlichen Staaten der ehemaligen Sowjetunion übertroffen; führend könnte Litauen mit über 40 Litern Wodka sein, doch sind alle Zahlen wegen des hohen unversteuerten Konsums spekulativ. Außerhalb Osteuropas bleibt die Vorstellung von der unvergleichlich gefährlichen Potenz des Branntweins virulent; so schätzen Verbraucher in Tests die Alkoholmenge in einem Longdrink gewöhnlich höher ein als in einem Glas Wein oder Bier, das diesselbe Menge enthält.

Verglichen mit dem 19. Jahrhundert spielt die Brennerei im heutigen Weltwirtschaftsgefüge nur noch eine untergeordnete Rolle. Die größten Anbieter sind allerdings expansive, einflußreiche Getränkemultis, voran die irische Diageo-Gruppe (Guinnes u.a.) sowie die nordamerikanischen Gruppen Bacardi und Bronfman/Seagram; dennoch bestehen unzählige mittlere und kleine Produzenten, die, wie die Armagnac-Brennereien, ihr geschütztes Produkt pflegen oder sich in Nachahmung üben, wie die indischen Whisky-Destillerien.

Grundstrukturen des Ge- und Mißbrauchs alkoholischer Getränke

Zusammenfassend seien noch einmal die Alkoholika in ihrer Gesamtheit betrachtet, wobei dem Verbrauch und den Mitteln zu seiner Begrenzung nachgegangen wird.

Im abendländischen Kulturkreis hat Alkohol stets eine zentrale Rolle als Rausch-, Nahrungs- und Genußmittel gespielt. Seine Verwendung war von Riten und Vorschriften umstellt, die unerwünschte Wirkungen der psychoaktiven Substanz begrenzen sollten. Während der konkrete Mißbrauch hochgradig kulturell definiert ist, ist doch die bloße Tatsache des Mißbrauchs transkulturell, wobei die Maßstäbe eine enorme Bandbreite zeigen, die zudem innerhalb einer Gesellschaft situativ, schicht-, alters- und geschlechtsspezifisch sowie weltanschaulich-ethisch stark variiert.

Abstinente Kulturen

Wohl gab und gibt es Kulturen, die alkoholische Getränke nicht kennen, doch wurden sie durch Akkulturation zurückgedrängt; historisch zeigt sich, daß eine Kultur, in der einmal der Alkohol etabliert ist, ihn nicht wieder gänzlich abschaffen kann. Nur in wenigen Kulturen war der nichtmedizinische Gebrauch generell als Mißbrauch definiert. Immer wieder allerdings haben Sekten in Opposition zu ihrer trinkfreudigeren Umwelt ein asketisches Mäßigkeits- oder Abstinenzideal vertreten (Rechabiten, Nasiräer, Essener, Manichäer, Bahai, Guttempler etc.); Abstinenz fungierte als Mittel und Zeichen der spirituellen Auserwähltheit. Erlangten solche Gruppen eine beherrschende Stellung, wie die Anhänger Mohammeds, blieb die Akzeptanz des Verbots daher notwendig prekär oder wurde wiederum auf herausgehobene spirituelle Eliten beschränkt, wie im Buddhismus und Hinduismus, wo nur die Brahmanen den Alkoholgenuß meiden sollen, oder bei den Katherern, wo das Weinverbot nur für die *Perfecti* galt.

Der Koran verbietet den Wein zusammen mit dem Pfeilewerfen um Kamele und dem Abbilden von Gottes Geschöpfen (5, 91ff.); im Wein liege auch Nutzen, doch »der Nachteil überwiegt« (2, 220). Hadith bzw. Exegese bestimmten, daß der Weingenuß den Gläubigen im Paradies nicht verwehrt sei, ebenso auf Reisen und aus gesundheitlichen Gründen; andererseits wurde das Verbot auf Branntwein und Bier, teils auch auf andere berauschende Substanzen, ausgedehnt (es war sogar strittig, ob es nicht auch den Kaffee einschließe). Die Befolgung des Weinverbots war freilich stark an die persönliche Sicht des jeweiligen Herrschers gebunden und schwankte daher bisweilen abrupt. Zumeist war der Wein das Luxusgetränk der Reichen, dessen Anbau und Handel in der Hand von Ungläubigen lag. Von den Ausnahmebestimmungen wurde ausgiebig Gebrauch gemacht. Wohl kaum ein Land hat eine reichere Weinpoesie hervorgebracht als das mittelalterliche Persien: Gleich den Christen waren hier die über ein Jahrtausend herrschenden Anhänger Zarathustras große Verehrer des Weines gewesen, der ihnen als Gabe des Lichtgottes Ahura Mazda galt; die Islamisierung konnte diese Tradition nicht brechen – bis in jüngster Zeit bauten ihre letzten Nachfahren im Iran Wein an. Seit dem 16., verstärkt dann im 19. Jh. wurde v.a. im östlichen Mittelmeer der schon von den byzantinischen Griechen entwickelte Anisschnaps Raki beliebt; das Osmanische Reich führte zu dessen Produktion Kartoffelsprit aus Rußland ein. Im Vergleich zu den christlichen Ländern war der Durchschnittsverbrauch in den islamischen aber niedriger, und der Exzeß seltener. Der Laizismus bzw. die staatliche Selbständigkeit im 20. Jh. führten zur Aufhebung der Verbindlichkeit religiöser Gesetze; Prohibition war nun allenfalls gesundheitspolitisch begründet (so war in Tunesien im Norden Alkohol erlaubt, aber Marihuana verboten, im rückständigen Süden umgekehrt). Einzig die weiterhin theokratisch geprägten Länder, voran das wahabitische Saudi-Arabien, praktizierten ein strenges Alkohol- und Drogenverbot. Saudische Finanziers stehen heute auch hinter dem aus der Abstinenzbewegung der Jahrhundertwende hervorgegangenen *International Council on Alcohol and Addictions*, der größten internationalen nichtstaatlichen Organisation auf diesem Felde. Die Re-Islamisierung der letzten Dekaden stellt eine neuartige Verquickung religiöser und nationalstaatlicher

Jurisdiktion dar; in den betroffenen Ländern hat sie eine Wiedereinführung der Prohibition mit sich gebracht, die nun aber auf alle Staatsbürger unabhängig von ihrem Glauben ausgedehnt wurde. Obschon keine Daten vorliegen, scheint die Akzeptanz bei den (ländlichen) Unterschichten hoch, während die (städtischen) Mittelschichten uneinheitlich reagieren und sich über den von Ungläubigen dominierten Schwarzmarkt versorgen – mithin deutet sich eine Rückkehr der mittelalterlichen Konstellation an.

Etwas anders verhält es sich mit der Prohibition in modernen westlichen Gesellschaften. In der ersten Hälfte des 20. Jhs. erließen auch hier manche Staaten Gesetze, die Produktion und Verkauf von Alkoholika untersagten oder stark einschränkten; am bekanntesten sind die USA. Auch hier spielten sektenartige Organisationen eine wichtige Rolle. Ihre Legitimität bezogen die Maßnahmen aber nicht aus religiösem, sondern rational-wissenschaftlichem Wissen – dessen ungeachtet, daß die politischen und medizinischen Begründungen untrennbar mit religiösen und moralischen Utopien verwoben waren. Der Erfolg war geringer als bei offen religiös begründeten Verboten. Fast überall kam es – mal nach wenigen Monaten, mal nach Jahrzehnten – zur Lockerung oder Aufhebung der Maßnahmen. Staatlich verordnete Nüchternheit ist schwer vereinbar sowohl mit den ordnungspolitischen als auch den konsumistischen Leitbildern marktwirtschaftlicher Zivilgesellschaften.

Evolution und Typologie des Alkoholmißbrauchs und seiner Bekämpfung

In tribalen Gesellschaften ist häufig allein die gemeinschaftliche sporadisch-exzessive Berauschung, das archaische Gelage, anzutreffen: Das bier- oder weinartige Getränk wird eigens für den Festtag hergestellt; das Gelage trägt sakralen Charakter und führt zu einem transzendentalen Gemeinschaftserlebnis; das Trinken ist stark ritualisiert und kann mehrere Tage andauern; die Teilnehmer – häufig nur die Männer – sind dabei oft verpflichtet, sich bis zum Erbrechen bzw. zur Bewußtlosigkeit zu berauschen. Mißbrauch kommt deshalb praktisch nicht vor.

In stratifizierten Gesellschaften mit entwickelter Landwirtschaft und Arbeitsteilung werden vergorene Getränke zu einem zentralen

Bestandteil der Ernährung und decken einen hohen Anteil des Bedarfs an Kalorien und Nährstoffen. Ein Tagesverbrauch von 1 bis 2 Litern, teils weit mehr, galt für Erwachsene je nach sozialem Status als angemessen (d.s. jährlich 10 bis über 70 Liter Reinalkohol). Daneben lebte die Institution des archaischen Gelages fort, wobei die sakralen Funktionen verlorengehen konnten; sich alleine zu berauschen blieb unüblich. Bei zahlreichen religiösen, sozialen und juristischen Zeremonien fanden alkoholische Getränke Verwendung (Libation, Initiation, Weinkauf etc.). Über die »notwendige« Nahrung und die erlaubten Anlässe hinaus konsumierte Mengen wurden häufig als Mißbrauch und/oder Sünde definiert; bei häufigem Mißbrauch drohten körperliche und wirtschaftliche Schäden, letztere auch für die Gemeinschaft – Trunkenheit ist eine Verschwendung knapper Güter bzw. einer Gottesgabe. Die Prediger des Mittelalters hatten hierfür den Topos, der Säufer nehme Schaden an »Seele, Ehre, Leib und Gut«. Eine Vorstellung vom zwanghaften Trinken bzw. Alkoholismus wird nicht ausgebildet; von unüblich häufig Betrunkenen wird aber vereinzelt metaphorisch gesagt, sie würden »vom Wein beherrscht«, oder in Extremfällen, sie seien von einem Dämon besessen (Aristoteles vermutete auch erbliche Disposition). Akut Betrunkene konnten der Lächerlichkeit und Verachtung anheimfallen; in zahlreichen Situationen wird Trunkenheit jedoch erwartet und positiv bewertet: die Teilnahme am Gelage ist eine Ehrenpflicht. Trunkenheit von Frauen wird generell kritischer beurteilt. Einzelne Herrscher – von Ramses II. über Karl d.Gr. bis Karl V. – haben den verbreiteten Mißbrauch immer wieder vergeblich zu steuern gesucht; das Ideal der Mäßigkeit – im Abendland hören wir oft von drei Bechern Wein zur Mahlzeit –, wie es antike, jüdisch-christliche oder fernöstliche Weisheitslehren propagieren, wird nur von Minderheiten gelebt.

Darüber, wo der »rechte« Gebrauch endet und der Mißbrauch beginnt, bzw. über die Kosten-Nutzen-Relation, kann innerhalb von stratifizierten Gesellschaften kein umfassender, stabiler Konsens erzielt werden. Im christlichen Abendland, wie es sich im Frühmittelalter als ein übergreifender Kulturraum herauszubilden beginnt, lassen sich jedoch zwei Grundtypen von Trinkkulturen, und damit auch von Mißbrauchsdefinitionen, unterscheiden: der mediterran-romanische »Süd«- und der germanisch-slawische »Nordtypus«, wobei ersterer durch Wein, letzterer durch (das Überwiegen von) Bier gekennzeichnet war. Wein bzw. Bier waren in denselben großen Quantitäten Bestandteil der alltäglichen Nahrung, doch unterschieden sich Nord und Süd in der Bewertung – vielleicht auch der Häufigkeit – der außeralltäglichen Trunkenheit, d. h. im Ansehen und der Stellung des archaischen Gelages. Die öffentlich zur Schau gestellte Praxis der sporadisch-exzessiven Berauschung erschien aus dem Blickwinkel des Südens als ungesitteter Mißbrauch einer Gottesgabe, während ihr Fehlen aus dem Blickwinkel des Nordens als Ausdruck der Verschlagenheit oder Verweichlichung galt (für die erstere Sicht reichen Zeugnisse bis weit ins Mittelalter, letztere hören wir allerdings erst in der Frühen Neuzeit). Wohl dürften hierbei topische Zuschreibungen am Werk gewesen sein, doch ist ein Realitätsgehalt der typologischen Unterschiede – spätestens seit der Frühen Neuzeit, wahrscheinlich schon viel früher – nicht zu bezweifeln. Die Gründe mag man im Fortleben antiker vs. tribaler Traditionen suchen, eine fundierte Klärung steht aber noch aus (neben die historische Begründung sollte dabei eine funktional-strukturelle treten, so läßt sich z.B. Japan unschwer dem Nordtypus zuordnen). In jedem Fall erwiesen sich die beiden Grundtypen als äußerst langlebig bzw. resistent gegen gesellschaftlichen Wandel. Eine Variante bildete sich lediglich im 17. bis 19 Jh. heraus, als im Osten und Norden das Bier durch den Branntwein ersetzt wurde (was an der Hochschätzung des sporadischen Exzesses zwar nichts änderte, doch nährten sich gleichzeitig die verbleibenden »Biergebiete« dem südlichen Muster an). Noch die heutige Epidemiologie belegt eindrucksvoll die beiden Grundtypen: Während in (Süd-)Italien eine »feuchte«, d.h. durch täglichen Konsum, i. d. R. zu den Mahlzeiten, gekennzeichnete Trinkkultur anzutreffen sei, herrsche in Skandinavien eine »trockene«, bei der sich der Konsum an den Wochenenden konzentriert und in der Regel von den Mahlzeiten abgekoppelt ist (Mitteleuropa und Nordamerika stellen demnach Mischtypen dar).

Im Europa der Frühen Neuzeit, und zwar ausschließlich in Gebieten der nördlichen Trinkkultur, kommt es im Gefolge von Humanismus und Reformation zu spektakulären Umerziehungskampagnen mit dem Ziel der Abschaffung des Exzesses, insbesondere des archaischen Gelages. Schwerpunkt war Mitteleuropa im 16. Jh., wo Luther wortgewaltig gegen den »Saufteufel« zu Felde zog; fortan haftete den Deutschen der Ruf an, besonders starke Säufer zu sein. England erlebte später eine ähnliche Kampagne. Obschon der nutritive Konsum in einer Größenordnung von jährlich 400 bis weit über 1.000 Liter Bier oder Wein bei Adel und Stadtbevölkerung nicht zur Disposition stand, stieg somit der sozial definierte Mißbrauch. Die Kampagnen scheiterten, bahnten aber neuen Funktionen und Bewertungen der Berauschung den Weg. Das archaische Gelage verliert seine Legitimation als gemeinschaftstiftende magisch-sakrale Institution und wird in Subkulturen marginalisiert. Das Trinken wird tendenziell entritualisiert und individualisiert (ohne damit alle symbolischen und kommunikativen Funktionen einzubüßen); es gestaltet sich als Gratwanderung zwischen erwünschter Enthemmung und peinlichem Exzeß.

Vergleichbare Ansätze gab es auch in anderen Hochkulturen, zumal der römischen Kaiserzeit; spätestens im 18. Jh. erlangen sie in Europa aber eine neue Dynamik, wobei vier miteinander verwobene Faktoren ausschlaggebend sind. Erstens: Der Territorialstaat postuliert den normierenden Zugriff auf alle »Untertanen«. Hierbei erlangt zweitens die sich verwissenschaftlichende Medizin die Rolle einer »Lehrmeisterin« (M. Foucault), deren Argumente keinen nach den Regeln der Vernunft begründbaren Widerspruch zulassen. Zunehmende Komplexität und Abstraktheit der Beziehungsnetze fördern drittens in führenden und aufsteigenden Schichten verstetigte Selbstkontrolle und Distanziertheit. Ausdruck und Mittel dieser »Rationalisierung des Lebensstils« (M. Weber) bzw. psychologisch des an langfristigen Wirkungen orientierten »Affekthaushalts« (N. Elias) wird schließlich viertens die »Polarisierung der Getränke«: An die Stelle der schwach berauschenden vergorenen Getränke treten zum einen der konzentriert berauschende Branntwein und zum anderen die konzentriert ernüchternden, vigilanzsteigernden Heißgetränke Kaffee und Tee; der nutritive Gebrauch von Wein und Bier ist zur Disposition gestellt. So kam es in Zeiten der Teuerung vermehrt zu Brau- und vor allem Brennverboten, um das Korn für das Brot zu reservieren.

Den Beginn der »alkoholischen Moderne« markiert in England, später in Nordamerika, Irland, Mittel-, Ost- und Nordeuropa – also Gebieten der nördlichen Trinkkultur – ein endemischer Anstieg des Branntweinkonsums bei den Unterschichten. Begünstigt durch das Fehlen kulturell gesicherter Trinkmuster und den schlechten Ernährungsstatus der neuen Konsumentenschichten wurden physische, soziale und psychische Folgeschäden bislang unbekannten Ausmaßes sichtbar. Zusätzliche Dramatik erhielt die Wahrnehmung dieser Schäden zum einen dadurch, daß nun ein größerer Bevölkerungsanteil, zumal im Bürgertum, einen im historischen Vergleich niedrigen Alkoholkonsum zeigte (erhöhte Varianz des Konsums). Zum anderen wurden die unerwünschten Effekte der Modernisierung (Massenelend, Wertewandel etc.) auf den Alkohol und/oder dessen Konsumenten projiziert. In diesem Kontext entstand das Krankheitsmodell der Trunksucht (s. o.). Es bildeten sich Mäßigkeits-, später auch Abstinenzbewegungen; Nüchternheit fungierte hierbei primär als Instrument der Statuspolitik, und die Bewegungen nahmen die Form eines religiösen Kreuzzugs an, bis hin zu pogromartigen Kampagnen. Die Resonanz, die Radikalität und der politische Einfluß waren am größten in den USA. Aber auch in Europa war die Bewegung in einigen Landstrichen sehr stark, auch hier bot das Branntwein-Gift eine bündige Erklärung für den Zerfall der Ordnung und der Werte, für die »Schrankenlosigkeit« der Zeit, wie es in Deutschland hieß.

Die »Thematisierungskonjunkturen« des Alkohols traten seit 1800 recht unabhängig vom Pro-Kopf-Verbrauch wellenartig auf, mit Nordamerika und England als Ausbreitungszentren. Mit der Hochindustrialisierung seit dem späten 19. Jh. bediente sich der Kampf gegen den Alkohol ausschließlich wissenschaftlich legitimierter Argumente: Alkoholkonsum wurde als eine vorrangige Ursache von Krankheit und Tod, Verbrechen, Sittenverfall, ökonomischen Schäden – zumal in der modernen Fabrikproduktion – und schließlich auch von »Rassenverderbnis« gesehen. Antialkoholische Vereinigungen entwickelten feste Organisationsstrukturen und operierten z.T. weltweit; bis ins ferne Japan drang der Kampfruf (1875: Yokohama Temperance Society). Im Verbund mit staatlichen Instanzen wurden präventive und kurative Maßnahmen eingeleitet: Verringerung der Verfügbarkeit von Alkohol durch Steuererhöhungen und Restriktionen der Abgaben, Aufklärungskampagnen, Einrichtung von Trinkerheilanstalten etc. Nach 1900 gewannen im Alkoholdiskurs zunehmend zwei Argumente an Gewicht: der Alkohol müsse gänzlich verboten werden, und er sei ein »Rassengift«. Zum Schutz der »Erbgesunden« wurden in den USA und der Schweiz vereinzelt Zwangssterilisationen durchgeführt. Doch erst in den späten 20er Jahren – als zum einen die Weltwirtschaftskrise die Armut vermehrte und die Finanzen der Trinkerfürsorge schmälerte, und sich zum anderen in Europa abzeichnete, daß der amerikanische Weg des totalen Alkoholverbots keinen Erfolg haben würde – wurde die rassenhygienische Sicht des »Alkoholproblems« auf breiterer Front umgesetzt, wobei der Alkoholismus nur als ein Element bzw. Anzeichen der verbreiteten »Erbminderwertigkeit« betrachtet wurde. Vorreiter waren die skandinavischen Länder, wo seit 1929 (Dänemark) die Unfruchtbarmachung angeordnet werden konnte. Noch im Jahr der nationalsozialistischen Machtergreifung 1933 erließ auch Deutschland ein »Gesetz zur Verhütung erbkranken Nachwuchses«. Hier wurde die Zwangssterilisierung bei »schwerem Alkoholismus« massenhaft durchgeführt; an die 30.000 Menschen waren betroffen – überwiegend männliche Unterschichtangehörige. Alkoholiker wurden in Arbeits-, teils auch Konzentrationslager »verbracht«. Ein staatliches Alkoholverbot lehnte das NS-Regime dagegen kategorisch ab, sei es doch in Amerika schmählich gescheitert; ohnehin würden nur die »Schwachen« dem Alkohol zum Opfer fallen. Den größten Erfolg – und zugleich die größte Niederlage – verzeichnete die Prohibitionsbewegung in den USA.

Das »noble Experiment« – die Prohibition in den USA

Im kolonialen Amerika gab es Ausschankverbote an Sklaven und Indianer, und unverbesserliche Trunkenbolde mußten bisweilen ein rotes »D« (*drunkard*) auf der Kleidung tragen; doch es überwog eine indulgente Haltung. Mit dem Einsetzen der Frühindustrialisierung um 1830 aber entbrannte der organisierte Kampf gegen den »Teufel Alkohol«, der als Zerstörer der Ordnung ausgemacht war. Basierend auf dem alten puritanischen Traum, jenseits des Atlantik ein Neues Jerusalem zu errichten, bot dieser

Kampf eine Projektionswand für unterschiedlichste Motiv- und Interessenlagen: Frömmigkeit, Befriedung der »gefährlichen Klassen«, Großstadtfeindschaft, Frauenemanzipation, vor allem aber die Verteidigung der politisch-kulturellen Hegemonie der englisch-protestantischen Mittelschichten gegenüber den nachrückenden Einwanderermilieus. Ein Jh. lang sollte das Land mit beispiellosem Ingrimm über das Für und Wider des Alkohols streiten. In einer ersten Welle war es um 1850 in 15 Bundesstaaten zu Prohibitionsgesetzen gekommen; häufig konnten die Gemeinden einen Alkoholbann verfügen (*local option*). Nach Rückschlägen und erneuten Anläufen obsiegte nach der Jahrhundertwende der prohibitionistische Flügel der Temperenzbewegung: Mehr und mehr Bundesstaaten votierten »trocken«, d.h. für die Prohibition; 1917 gelang es den rührigen Vereinen und Parteien, voran die geschickt agierende *Anti-Saloon League*, das Verbot von Getränken mit mehr als 0,5 Vol.-% als 18. Verfassungszusatz zu verankern. Krankheit, Verbrechen und rassische Entartung sollten damit aus dem Neuen Jerusalem verbannt werden – zumal unter den Italienern, Iren, Deutschen und Griechen. Den letzten Ausschlag in der endlosen Debatte hatte der Weltkrieg gegeben: die deutschstämmigen Einwanderer, die ja die Brauindustrie beherrschten, wurden als Landesverräter gebrandmarkt, die mit ihrem giftigen Trank eine innere Front eröffnen wollten.

Als das Gesetz 1920 voll in Kraft trat, war der Alkohol keineswegs abgeschafft. Wohl sank der Verbrauch in den unteren Immigrantenschichten drastisch, weit weniger aber in den angelsächsischen Ober- und Mittelschichten. Insgesamt dürfte der jährliche Pro-Kopf-Verbrauch an Reinalkohol bestenfalls um die Hälfte auf rund 3 Liter gefallen sein. Zunächst reduzierten sich Alkoholfolgeprobleme wie die Leberzirrhose und die Prohibitionisten sahen sich bestätigt. Doch trotz drastischer, rechtsstaatlich oft bedenklicher Polizeimaßnahmen etablierte sich bald ein bestens organisierter illegaler Markt: Schmuggel, Schwarzbrand, Umdeklarieren technischen und medizinischen Alkohols und selbst des Meßweins. Da Gerätschaften zur Cider- und Weinherstellung frei erhältlich waren, erblühte die Eigenproduktion (für den »Hausgebrauch« durften »nicht-berauschende Fruchtsäfte« hergestellt werden, wozu dann der *Supreme Court* auch Getränke mit mehr als 0,5

Vol.-% rechnete); vor allem aber wurden Wein und Bier durch die Alkoholkonzentrate Whiskey und Gin ersetzt, also jene Getränke, die das Gesetz am meisten treffen wollte. Mit »Speakeasies« (illegaler Ausschank), »Moonshine distillery« (Schwarzbrennerei) und »Bootlegging« (Schmuggel und Umdeklarieren) hatten dessen Befürworter durchaus gerechnet, doch das Ausmaß an illegaler Produktion und Beschaffung stellte alle Befürchtungen in den Schatten und ließ das Meinungsklima kippen. Die Utopie wurde zum Alptraum. Der Verbrauchsrückgang war nicht Folge der Akzeptanz des Gesetzes, sondern der schwarzmarktbedingten Verteuerung: Indem es von einer knappen Mehrheit gegen breite Bevölkerungsgruppen durchgesetzt worden war, schuf das Gesetz nicht nur einen hoch profitablen kriminellen Sektor, sondern führte generell zur Gesetzesmißachtung – gerade in den das »noble Experiment« tragenden Milieus herrschte oft pure Bigotterie: auch ein glühender Befürworter wie Präsident Hoover blieb dem Gin-Fizz zugetan. Sein Nachfolger Roosevelt ließ 1933 umgehend den 18. Verfassungszusatz aufheben und übertrug die Alkoholgesetzgebung wieder den Einzelstaaten (bis heute wird in Alaska und Utah die *local option* praktiziert). Die Lobbyarbeit der Alkoholindustrie – die unermüdlich die Erosion von Recht und Gesetz sowie die hohen Steuerausfälle thematisierte –, vor allem aber der Einstellungswandel in den neuen, hedonistisch-konsumistisch orientierten Mittelschichten der Städte hatten das »noble Experiment« zu Fall gebracht.

Bis dahin waren über eine halbe Million Menschen wegen Verstoßes gegen die Prohibitionsgesetze verurteilt worden. In einem Pendelschlag führte die Freigabe zu einem sehr laxen Umgang mit Alkoholika – die durch das Verbot enorm an Prestige gewonnen hatten –, obschon etwa ein Drittel der Bevölkerung weiterhin ganz oder fast abstinent lebte; der Durchschnittsverbrauch der tatsächlichen Konsumenten liegt daher bis heute höher als in vergleichbaren Industrieländern. Zu den langfristigen Folgen zählt somit die Infragestellung, wenn nicht Zerstörung sozial integrierter Trinkmuster bei einer ungewöhnlich hohen Varianz des Konsums. Hinzu tritt die im Weltmaßstab durchgesetzte Forcierung der Prohibition anderer psychoaktiver Substanzen, wie Cannabis, die in dem Moment einsetzte, als dem Apparat zur Alkohol-Bekämpfung sein Objekt entzogen worden war. Und lange, schließlich, wirkten die dreizehn »trockenen« Jahre als ein Trauma nach, dessen Erinnerung erst in den letzten Dekaden verblaßte.

Auch in Kanada, Neuseeland, Finnland, Island und Indien galten (meist kurzzeitig) Prohibitionsgesetze, während Norwegen und Schweden, später auch die anderen skandinavischen Länder, den Verbrauch durch drastische Besteuerung, Rationierung und andere Verkaufsbeschränkungen kontrollier(t)en; in Rußland bzw. der Sowjetunion schwankte die Alkoholpolitik seit alters zwischen Verboten und Laissez-faire; der weltweit letzte prohibitionsähnliche Versuch in einem nichtislamischen Staat scheiterte hier 1987. Lokale Alkoholverbote bestehen vereinzelt weiterhin, z. B. auf der Pazifikinsel Moen.

Neue Trends, alte Rezepte

Abschließend sei noch ein Blick auf die Entwicklungen nach dem Zweiten Weltkrieg geworfen.

Die Industrieländer des 20. Jhs. zeigten zunächst divergierende Entwicklungen. Bis heute bilden die Extreme idealtypisch:

– Den nördlichen Bier- und Schnaps-Typus – die trockenen Länder – kennzeichnet eine restriktiv-ambivalente Trinkkultur: Dies sind Länder mit geringem nutritiven Gebrauch (und oft – aber keineswegs immer – einer starken Stellung puritanisch-calvinistischer Werte). Getrunken wird in der Freizeit und überwiegend in häuslicher Umgebung (Alkohol als reines Genuß- und Rauschmittel); vor allem in jugendlichen Subkulturen findet sich das Muster der sporadisch-exzessiven Berauschung. Es gibt viele Abstinente; die Varianz des Durchschnittsverbrauchs ist daher groß; die Prävalenz des Alkoholismus ist hoch, somatische Schäden jedoch eher selten. Die Alkoholpolitik ist eher restriktiv.

– Den südlichen Wein-Typus – die nassen Länder – kennzeichnet eine permissiv-integrierte Trinkkultur: Dies sind Länder mit hohem nutritiven Gebrauch (und meist schwacher Stellung des Protestantismus). Getrunken wird auch öffentlich und vor allem zu den Mahlzeiten. Es gibt wenig Abstinente; die Varianz des Durchschnittsverbrauchs ist eher klein, exzessive Berauschung selten. Die Prävalenz des Alkoholismus ist trotz hohen Durchschnittsverbrauchs eher niedrig, somatische Schäden, wie Leberzirrhose, jedoch häufig. Restriktive Maßnahmen wurden nicht ergriffen oder blieben eher wirkungslos.

Realiter waren und sind Trinkkulturen durch Mischungen dieser beiden Typen gekennzeichnet; als Beispiel für den ersteren sei Norwegen genannt, für den letzteren bis in jüngster Zeit Italien, für Mischungen Deutschland und inzwischen auch Frankreich. Die Typen verdecken teils erhebliche regionale und ethnische Besonderheiten (so zeichnet Juden überall eine sehr niedrige Alkoholismus-Prävalenz aus, marginalisierte Urbevölkerungen – Inuit, Aborigines u.a. – eine sehr hohe).

Als zwischen den Weltkriegen der Durchschnittsverbrauch in vielen Ländern auf einen historischen Tiefstand fiel – nicht zuletzt aufgrund der Thematisierungskonjunktur des Alkohols und der damit verbundenen Alkoholpolitiken –, waren davon die südlichen, permissiv-integrierten Trinkkulturen ungleich weniger tangiert; namentlich Frankreich koppelte sich vom Globaltrend ab. Nach dem Zweiten Weltkrieg kam es jedoch zu einer Annäherung, die in den letzten Dekaden sogar alle Anzeichen einer Auflösung des südlichen Typus annimmt. Zugleich verringern sich die regionalen und geschlechtsspezifischen Differenzen innerhalb der einzelnen Länder.

Die gescheiterte Prohibition und die elementaren Erfahrungen des Krieges und Mangels entzogen den Antialkoholbewegungen den Boden: deren Heilsversprechen – eine Welt ohne Alkohol sei eine bessere Welt – wirkte nur noch lächerlich. Das Pendel schwang zurück, und der Verbrauch erklomm neue Höhen. Die steigenden Realeinkommen erlaubten nun breiten Schichten, nicht mehr zwischen Ausgaben für Genußmittel und für die Waren und Dienstleitungen der Massenkultur wählen zu müssen (»Wohlstandsalkoholismus«). Damit begann eine Einstellung zu dominieren, die Alkohol als gesellschaftliches Schmiermittel akzeptierte und gelegentliche Berauschung tolerierte.

Überproportional waren und sind Frauen am Verbrauchsanstieg beteiligt. Derzeit beträgt ihr Konsum ein Drittel bis die Hälfte des männlichen; in Dänemark bereits zwei Drittel, was bezogen auf die physiologische Verträglichkeit ein Gleichziehen mit dem männlichen Konsum bedeutet.

In den 70er Jahren kam der Verbrauchsanstieg zum Stillstand.

Erneut rücken seither die negativen Effekte des Alkoholkonsums ins Bewußtsein – und erneut wird hierbei der genuin protestantische Gesundheits- und Alkoholdiskurs in den USA von prägendem Einfluß. Dies sowohl untergründig-indirekt als auch institutionell-direkt: Über die Weltgesundheitsorganisation machen nordamerikanische und skandinavische Experten ihre Vorstellungen vom ›rechten Leben‹ zu globalen Richtlinien der Länderpolitiken. Das Europäische Regionalbüro der WHO hatte in seinem von fast allen europäischen Staaten unterzeichneten »Aktionsplan Alkohol« eine Senkung des Pro-Kopf-Verbrauchs an Reinalkohol in Europa um 25% bis zur Jahrtausendwende festgeschrieben, wobei dieses Ziel für jedes einzelne Land unabhängig von Trinkkultur, präferierten Getränkearten und Pro-Kopf-Verbrauch gelten soll. Die darin empfohlenen Maßnahmen, von Steuererhöhungen bis zum Werbeverbot für Alkoholika, stammen fast zur Gänze aus dem seit der Jahrhundertwende bekannten Arsenal präventiver Alkoholpolitik (bzw. lehnen sich stark an skandinavische Vorbilder an). Neu mag man lediglich die Wiederentdeckung der Gesamtbevölkerung – festgemacht am Durchschnittsverbrauch – als Zielgruppe der Prävention nennen, während nach dem Scheitern der Prohibition jahrzehntelang enger definierte »Risikogruppen« im Mittelpunkt der Aufmerksamkeit standen: Die Restriktionen sollen nun (wieder) die Masse der Konsumenten treffen, da so zum einen auch der Verbrauch in Gruppen mit »riskantem« Trinkstil günstig beeinflußt werde, zum anderen die individuell zwar geringeren, in der Summe aber größeren Alkoholfolgeschäden in der Bevölkerungsmehrheit wirksam zurückgedrängt würden. Weil dieses Modell für jeden beliebigen Pro-Kopf-Verbrauch eines Landes gültig bleibt, impliziert es eine fortschreitende Reduzierung des Konsums, bis quasi die schadenfreie Nullmarke erreicht ist. Somit schließt nicht allein das Methodenarsenal des »Aktionsplans« an den Alkoholdiskurs der Jahrhundertwende an, sondern auch seine Zielrichtung auf die Masse der »mäßigen« Konsumenten und nicht zuletzt seine inhärente Dynamik (die im übrigen mit den gesundheitsfördernden Wirkungen des Alkohols in Konflikt geraten dürfte). Auf die tatsächliche Verbrauchsentwicklung hatte der »Aktionsplan« allerdings bislang keine eindeutig meßbare Auswirkung. Die beträchtlichen Rückgänge im europäischen Durchschnitt gründen vielmehr primär im tiefgreifenden Struktur- und Mentalitätswandel der Mittelmeerländer sowie in den stagnierenden Realeinkommen breiter Schichten in vielen EU-Ländern und nicht zuletzt in dem erwähnten indirekten Einfluß globaler Thematisierungskonjunkturen, d. h. in der Verschärfung der Kriterien dessen, was als Alkoholmißbrauch zu gelten hat und was nicht.

Während in Mitteleuropa der Verbrauch (noch) auf hohem Niveau stagniert, befindet sich die permissiv-integrative Trinkkultur Südeuropas in Auflösung: der hohe täglich-nutritive Verbrauch weicht einem geringeren sporadischen: Wein wird vom gesunden Lebens- zum potentiell gefährlichen Genußmittel (voran Frankreich, Argentinien und Italien mit einem Rückgang des Weinverbrauchs um weit über ein Drittel in den letzten Dekaden). Dies mag man als nachholende Modernisierung bezeichnen; jedenfalls gleichen sich die Trinkkulturen zunehmend an. So nimmt in den »Bierländern« der Weinverbrauch zu und *vice versa*, wobei in den »Weinländern« der Gesamtalkoholkonsum deutlich abnimmt. In Ländern mit lange bestehenden, aber nun gelockerten gesetzlichen oder ethischen Restriktionen dagegen steigt er (in Finnland und Japan um gut ein Fünftel). Die Vereinheitlichung besteht somit in der Durchsetzung einer gemischten, eher restriktiv-ambivalenten Trinkkultur, wie sie in Nordamerika und Mitteleuropa ausgeprägt ist: Alkoholische Getränke sind primär in der Freizeit konsumierte Genuß- und Rauschmittel; die Varianz des Konsums ist hoch – je mehr der nutritive Verbrauch abnimmt, desto ungleicher wird die soziale und individuelle Verteilung (einen Gegentrend bildet dabei aber die Annäherung der geschlechtsspezifischen Konsummuster). Als Richtwert kann gelten, daß dann ein Zehntel einer Population gut die Hälfte des Gesamtalkohols verbraucht. Entsprechend konzentrieren sich in diesem Bevölkerungsanteil die gesundheitlichen und sozialen Folgeschäden. Zumindest letztere könnten in dem Maße zunehmen, in dem Ausgrenzungs- und Etikettierungsprozesse, die bislang jede Thematisierungskonjunktur begleitet haben, voranschreiten. Mit der größeren Varianz des Konsums geht eine verstärkte Marginalisierung der Trunkenheit bzw. ein Schwinden anerkannter, integrativ-sichernder Trinkmuster einher. Damit – und mit der größeren definitorischen Aufmerksamkeit – nimmt die Prävalenz des Alkoholismus zu, ein höchst negativer Trend »moderner« Trinkkulturen. Zugleich nimmt somit der Therapiebedarf zu – was aus Sicht der damit befaßten Professionen dagegen durchaus erwünscht sein kann. Präventionsprogramme sind daher immer nach den – den Akteuren oft unbewußten – Interessen und Mentalitäten zu befragen.

Einen Überblick über die Verbrauchsentwicklung im 20 Jh. liefert die Höhe des jährlichen Pro-Kopf-Verbrauchs an reinem Alkohol (also das Maß, an dem sich der »Aktionsplan Alkohol« orientiert). Um 1910 waren unter den (größeren erfaßten) Ländern sechs, die einen Verbrauch von 10 Liter Reinalkohol und mehr aufwiesen: Führend war Frankreich mit 23 Litern, es folgten Italien, die Schweiz, Spanien, Belgien und Großbritannien. Mitte der 20er Jahre wurden lediglich in drei »Weinländern« 10 Liter und mehr Reinalkohol konsumiert: in Frankreich 21 Liter sowie mit weitem Abstand in Italien und Spanien. Anfang der 90er Jahre waren es zwar wieder acht Länder mit mindestens 10 Litern Reinalkohol, doch lag das Maximum nur noch bei 12 Litern, nämlich wiederum in Frankreich; es folgten Spanien, Portugal, Deutschland, Ungarn, Dänemark, die Schweiz und Österreich (Belgien, Italien Tschechien: um 9 l, USA: 7 l). Obschon der Pro-Kopf-Verbrauch ein recht ungenaues und in seiner Aussagekraft begrenztes Maß ist, liefern diese Zahlen deutliche Hinweise auf die Entwicklungen der Trinkkulturen; zumal nach dem Zweiten Weltkrieg wird – insbesondere wenn die Verteilung der Getränkearten einbezogen wird – eine Konvergenz sichtbar (wobei allerdings die statistisch kaum erfaßbaren osteuropäischen, zumal baltischen Staaten mit ihrem exorbitanten Wodkaverbrauch einen Sonderweg beschreiten): Acht bis zehn Liter Reinalkohol, wovon die Hälfte auf Bier, ein Drittel auf Wein und der Rest auf Spirituosen entfällt. Gleich dem einstigen dramatischen Anstieg des Schnapskonsums ist nicht völlig geklärt, was die derzeitige Konvergenz antreibt. Gemessen an vormodernen Epochen erscheinen sämtliche Pro-Kopf-Verbräuche im 20 Jh. als äußerst niedrig; offenbar sind sie jedoch den Anforderungen, die eine störanfällige Welt wie die unsere an das Funktionieren aller Komponenten stellt, ebenso angepaßt wie an das Genuß- und Rauschbedürfnis der abendländischen Zivilisation. Doch gemessen an den gesellschaftlichen Kosten und an dem individuellen Leid, das Alkoholmißbrauch und Alkoholismus erzeugen, erscheinen sie als sehr hoch. Über die Kosten-Nutzen-Bilanz darf also weiter gestritten werden. Ob dabei freilich eine Rückkehr zu den Rezepten und Maximen des Alkoholdiskurses des frühen 20. Jhs. die adäquate Antwort darauf sein kann, muß nach den historischen Erfahrungen bezweifelt werden.

Bibliographie

Literatur

Geographisch überwiegt die Forschung über und aus den USA, mithin dem Land, das ein besonders problematisches Verhältnis zum Alkohol aufzuarbeiten hat; hier ist auch die historische Alkoholforschung am weitesten entwickelt (Barrows/Room 1991). Inhaltlich überwiegt die sozialmedizinisch-epidemiologische Forschung; deren Stand – und zugleich deren wissenschaftstheoretisch nicht unproblematischen Anspruch, politisches Handlungswissen zu erzeugen – demonstriert konzise Edwards 1997. Die folgende Auswahlbibliographie bevorzugt dagegen den deutschsprachigen Raum und den historisch-kulturwissenschaftlichen Zugriff. Im Text nur angedeutet werden konnte, wie und warum der Alkohol ein stetes Feld des Kampfes um das ›rechte Leben‹ war (Gusfield 1986; Spode 1991 u. 1997); verwoben war dies mit der Herausbildung des Paradigmas der Trunksucht (ders. 1992; Levine 1985), was ebenfalls nur skizziert werden konnte. Primärquellen sind hier nicht aufgenommen worden; es muß auf die Belege in den angeführten Arbeiten verwiesen werden (je nach Sachgebiet z.B. Gros 1996; Spode 1991; Tappe 1994; Clark 1983; Brennan 1988; Fahrenkrug 1986; Forbes 1970 etc.). An gedruckten Bibliographien seien erwähnt: zur Geschichte des Alkohols laufend SHAR (auch deutschsprachige Arbeiten); zu (sozial)medizinischen Aspekten Gentsch/Gröben 1995 (nur deutschsprachige Arbeiten); zu sämtlichen Gebieten der Alkoholforschung die bibliographischen Serien des Centers of Alcohol Studies an der Rutgers Universität, NJ (nur englischsprachige Arbeiten).

Antons, Klaus/Schulz, Wolfgang (1990): Normales Trinken und Suchtentwicklung, Bd. 1, 3. Aufl., Göttingen usw.

Appel, Christa (1991): Frauen, Alkohol, Gesellschaft. Zur Relevanz und Aktualität der amerikanischen Temperenzbewegung, Freiburg

Arntz, Helmut (1975): Weinbrenner. Die Geschichte vom Geist des Weines, Stuttgart

Barr, Andrew (1999): Drink. A Social History of America, New York

Barrows, Susanna/Room, Robin (Hg.) (1991): Drinking: behavior and belief in modern history, Berkeley usw.

Bassermann-Jordan, Friedrich v. (1975): Geschichte des Weinbaus, Bd. 1-2, 3. Aufl., Frankfurt a.M.
Becker, Siegfried/Bimmer, Andreas C. (Hg.) (1987): Alkohol im Volksleben, Marburg
Blocker, Jack S. (1989): American Temperance Movements: Cycles of Reform, Boston
Brennan, Thomas (1988): Public Drinking and Popular Culture in 18th-Century Paris, Princeton
Center of Alcohol Studies Library (Hg.) (1992ff.): Alcohol Bibliography Series. B770. Historical Aspects, Piscataway 1992 [lfd. Ergänzungen]
Clark, Peter (1983): The English Alehouse. A Social History 1200-1830, London/New York
Conrad, Peter/Schneider, Joseph W. (1980): Deviance and Medicalisation. From Badness to Sickness, St.Louis usw.
Dippel, Horst (Hg.) (1992): Das Weinlexikon, Frankfurt a.M.
Dirlmeier, Ulf (1978): Untersuchungen zu Einkommensverhältnissen und Lebenshaltungskosten in oberdeutschen Städten des Spätmittelalters (Mitte 14. bis Anfang 16. Jh.), Heidelberg
Edwards, Griffith (Hg.) (1997): Alkoholkonsum und Gemeinwohl. Strategien zur Reduzierung des schädlichen Gebrauchs in der Bevölkerung, Stuttgart
Eisenbach-Stangl, Irmgard (1991): Eine Gesellschaftsgeschichte des Alkohols. Produktion, Konsum und soziale Kontrolle alkoholischer Rausch- und Genußmittel in Österreich 1918-1984, Frankfurt a.M./New York
Engs, Ruth C. (1995): Do Traditional Western European Drinking Practices Have Origins in Antiquity?, in: Addiction Research, S. 227-239
Everett, Michael W. et al. (1976): Cross-cultural Approaches to the Study of Alcohol. An Interdisciplinary Perspective, Den Haag usw.
Fahrenkrug, Hermann W. (1984): Alkohol, Individuum und Gesellschaft: Zur Soziologiegeschichte des Alkoholproblems in den USA, Frankfurt a.M./New York
Fahrenkrug, Hermann W. (Hg.) (1986): Zur Sozialgeschichte des Alkohols in der Neuzeit Europas, Lausanne
Falk, Gunter (1976): Gesellschaftliche Definitionen des Trinkens und ihre Zuschreibungsbedingungen, in: Österreichische Zeitschrift für Soziologie, S. 37-48
Feuerlein, Wilhelm (1984): Alkoholismus – Mißbrauch und Abhängigkeit. Entstehung – Folgen – Therapie, 3. Aufl., Stuttgart/New York
Fingarette, Herbert (1989): Heavy Drinking. The Myth of Alcoholism as a Disease, Berkeley usw.
Forbes, R(obert) J. (1970): A Short History of the Art of Distillation. From the Beginnings up to the Death of Cellier Blumenthal, 2. Aufl., Leiden

Gentsch, Michael/Gröben, Ferdinand (1995): Status Alkoholforschung in Deutschland. 1990-1995, hg. v. DIFA-FORUM, Wiesbaden

Goedde, H. Werner/Agarwal, Dharam P. (Hg.) (1989): Alcoholism. Biomedical and Genetic Aspects, New York usw.

Gros, Hans (Hg.) (1996): Rausch und Realität. Eine Kulturgeschichte der Drogen, Bd. 1, Stuttgart usw.

Gusfield, J. (1986): Symbolic Crusade. Status Politics and the American Temperance Movement, 2. Aufl., Urbana, Ill.

Harrison, Brian (1971): Drink and the Victorians. The Temperance Question in England 1815-1872, London/Pittsburgh

Heath, Dwight B./Cooper, A. M. (1981): Alcohol Use and World Cultures: A Comprehensive Bibliography of Anthropological Sources, Toronto

Heath, Dwight B. (Hg.) (1995): International Handbook on Alcohol and Culture, Westport/London

Huntemann, Hans (1970): Bierproduktion und Bierverbrauch in Deutschland vom 15. bis zum Beginn des 19. Jahrhunderts, Diss. Göttingen

Klonder, Andrezej (1989): Napoje fermentatcyjne w prusach krolewskich w XVI-XVII wieku, Breslau usw. [mit dt. Zusammenfassung]

Laermann, Klaus (1978): Kommunikation an der Theke. Über einige Interaktionsformen in Kneipen und Bars, in: Hammerich, Kurt/Klein, Manfred (Hg.), Materialien zur Soziologie des Alltags, Opladen, S. 420-430

Legnaro, Aldo/Schmieder, Arnold (Hg.): Suchtwirtschaft, Hamburg/ Münster (im Druck)

Lender, Mark E./Martin James K. (1978): Drinking in America. A History, 2. Aufl., New York

Levine, Harry G. (1985): The Discovery of Addiction. Changing Conceptions of Habitual Drunkenness in America, in: J Subst Abuse Treat, S. 41-57 [dt. in Gros 1996]

Löser, Hermann (1995): Alkoholembiopathie und Alkoholeffekte, Stuttgart

Mäkelä, Pia et al. (1997): Estimated Numbers of Deaths from Coronary Heart Disease »Caused« and »Prevented« by Alcohol: An Example from Finland, in: J Stud Alc 58, S. 455-463

Nordic Council for Alcohol and Drug Research et al. (Hg.) (1997): Comparative Alcohol Research, vervielf. Ms., Bd. 1-2, Hornbaek

Nourisson, Didier (1990): Le buveur du XIXe siècle, Paris

Prestwich, Patricia E. (1988): Drink and the Politics of Social Reform: Antialcoholism in France since 1870, Palo Alto

Produktschap voor Gedistilleerende Dranken (Hg.): World Drink Trends, Henley-on-Thames [erscheint jährlich]

Rehm, Jürgen/Sempos, Christopher T. (1995): Alcohol consumption and all-cause mortality, in: Addiction 90, S. 471-480

Roberts, James St. (1979): Drink, Temperance and the Working Class in 19th Century Germany, Diss. Iowa
Royce, James E. (1985): Sin or Solace? Religious Views on Alcohol and Alcoholism, in: J Drug Issues, S. 51-61
Sandgruber, Roman (1982): Die Anfänge der Konsumgesellschaft. Konsumgüterverbrauch, Lebensstandard und Alltagskultur in Österreich im 18. und 19. Jahrhundert, München
Schmitz, Hans-Jürgen (1968): Faktoren der Preisbildung bei Getreide und Wein in der Zeit von 800-1350, Stuttgart
Schoene, Renate (1988): Bibliographie zur Geschichte des Weins, 2. Aufl., Mannheim
Schreiber, Georg (1980): Deutsche Weingeschichte. Der Wein in Volksleben, Kultur und Wirtschaft, Köln/Bonn
Schuller, Alexander/Kleber, Jutta A. (Hg.) (1993): Gier. Zur Anthropologie der Sucht, Göttingen
Schwefel, Erika/Küfner, Heinrich (Bearb.) (1990): Legale Droge Alkohol. Forschungs- und Literaturdokumentation 1980-1989, Bonn
Siegel, Ronald K. (1995): Rauschdrogen. Sehnsucht nach dem künstlichen Paradies, Frankfurt a.M.
Spode, Hasso (1991): Alkohol und Zivilisation. Berauschung, Ernüchterung und Tischsitten in Deutschland bis zum Beginn des 20. Jahrhunderts, Berlin
Spode, Hasso (1992): Normales und abweichendes Trinken: Entstehung und Folgen einer symbolischen Grenzziehung, in: Medizin-Mensch-Gesellschaft 17, S. 108-117
Spode, Hasso (1995): Social and Cultural History of Alcohol: Trends and Perspectives of Research, in: Feichtinger, Elfriede/Köhler, Barbara (Hg.), Current Research into Eating Practices. Contributions of Social Sciences, Frankfurt a.M., S. 92-94
Spode, Hasso (1997): Alkoholismus als geschichtliches Problem, in: Ederle, Klaus (Red.), Elixiere des Teufels. Die »Erfindung« der Suchtkrankheit, hg. v. der Landesstelle gegen die Suchtgefahren in Baden-Württemberg, Stuttgart, S. 7-30
Spode, Hasso (1997): Die Zyklik des Sozialen Problems ›Alkohol‹. Eine historisch-soziologische Längsschnittuntersuchung, in: Alles unter Kontrolle. Dokumentation des 18. Bundesdrogenkongresses, hrsg. v. FDR, Geesthacht, S. 130-144
Spode, Hasso (1998): »Der Charakter des Rausches hatte sich völlig verändert«. Historische Voraussetzungen der Alkoholismusprävention: Deutsches Reich, BRD und DDR, in: Roeßiger, Susanne/Merk, Heidrun (Hg.), Hauptsache gesund! Gesundheitsaufklärung zwischen Disziplinierung und Emanzipation, Marburg, S. 103-119

Spode, Hasso: Die Macht der Trunkenheit. Kultur- und Sozialgeschichte des Alkohols in Deutschland, 2. erw. Aufl., Opladen (im Erscheinen)

Tappe, Heinrich (1994): Auf dem Weg zur modernen Alkoholkultur. Alkoholproduktion, Trinkverhalten und Temperenzbewegung in Deutschland vom frühen 19. Jahrhundert bis zum Ersten Weltkrieg, Stuttgart

Tlusty, B. Ann (1992): Das ehrbare Verbrechen. Die Kontrolle über das Trinken in Augsburg in der frühen Neuzeit, in: Z Hist Verein Schwaben 85, S. 133-155

Topel, Helga: Euphorie und Dysphorie. Zur Neurobiologie der Stimmungen und des Suchtverhaltens, Bonn 1991

Traverse (1994) [Themenheft »Drogen und Sucht«]

Tyrell, Ian (1991): Woman's World, Woman's Empire. The WCTU in International Perspective 1880-1930, Chapel Hill

Vaillant, George E. (1983): The natural history of alcoholism, Cambridge, Mass. usw.

Valmadrid, Charles T. (1999): Alcohol Intake and the Risk of Coronary Heart Disease Mortality in Persons with Older-Onset Diabetes Mellitus, in: J Am Med Ass 282, S. 239-246

Warner, Jessica (1997): Shifting Categories of the Social Harms Associated with Alcohol: Examples from Late Medieval and Early Modern England, in: Am J Pub Health 87, S. 1788-1797

Wyrwa, Ulrich (1990): Branntwein und »echtes« Bier. Die Trinkkultur der Hamburger Arbeiter im 19. Jahrhundert, Hamburg

Institutionen im deutschen Sprachraum (Auswahl)

Anonyme Alkoholiker (AA) [in Deutschland, Österreich und der Schweiz zahlreiche örtliche Gruppen]

Beirat zur Bekämpfung des Mißbrauchs von Alkohol und anderen Suchtmitteln, Wien

Blaues Kreuz (ev.), Hannover

Blaues Kreuz (freikirchl.), Wuppertal

Bundesverband der Deutschen Spirituosen-Industrie, z.Z. Bonn

Bundesverband der Weinbautreibenden Österreichs, Wien

Caritasverband [in allen Diözesen]

Deutsche Hauptstelle gegen die Suchtgefahren (DHS), Hamm

Deutscher Brauer-Bund, z.Z. Bonn

Deutscher Guttempler-Orden (I.O.G.T.), Hamburg

Deutsches Weininstitut, Mainz

Deutschschweizer Weinbauverband, Bern

Diakonisches Werk [in allen Landeskirchen]

DIFA-Forum, Wiesbaden

Fachverband Drogen und Rauschmittel (FDR), Hannover

Gesellschaft für die Geschichte und Bibliographie des Brauwesens (GGB), Berlin
Gesellschaft für Geschichte des Weines, Wiesbaden
Gesellschaft gegen Alkohol- und Drogengefahren (GAD), Leipzig
Kreuzbund, Hamm
Schweizerische Fachstelle für Alkohol- und andere Drogenprobleme, Lausanne
Schweizerischer Bierbrauerverband, Zürich
Verband der Brauereien Österreichs, Wien
Verband Deutscher Sektkellereien, Wiesbaden

Zeitschriften (Auswahl)
Addiction, Großbritannien
Contemporary Drug Problems, USA
Drogalkohol, hrsg. v. Schweiz. Fachstelle, Schweiz
Jahrbuch der GGB, Deutschland
Jahrbuch Sucht, hrsg. v. DHS, Deutschland
Journal of Studies on Alcohol, USA
Social History of Alcohol Review (SHAR), USA

Kaffee

Hans-Jürgen Teuteberg

Begrifflichkeit und physiologische Wirkung

Der Kaffeetrank, ein seit Jahrhunderten benutztes und heute weltweit beliebtes Genußmittel, wird aus gerösteten und dann gemahlenen Kaffeebohnen gewonnen. Diese sind Samen des Kaffeestrauches (Coffea arabica L., Coffea robusta L., Coffea liberia Bull.), die sich in der kirschenähnlichen Kaffeefrucht befinden. Die gerösteten Kaffeesamen enthalten als wichtigsten chemischen Wirkstoff das zu den Purinbasen gehörende Coffein. In kleinen Mengen wirkt es vorwiegend auf das Zentralnervensystem des Menschen, wodurch sein geistiges Aufnahme- und Erinnerungsvermögen gesteigert und aufkommende Müdigkeit verringert werden. Kaffeegenuß in größeren Dosierungen kann aber zu innerer Unruhe und Schlafstörungen führen. Ernährungswissenschaftler raten daher, wie bei allen Genußmitteln, zu mäßigem Konsum: Mehr als drei Tassen Kaffee am Tag erscheinen nicht empfehlenswert. Bei Magen- und Darmgeschwüren sowie Herzrhythmusstörungen sollte auf den »echten Bohnenkaffee« zugunsten koffeinfreier Kaffeesorten verzichtet werden (Berg 1978:65/66; Muermann 1993).

Die Mediziner waren lange ganz verschiedener Meinung über die Wirkungen dieses Genußmittels auf den menschlichen Körper. Während der Augsburger Arzt Leonhart Rauwolf und sein italienischer Kollege Prospero Alpino im späten 16. Jahrhundert bei der ersten Bekanntschaft mit dem bitteren »schwarzen Trank« diesen zunächst mit Kräuterwein verglichen bzw. nur seine verdauungsfördernde Wirkung hervorhoben, sahen andere in den darauffolgenden Jahrhunderten in ihm eine wirksame Arznei auch gegen Gicht, Rheuma, Steinleiden und Wassersucht sowie Hysterie wie Lethargie (Heischkel-Artelt 1969:250 und 259). Besonders französische Mediziner warnten dann aber, beeinflußt von der anfänglichen kirchlichen Ablehnung gegen das »Teufelselixier«, dieses würde das menschliche Leben verkürzen, dem Körper notwendige Säfte entziehen sowie darüber hinaus zur Impotenz und »furchtbarer Leidenschaft« führen (Tissot 1781:183f.; 1781:45/50;

Franklin 1893:1; Katner 1958). Die aufkommende Ernährungsphysiologie verteidigte dagegen vehement den Kaffeegenuß. Die beiden Liebig-Schüler Carl Voit und Max Pettenkofer erklärten den Kaffee in mäßigen Dosierungen gesundheitlich definitiv für völlig unbedenklich, wobei sie sich auf die 1820 erfolgte Entdeckung des Coffeins (Kaffeins) durch den Chemiker Friedrich Ferdinand Runge und eigene Laboratoriumsexperimente stützten. Vor ihnen hatte man bis etwa 1860 noch vielfach angenommen, Genußmittel würden prinzipiell den Stoffwechselumsatz im Körper verringern und das Coffein den Harnstoff vermindern. Nun wurde experimentell nachgewiesen, daß das Coffein vor allem das Nervensystem und damit die Stimmung des Menschen beeinflußt. »Die Genußmittel«, so stellte Pettenkofer 1873 in München fest, »sind wahre Menschenfreunde; sie helfen dem Organismus über manche Schwierigkeiten hinweg, ich möchte sie mit der Anwendung der richtigen Schmiere bei Bewegungsmaschinen vergleichen (...), welche zwar nicht die Dampfkraft ersetzen kann, aber zu einer viel leichteren und regelmäßigeren Wirksamkeit verhilft und außerdem der Abnutzung der Maschine ganz wesentlich vorbeugt« (Pettenkofer 1873:53; Reich 1861:102/ 171). Der Berliner Arzt, Politiker und Gesundheitsreformer Rudolf Virchow teilte zwar solche Ansicht von der nervenanregenden Wirkung des Kaffees, stellte ihn aber in eine Reihe mit dem von ihm heftig bekämpften Branntwein, da auch er leicht mißbraucht und zu einer ebenso »verwerflichen Leidenschaft« führen könne (Boehnke-Reich 1885:145/146). Die zu seiner Zeit aufkommende Naturheilkunde empfahl deshalb die ihrer Ansicht nach gesünderen heimischen Kräutertees und Obstsäfte neben dem Mineralbrunnenwasser.

Die Ausbreitung des Kaffeetrinkens

Die Ethnobotaniker nehmen, der Entdeckung des Geographen Carl Ritter aus dem Jahr 1847 folgend, übereinstimmend an, daß die Stammpflanze der Kaffeepflanze (Coffea arabica L.) in den bergigen tropischen Regenwäldern der südäthiopischen Provinzen Gomara (Kaffa) und Enarea ihre Urheimat hat (Ritter 1847:537). Der dort wachsende wilde Kaffeebaum mit seinem glatten Stamm, den stets grün-ovalen Blättern und stark duftenden weißen Blüten kann eine Höhe bis zu 10 Meter erreichen, wobei die zuerst grün und dann bei der Reife rot werdenden, in acht bis zehn Monaten langsam reifenden kleinen Kaffeebeeren in ihrem klebrig-süßen Fruchtfleisch zwei mit der Flachseite gegenüberliegende graugefärbte Kaffeebohnen enthalten, die mit einem eigenen Silberhäutchen überzogen sind.

Die Anfänge des Kaffeegenusses verlieren sich im Gestrüpp widerspruchsvoller orientalischer Legenden. Danach kannten offenbar arabische Ärzte, wie z. B. Avicenna (eig. Abu Ali Ibn Abd Allah Ibn Sina, 980-1037), bereits die Frucht des wilden Kaffeebaums unter den Bezeichnungen »bun« oder »kawha« bzw. anderen Namen als Medizin, doch findet sich bei ihnen offenbar noch kein Hinweis auf die Zubereitung für ein kaffeeähnliches Getränk. Wahrscheinlich nahmen die eingeborenen Stämme Äthiopiens schon seit langem die Kaffeebeeren in roher oder zerstampfter Breiform mit Ziegenbutter zu sich oder bereiteten aus den getrockneten Früchten auch einen aromatischen, schwach koffeinhaltigen Sud unter dem Namen »Kisher«, doch hatte dies noch kaum etwas mit dem späteren Kaffeekonsum zu tun. Von Äthiopien ist die Kaffeepflanze dann bei kriegerischen Einfällen in die klimatisch ähnlichen Hochlande Südjemens auf der gegenüberliegenden Küste des Roten Meeres etwa im späten 14. Jh. gelangt und dort erstmals gartenmäßig angebaut worden. Auch hier wurde die Kaffeekirsche zu den eßbaren Pflanzen und Heilmitteln gerechnet und zunächst wohl noch ähnlich konsumiert.

In der handschriftlichen Aufzeichnung eines Muftis (Oberpriesters) des religiösen Sufi-Ordens in Aden aus dem 15. Jh., die 1699 durch den Orientalisten Antoine Galland aus dem Arabischen übersetzt wurde, wird behauptet, der heiße schwarze Trank sei erstmals durch seinen Amtsvorgänger Gemal-Eddin Abu Abdallah Mohammed Ben Said in dieser jemenitischen Hafenstadt eingeführt worden, und zwar um 1420 (Galland 1699; Lettsom/Ellis 1776:133, Krünitz 1784:108/114, Reich 1860:78, Chaudhuri 1978:263/475). Dieser Sage nach soll er, von einer anstrengenden Reise an der Westküste des Roten Meeres zurückkehrend, unter Kopfschmerzen gelitten haben. Da erinnerte er sich daran, unterwegs zur Hebung ihrer Gesundheit kaffeetrinkende Landsleute gesehen zu haben. Der ihm nun aus den gerösteten Samen zubereitete Kaffeetrunk behob nach dieser Überlieferung nicht nur seine Unpäßlichkeit, sondern machte ihm auch die andere Wirkung deutlich, daß er nämlich die Lebensgeister allgemein weckt und die Müdigkeit verscheucht. Danach soll er, daran immer mehr Gefallen findend, die ihm untergebenen Derwische (Mönche) ebenfalls zum Kaffeetrinken angehalten haben, damit sie ihre nächtlichen Gebete mit größerem Eifer betreiben. Bei den Sufis handelte es sich um eine ab 700 n. Chr. nachweisbare islamische, asketisch in Klöstern lebende Sekte. Nach dieser Aufzeichnung sei es durch sie zur ersten Kultivierung der Kaffeepflanze im Jemen gekommen. Vorher habe man in Arabien nur den Aufguß eines einheimischen Krautes getrunken, woraus auch das leicht narkotisierende Kaumittel Kaat (Chaad) bereitet wurde, das auch heute noch existiert (Roque 1717). Der Wahrheitsgehalt dieser immer wieder bis heute in allen Kaffeegeschichten kolportierten legendären Überlieferung ist schwer abzuschätzen, da es noch ganz andere orientalisch-märchenhaft ausgeschmückte Darstellungen über die Ursprünge des Kaffeetrinkens gibt (Herbert 1663:350, Reich 1860:77/80). Der arabische Chronist Abd-al Kadir Ibn Mohammed el Asari behauptet, im Jahr 996 nach der Hedschra (d. i. 1587 n. Chr.) sei das neue Heißgetränk in Aden und Mekka seit einhundert Jahren jedenfalls schon üblich gewesen (Desmet-Grégoire 1991:104). Unklar bleibt, in welcher Form diese kleine klösterliche Gemeinschaft den Kaffee damals zubereitete: ob sie den Sud aus den in der Sonne getrockneten, aus nur kurz gerösteten oder aus zwischen Reibsteinen ähnlich wie das Getreide gemahlenen und dann vielleicht stark über dem Feuer gerösteten Bohnen herstellte. Sicher scheint dagegen zu sein, daß diese Methode des Trocknens und Röstens bei anderen Getränkeherstellungen schon vorher im ganzen Vorderen Orient bekannt war. Der Kaffee (»kahwa«) wurde den arabischen Schriftstellern zufolge wie in Äthiopien in einem bauchigen roten Tongefäß mit langem Hals zubereitet. Der Ranghöchste goß zuerst das Getränk in eine kleine Schale und reichte es seinem Nachbarn zur Rechten, der dann in gleicher Weise verfuhr, wobei alle ihre Gebete sangen (Desmet-Grégoire 1991: 104; Sacy 1886).

Das neue Heißgetränk ist in dem neu begründeten Osmanischen

Reich jedenfalls bald zur großen Mode geworden, als die Türken 1536 die jemenitische Tiefebene Timana eroberten. Pilgerscharen brachten den Kaffee aus dem Südjemen zu den islamischen Wallfahrtszentren Mekka und Medina, von dort nach Kairo, Damaskus, Aleppo, Smyrna, Bagdad und Isfahan sowie schließlich nach Istanbul, wo unter Sultan Suleiman dem Großen 1554 zwei Kaffeehändler aus Aleppo und Damaskus erste öffentliche Kaffeestuben einrichteten. Arabische Berichterstatter geben Hinweise darauf, daß die Kaffeehäuser in den erwähnten Städten des Osmanischen Reiches, die im Volksmund zunächst »mekteb-i irfan« (Schulen der Weisheit) hießen und zuerst in und dann neben den Moscheen lagen, recht bald nicht mehr nur religiösen Exerzitien wie anfangs dienten. Das öffentliche Kaffeetrinken wurde, was die ungeheure Anziehungskraft erklärt, etwa seit dem frühen 16. Jahrhundert für die Männer zugleich nun eine Gelegenheit, um Bekanntschaften und Geschäfte zu machen sowie die Zeit mit Rauchen, Brett- und Glücksspiel sowie bei Tanz- und Musikdarbietungen zuzubringen. Die neuen Kaffeeschenken Istanbuls wurden von einem Franzosen in der Mitte des 17. Jhs. beschrieben:

»Es gibt verschiedene öffentliche Kaffeehäuser, wo man Kaffee (cahvé) in großen Kesseln kocht. Dorthin kann jedermann gehen, ohne Unterschied der Religion und des Standes, und es ist nicht unschicklich, dort hinein zu gehen, auch wenn es nur zur Unterhaltung ist; es gibt sogar draußen gemauerte Bänke, die mit geflochtenen Matten bedeckt sind und auf denen diejenigen sitzen, die den Vorübergehenden zuschauen und an der Luft sein wollen. Gewöhnlich gibt es in den Kaffeehäusern auch Musikanten mit Flöten und Saiteninstrumenten, die von Kaffeehausbesitzern dazu angestellt werden, tagsüber mit Musik und Gesang die Leute anzulocken« (Thévenot 1665, zit. in: Schnyder von Waldkirch 1988: 58).

Die zahlreichen Spott- wie Lobgedichte auf den Kaffee in der arabischen Literatur belegen, daß die erste Verbreitung zahlreiche Kontroversen und zeitweilige Einschränkungen auslöste. Während die Imâme (Vorbeter) öffentlich darüber klagten, daß ihre Moscheen weniger besucht würden, wurde es Brauch, daß selbst Mitglieder des Serails, die Paschas, und andere hohe Mitglieder des Sultanhofes die Kaffeehäuser regelmäßig besuchten (Krünitz 1784:

113). Das strikte Verbot des Weintrinkens durch Sultan Murad III. (1574-1595) beseitigte dann die Widerstände der Imâme als Vorsteher der Moscheen gegen das Kaffeetrinken. Die nüchtern haltende braune Bohne sollte fortan bei den Muslimen den berauschenden Alkohol ersetzen. Die neuen Kaffeehäuser warfen bald soviel Gewinn ab, daß einer ihrer Besitzer schon nach drei Jahren mit umgerechnet 5.000 Dukaten in seine Heimat zurückgekehrt sein soll (Hammer III/1827:487). Die Wesire als Spitzen der osmanischen Staatsverwaltung sahen angesichts der zunehmenden Nachfrage eine neue Einnahmequelle und belegten die überall emporkommenden Kaffeehäuser mit einer Abgabe, setzten aber zugleich für die Tasse Kaffee verbraucherschützend einen festen Preis fest. Ohne das sich weit verzweigende Handelsnetz und die gleichzeitige Zunahme des Kaffeeanbaus wäre die Verbreitung des Kaffees in dem großen Osmanischen Reich nicht möglich gewesen. Den Kaffeeausschank betrieben auch fliegende Straßenhändler, welche einen Metallbottich mit heißem Wasser sowie eine Kaffeekanne und kupferne Becher auf einem Tablett bei sich trugen und dazu auch Tabakspfeifen anboten. Die Kaffeezubereitung wurde, dem Kairoer Beispiel folgend, überall zu einem ehrbaren Handwerk mit eigenen Zünften, in denen die Kunst des rechten »Kaffeesiedens« gepflegt wurde.

Die erste Erwähnung des Kaffees in Europa geschah durch den Augsburger Medicus Leonhart Rauwolf. Als Sohn eines schwäbischen Fernhandelskaufmanns mit Verbindungen zur Levante reiste er 1573 in den Orient und hielt sich zunächst längere Zeit in Bagdad auf, um im Gewand eines armenischen Händlers und mit einem kleinen Warenvorrat aus seiner Heimatstadt versehen den besten Weg zu erkunden, wie man von Oberdeutschland zu den sagenhaften Schätzen Indiens gelangen könne. 1576 kehrte er vorzeitig in seine Heimatstadt zurück, wo er 1582 einen später berühmt gewordenen Bericht »Raiß in die Morgenländer« veröffentlichte (Rauwolf 1582). Im VIII. Kapitel, in dem er Gewerbe, Handel, Zeremonien sowie die Speisen und Getränke Aleppos beschreibt, erwähnt er, die Bewohner hätten

»ein guet getränck, welliches sie hoch halten, Chaube von jnen genennet, das ist gar nahe wie Dinten so schwartz vnd in Gebresten, sonderlich dess Magens, gar dienstlich. Dises pflegens am

Morgen frü, auch an offnen orten, von jedermeniklich one alles abscheuwen zu trincken, auß jrrdinen vnnd Porcellanischen tieffen Schälein, so warm alß sies könden erleiden, setzen offt an, thun aber kleine trüncklein, vnd lassens gleich weitter, wie sie neben einander im krayß sitzen, herumb gehen. Zu dem Wasser nehmen sie Frücht Bunnu von Innwohnern genennet, die außen inb jrer größe vnd farb, schier wie die Lorbeer, mit zwey dünnen Schelflein umbgeben, anzusehen vnd fernerer jren alten berichten nach, auss India gebracht werden (...) Dieser Tranck ist bey jnen sehr gemein, darumb dann deren, so da solches ausschencken, wie auch der Krämer, so die Frücht verkauffen, in Batzar hin jnd wider nit wenig zu finden; so haltens das auch wol so hoch vnd gesund seyn, als wir bey vns den Wermutwein, oder noch andere Kräuterwein (...)« (Rauwolf 1582:98).

Venezianische Kaufleute, seit den Kreuzzügen des Mittelalters einen regen Handel mit dem Morgenland unterhaltend, müssen das »heiße schwarze Wasser« spätestens um diese Zeit kennengelernt haben. Nach der Relation des venezianischen Gesandten Francesco Morosini ersetzte dieses den im Koran verpönten Wein und wurde wie dieser in »Tavernen täglich getrunken«. Der aus Venedig stammende, in Padua lehrende und bereits erwähnte Botaniker Prospero Alpino (1553-1617) besuchte mit einem venezianischen Gesandten 1580 Kairo und gab später eine erste bildliche Darstellung des Kaffeebaums, als er die ägyptische Pflanzenwelt beschrieb (Alpinus 1640). Dabei erwähnte er, daß die Kaffeefrüchte für einen »Absud« benützt würden, der in Schenken unter dem Namen »caova« (arabisch Wein) angeboten werde. Später wurde behauptet, daß sich die Bezeichnung Kaffee von diesem oder dem anderen arabischen Wort »kahwa« bzw. dem türkischen »kahve« ableite.

Sein Landsmann, der italienische Humanist Bartholomeo Belli, übersandte 1596 erste Kaffeesamen an den flämischen Botaniker Charles d'Ecluse (lat. Clusius 1524-1609), der dann den Kaffeebaum in seine berühmten botanischen Hauptwerke »Rarium plantarum historia« (Leiden 1601) und »Exoticorum libri decem« (Leiden 1605) aufnahm. 1614 unternahm der römische Patrizier Pietro della Valle von Venedig aus als Pilger eine Wallfahrt ins Heilige Land, um dann anschließend neben Persien und Indien Ägypten,

Syrien und die Türkei zu bereisen. 1615 hielt er sich in Istanbul auf, wo er sich nicht nur über Kaffeehäuser, sondern auch über die medizinischen Wirkungen des neuen Getränks informierte (Valle I/1843:90/93). Nach seiner Rückkehr soll er in Rom die erste Tasse Kaffee im Abendland getrunken haben. Danach mehrten sich sprunghaft weitere Beschreibungen, so daß bis zur Mitte des 17. Jhs. bereits ein Dutzend davon aus den verschiedenen europäischen Ländern vorlagen (Reich 1860:88/94). Der in Rom lehrende Professor Antonius Faustus Naironus (1636-1707) wies auf die im Gegensatz zum Alkohol nüchtern und gesund erhaltenden Wirkungen des neuen Getränks hin, schrieb aber gleichzeitig, die arabische Überlieferung bewußt verfälschend, die Erfindung des Kaffeetrinkens einem christlichen Klosterabt in seiner Heimat zu, von dem dann der erwähnte Mufti Gemal-Eddin erst die Zubereitung kennengelernt habe (Naironus 1671). Offensichtlich wurde der Kaffee im Abendland zunächst mehr als orientalische Arznei und geheimnisvolles Aphrodisiakum angesehen, bis man ihn allmählich auch als luxuriöses Getränk akzeptierte.

Die Venezianer importierten im frühen 17. Jh. größere Mengen Kaffeebohnen nach Italien, und nun erst nahm das Kaffeetrinken dort erstmals einen gewissen Umfang an. 1647 entstand in Venedig unter den Arkaden des Markusplatzes das erste bekannte europäische Kaffeehaus, dessen Beschreibung großes Aufsehen erregte und Carlo Goldoni später zu einem Singspiel anregte (Sinold 1698). Durch die nach venezianischem Vorbild entstandenen Levante-Handelskompanien gelangte im 17. Jahrhundert der arabische Kaffee auch in andere Länder Europas. 1644 brachten aus Instanbul zurückgekehrte Marseiller Kaufleute, unter ihnen ein gewisser Pierre de La Roque, nicht nur Kaffeebohnen, sondern auch einen Röstapparat sowie Mörser, Kaffeekannen und ein Tablett mit 15 kleinen Porzellanschälchen mit, um Freunde zu Hause in die Kunst des türkischen Kaffeetrinkens einzuweihen. Für die Einführung des Kaffees in Frankreich soll der Sohn des französischen Gesandten am Hof des Sultans, der Marseiller Kaufmann de la Haye, die treibende Kraft gewesen sein (Roque 1717:48). Um 1650 begann das neue Getränk im westlichen Mittelmeer heimisch zu werden. Entscheidend für die Einführung der Mode des Kaffeetrinkens am Hof des französischen »Sonnenkönigs« wurde Soliman Aga, der Gesandte Sultan Mohammed IV., der bei Empfängen 1669/70 in seinem im türkischen Stil prachtvoll eingerichteten Pariser Palast seinen Gästen durch Sklavinnen Kaffee zum Probieren anbot (Roque 1716:319; Langstedt 1800: 110; Schnyder-von Waldkirch 1988:28; Bologne 1993). Erste Kaffeehäuser entstanden 1650 in Oxford, 1652 in London, 1671 in Marseille und 1672 in Paris, Amsterdam sowie Den Haag. Daneben gab es nach osmanischem Vorbild aber überall auch einen Straßenverkauf für das einfache Volk. In Frankreich übernahmen die Limonadenverkäufer das Rösten und Mahlen des Kaffees und nannten sich fortan »caffetiers-limonadiers«, während die Kolonialwarenhändler nur die grünen Kaffeebohnen importieren durften. Es waren dann auch Engländer und Holländer, die 1650 in Danzig, 1673 in Bremen und 1677 in Hamburg einen ersten Kaffeeausschank eröffneten. Zur gleichen Zeit fanden auch die anderen exotischen Heißgetränke Tee und Schokolade als neue Mode überall in den tonangebenden Gesellschaftskreisen Eingang (Sandgruber 1986).

Durch die Türkenkriege drang das neue Genußmittel überdies auf dem Landweg von Istanbul über den Balkan donauaufwärts bis nach Wien vor, wo 1685 das erste der vielen, später so berühmten österreichischen Kaffeehäuser entstand. Auch hierfür gibt es allerhand Legenden, die erst neuerdings durch Archivforschungen auf den wahren Kern zurückgeführt wurden (Teply 1980; Sandgruber 1986:60/78.) Von hier wanderte die Kaffeeidee nach Süd- und Mitteldeutschland, wo ebenfalls öffentliche Kaffeewirtschaften entstanden. Zu einem Zentrum des neuen Genußmittelkonsums wurde Leipzig. 1694 entstand in der Fleischergasse das berühmte Kaffeehaus »Zum arabischen Caffee-Baum«. Am Hof des brandenburgischen Großen Kurfürsten Friedrich Wilhelm I. in Berlin hatte man schon 1675 den Kaffee als Exotikum bewundert, aber der regelmäßige Kaffeegenuß ist dort wie in vielen anderen deutschen Städten erst nach 1700 nachweisbar.

Da die Kaffeebohnen zunächst nur pfundweise in kleinsten Mengen in den Handel kamen und als kostbare Geschmacksverbesserer auch zur Herstellung von »Liqueur« und »Confect« dienten, konnten sich anfangs nur begüterte Adelige und bürgerliche Patrizier dies neue Luxusgetränk gönnen. Der Sizilianer Procopi Francesco di Cotelli gründete nahe der »Comédie française« sein berühmtes »Café Procope«, in dem die großen Literaten der französischen Revolutionszeit wie z. B. Voltaire und Rousseau zu verkehren pflegten (Franklin 1893). Die englischen »coffee houses« waren zunächst sogar exklusive Clubs, die nur Mitgliedern Einlaß gewährten. Aber auch später blieben sie bei zunehmender Zahl und öffentlichem Zugang Stätten, wo politisch-literarische Fragen erörtert, ärztliche und rechtliche Konsultationen erteilt, Versicherungen und Geschäfte geschlossen wurden (Brewster 1888; Lettsom/Ellis 1776). Feine Möbel, Kristallspiegel und Marmorböden waren Voraussetzung für solche »großen Kaffeehäuser« des 18. Jhs. Sie wirkten stilbildend für die europäischen Kaffeehäuser und beförderten die Anfänge der bürgerlichen Freizeitkultur, da hier ältere ständische Unterscheidungen und Tageseinteilungen erstmals durchbrochen wurden.

Daneben entwickelte sich die den alten Wein- und Bierschenken nicht unähnliche kleine Kaffeewirtschaft, die das neue Genußmittel beim »einfachen Volk« populär machte. Diese erfreute sich keines so guten Rufes. So sollen nach einem »Frauenzimmer-Lexikon« aus dem Jahr 1715 in Leipzig von den Stadtknechten allerhand »gemeine Weiber« und zwielichtiges Gesindel aus den einfachen Kaffeeschenken herausgeholt worden sein (Aramanthes 1715; Zedler 1733). Auf zeitgenössischen Stichen lassen sich deutlich Glücksspiel und Prostitution erkennen. Offenbar fanden hier einige Sitten der mittelalterlich-frühneuzeitlichen Frauen- und Badehäuser eine gewisse Fortsetzung. In den »Großen Kaffeehäusern« schenkte der »Cafétier«, manchmal auch »Kaffeeschenk« oder »Kaffeesieder« genannt, gemäß seinen Handelsprivilegien außer Kaffee auch Tee und Schokolade aus, dazu durfte er »allerhand gebranndte Wasser und Liqueurs« neben ausländischen Bieren, kostbare Weine neben feinem japanischem und chinesischem Porzellan sowie Rauch- und Schnupftabak anbieten. Waren sie in ihrem Geschäft erfolgreich, so weiteten sie ihre Kaffeestuben aus, stellten Billardtische auf, boten zusätzlich eine Tafel zum gemeinsamen Speisen an sowie Übernachtungsmöglichkeiten, einen Ausspann und Spezialräume für Dienstboten und Fuhrknechte, womit der nächste Schritt zum feinen Restaurant oder Hotel vollzogen wurde. Vor allem gliederten sich viele einen besonderen Saal an, der manchmal den einzigen öffentlichen Versammlungsort darstellte. Hier gab es nun Bälle, Konzerte, Theateraufführungen, Ausstellungen und Auktionen, so daß immer weitere Besucher den Weg ins Kaffeehaus fanden, das zum Treffpunkt der sich herausbildenden bürgerlichen Gesellschaft wurde (Albrecht/Sammer 1985:8).

Überblickt man die Anfänge des Kaffeetrinkens in Europa, dann scheinen aber nicht so sehr die oft beschriebenen einzelnen Kaffeehäuser, sondern eher die wachsenden Anbauflächen auf den neuen Kaffeeplantagen in den Kolonien sowie die von den Hafen- und Handelsstädten ausgehenden größer werdenden Kaffeeangebote mit tendenziell sinkenden Preisen das Vordringen des neuen Getränks befördert zu haben. Wie die Artikel in den Enzyklopädien und andere Quellen belegen, blieb der Kaffee mindestens bis etwa 1715 ein ganz seltenes und sehr teures Luxusgetränk, das man auch als ein Heilmittel, Aphrodisiakum oder gar als »unnützes Exoticum« ansah. Die Sitte des Kaffeetrinkens am frühen Morgen oder Nachmittag wurde erst danach bei relativ wenigen und besonders wohlhabenden Haushalten bekannter. So ging man mit dem Kaffee in Kursachsen, dem benachbarten Preußen und Polen bis 1720 noch sehr sparsam um; bis 1730 ist der Modetrunk dort allmählich üblich geworden. Nach Berechnungen des Göttinger Staatswissenschaftlers und »Vaters der Statistik« August Ludwig Schlözer faßte das neue Genußmittel zwischen 1715 und 1720 erstmals in norddeutschen Städten wirklich Fuß und breitete sich seit der Mitte des 18. Jahrhunderts dann langsam auf dem Lande aus (Wiegelmann 1967:66). Es handelte sich, wie noch auszuführen sein wird, bei den einfachen Haushalten meistens um billigen Ersatzkaffee oder um einen damit vermischten oder mit viel Wasser oder Milch verdünnten Bohnenkaffee. Ein großer Teil der historischen Kaffeeliteratur hat diesen Punkt übersehen und spricht stets undifferenziert nur vom »Kaffee«, so daß der reale Konsum besonders in der frühen Zeit irrtümlich als viel zu hoch angenommen wurde. Die in den zeitgenössischen Berichten des späten 18. und des 19. Jahrhunderts immer wieder auftauchenden Klagen über den unmäßigen Kaffeeverbrauch der »arbeitenden Klassen« bedürfen daher einer kritischen Überprüfung. Ohne Zweifel gab es wie bei allen Nahrungsinnovationen ein Bestreben, das Kaffeetrinken der wohlhabenden »Herrschaft« nachzuahmen.

Dabei wurden die gewohnten Sitten beim Trinken des täglichen Dünnbiers auf den neuen Kaffeekonsum übertragen. Wie man auf den alten Abbildungen erkennen kann, wurde nun auch der Kaffee in großen Kannen zubereitet. Dabei konnte es sich angesichts der hohen Preise für echten Kolonialkaffee nur um Ersatzkaffee handeln, der höchstens bei besonderen Anlässen mit wenigen echten Kaffeebohnen vermischt wurde. Viele Quellen sprechen bezeichnenderweise vom »schlappen Kaffee« (Wiegelmann 1967:169ff.).

Die Sitte des Kaffeetrinkens breitete sich seit dem Beginn des 18. Jhs. regional wie nach Sozialschichten ganz verschieden aus. Die Großbauern, besonders wenn sie dem Kartoffelverzehr noch ablehnend gegenüberstanden, griffen eher zum Kaffee und beschmierten Butterbrote, dies im Gegensatz zu den Kleinbauern, Tagelöhnern und dem Gesinde, welche länger an der altüberlieferten morgendlichen Breikost und dem Dünnbier festhielten. Es wäre aber falsch anzunehmen, der Kaffeekonsum sei allein den materiell besser gestellten Haushalten vorbehalten geblieben. Bei den sich seit dem späten 18. Jh. ausbreitenden Heimarbeiterfamilien auf dem Lande, die durch ihre nebengewerbliche Tätigkeit im Verlagssystem regelmäßig bares Geld erhielten und mit städtischen Märkten mehr Kontakt hatten, nahm das »schlappe Kaffeetrinken« überall schneller zu. Der Kaffee diente hier als neues Heißgetränk dazu, die langen und monotonen Arbeitszeiten zu Hause z.B. beim Spinnen und Weben zu unterbrechen. Er wurde bei den ärmeren Schichten oft nicht aus der Tasse getrunken, sondern in Form einer Kaffeesuppe in einem Napf zubereitet. Die Kochbücher des 19. Jhs. enthalten dafür manche Rezepte. So wurde beispielsweise über in Fett getauchte Brotbrocken oder Semmeln warme Milch und Kaffee gegossen. Dieses »Kaffeemus« diente auch als Mittagsmahlzeit und wurde mit dem Löffel gegessen. Die Gebildeten sahen in diesen Kaffeesuppen eine Ungeschicklichkeit der armen Leute, die mit dem neuen Genußmittel noch nicht richtig umgehen könnten, und gossen deshalb ihren Spott darüber aus (Wiegelmann 1967:176).

Insgesamt breitete sich das Kaffeetrinken, wie ethnographische Kartierungen zeigen, in Europa regional ganz unterschiedlich aus. Erfreute sich diese Sitte in städtischen Bürgerhäusern Norddeutschlands und Sachsens nach 1715 schon einer zunehmenden

Beliebtheit, so blieb sie auf dem Lande noch völlig unbekannt. Dort erfolgte eine Verbreitung erst in der zweiten Hälfte des 18. Jhs. (Krünitz 1784:111), wobei die umherziehenden französischen Truppen im Siebenjährigen Krieg beteiligt waren. Das Tempo der Kaffeerezeption wurde durch örtlich unterschiedliche Preise oder auch staatliche Verbote sowie das Maß der Nachahmungssucht mitbestimmt. Das neue Heißgetränk konnte sich bei den sozialen Unterschichten in Nord- und Mitteldeutschland offenbar schneller durchsetzen, da es beim Frühstück z.B. die wenig geliebte Biersuppe und auch den berauschenden Branntwein ersetzte sowie zum Brot mit Aufstrich paßte. Große Teile Süddeutschlands blieben dagegen zunächst weitgehend kaffeelos, weil die beliebten Alltagsgetränke Wein und Most sowie die weit verbreiteten Mehlspeisen einer schnellen Aufnahme entgegenstanden (Wiegelmann 1967). Die Einführung des Kaffeetrinkens bedeutete überall eine Neugestaltung der Mahlzeitenordnungen und einen Eingriff in die traditionelle Land- und Hauswirtschaft. Bezeichnenderweise freundeten sich Berg- und Hüttenleute mit ihren mit Hitze und Staub verbundenen Berufen sowie bestimmte andere gewerbliche Berufe eher mit dem morgendlichen Frühstückskaffee an. Am Ausgang des 19. Jhs. war der tägliche Kaffee nahezu in allen Gegenden und Sozialschichten üblich geworden, wobei die gegen den Alkoholismus gegründete Bewegung für »Volkskaffeehallen« einen nicht unerheblichen Beitrag zu dieser Durchsetzung leistete. In den in vielen deutschen Städten vorhandenen »Kaffeeklappen«, die dieses Getränk auf die billigste Art zubereiteten und ausschenkten, wurden zur Verstärkung des Anreizes auch zugleich einfache Speisen verabreicht. Dadurch ist der Aufbau des betrieblichen Kantinenwesens nicht unwesentlich gefördert worden. Frauen brachten nun auch in Tücher gehüllte Emaillekannen mit heißem Milchkaffee zusammen mit einem Eintopfessen im »Henkelmann« dem Arbeiter häufig an seinen Arbeitsplatz.

Die Frage, wie sich der Kaffeeverbrauch quantitativ entwickelte, läßt sich kaum beantworten. Bis zur Mitte des vorigen Jahrhunderts liegen nur aus wenigen großen Städten und einzelstaatlichen Territorien zeitlich verstreute und uneinheitliche Angaben in abweichenden älteren Maßeinheiten vor. Nach den Berechnungen des Statistischen Bureaus in Berlin stieg der Kaffeekonsum pro anno in Preußen zwischen 1831 und 1842 von 1,6 kg auf 1,8 kg (Dieterici 1846:208). Der wirkliche Konsum bleibt aber dubios, da die Röstverluste, welche die Zeitgenossen auf 25 Prozent schätzten, hier noch nicht erfaßt worden sind. Eine genauere langzeitliche Berechnung des kolonialen Röstkaffeeverbrauchs pro Kopf und Jahr in Deutschland zwischen 1850 und 1979, die auf den Rohkaffee-Nettoimporten unter dem einheitlichen Abzug von 16,66 Prozent Einbrandverlusten beruht und mit sachverständiger Hilfe des Deutschen Kaffeeverbandes und des Münchner Ifo-Instituts erstellt wurde, läßt ein Anwachsen von 0,69 kg (1850) auf 5,61 kg (1979) bzw. in der Umrechnung auf Litern von 17,3 l (1850) auf 140,2 l (1979) pro Kopf und Jahr erkennen (Teuteberg/Wiegelmann 1986:198/201). Der Gesamtverbrauch wuchs danach unter Schwankungen gemäß der stark wechselnden Preise tendenziell langsam und stetig, um 1911 seinen ersten Gipfelpunkt mit 55,4 l zu erreichen. In der Zeit der beiden Weltkriege und den Krisenjahren danach sank der Kaffeeverbrauch aber wieder rapide ab. Das hatte einerseits mit der militärischen Blockadepolitik und der staatlichen Kriegsbewirtschaftung bzw. der Autarkiepolitik des Dritten Reiches, aber auch damit zu tun, daß in wirtschaftlichen Notzeiten bei der Masse der Haushalte der Genuß der relativ teuren Genußmittel als Teil des elastischen Konsums mehr oder weniger stark eingeschränkt wurde. Bezeichnenderweise wurde 1950/51 in der Bundesrepublik Deutschland weniger Bohnenkaffee als ein Jahrhundert zuvor getrunken. Aber schon 1957 war der Höchststand von 1911 wieder überschritten; der Kaffeeverbrauch stieg seitdem im Gleichschritt mit dem wachsenden Massenwohlstand immer steiler an – wie in anderen Industriestaaten.

Anbau und Handel

Wie erwähnt, wurde der in Äthiopien wild wachsende Kaffeebaum wahrscheinlich Ende des 14. Jahrhunderts in die mittleren Hochlagen des Südjemen verpflanzt und von dem dort ansässigen islamischen Orden der Sufis ein Jahrhundert später erstmals systematisch aus religiösen Zwecken angebaut. Durch dessen enge Beziehungen zu den heiligen Wallfahrtsstätten Mekka und Medina gelangte der Kaffee dann als neues Handelsgut in den ersten Dezennien des 16. Jahrhunderts zuerst nach Ägypten und von dort nach Syrien und Persien, aber auch nach Nordafrika und in die Türkei. Der Anbau blieb aber zunächst nur auf den südwestlichen Teil der arabischen Halbinsel und kleinere Gebiete Äthiopiens beschränkt, wobei die einheimischen zaidistischen Imâme, die sich der osmanischen Oberherrschaft später weitgehend entziehen konnten, die Ausfuhr ihrer Kaffeepflanzen strikt untersagten. Ein lange kolportiertes Gerücht besagte, sie hätten ein Mittel erfunden, den ausgeführten Kaffeesamen am Keimen zu hindern. Erst durch die Berichte der holländischen Ostindischen Compagnie und anderer europäischer Kaufleute über die beiden dortigen ersten Kaffeemärkte Mokka (Mocha, Macha) und Bayt-al-Fakih erhielt man genauere Augenzeugenberichte über die Methoden des Anbaus und der Vermarktung. Danach wurde der Kaffee von arabischen Kleinbauern auf kleinsten terrassenförmigen Parzellen auf Höhen von 1000 bis 1500 m angepflanzt, wo das Tropenklima milder ist und genug Niederschläge fallen. Diese Grundstücke waren mit Steinwällen umgrenzt, um das knappe Regenwasser zu sammeln und dieses zusammen mit zusätzlichen Bewässerungsgräben möglichst tief ins Erdreich eindringen zu lassen. Der Boden wurde dazu mit Holzpflügen und Eseln gelockert. Die Kaffeebäume wurden regelmäßig auf Mannshöhe beschnitten, um das Pflücken der Kaffeebeeren zu erleichtern. Diese Form der Gartenwirtschaft ähnelte damit dem Weinanbau in steilen Lagen. Zur Erntezeit brachten die Bauern die Kaffeebohnen zu der zwischen den Hauptanbaugebieten und den Küstenhäfen liegende Binnenstadt Bayt-al-Fakih, wo dann über die Preise mit den auswärtigen Kaufleuten gefeilscht wurde. Wegen der stets geringen Mengen gewährte man keinen sonst üblichen Großhandelsrabatt. Nach den Geschäften transportierten die Händler die Ware mit Kamelen zu den nächsten kleinen Häfen und die Europäer mit einer Karawane zu der vier Tagesreisen entfernt liegenden Küstenstadt Mokka, wo größere Schiffe ankern konnten. Für die europäischen Einkäufer blieb der Handel dabei schwer kalkulierbar. Allein das Gerücht, ein europäisches Schiff sei am Bab el-Mandeb an der Südspitze Arabiens gesichtet worden, ließ die Kaffeepreise explodieren. War der Preis wegen zu geringer Nachfrage andererseits einmal zu niedrig, so hielten sich die Kleinbauern vom Markt ganz fern, um einen neuen Preisanstieg abzuwarten. Eine Konkurrenz war bei ihrer Monopolstellung ja nicht zu befürchten. Die Korruptheit der osmanischen Gouverneure, die für die notwendige Handelslizenz ein größeres »Geschenk« erwarteten, die häufigen Spannungen im Landesinneren, aber auch die immensen Preisschwankungen sowie die von Seeräubern bedrohte Schiffahrt auf dem Roten Meer machten den Kaffeehandel zu einem hochriskanten Abenteuer.

Der erworbene Rohkaffee wurde zunächst in Säcken aus Ziegenleder mit Kamelen über Dschidda und Suez bis zum großen Handelszentrum Kairo an der Nilmündung gebracht, von wo er dann über das verzweigte Karawanennetz in das übrige Osmanische Reich und auf türkischen Galeeren in den ganzen Mittelmeerraum gelangte. Eine Handelsroute ging dabei den Euphrat aufwärts bis nach Basrah (Dufour 1686:207/209). Seit der Mitte des 17. Jhs. transportierten englische Ostindienfahrer, um die Preissprünge zu dämpfen und den Weg abzukürzen, den Kaffee von Mokka erstmals um das Kap der Guten Hoffnung herum bis nach London und eröffneten, nach Überwindung heftiger Widerstände gegen sie als »Ungläubige«, eine erste dauernde Handelsniederlassung in dieser arabischen Hafenstadt, von der sich die Bezeichnung »Mokka« als Bezeichnung einer Kaffeezubereitung herleitet.

Die wachsenden Kaffeeausfuhren veranlaßten die arabischen Händler, ihre Absatzgebiete immer weiter bis nach Indien auszudehnen, was aber dann nach etwa zweihundert Jahren ein Ende ihres Anbaumonopols bedeutete, da die jemenitischen Kleinerzeuger mit der rasch steigenden Nachfrage nach dem neuen Luxusgetränk nicht mehr Schritt halten konnten. Als die Preise immer höher stiegen, war dies ein starker Anreiz für europäische Großmächte, in ihren tropischen Kolonialgebieten mit dem Kaffeeanbau zu beginnen.

Wie Tabelle 1 illustriert, versuchten die Holländer mit Hilfe ihrer staatlichen Ostindischen Handelsgesellschaft zunächst weltweit den Kaffeemarkt zu dominieren. Wahrscheinlich brachte diese im späten 17. Jahrhundert Samen des arabischen Kaffeestrauches von Mokka über Persien zur Anpflanzung in ihre koloniale Faktorei an der westlichen Küste Indiens bei Malabar und um 1690 nach Bata-

Tab. 1: Erste Phase des kolonialen Kaffeeanbaus im 17./18. Jahrhundert

Jahr	Anbaugebiet	Kolonialmacht	Jahr	Anbaugebiet	Kolonialmacht
Ende 17. Jh.	Malabarküste/ Vorderindien	Niederlande	1720	Martinique Ceylon	Frankreich Niederlande
1690/ 1706	Batavia/Java	Niederlande	1723	Pára/ Brasilien	Portugal
1715	Réunion	Frankreich	um 1750	Kuba	Spanien
1718	Surinam	Niederlande	1760	Goa/Indien	Portugal
1719	Sumatra	Niederlande	1766	Rio de Janeiro	Portugal

Quellen: Ukers 1935, Eickmeyer 1935

via. 1711 konnte die »Nederlandsche Handels-Maatschappey« die ersten grünen Kaffeebohnen aus Ost-Java in Amsterdam anbieten. Das türkische Luxusprodukt hatte damit eine Konkurrenz bekommen. Dies verlockte die Holländer dazu, bald danach auch im westindischen Surinam mit solchen Plantagen zu beginnen. Auch Frankreich und Portugal sowie dann Spanien versuchten wenig später, eigene koloniale Kaffeekulturen zu begründen, um gemäß der damaligen merkantilistischen Wirtschaftslehre den Reichtum des absolutistischen Staates zu vermehren.

Die ökonomischen Erfolge dieser neuen kolonialen Unternehmungen dürfen aber zunächst nicht zu hoch angesetzt werden. Die aus dem Hochland Arabiens stammenden Kaffeesträucher benötigten nicht nur eine Meereshöhe zwischen 500 m und 1.500 m mit einer mineralreichen, für die Pfahlwurzeln tiefgründigen Akkerkrume, sondern auch starke Niederschläge und gleichbleibendes Klima zwischen 15 und 25 Grad Celsius ohne zu starke Winde. Von der Anpflanzung bis zur vollen Tragfähigkeit mit 2,5 kg Kaffeefrüchten pro Strauch dauerte es fünf Jahre, die zunächst kapitalmäßig zu überbrücken waren. Dann aber mußten in der zwei- bis dreimonatigen Erntezeit die Kaffeekirschen einzeln mit der Hand gepflückt und sorgfältig verlesen werden, da sie nicht alle zur gleichen Zeit reiften. Anschließend waren sie nach längerer Trocknung in der Sonne zu schälen bzw. zu waschen und zu polieren sowie nach der Qualität zu sortieren, ehe sie als Rohprodukt für den Schiffstransport in Leinensäcken verladen wurden. Bei dieser sehr arbeitsintensiven Produktion kam es weniger auf große Anbauflächen, sondern mehr auf ausreichend billige Arbeitskräfte, größere Betriebskredite und Verkehrswege von den meist unwegsamen Anbaugebieten zum Verladehafen an. Die intensive Kleinwirtschaft an Berghängen war daher hier, ähnlich wie bei manchem Weinbau, zunächst die optimale Betriebsform. Vielfach sind die neuen kolonialen Kaffeekulturen auf die alte, gartenmäßig betriebene kleinbäuerliche Subsistenzwirtschaft aufgepfropft worden, ehe man zur größeren Plantagenerzeugung voranschritt.

So gelang es in Ceylon erst den Engländern als neuen Herren dieses Inselreiches, im 19. Jh. durch den Bau von Verkehrswegen zu den höher gelegenen Anbaugebieten, durch Herabsetzung der Einfuhrzölle in London, Gründung von kleinen Kreditanstalten durch die »Bank of India« sowie die Anwerbung von südindischen Kulis eine erste Kaffeeausfuhr in Gang zu setzen, die 1871 ihren Gipfelpunkt mit 51.000 t erreichte. Der danach einsetzende Blattpilzbefall brachte aber in wenigen Jahrzehnten eine Hinwendung zur Teekultur und drängte den Kaffeeausbau fast völlig zurück. Auch die indische Kaffeeproduktion erfuhr dank der liberalen Handelspolitik des englischen Kabinetts Gladstone zuerst eine schnelle Ausweitung, um nach 1872 flächenmäßig durch den Schädlingsbefall ebenfalls zu schrumpfen. Versuche zum Kaffeeanbau in der britischen Kolonie Malakka mit ihrem Hafen Singapur und vielen anderen Pazifikinseln blieben, mit Ausnahme von Celebes und den Philippinen, wo spanische Missionare die Kaffeepflanze aus Mittelamerika mitbrachten, im Kleinstanbau stecken und daher für die Weltwirtschaft unerheblich. Die hervorragende Exportrolle Javas und später seiner Nachbarinsel Sumatra beruhte vor allem darauf, daß das staatskapitalistische Unternehmen der Niederländischen Handelskompanie bis 1870 sein Konsignationsrecht, d.h. das Transportmonopol zwischen seinen ostindischen Besitzungen und dem Mutterland, zu wahren wußte und nach dem Abfall der südlichen Niederlande als neuer Staat Belgien wegen der neuen Finanznot ein System der Zwangskultur für die mehr als 40.000 holländischen Pflanzerfamilien einführte, welche zum Anbau steuerlich wertvoller Kolonialprodukte, darunter Kaffee, verpflichtet wurden. Erst 1919 zog sich der holländische Staat aus dieser staatlich regulierten Plantagenwirtschaft zurück. Auch auf Java traten nach 1870 die erwähnten Schädlinge auf, doch erfolgte nun ein Übergang zu der neu gezüchteten, widerstandsfähigeren Liberia- und nach 1900 zur Robustaart, die auch in der Tiefebene gediehen. In den 1920er Jahren waren 90 Prozent der Plantagen auf die zuletzt genannte Kaffeeart umgestellt worden.

Auch in der Neuen Welt wandte man sich schon an der Wende zum 18. Jh. dem kolonialen Kaffeeanbau zu. Die Kaffeepflanze gelangte zunächst in das niederländische Surinam, von dort in das französische Cayenne und dann auf die Karibikinsel Martinique, von wo Jesuitenmissionare sie dann 1727 nach Haiti (Santo Domingo) verpflanzten. An den Berghängen des westlichen Teils dieser großen Insel bildete sich bald eine umfangreiche Plantagenwirtschaft heraus, als die Franzosen Massen von Sklaven heranschafften. Der Sklavenaufstand von 1791, in dessen Verlauf u.a. 1.200 der 3.117 Plantagen zerstört wurden, hat diesem Aufschwung ein Ende bereitet. Dazu bahnte sich ein Übergang zu der für den Tieflandanbau besser geeigneten Zuckerrohrwirtschaft an. Erst als die USA 1915 die Zollverwaltung Haitis übernahmen, kurbelten Ausfuhrprämien die großbetrieblichen Kaffeeanpflanzungen wieder an. Ebenso wurde im benachbarten Kuba bereits in der Mitte des 18. Jhs. mit der Kaffeekultur im größeren Stil begonnen, wobei man von der Revolution auf Haiti profitierte. Die Ausfuhren wurden frühzeitig auf die USA ausgerichtet und diesen schon 1793 die Häfen von Havana (Habana) und Santiago für den Handel geöffnet. Die große Einwanderung von Spaniern zwischen 1792 und 1848, besonders aus dem armen Galicien, sowie eine ebenso große Zufuhr billiger Sklaven führten zu einer Vervierfachung der Inselbevölkerung und wesentlichen Ausweitung der Plantagenwirtschaft bis zur Mitte der 1840er Jahre. Auf dem Höhepunkt wurden zwischen 1831 und 1835 rd. 23.000 t Kaffeebohnen im Jahresmittel exportiert. Verheerend auf die Kaffeeproduktion wirkten ein Orkan, der 1846 die Kaffeeplantagen im Westen fast völlig vernichtet hatte, der Ausbau der Zuckerproduktion zu Lasten der Kaffeeplantagen aufgrund des wachsenden Zuckerbedarfs der Vereinigten Staaten, eine Kette innerer Revolutionen, die dann folgende Sklavenbefreiung ebenso wie die drückende Steuerpolitik des spanischen Mutterlandes und die sich vom Kaffee abwendenden US-amerikanischen Kapitalinteressen. Ähnlich erging es Jamaika: der Mangel an billigen Arbeitskräften nach der Sklavenbefreiung von 1838, der Absentismus der Grundbesitzer und die Hinwendung englischer Investoren Ende des 19. Jhs. zu anderen Agrarprodukten führten zum Niedergang der Kaffeekultur.

Die bei allen Kaffeeplantagen auftretende Schwierigkeit der Arbeitskräftebeschaffung wurde am ehesten in Brasilien überwunden. Nachdem die Kaffeepflanze wahrscheinlich zuerst 1723 von der französischen Kolonie Cayenne in die nordbrasilianischen Provinzen Pára und Maranhao gelangt war, setzten auch die portugiesischen Kolonialherren zunächst wie in der Karibik auf die Sklavenzufuhr. Nach der schon 1822 errungenen staatlichen Souveränität und liberalen Verfassung gelang es Kaiser Pedro (1831-1889), Brasilien nach 1850 zum größten Kaffeeproduzenten der Welt zu machen. Der Ausbau der Verkehrswege, eine staatlich geförderte Masseneinwanderung weißer Arbeitskräfte besonders aus Italien und ein halbfeudales Pachtsystem für die Schwarzen nach der spät erfolgten Sklavenabolition, eine indirekte staatliche Exportförderung durch eine weiche Währung und die Vernichtung von Kaffeeüberschüssen nach großen Ernten zur Stabilisierung der Weltmarktpreise waren die Stützen dieses gewaltigen Aufschwungs nach 1860. Durch den Bau von Eisenbahnlinien von den Haupterzeugergebieten zur Küste übernahm der brasilianische Provinzstaat São Paulo 1862 die Führungsrolle von Rio de Janeiro, und Santos wurde zum größten Kaffeeausfuhrhafen der Welt.

Die anderen süd- und mittelamerikanischen Länder wie Guayana, Venezuela, Bolivien, Kolumbien, ferner Honduras, Guatemala, Costa Rica, San Salvador, Nicaragua und Mexiko reihten sich ähnlich wie viele kleinere Karibikinseln zwar auch in die Reihe der neuen kolonialen Kaffeerzeuger ein, doch blieb der Anbau überall eine Kombination von eingeborenen Kleinproduzenten und einer konservativen weißen Handelsoligarchie. Wie eine neue Untersuchung über Guatemalas Kaffeewirtschaft zwischen 1860 und 1895 zeigt (Wünderich 1994), stellte die Regierung vor allem aus enteignetem Kirchenbesitz privaten Interessenten große Ländereien äußerst billig zur Verfügung. Diese wurden an die darauf wohnenden kleinbäuerlichen Indios und Mestizen weitergegeben, die darauf Nahrungsmittel für den eigenen Bedarf erzeugen durften. Zur Erntezeit mußte jedes Indianerdorf auf behördliche Weisung hin eine bestimmte Anzahl von Bewohnern zur kostenlosen Arbeit auf die Plantagen schicken. Durch die Zahlung von Vorschüssen, z. B. in Form von Saatgut, an die Kleinbauern und Unterbindung des Vagabundentums durch Einführung von Arbeitsausweisen konnte so ein großes Arbeitskräftereservoir geschaffen werden, das bei Bedarf in Anspruch genommen wurde. Diesen billigen Saisonarbeitern gegenüber bestanden keine patriarchalischen Verpflichtungen für Not, Krankheit und Alter, wie es auf den großen »Haciendas« (Landgütern) üblich war. In Guatemala, in dem eine kleine deutschstämmige »Kolonie« große Teile des Ex- und Importes zu kontrollieren begann und dann ein Drittel des Kaffeeanbaus übernahm, wurde der Kaffee seit 1870 vor allem nach Hamburg verschifft. Der kleine mittelamerikanische Staat konnte bald eine führende Position unter den Kaffeezulieferern des Deutschen Reiches einnehmen und längere Zeit behaupten.

Bei der globalen Ausbreitung der Kaffeeproduktion ist zuletzt Afrika zu betrachten. Zwar hatte man auf den klimatisch günstigen Tropeninseln Réunion, Mauritius und Madagaskar im Indischen Ozean schon im 18. Jahrhundert erstmals Kaffee angebaut, doch haben die häufigen Vernichtungen durch Wirbelstürme zum Übergang zu widerstandsfähigeren Pflanzen wie Zuckerrohr und Gewürzen geführt. Auf dem afrikanischen Kontinent fehlte es vor allem an einer verkehrsmäßigen Erschließung, die erst am Ende des 19. Jhs. von den Kolonialmächten allmählich in Angriff genommen wurde. Von Europäern geleitete Kaffeeplantagen entstanden vor allem in Angola, Kenia und Tanganjika, dann aber auch in Burundi, Kamerun und an der Elfenbeinküste (Liberia). Aber auch hier hielt sich die hergebrachte Stammeswirtschaft, so daß es hauptsächlich bei kleiner Eigenerzeugung mit nur geringen Überschüssen für den Welthandel blieb. Da Sklavenwirtschaft nicht mehr in Frage kam, wurde vor allem in Angola auf südindische Kulis zurückgegriffen, deren Einwanderung gefördert wurde. Interessanterweise hat Arabien von dieser geringen afrikanischen Kaffeeerzeugung profitiert. Als die Schwierigkeiten des Landtransports mit Kamelkarawanen und türkischen Abgaben zunahmen, ging die Bedeutung der alten Kaffeehäfen Mokka und Dschidda nämlich immer weiter zurück, so daß die Ausfuhr nach Hodeida und nach dessen Versandung in die Stadt Aden verlegt wurde. Nach der Eröffnung des Suezkanals 1869 wurde dieser Hafen an der Südspitze der arabischen Halbinsel der alleinige Umschlagplatz für den arabischen wie ostafrikanischen Kaffeehandel, der freilich mit Batavia und Santos mengenmäßig nicht konkurrieren konnte.

Zeitgenossen schätzten, allein auf der Insel Haiti (San Domingo) hätten 1789 die dort tätigen 30.000 Pflanzer mit ihren 400.000 Sklaven 30.000 t Kaffee produziert. Frankreich importierte zwei Jahre zuvor hauptsächlich über Bordeaux, Nantes und Le Havre 38.000 t, wovon jedoch wieder 36.000 t reexportiert wurden, zumeist in die Niederlande und die deutschen Hansestädte. Marseille führte den aus seiner karibischen Insel Martinique kommenden grünen Kaffee weiter in den östlichen Mittelmeerraum aus, da es im Osmanischen Reich immer noch den größten Absatzmarkt gab. Alle diese Exporte und Importe waren aber an die stark wechselnde Kaffeeproduktion gebunden, die bei den häufigen schlechten Ernten bis zu 50 Prozent absinken konnte. In der Mitte des 19. Jahrhunderts soll die schwer berechenbare Weltkaffeeproduktion zwischen 275.000 t und 500.000 t geschwankt und durchschnittlich rd. 325.000 t betragen haben. Größter Kaffeeerzeugerstaat war Brasilien mit etwa der Hälfte der Weltproduktion, vor Java mit rund 20 Prozent, Costa Rica, Guatemala, Ceylon und Haiti (Scherzer 1885).

Bis zur Mitte des 19. Jahrhunderts mußte der Umfang der Kaffeeimporte aufgrund unsicherer Zollangaben geschätzt werden; zur Ermittlung der Kaffeeproduktion dienten Reiseberichte, Abhandlungen in Journalen und privaten kaufmännischen Rechnungsbüchern. Den Verbrauch führten schon im 19. Jh. die Vereinigten Staaten von Amerika an. Selbst dort, in der lange Jahrzehnte größten kaffeetrinkenden Nation der Welt, wurde der Kaffee relativ spät aus einem Luxusprodukt zu einem alltäglichen Getränk. Immerhin kannte Kapitän John Smith, der die erste britische Kolonie in Jamestown in Virgina im 16. Jahrhundert begründete, von seinen früheren Schiffsreisen an die Levante bereits den Kaffee, und die ersten holländischen Einwanderer, die mit der berühmten »Mayflower« nach Neu-England kamen, hatten auch schon Kaffeemörser bei sich, so daß man schon zur gleichen Zeit wie in Europa in Neu-Amsterdam (New York) um 1669 eine erste Kaffee- und Teestube eröffnete. Die Adreßbücher (directories) zeigen, wie sich die ersten Kaffeehäuser dann in den größeren nordamerikanischen Städten ausbreiteten. Sie dienten wie in Europa in erster Linie dem Austausch von Neuigkeiten und dem Abschluß von Handelsgeschäften. Die Einführung der späteren »saloons«, die sich von den einfacheren »taverns« und »inns« abhoben, ist dadurch in Gang gekommen. Der Kampf der Kolonisten gegen die vom Londoner Unterhaus verhängte Teesteuer machte dann den Kaffee ungeheuer populär, so daß man die große Wende zum Teetrinken wie in England nicht mitmachte. Bis zur Mitte des 19. Jhs. blieb das neue Getränk, obwohl man die Kaffeebohnen viel billiger als die Europäer aus der Karibik und Mittelamerika beziehen konnte, ein Luxusprodukt für die kleine wohlhabende Oberschicht. Im amerikanischen Bürgerkrieg wurde erstmals Kaffee an die Soldaten ausgegeben, als man die günstige Wirkung bei Nachtmärschen entdeckte. Nach Kriegsende wuchs die Nachfrage nach Kaffee schnell an, so daß einige Kaffeeröster zum Verfälschen des Kaffees verlockt wurden, was auf der anderen Seite zur Verbesserung der einzelnen Kaffeesorten und Anbringung von Schutzmarken führte. Ein ehemaliger Wanderhändler namens John Cheek begann dann mit den verschiedenen Kaffeesorten zu experimentieren und bat das beste Hotel »Maxwell House« in seinem Heimatort Nashville in Tennessee, seine Spezialmischung an die Gäste auszuschenken. »Maxwell House Coffee« wurde nun zu einem weltbekannten Markenartikel. Kaffeeimporteure in anderen Ländern ahmten dies dann nach (Johnson 1961).

Die hier geschilderte globale Ausdehnung der Kaffeeproduktion wäre ohne die gleichzeitige koloniale Expansion europäischer Großmächte und des ozeanischen Welthandelsverkehrs nicht möglich gewesen. Nachdem im 17. Jahrhundert noch aller in Europa konsumierte Kaffee aus Arabien kam und über den Hauptumschlagplatz Marseille sowie seit 1732 auch über andere französische Atlantikhäfen und London eingeführt wurde, wuchsen seit dem Ende des 18. Jhs. Amsterdam und die britische Hauptstadt zu den führenden Kaffeemärkten Europas heran, was mit der Französischen Revolution und Napoleons Kriegen und seiner jahrelangen Kontinentalsperre zusammenhing. Bis 1830 dominierten der westindische und dann bis 1869 der niederländisch-batavische Kaffee den europäischen Markt (Becker 1995:68). Erst danach begann der unaufhaltsame Siegeszug brasilianischer Einfuhren, was mit den liberalen Handelsverträgen und dem Abbau von Schutzzöllen, der Aufhebung der Navigationsakte und damit der staatlichen Handelskompanien, aber auch mit der Einrichtung der Ozeandampfschiffahrt und weltumspannender elektrischer Telegraphen zusammen gesehen werden muß. Auch die deutschen Hansestädte, die lange Zeit alle ihre tropischen Kolonialwaren nicht direkt von den Erzeugern, sondern nur über staatlich privilegierte Handelsgesellschaften in Frankreich, Portugal, Spanien, Holland und England beziehen durften, konnten nach der Befreiung Süd- und Zentralamerikas aus der Kolonialherrschaft nun einen ersten Kaffeedirekthandel aufbauen.

So wurde Hamburg, das schon im späten 18. Jh. einen regen Kaffeeimport besonders über Frankreich und Portugal begonnen hatte, im späten 19. Jh. zum Hauptumschlagplatz für den Kaffee aus Santos, Rio de Janeiro, Costa Rica, Guatemala und Westindien. Die hanseatischen Kaffeehändler spezialisierten sich dabei auf teuere Spitzensorten aus größeren Höhenlagen mit besonders mildem Geschmack und besonders sorgfältiger Auslese, während man die billigeren und schlechteren Qualitäten den fabrikatorisch betriebenen Großröstereien in den USA überließ. In Hamburg stiegen die Kaffeeimporte allein aus Brasilien zwischen 1831 und 1900 von rd. 247.500 t auf 975.000 t.

Ein großer Teil des eingeführten Kaffees wurde in Hamburg im originalen Rohzustand wieder wie früher weiterverschifft. In zunehmendem Maß siedelten sich hier nun Kaffeegroßröstereien an, welche die fertigen Kaffeebohnen an die Kolonialwarenhändler abgaben, was das umständliche »Kaffeesieden« ersparte. Einer der ersten solcher Kaffeegroßröster ist Johann Joachim Darboven gewesen, der 1866 sein bekanntes Familienunternehmen gründete und dessen Nachkomme Nicolaus Darboven als »Kaffeekönig« sich einen Namen machte, als er durch ein von ihm erfundenes neues Röstverfahren erstmals eine besonders magenschonende Kaffeesorte (»Idee-Kaffee«) auf den Markt brachte. 1902 gab es in dem großen Elbehafen nach dem Adreßbuch bereits 325 im

Kaffeehandel tätige Firmen, von denen 252 allein im Großhandel tätig waren (Becker 1995:108). Einige dieser Handelshäuser, wie z. B. das von Theodor Wille, erwarben sogar eigene Kaffeeplantagen. Eine wichtige Rolle bei dem Zustandekommen der Lieferkontrakte spielten hier die speziellen Kaffeemakler, welche aber auch auf eigenen Namen Geschäfte machten. Die Zusammenballung so vieler Kaffeeunternehmen führte 1886 zur Gründung eines »Vereins der am Caffeehandel betheiligten Firmen«. Dieser hatte den Zweck, nach dem Anschluß Hamburgs an den Deutschen Zollverein die verstreut im Stadtgebiet ansässigen Kaffeekaufleute in dem bewilligten neuen Freihafen mit seinen großen Speichern und Kontoren am Sandthorquai zu vereinen und ihre Geschäfte zu erleichtern, sich mit staatlichen Kaffeezöllen und -steuern sowie Kaffeesurrogaten auseinanderzusetzen, den Markenschutz voranzutreiben und nach dem Beispiel von New York und Le Havre eine Kaffeeterminbörse ins Leben zu rufen.

Diese stellte eine wichtige Weiterentwicklung des Kaffeehandels dar und hatte den Zweck, ein zu hohes Preisrisiko abzudecken. Hatte beispielsweise ein Hamburger Importeur 1.000 Sack (zu je 60 kg) Santoskaffee in Brasilien geordert, so konnte bis Eintreffen der Lieferung einen Monat später bei gleichbleibender Preisnotierung ein mäßiger Gewinn erzielt werden. Stieg der Preis in dieser relativ langen Zeit stark an, so war auch der Gewinn entsprechend größer, fiel er dagegen stark ab, bedeutete das einen empfindlichen Verlust. Um sich gegen dieses Verlustrisiko abzusichern, konnte man die Kaffeemenge schon vorher zu einem bestimmten Termin verkaufen. Dadurch wurde ein möglicher Verlust vermieden, wobei man freilich auf weitere Gewinnchancen verzichtete. Diese vorsichtige Rückversicherung mit Hilfe der Warenterminbörse erschien aber kaufmännisch durchaus geboten. Durch das neue Warentermingeschäft konnten die Hamburger Kaffeeimporteure langfristig disponieren und ihre Umsätze wesentlich erhöhen. Die neue Kaffeeterminbörse führte zu einer Reduzierung der traditionell hohen Preisschwankungen, was den tropischen Erzeugern wie den Konsumenten letztlich zugute kam. Kurz vor Ausbruch des Ersten Weltkrieges wurden bereits 10 bis 20 Mio. Sack Kaffee jährlich über diese neue Hamburger Börse gehandelt, womit London als erster Kaffeehandelsplatz überrundet wurde.

Der Kaffeehandel machte seit dem späten 19. Jh. eine Reihe weiterer Innovationen durch, die sich allerdings erst in der Zwischenkriegszeit und nach 1945 voll auswirkten. So wurden fast gleichzeitig unabhängig voneinander in New York und in Emmerich am Niederrhein seit den 1860er Jahren unter dem Eindruck des rasch zunehmenden Kaffeekonsums in Maschinenfabriken erstmals neue Großröstmaschinen entwickelt, welche die alte Trennung von Rohkaffeehändlern und Röstern aufhoben und den Herstellungsprozeß von gebrauchsfertigem Kaffee beschleunigten. Das mühselige »Kaffeesieden« bei den Kolonialwarenhändlern und in den Haushalten per Hand fand damit ein Ende (Probatwerke 1993). Zum anderen führte die Berliner Firma Fritz Kilian eine erste automatisch mit Fußhebeln arbeitende Abfüll- und Dosiermaschine ein, und 1901 wurde erstmals in den USA löslicher Kaffee in Pulverform angeboten. Die Schweizer Firma Nestlé erfand dazu ein besonders aromakonservierendes Extraktionsverfahren, so daß ihr neues Erzeugnis »Nescafé« einen großen Teil des US-Kaffeemarktes erobern konnte. Der Hausfrau wie auch dem Gastgewerbe wurden dadurch das anstrengende Mahlen der Bohnen in der Kaffeemühle erspart. Die aus Kunststoff entstehende Vakuumverpackung und Metallfolie sowie die auch im normalen Haushalt einsetzbare Kaffeemaschine und die von der Hausfrau Melitta Benz 1908 weiterentwickelte Kaffeefiltertüte haben die Kaffeeherstellung ebenfalls wesentlich erleichtert. Rationalisierungen bedeuteten schließlich die Versendung von Roh- und Röstkaffee von den Großröstereien durch die Post direkt an den Kunden sowie die Gründung von eigenen Kaffeefilialen in vielen deutschen Städten. In den dort errichteten »Kaffeestuben«, meist in der Nähe von Bahnhöfen und Marktplätzen, sollte im Verein mit der kommunal überall geförderten Volkskaffeehallenbewegung dem Mißbrauch des Alkohols entgegengewirkt werden. Nach der Eröffnung einer ersten »Kaffeestube« in Bonn 1887 und propagiert durch einen Pavillon auf der Berlin Weltindustrieausstellung von 1898, begann sich diese Form des billigen Kaffeetrinkens im Stehen schnell auszudehnen. So verkauften die 15 Kaffeehallen Hamburgs schon 1909 1,7 Mio. Tassen Kaffee (Becker 1995:206).

Die Einführung des Kaffees ist nicht nur wie erwähnt von religiös-kirchlichen und medizinischen Kontroversen, sondern auch von zeitweiligen staatlichen Einschränkungen begleitet gewesen. Wie die hohe islamische Geistlichkeit, die gemäß dem Beschluß des 1511 nach Mekka einberufenen besonderen »Kaffeekonzils« den Genuß des neuen Trankes wegen seiner Röststoffe zunächst als Verstoß gegen den Koran anprangerte und die Kaffeehäuser als moralisch schädlich zu verbieten versuchte, hat auch der christliche Klerus das neue »türquische Getränck« wegen seiner »heidnischen Herkunft« zunächst abgelehnt und die neuen »Kaffeeschenken« angeklagt, sie würden die Menschen vom Gottesdienst abhalten, den altgewohnten Tagesrhythmus sowie die gottgewollte Standesordnung durcheinanderbringen. Die Kaffeehäuser, oft von Italienern, Griechen, Türken, Syrern, Juden oder Armeniern ins Leben gerufen, waren für jedermann gleich welchen Standes bis in die Nacht hinein geöffnet, und man saß dort ohne Rangordnung nebeneinander. Damit eröffneten sich auch für breitere Kreise einer städtischen Bevölkerung neue Freiheitsräume jenseits der täglichen Arbeitswelt, so daß sich hier Anfänge der modernen Freizeitwelt und des späteren städtischen Vergnügungslebens abzeichneten (Nahrstedt 1972). Verständlicherweise mußte eine solche Emanzipation zunächst auf Proteste bei den Trägern der herkömmlichen Gesellschaftsordnung stoßen. Auch die Bierbrauer und Weinhändler, die eine städtische Steuer (»Akzise«) zu entrichten hatten, standen den unzünftigen »Kaffeesiedern« als neuen Konkurrenten anfangs feindlich gegenüber.

Wolfgang Schivelbusch hat in seinem bekannten Exkurs zur Geschichte der Genußmittel die These vertreten, der Kaffee sei der »große Ernüchterer« gewesen und müsse als »Leib- und Seelentrank« des sich emanzipierenden Bürgertums der protestantischen Ethik zugerechnet werden, weil das Koffein die Wachsamkeit, Enthaltsamkeit, Geschäftigkeit sowie den Verstand anrege (Schivelbusch 1980:45/82). Er hat dabei übersehen, daß etwa ein Jahrhundert zuvor der Franzose Henri Welter gerade vice versa den Kaffee als besonderes Getränk der Katholiken und den Tee als den der Protestanten hinzustellen versucht hatte: Kaffeetrinker seien prinzipiell lebendiger, phantasiereicher und geselliger, Teetrinker dagegen kühler, nüchterner, verstandesmäßiger und ungeselliger (Welter 1868). Beide Ansichten sind ideengeschichtlich abstrahierende Deduktionen ohne hinreichende Kenntnis zeitgenössischer Quellen. Verfolgt man die tatsächliche Rezeption des Kaffeetrinkens genauer, dann lassen sich, wie schon früher beschrieben, wohl einige nationale, regionale und auch sozialschichtentypische, aber gerade keine konfessionellen Differenzierungen nachweisen. Entscheidend war, ob sich das revolutionierende neue Heißgetränk in die hergebrachten regionalen Mahlzeitordnungen mit ihren jeweiligen Speisen und Getränken einordnen ließ.

Der aufkommende absolutistische Staat, der wie in Deutschland über keine eigenen tropischen Kolonien verfügte, sah in dem ausländischen Luxusprodukt Kaffee ähnlich wie beim Rohrzucker in erster Linie einen unerfreulichen Abfluß finanzieller Ressourcen und versuchte daher, den steigenden Konsum zu drosseln. So erließen nach dem Ende des Siebenjährigen Krieges neben Preußen und den Kurfürstentümern Hannover sowie Sachsen zehn weitere kleinere deutsche Staaten Mandate zur Einschränkung des Kaffeekonsums (Teuteberg/Wiegelmann 1986:191/192; Albrecht 1980: 48/52). Der Fürstbischof von Münster Maximilian Friederich folgte 1766 der Bitte der westfälischen Landstände und untersagte allen gemeinen Bürgern, Bauern, Handwerksgesellen, Tagelöhnern und dem Gesinde bei Androhung einer Strafe von 10 Reichstalern oder 14 Tagen Gefängnis jeglichen Kaffeegenuß. Innerhalb von sechs Wochen hatte sich jeder seines Kaffeegeschirrs zu entledigen, was durch Visitationen kontrolliert werden sollte. Keinerlei »Caffé-Krämerey« und öffentliches Kaffeetrinken sollte fortan mehr geduldet werden. Den Haushalten wurde eingeschärft, selbst Dienstboten und Wäscherinnen keine Tasse Kaffee anzubieten (Staatsarchiv Münster, Herzogtum Westfalen, Landstände Nr. 316, S. 500). Diese Kaffeeverbote waren Teil der Bemühungen des absolutistischen Amts- und Verwaltungsstaates, gegen den »Luxus des niederen Volkes« einzuschreiten, wie z. B. gegen die unmäßigen Trinkgelage bei Kindstaufen, Hochzeiten und Leichenfeiern, den »Blauen Montag« der Gesellen sowie den nicht standesgemäßen Kleideraufwand. Wie der Bericht über einen »Kaffeelärm« in Paderborn 1781 beweist, blieben solche fürstlichen Kaffeeverbote in der Praxis aber wirkungslos. Die Bürger Paderborns hielten es für ungerecht, daß nur Vornehme und Reiche an diesem neuen Lebensgenuß teilhaben sollten, und verfaßten daher nicht nur Spottreden und Schmähschriften, sondern die »ehrsamen Hausmütter« schmiedeten auch ein Komplott, sich nicht an dieses Verbot zu halten. Die Herstellung ihres »Lieblingsgetränks« wurde nur von dem Küchenherd in das weniger einsehbare Kellergewölbe verlegt. Die niedere Stadtpolizei, welche die Bedürfnisse und Gefühle der Menge teilte, sah großzügig über diese Verstöße hinweg. Als 1781 ein neues verschärftes Mandat erging, kam es zu offenen Tumulten und einem protestierenden kostenlosen Kaffeetrinken mit »Katzenmusik« auf dem Markt, so daß Truppen herbeigerufen mußten, die aber die Durchführung des Mandats nicht durchsetzen konnten (Rosenkranz 1849: 339/341). Bald danach wurden die Kaffeeverbote überall wieder aufgehoben, da es zahlreiche Möglichkeiten gab, diese zu umgehen.

Die wachsende Einfuhr wie Konsumtion des Kaffees legte es den Staatsregierungen nahe, sich hier neue Einnahmequellen zu erschließen. Die an den Verbrauchsorten geforderten Kaffeeakzisen wie auch die an der Landesgrenze erhobenen Kaffeezölle hatten im Vergleich mit anderen Lebensmittelimporten den Charakter ausgesprochener Luxussteuern. Um die Mitte des 18. Jhs. wurden offenbar in allen preußischen Landesteilen solche erhöhten Abgaben auf den Kaffee erhoben. Selbst in dem in Personalunion mit dem Britischen Reich verbundenen Kurhannover gab es zwischen 1740 und 1746 einen »extraordinairen Zoll« auf Kaffee, Tee und Schokolade, der aber die um sich greifende Beliebtheit des Kaffeetrinkens nicht aufhalten konnte. Die hohe und territorial völlig unterschiedliche Kaffeebesteuerung hatte natürlich den Effekt, Schmuggel und Schwarzhandel zu fördern. Der preußische König Friedrich der Große hielt zur gleichen Zeit die altdeutsche Biersuppe, mit der er selbst großgezogen worden war, für viel gesünder für das einfache Volk und wollte daher den Kaffeegenuß auf diejenigen beschränken, die sich solchen teuren Genuß leisten konnten. 1781 erließ er nach englischem Vorbild ein Dekret, wonach nur wenige »Brennscheine« gegen eine besondere Abgabe ausgegeben wurden, welche allein zum gewerblichen Rösten berechtigten. Die Pächter des Kaffeemonopols, meistens Franzosen, durften nur eine größere Menge von mindestens 20 Pfd. pro Jahr in versiegelten Dosen verkaufen. Der Schriftsteller Friedrich Kugler hat später in seiner berühmten Friedrich-Biographie geschildert, wie die vom König für 6 Taler monatlich angestellten Soldateninvaliden durch die Straßen Berlins patrouillierten, um dem Geruch unerlaubt frisch gebrannten Kaffees nachzuschnüffeln, weshalb sie im Berliner Volksmund als »Kaffeeriecher« verspottet wurden. Obwohl 1784 über 400 solcher uniformierter Kontrolleure unterwegs waren, erwies sich das System des Kaffeebrennzwanges als unergiebig und wurde nach dem Tod des Königs 1786 wieder aufgehoben. Mehr Einnahmen erbrachten dagegen die Zölle auf importierten Rohkaffee, die langfristig beibehalten wurden und sich wie folgt änderten:

Tab. 2: Zollsätze für 100 kg Rohkaffee im Zollverein und Deutschen Reich 1834 -1930

Zeitraum	Zollsatz in Mark	Zeitraum	Zollsatz in Mark
1834-1830	40	1873-1909	40
1840-1854	39	1909-1918	60
1854-1873	30	1918-1930	130

Quelle: Jacobs/Richter (1935:37)

Der Kaffeezoll, der bei der Gründung des Deutschen Zollvereins 1834 von Preußen übernommen wurde, war stets ein reiner Finanzzoll und sollte in erster Linie dem Staatsbudget zugute kommen. Wie die Tabelle ausweist, gab es eine ständige Erhöhung bis auf die kurze hochliberale Periode zwischen 1854 und 1873, in der die beiden Bundesstaaten Hannover und Oldenburg wegen des starken Kaffeekonsums in Norddeutschland ihren Beitritt zum Deutschen Zollverein von dieser Zollsenkung abhängig gemacht hatten. Aber dies wirkte sich nicht auf die Rohkaffeepreise im Inland aus. Das neue Zolltarifgesetz von 1909 brachte dann wegen des ungeheuer gestiegenen Finanzbedarfs des Deutschen Reiches eine Verdoppelung des Kaffeezolls. Trotz dieser und anderer Zollerhöhungen gab es im ganzen 19. Jh. bis zum Ersten Weltkrieg tendenziell eine ständige Erhöhung der Erträge aus dem Kaffeezoll (Becker 1995:89). Der Kaffee stellte schon 1839 19% und zusammen mit dem Zucker sogar 49% der gesamten Einnahmen des Deutschen Zollvereins dar, was die Bedeutung dieser Steuer unterstreicht. 1913 rangierte der Kaffee mit 11,2% noch immer an dritter Stelle der Einnahmeposten des Reichshaushaltes hinter Weizen und Tabak. Der einträgliche Kaffeezoll wurde nach dem Ersten Weltkrieg selbst in den Staaten eingeführt, die bis 1914 den Kaffee frei aus ihren Kolonien eingeführt hatten. Nur die USA als größter Kaffeeverbraucher der Welt blieben diesem Finanzzoll fern. Die beiden Weltkriege mit ihren folgenden Krisenjahren im 20. Jh. bedeuteten jedesmal verheerende Einbrüche für den internationalen Kaffeemarkt, was sich dann auch entsprechend steuerlich auswirkte. Durch mehrfache Kaffeevalorisationen bei den Erzeugern wie Rohkaffeeinlagerungen bei den Kaffeehändlern, internationale Kaffeeabkommen, das 1925 gegründete »Institute for the Permanent Defense of Coffee« (DEFESA) sowie eine großangelegte Kaffeewerbung versuchten sowohl die Staatengemeinschaft wie die Kaffeewirtschaft, regulierend auf dem Kaffeemarkt einzugreifen. Die Einführung der Dampfschiffahrt und Telegraphie sowie der Kaffeeterminbörsen, aber auch die Vereinheitlichung der nationalen Kaffeezölle beseitigten zwar die starken lokalen Preisunterschiede und milderten die extremen Preisschwankungen ab, doch konnten letztere bis heute niemals länger stabilisiert werden. Erhöhungen des Weltmarktpreises oder der Steuern schlugen nicht immer sofort auf den Verbraucherpreis durch, weil dieser eine Summe der Kosten für Zoll, Rösterei, Gewinnspannen des Handels en gros und en détail, der Werbungs-, Lager-, Verpackungs- und Frachtkosten neben den Erzeugerpreisen darstellte. Nach der Währungsreform 1948 wurde wegen der großen Finanznot im Vereinigten Wirtschaftsgebiet der späteren Bundesrepublik Deutschland die alte Kaffeeverbrauchssteuer neben Kaffeezoll und Umsatzsteuer wieder eingeführt. Sie mußte aber nach kurzer Zeit von 30 DM wieder auf 10 DM pro 100 kg Rohkaffee und dann 1953 wegen des großen Schwarzmarktes und Schmuggels sogar auf 3 DM gesenkt werden. Eine ebensolche massive Absenkung trat im Zuge der Handelsliberalisierung für den importierten Röstkaffee ein. Anschließend verminderte sich der Verbraucherpreis für den fertig abgepackten Röstkaffee und ließ den Kaffeekonsum im Gleichschritt mit den wachsenden Realeinkommen immer weiter anwachsen. Bis zum Ende des 20. Jhs. änderte sich international die Rangfolge der kaffeetrinkenden Nationen. Wie die folgende Rangaufstellung zeigt, haben die skandinavischen Länder die mittelmeerischen Staaten, die früher einmal das neue Genußmittel einführten, aber auch selbst die USA als lange führende kaffeetrinkende Nation überholt, was mit Strukturverschiebungen auf dem allgemeinen Getränkemarkt zusammenhängt.

Tab. 3: Der Rohkaffeekonsum pro Kopf und Jahr in ausgewählten Staaten in kg 1992

Staat	kg	Staat	kg
Finnland	11,8	Frankreich	5,9
Dänemark	10,7	USA	4,3
Norwegen	10,4	Italien	4,3
Niederlande	10,3	Spanien	3,9
Schweden	9,9	Ungarn	2,9 (1991)
Österreich	8,7	Japan	2,7
Schweiz	8,5	Großbritannien	2,6
Deutschland	7,6	Griechenland	1,9
Belgien/Luxemburg	6,9		

Quelle: Deutscher Kaffeeverband 1993

Da die hohen Einfuhrzölle, zeitweiligen Konsumverbote und zusätzlichen Verbrauchssteuern die wachsende Beliebtheit des Kaffeetrinkens nicht verhindern konnten, setzte frühzeitig die Suche nach einem einheimischen Ersatz ein. So empfahl Cornelius Bontekoe, der Leibarzt des brandenburgischen Kurfürsten Friedrich Wilhelm I., der sich als großer Fürsprecher des Kaffees und Tees mit mehreren Schriften einen Namen machte, schon 1685 den ärmeren Haushalten, geröstete Roggen- und Weizenkörner für den gleichen Zweck zu nutzen. 1707 erwähnte der Leipziger Kaufmannsschriftsteller Paul Jacob Marperger einen aus Erdmandeln bereiteten »Damen-Caffe«, und 1733 zählte das bekannte Zedlersche Universallexikon bereits verschiedene Getreidesorten als Kaffeestellvertreter auf (Teuteberg 1991:173). Als durch die Kontinentalsperre zwischen 1806 und 1813 der gesamte Kaffeeimport bis auf den Schmuggel zum Erliegen kam, war dies ein weiterer Anstoß für Staat und Wirtschaft, die Suche nach geeigneten Substituten zu intensivieren. Nüsse, Eicheln, Bucheckern und Kastanien, aber auch Möhren, Reis und Rüben wurden neben den Getreidesorten dafür ausprobiert. 1798 servierte der Chemiker Friedrich August Ludwig von Burgsdorf den Mitgliedern der Preußischen Akademie der Wissenschaften einen Ersatzkaffee aus Zuckerrüben, der großen Beifall fand. Wie andere zeitgenössische Schriften zeigen, beschäftigte man sich zur gleichen Zeit aber auch an anderen Orten mit dem gleichen Problem (Langstedt 1800). Dies wurde von medizinischen Erörterungen begleitet, in denen die Schädlichkeit des »indianischen Caffees« dargelegt und die Herstellung eines deutschen »Gesundheitskaffees« empfohlen wurde (Leussink 1957). So war es kein Wunder, wenn die Fabrikation von kaffeeähnlichen Surrogaten schon bald als »Goldgrube« bezeichnet wurde.

Die größte Rolle als deutscher Kaffeestellvertreter spielte die Wurzel der meist wild wachsenden, regional unterschiedlich benannten Zichorienpflanze. Schon in der Mitte des 17. Jhs. soll man in den Niederlanden erstmals auf die Idee gekommen sein, die getrocknete Wurzel der schon von antiken wie arabischen Autoren erwähnten Arznei- und Salatpflanze zu rösten, im Mörser zu zerstoßen sowie das braune Pulver als Kaffee-Ersatz zu benutzen (Reich I/1860:142). Da bei der ersten Rezeption des Kaffees sein Heilmittelcharakter zunächst im Vordergrund stand, war hier leicht ein Übergang zu dieser alterprobten Arzneipflanze zu finden. Der neue »Cichorien-Caffee« wurde von dem Hofgärtner J. D. Thimme aus dem thüringischen Arnstadt in der Nähe des durch seine Samenzucht bekannten Erfurts erstmals systematisch gezüchtet und 1757 als Heilmittel ausdrücklich von ihm empfohlen: Es rieche und schmecke wie echter Kaffee, sei aber wesentlich gesünder. Um diese Zeit erschienen noch einige weitere Artikel, und 1767 bot ein Braunschweiger Apotheker einen Zichoriensud zum Kauf an. Die Herstellung blieb bis dahin offenbar ein Apothekergeheimnis. Ein Zufall machte das neue Produkt dann schnell überall bekannt: Als die Frau des kurhannoverschen Majors von Heine, eine geborene Reichsgräfin von Rantzau, auf der Flucht vor französischen Truppen im Siebenjährigen Krieg in das heimatliche

Holzminden an der Weser von plündernden Soldaten überfallen, einen Nervenschock erlitt und ihr Arzt den schon gut bekannten bitteren Saft aus der Zichorienwurzel aus der Apotheke verordnete, war ihr dieser so zuwider, daß sie auf den Gedanken kam, diese Wurzeln zu zerschneiden und zu Hause zu rösten, ehe man daraus einen Zichoriensud machte. Der regelmäßige Genuß dieser Brühe brachte ihren aus dem aktiven Dienst ausgeschiedenen Mann darauf, zusammen mit dem Braunschweiger Hotelier Christian Gottlieb Förster, der schon 1767 eine »Nachricht von dem in Deutschland wild wachsenden Caffee und denen angestellten Proben« in den »Gelehrten Beyträgen zu den Braunschweigischen Anzeigen« publiziert hatte, erste Fabrikationsversuche anzustellen. Beide erhielten 1769/70 Exklusivprivilegien zur Errichtung einer »Cichorien-Pulver-Fabricke« für Braunschweig und dann auch für Berlin. Dabei kam ihnen zugute, daß Bauern im Vorland des Harzes wie auch um Magdeburg schon lange die Zichorie als Salat (Chicorée) angebaut hatten und schnell größere Mengen liefern konnten. Die anfangs noch handwerkliche Herstellung verwandelte sich unter Ludwig Otto Bleibtreu, dem Nachfolger der Firmengründer, ab 1781 allmählich in eine arbeitsteilige Großproduktion wie in einer Manufaktur: Die getrockneten Wurzeln wurden nach dem Waschen unter Zusatz von Runkelrübenschnitzeln und etwas Butter oder Speck sowie kohlensaurem Alkali zerkleinert, wiederum auf Darren getrocknet und dann in einer beweglichen eisernen Trommel ähnlich wie echte Kaffeebohnen geröstet und schließlich in einer von Pferden angetriebenen Mühle zu Pulver zermahlen, wobei an einem Tag 18 Zentner Ersatzkaffee erzeugt werden konnten. Das gebrauchsfertige »Cichorienpulver« wurde von Beginn an in zylindrischen kleinen Päckchen in blauem Papier mit einer besonderen Vignette in den Handel gebracht. Sie zeigte im Vordergrund einen Zichoriensamen aussäenden Landmann und im Hintergrund ein offenbar mit Kolonialkaffee beladenes Segelschiff vor einer Palmenlandschaft. In dem umlaufenden Spruch hieß es erklärend: »Ohne euch gesund und reich.« Nach Förster, der 1773 die erste Monographie über seinen Ersatzkaffee verfaßte, bedeutete das: »Deutsche – trinkt deutschen Kaffee, er ist sparsam, und ihr bleibt gesund« (Teuteberg 1991:179).

Ähnlich wie beim Rübenzucker ließ der Staat hier deutlich erkennen, daß der Ersatz der teuren kolonialen Genußmittel in seinem Sinne war und deshalb auch finanziell gefördert wurde. Friedrich der Große gab in einer Kabinettsordre 1785 selbst den Befehl, den teuren Kolonialkaffee mit dem neuen billigen Zichorienersatz zu vermischen. Nachdem auch die medizinischen Fakultäten keinerlei Bedenken mehr zeigten, entstanden nicht nur in Braunschweig-Lüneburg und Preußen, sondern auch in anderen mittel- und süddeutschen Staaten, in Österreich sowie in Frankreich und den südlichen Niederlanden, dem späteren Belgien, Zichorienfabriken. Bereits 1797 erzeugten z. B. 14 Zichorienfabriken in Magdeburg mit ihren 67 Darren, 10 Brenntrommeln und 1.228 Beschäftigten 3.100 t Zichorienkaffee im Wert von 254.816 Talern, der zu 72% innerhalb Preußens abgesetzt wurde. Im ganzen 19. Jh. machte diese Kaffeemittelproduktion einen weiteren Anstieg durch und konnte hinter den Getreidemühlen, Tabak- und Zuckerfabriken nach Zahl der Betriebe, Beschäftigten und Betriebsgröße in der Lebensmittelindustrie stets den vierten Rang behalten (Ellerbrock 1993:130/131 und 174/ 176.). Ein gutes Beispiel hierfür bietet die 1828 gegründete, später in Ludwigsburg ansässige Firma Heinrich Franck Söhne, die erstmals Dampfmahlmühlen, mechanische Materialfördereinrichtungen innerhalb verschiedener Stockwerke sowie selbstkonstruierte Großröstapparate einsetzte und zum größten Weltunternehmen seiner Art mit 27 Zweigwerken in elf Staaten aufstieg. Aber auch der »Gesundheitskaffee« des katholischen Pfarrers und Naturheilkundigen Sebastian Kneipp, »Kathreiner's Malzkaffee«, sowie der mit Zukker übergossene, schwach gemälzte und aus Gersten gebrannte »Viktoriakaffee«, ferner der vorwiegend aus Lupinen hergestellte Beringsche »Kraftkaffee« sowie der Kaffee-Ersatz von Leusmann & Zabel ragten unter den etwa achtzig Kaffeesurrogaten bis zum frühen 20. Jh. hervor. Die vielen Sorten des Ersatzkaffees dienten einerseits dazu, den teuren »echten Bohnenkaffee« zu strecken und als Essenz auch geschmacklich zu verbessern, andererseits dazu, ein an Farbe, Geruch und Geschmack kaffeeähnliches Getränk herzustellen. Diese Surrogate bildeten damit auch Genußmittel eigener Art, für die der Begriff Kaffee strenggenommen eigentlich nicht zutraf (Franke 1920:133/151). Über die Entwicklung des Konsums lassen sich wegen des Fehlens einer eigenen Besteuerung nur vage Mutmaßungen anstellen. Wie schon erwähnt, ist der echte Kolonialkaffee besonders bei den einkommensschwachen sozialen Unterschichten von Beginn an stets mit den zeitgleich sich entwickelnden einheimischen Kaffeestellvertretern vermischt worden, was die zahlreichen Hinweise auf den »schlappen Kaffee« bzw. »Bauernkaffee« belegen. Die Autoren, welche im späten 18. und im frühen 19. Jahrhundert aus ökonomischen, medizinischen und moralischen Gründen (z. B. Pastoren) gegen die Unsitte des Kaffeetrinkens wetterten, neigten ebenso wie bei der gleichzeitigen Agitation gegen die »Branntweinpest« beim einfachen Volk zu Übertreibungen. Aus den hitzigen Streitschriften läßt sich die Konsumhöhe nicht ermitteln. Noch in der zweiten Hälfte des 19. Jahrhunderts waren die aus den Kaffeezöllen gewonnenen Konsumziffern pro Kopf und Jahr für den echten Bohnenkaffee im Deutschen Zollverein bzw. im Deutschen Reich aber so lächerlich gering, daß trotz seiner Konsumverdoppelung bis 1900 der Ersatzkaffee und andere Getränke dominierten, was auch für andere europäische Länder im gleichen Maß galt. Freiherr von Bibra, der sich 1858 mit dem Vergleich von Kaffee und Kaffeesurrogaten ausgiebig beschäftigte, stellte fest, daß dieses Genußmittel zwar mutmaßlich schon von 100 Mio. Menschen getrunken werde, aber niemand sagen könne, wieviel davon Bohnenkaffee tränken. Er mutmaßte, dies könne doch nur ein winziger Bruchteil sein (Bibra 1858). Die Berichte der staatlichen Gewerbeaufsicht wie die Arbeiterhaushaltsrechnungen bestätigen den außerordentlich hohen Verbrauch der Kaffee-Ersatzmittel. 1913 wurden wahrscheinlich 3,0 kg Ersatzkaffee gegenüber 1,7 kg Bohnenkaffee jährlich pro Kopf konsumiert (Teuteberg 1986:186). Die Beliebtheit speziell des Zichorienkaffees ergibt sich auch daraus, daß allein Preußen um 1860 rund 40.000 t Zichorienwurzeln im Gesamtwert von 4 Mio. Talern produzierte, wobei neben Magdeburg, Dresden und Braunschweig Schlesien und Württemberg Haupterzeugungsgebiete waren. Neben dem Deutschen Reich mit seinen 50.000 t um 1900 gingen auch andere Staaten zur Produktion von Zichorienwurzeln über, so Frankreich (50.000 t) und Österreich-Ungarn (45.000 t), insbesondere aber Belgien, das mit 120.000 t fast einen Drittel der weltweiten Zichorienwurzelproduktion von 314.000 t innehatte (Bürstner 1918:4).

Es gibt keinen Zweifel, daß auch die Kaffeesurrogate einen wichtigen internationalen wie nationalen Handelsartikel darstellten und besonders während der beiden Weltkriege den echten Kaffee fast vollständig substituierten. Ärzte und Sozialpolitiker haben den Zichorienkaffee oft als Mittel zur Eindämmung des Alkoholismus begrüßt und seinen Verbrauch gefördert, ihn aber später auch getadelt, als er zunehmend ins Kreuzfeuer wissenschaftlicher Kritik geriet. Es stellte sich nämlich bei chemischen Untersuchungen heraus, daß ein großer Teil der »Zichorienbrühe« regelmäßig in der kleinindustriellen Herstellung bewußt verfälscht wurde. Nach dem Erlaß eines reichseinheitlichen Lebensmittelgesetzes 1879 war eine deutliche Hinwendung zu den aus Getreide und Malz industriell hergestellten Kaffeeprodukten zu beobachten. Steigende Landarbeiterlöhne und der Erlaß von Schutzsteuern im Ausland gegen deutsche Zichorienwurzelausfuhren, aber auch das Eintreten der mächtigen Naturheilkundebewegung für bestimmte »Gesundheitskaffees« haben an diesem Umschwung mitgewirkt. Insgesamt hat der Kaffee-Ersatz in Deutschland aber noch bis zum Zweiten Weltkrieg, wahrscheinlich bis in die Mitte der 1950er Jahre mengenmäßig den Getränkekonsum in Deutschland angeführt.

Tab. 4: Der Getränkekonsum im Deutschen Reich in Mio. Hektolitern 1938

Kaffeesurrogate	92,2
Bohnenkaffee	79,6
Milch	75,0
Bier	47,8
Tee	10,2

Quelle: Teuteberg (1991:189)

Der Bohnenkaffee ist somit erst seit dem Übergang zur Wohlstandsgesellschaft zum wirklichen Alltagsgetränk aufgestiegen und hat seitdem den Surrogatkaffee nach mehr als einhundert Jahren aus seiner Führungsposition verdrängt. 1989 wurden in der alten Bundesrepublik vor der Wiedervereinigung pro Kopf und Jahr 189 Liter Bohnenkaffee und nur noch 8 Liter Ersatzkaffee getrunken, obwohl sich dessen Qualität immer weiter verbessert hat. Dies bedeutet, daß der Kaffeepreis heute kein großes Hindernis mehr für die Konsumhöhe wie früher bildet. Ähnlich wie bei den anderen Genußmitteln stellt der Kaffee auch kein soziales Statussymbol mehr dar. Rückblickend muß man feststellen, daß die so lange staatlich geförderten wie medizinisch dann vielgeschmähten Kaffeesurrogate die endgültige Hinwendung zum eigentlichen Massenkonsum des Bohnenkaffees vorbereitet haben. Ohne die vielen Kaffeestellvertreter, besonders den Zichorienkaffee, wäre die strukturelle Geschmacksveränderung und Umformung der Mahlzeitstrukturen wohl kaum in dieser Weise erfolgt. Der Ersatzkaffee, der seinen Namen heute eigentlich gänzlich zu Unrecht trägt, ist wie der koffeinfreie Kaffee längst zu einer höchst willkommenen Variante unserer immer mehr sich verfeinernden Trinkkultur geworden.

Bibliographie

Aramanthes [d.i. Corvinius, Gottlieb Wilhelm] (1715): Nutzbares, galantes und curiöses Frauenzimmer-Lexikon (...), Leipzig

*Albrecht, Peter (1980): Kaffee. Zur Sozialgeschichte eines Getränks, Braunschweig [knappe gute Einführung mit Bildern]

Ders./Sammer, Otto (1985): Café – beschrieben und gezeichnet, Nürnberg

Arendonk, C. van (1978): Kahwe, in: Encyclopédie de l'Islam, Bd. 4, Leiden/Paris, S. 469-473

Alpinus, Prosper (1592): De Plantis Aegypti Liber (...), Venetiis

*Ball, Daniela U. (Hg.) (1991): Kaffee im Spiegel europäischer Trinksitten, Zürich [Sammelband mit neuesten Forschungen]

Becker, Ursula (1995): Entwicklung und Organisation des hanseatischen Kaffeehandels im 19. und 20. Jh., Diss. Münster (MS)

Berg, Gerhard (1978): Ernährung und Stoffwechsel, Paderborn

Bibra, Baron [d. i. Ernst Freiherr von] (1858): Der Kaffee und seine Surrogate, München

Boehnke-Reich, Heinrich (1885): Der Kaffee in seinen Beziehungen zum Leben. Für Haus und Familie und für Gebildete aller Stände, Berlin/Leipzig

Bologne, Jean-Claude (1993): Histoire des cafés et cafétiers, Paris

Brewster, H. P. (1888): The Coffee Houses and Tea Gardens of Old London, Rochester

Chaudhuri, K. N. (1978): Kahwa, in: Encyclopédie de l' Islam, Bd. 4, Leiden/Paris, S. 263-275
Desmet-Grégoire, Hélène (1991): Die Ausbreitung des Kaffees bei den Gesellschaften des Vorderen Orients u. d.Mittelmeerraums, in: Daniela U. Ball (Hg.): Kaffee im Spiegel europäischer Trinksitten, Zürich, S.103-126
Dieterici, Carl Friedrich Wilhelm (1846): Der Volkswohlstand im Preussischen Staate, Berlin/Posen/Bromberg
Dufour, Philippe Sylvestre (1686): Drey Neue Curieuse Tractätgen Von Dem Trancke Café, Sinesischem Thé und der Chocolata, Budissin (franz. 1685)
Eickmeyer, Willy (1935): Die Entwicklung der Kaffeeproduktion seit dem Beginn des neunzehnten Jahrhunderts, Bochum-Langendreer
Ellerbrock, Karl-Peter (1993): Geschichte der deutschen Nahrungs- und Genußmittelindustrie 1750-1914, Stuttgart
Franke, E. (1920): Kaffee, Kaffeekonserven u. Kaffeesurrogate, Wien/ Leipzig (2. Aufl.)
*Franklin, Alfred (1893): Le Café, le Thé et le Chocolat, in: La Vie Privée d'Autrefois. Arts et Métiers, Modes, Mœurs, Usages des Parisiens du VII au XVIII Siècle d'après Documents originaux et inédits, Paris [berühmter Klassiker über franz. Kaffeehäuser]
Galland, Antoine (1699): De l'origine et du progrès du Caffé. Sur un manuscript arabe de la Bibliothèque du Roy, Caen/ Paris/ Lyon
Hammer, Joseph von (1827-1835): Geschichte des osmanischen Reiches, grossentheils aus bisher unbenutzten Handschriften und Archiven, III Bde., Pest
Hasenkamp, Holger G./Hünerstoff, R. von (Hg.) (1995): Coffee. A Bibliography, London
Hattox, Ralph (1985): Coffee and Coffeehouses: The Origins of a Social Beverage in the Medieval Near East, Seattle
Heischkel-Artelt, Edith (1969): Kaffee und Tee in der medizinischen Literatur des 17. und 18. Jahrhunderts, in: Medizinhistorisches Journal, Bd. 14, H. 3, S. 255-259
Herbert, Thomas (1663): Relation du Voyage au Perse et Indes Orientales (...), Paris
Jacobs, Alfred/Richter, Hans (1935): Die Großhandelspreise in Deutschland von 1792 bis 1934, Berlin
Johnson, Lawrence A. (1961): Over the Counter and on the Shelf: Country Storing Keeping in America, 1620-1920, Rutland, Vermont
Katner, Wilhelm (1958): Aphrodisiaca, Stuttgart
Krünitz, Johann Georg (1784): Art. »Kaffe«, in: Oekonomische Encyklopädie oder allgemeines System der Stats= StadtHaus= u. Landwirthschaft in alphabetischer Ordnung, Th. 32, Berlin, S. 100-264

Langstedt, F.(riedrich) L.(udwig) (1800): Thee, Kaffee und Zucker in historischer, chemischer, diätetischer und botanischer Hinsicht erwogen, Nürnberg

Lettsom, John Coakley/Ellis, John (1776): Geschichte des Thees und Koffees, Leipzig

Leussink, Bernhard Arie Günter (1957): Der Einfluß des Tee-, Kaffee- und Tabakgenusses auf die menschliche Gesundheit im Urteil deutscher Wochenzeitschriften und Intelligenzblätter im Zeitraum von etwa 1730 bis 1780, Diss. med. Münster (MS)

Muermann, Bettina (1993): Lexikon der Ernährung, Hamburg (2. Aufl.)

*Mueller, Wolf (1960): Bibliographie des Kaffees, des Kakaos, der Schokolade, des Tees und deren Surrogate bis zum Jahre 1900, Bad Boklet [verläßliches Nachschlagewerk]

Naironus, Antonius Faustus (1671): De saluberrima potione cahuè (...) seu cafe nuncupata discursus (...), Roma

Neumann, Ernst (1932): Der Kaffee, Berlin

Pettenkofer, Max (1873): Über Nahrung und Fleischextract, Braunschweig

Probatwerke, Museum für Kaffeetechnik (Hg.) (1993): Zur Geschichte der Kaffeeröstechnik, Emmerich/Niederrhein

Rauwolf, Leonhart (1582): Aigentliche bechreibung der Raiß / so er vor diser zeit gegen Auffgang inn die Morgenländer (...) selbst volbracht: nebst vermeldung etlicher mehr gar schön frembden und außländischen gewächsen (...), Lauginen (d.i. Frankfurt a.M.)

Reich, Eduard (1860-1861): Die Nahrungs- und Genußmittelkunde, historisch, naturwissenschaftlich und hygienisch, 2 Bde., Göttingen

Ritter, Carl (1847): Die geographische Verbreitung des Kaffeebaumes (Coffea Arabica L.) in der alten Welt (...), in: Die Erdkunde von Asien VIII, 2. Abt., Berlin, S. 535-608

(Roque, Jean de La) (1716): Traité historique de l'origine & du progrès du café tant en Asie que dans l'Europe, de son introduction en France, & de l'etablissement de son usage à Paris. Anhang zu: Voyage de l'Arabie Heureuse, Amsterdam

Roque, Jean de La (1717): Gründliche und sichere Nachricht vom Cafée und Cafée-Baum (...), Leipzig (frz. 1716)

Rosenkranz, G. J. (1849): Der Kaffeelärm in Paderborn 1781, in: Zeitschrift für vaterländische Geschichte und Alterthumskunde, N.F. Bd. 1, Münster

Roth, H. (1929): Die Übererzeugung der Welthandelsware Kaffee im Zeitraum von 1790 bis 1929, Jena

*Rothfos, Bernhard (Hg.) (1968): Coffea Curiosa, Hamburg [schöner Bildbd. e. Kenners]

Sacy, Sylvestre de (1886): Chrestomatie Arabe, Paris
Sandgruber, Roman (1986): Bittersüße Genüsse. Kulturgesch. d. Genußmittel, Graz/Wien
Scherzer, K. von (1885): Das wirthschaftliche Leben der Völker, Leipzig
Schivelbusch, Wolfgang (1980): Das Paradies, der Geschmack und die Vernunft. Eine Geschichte der Genußmittel, München/Wien
Schnyder von Waldkirch, Antoinette (1988): Wie Europa den Kaffee entdeckte. Reiseberichte der Barockzeit als Quellen zur Geschichte des Kaffees, Zürich
(Sinold genannt von Schütz, Philipp Balthasar) (1698): Das Curieuse Caffe-Hauß zu Venedig (...), Freyburg (d.i. Leipzig)
Teply, Karl (1980): Die Einführung des Kaffees in Wien, Wien
Teuteberg, Hans-J./Wiegelmann, Günter (1986): Unsere tägliche Kost. Geschichte und regionale Prägung, Münster (2. Aufl)
Teuteberg, Hans-J. (1991): Zur Kulturgeschichte der Kaffee-Surrogate, in: Daniela U. Ball (Hg.): Kaffee im Spiegel europäischer Trinksitten, Zürich, S. 169-199
Tissot, S. A. D. (1780-1781): Sämmtliche zur Arzneykunst gehörigen Schriften. A. d. Franz. von J. C. Kerstens, 4 Bde., Leipzig
*Ukers, William (1922): All About Coffee, New York [unverzichtbares Standardwerk]
Valle, Pietro della (1843): Viaggi in Turchia, Persia e India descritta lui medesimo in 54 lettere famigliari, Brighton (Neudruck der Ausgabe von 1624)
Voit, Carl (1860): Untersuchungen über den Einfluß des Kochsalzes, des Kaffee's und der Muskelbewegungen auf den Stoffwechsel, München
Wünderich, Volker (1994): Die Kolonialware Kaffee von der Erzeugung in Guatemala bis z. Verbrauch in Deutschland, (...) 1860-1895, in: Jb. f. Wirtschaftsgeschichte, S. 37-60
Wiegelmann, Günter (1967): Alltags- und Festtagsspeisen, Marburg
Zedler, J. H. (1733): Grosses vollständiges Universal Lexicon (...), Bd. 5, Halle/Leipzig

Institutionen

Archiv Deutsche Kaffee-Extrakt GmbH, Hamburg
Germanisches National-Museum, Nürnberg
Johann Jacobs Museum, Sammlung zur Kulturgeschichte des Kaffees, Zürich
Museum für Kunst und Gewerbe, Hamburg
Museum für Kaffeetechnik, Probat-Werke Emmerich/Niederrhein
Sammlung Braunschweig & Co, Basel
Sammlung Julius Meinl, Wien

Sammlung Gerhard Söhn, Düsseldorf
UCC Coffee Museum, 6-22 Minatojima Nakamachi 6 chome, Chuo-ku, Kobe 650 (Japan)

Kakao

Albert Pfiffner

Einleitung

Begrifflichkeit

»Kakao« und der eng damit verbundene Begriff »Schokolade« können je nach Kontext, Region oder Zeitperiode Unterschiedliches oder auch dasselbe bedeuten. Umgangssprachlich wird »Kakao« heute sowohl als Sammelbegriff für die *Samen* des Kakaobaums (Kakaobohnen, Rohkakao) verwendet als auch für die Bezeichnung des aus diesen Samen gewonnenen Kakao*pulvers* sowie für das aus diesem Pulver mit verschiedenen Zusätzen (Milch oder Wasser, Zucker etc.) hergestellte *Getränk* (Brockhaus 1990:336). Letzteres wird auch »Schokolade« genannt, sobald es aus pulverisierter Schokolade und nicht aus entfettetem Kakaopulver zubereitet wird.

Mit »Schokolade« bezeichnet man heute eine Mischung aus unterschiedlich präparierten Kakaobohnen und Zucker, der je nach Verwendungszweck Kakaobutter, weitere pflanzliche Fette, Milchprodukte, Gewürze, Nüsse usw. beigefügt werden und die meist in fester Form, daneben auch geraspelt oder als Pulver im Handel ist (Brockhaus 1992:477).

Die Schwierigkeit der begrifflichen Abgrenzung zwischen Kakao und Schokolade, die sich auch in anderen Sprachen zeigt (z. B. zwischen *cocoa*, *cacao* und *chocolate* [Coe 1997:20]), ist unter anderem eine Folge der komplexen Übernahme eines Begriffs aus einem fremden Sprach- und Kulturraum für ein bisher unbekanntes Produkt, das im Laufe der Zeit mannigfaltige Transformationen in Verwendung und Verarbeitung erfuhr.

Die Ursprünge des Begriffs *cacao* sind umstritten. Ein von den Azteken in der Nahuatle-Sprache *Cacahuatl* (»Kakao-Wasser« oder »Kakao-Kern«) genanntes Getränk auf der Basis von Kakaobohnen wurde vom spanischen Seefahrer Cortés und seinen Leuten zunächst *cacao* genannt. Ein Begriff, der vermutlich aus der Zeit der Mayas stammt und sowohl für die Kakaobohnen als Zahlungsmittel als auch für die Kakaopflanze verwendet wurde, in ähnlich lautender Form aber auch für das erwähnte Getränk Anwendung fand. In der zweiten Hälfte des 16. Jahrhunderts begannen die Spanier für das Kakaogetränk auch ein anderes Wort der Azteken, *xocoatl* oder *choco(l)atl*, zu benutzen, das sie in *chocolate* transformierten. Im Deutschen wurde daraus *chocolade*, bis sich im 20. Jh. allmählich die heutige Schreibweise »Schokolade« durchsetzte (Fontaine 1996:17-2; Coe 1997:19-22/138-145).

Die wichtigsten Kakaoerzeugnisse und ihre Herstellung

Man unterscheidet vier Hauptgruppen von Kakaoerzeugnissen: Kakaomasse, Kakaobutter, Kakaopulver und Schokolade.

Kakaomasse: Sie wird allein aus Rohkakao hergestellt, durch Mahlen der gereinigten, gerösteten und schließlich gebrochenen Kakaobohnen. Je nach gewünschtem Geschmack werden dabei nach bestimmten Rezepturen verschiedene Kakaosorten gemischt und in unterschiedlich starker Röstung verwendet. Die dickflüssige, braune Kakaomasse mit 50% bis 60% Fettanteil (Kakaobutter), die sich nach dem Abkühlen verfestigt, wird hauptsächlich zu Kakaopulver oder Schokolade weiterverarbeitet.

Kakaobutter: Diese gewinnt man auf dem Weg der Kakaopulverherstellung. Sie ist das aus der Kakaomasse in einem speziellen Verfahren und bis zu einem bestimmten Prozentsatz herausgepreßte Fett, das im Endzustand der Tafelbutter gleicht. Die Schokoladenhersteller sind eher an der Kakaobutter denn am -pulver interessiert. Sie benötigen das ursprüngliche »Nebenprodukt« Kakaobutter als wichtigen Zusatz für die meisten Schokoladearten. Durch ihre Beimischung zum Grundfettgehalt verfeinert sich die Struktur der Schokolade, sie erhält einen schönen Glanz und angenehmen Schmelz. Sie wird auch in der Medizin und in der Kosmetik (als Konsistenzgeber für Zäpfchen, Cremes und Körperlotionen) eingesetzt.

Kakaopulver: Nach dem Abpressen der Kakaobutter bleibt ein ca. 10% bis 20% Fettanteile enthaltender Kakaokuchen übrig. Dieser Rückstand wird in mehreren Stufen nochmals zerkleinert und zu Kakaopulver verarbeitet.

Schokolade: Die bitter schmeckende Kakaomasse wird mit Zukker und zusätzlicher Kakaobutter vermischt und geknetet. Diese Grundstoffe bilden die Hauptbestandteile der dunklen Schokolade. Bei der Milchschokolade kommt (Pulver-, Flocken- oder Kondens-)Milch dazu, während bei der weißen Schokolade die Kakaomasse wegfällt, dafür ebenfalls Milch enthalten ist. Nach dem Mischen und Kneten der jeweiligen Grundstoffe schmeckt die Schokolademasse noch sandig und trotz des Zuckers herb. In Walzen werden die einzelnen Partikel weiter verfeinert und anschließend in Längsreibemaschinen, in sog. Conchen, in einem mehrtägigen Prozeß geschmacklich miteinander verbunden. Gleichzeitig wird dabei die flüssige Schokolademasse »belüftet«, wodurch sich ihr bitterer Geschmack verflüchtigt und sich die Aromastoffe entfalten können.

Vor der Verarbeitung zu den einzelnen Schokoladesorten wird die fertige Schokolademasse nochmals auf 50°C erwärmt und dann wieder auf ca. 30°C abgekühlt. Dieser komplizierte Prozeß, bei dem die Kakaobutter sich in eine sehr feine, homogene Masse ohne große Körner kristallisiert, hat einen beträchtlichen Einfluß auf die Qualität und Haltbarkeit der fertigen Schokolade. Aus den drei Grundsorten dunkle, weiße und Milchschokolade wird ein breites Produktsortiment hergestellt: massive und gefüllte Schokoladentafeln mit und ohne Zusätze (Nüsse etc.), Riegel, Napolitains (Schokoladentäfelchen), Phantasieartikel (Osterhasen, Weihnachtsschmuck usw.), Kuvertüre (Schokolade zur Weiterverarbeitung für die Biskuit- und Speiseeisindustrie, für Bäcker und Konditoren etc.) (Fincke 1936:206-278/533ff.; Nestec 1991:27-34; Chocosuisse o.J.:38-57).

Physiologische Wirkung

Die Wirkung des Kakaos und seiner Erzeugnisse auf den menschlichen Körper kann trotz Analyse der Einzelbestandteile nicht mit letzter Genauigkeit angegeben werden. Die über 800 verschiedenen Moleküle, die in der Schokolade enthalten sind, machen diese zu einer äußerst komplexen Substanz. Das Geheimnis ihrer Beliebtheit, die bis zur Sucht nach der »süßen Droge« gehen kann, ist auch heute noch nicht vollständig gelöst.

Kakao und insbesondere Schokolade gelten als Genuß- und »komplettes« Nahrungsmittel zugleich. Ihre Hauptsubstanzen sind Kohlenhydrate, Fette, Proteine, Vitamine (A, B_1, B_2, D, E) und Mineralstoffe (Kalzium, Phosphor, Kalium, Magnesium und

Spuren von Eisen und Kupfer). 100 g Schokolade enthalten je nach Kakaogehalt und eventuellen Zusätzen rund 450-550 Kcal. (1890-2310 KJ) in konzentrierter, vom Körper schnell assimilierbarer Form. Sie ist somit ein Nahrungsmittel von hohem Energiewert. Der hohe Anteil von 63% gesättigten Fettsäuren in der Kakaobutter wurde lange als Risikofaktor für einen erhöhten Cholesterinspiegel angesehen. Neuere Studien zeigen allerdings, daß dank der raschen Umwandlung der gesättigten in ungesättigte Säuren der Einfluß des Schokoladekonsums auf den Cholesterinspiegel und die Blutgefäße weit unproblematischer ist als ursprünglich angenommen (Harwich 1992:241f.; Nestlé 1995:5-6). Inwieweit der Konsum von Kakao- oder Schokoladeprodukten Allergien, Migräne und Zahnkaries bewirken können, ist umstritten. Zumindest scheint deren Einfluß im allgemeinen überschätzt zu werden. Studien belegen, daß das weibliche Hormon Östrogen die Lust auf Zucker und Fett steigert und zum erhöhten Schokoladenkonsum der Frauen beiträgt (Waterhouse 1995:9-41). Widerlegt scheint der Zusammenhang zwischen Schokoladenkonsum und dem Auftreten von Akne, Leberbeschwerden und Verstopfung.

Die pharmakodynamischen Substanzen in Kakao und Schokolade sind prozentual zwar unbedeutend, deren physiologische Effekte spielen in der wissenschaftlichen Diskussion aber eine wichtige Rolle (Geubel/Servais 1996:239-246). Seit der Mitte des 19. Jhs. ist die stimulierende Wirkung der Alkaloide Theobromin (0,5-0,6 g pro 100 g dunkler Schokolade) und Koffein (0,07 g) im Kakao bekannt, die – in großen Mengen zu sich genommen – zu einer physiologischen Abhängigkeit führen können (Logue 1995: 241-242/423; Chiapparino 1997/2:396). Allerdings enthält eine Tafel dunkler Schokolade nur ungefähr soviel Koffein wie eine Tasse Tee. Gemäß Hochrechnungen aus Studien mit Ratten würden sich bei einer 60 kg schweren Person erst bei einem Konsum von täglich 1 kg Schokolade Störungen bemerkbar machen (Nestlé 1995:7).

Verschiedene Forschungen brachten in den letzten Jahren immer wieder neue Kakao-Wirksubstanzen an den Tag. Dem Phenylethylamin wird zusammen mit dem Alkaloid Salsonilol die Wirkung zugeschrieben, Lust- und Glücksgefühle auszulösen, während Anandamid und verwandte Moleküle (N-Acylethanolamine) ähnlich euphorisch wirken sollen wie Cannabis. Wichtig scheint die durch den Konsum von Kakao (und Zucker) bewirkte Vergrößerung der Menge an Serotonin zu sein; es handelt sich dabei um einen Botenstoff im Gehirn, der gesteigertes Wohlbefinden auslöst. Während die einen Stoffe anregend sind, wirken andere beruhigend.

Mindestens so bedeutsam wie das Vorhandensein von gewissen Kakaosubstanzen oder Zutaten wie Zucker in der Schokolade, die einen psychostimulierenden Einfluß haben können, ist die Wirkung, die der *Genuß* des Schokoladenessens für sich im Körper auslösen kann und ihn dazu veranlaßt, das euphorisierend wirkende Hormon Endorphin zu produzieren. Für die Lust oder Sucht von Schokoladeliebhabern scheinen nicht nur unsere angeborene Vorliebe für Süßes (Zuckergehalt in der Schokolade), die erworbene Bevorzugung von kalorienreichen Nahrungsmitteln, das Vorhandensein von Koffein, Theobromin oder anderen Stimulanzien (die in der weißen Schokolade praktisch nicht vorhanden sind und die den Wunsch nach Schokolade trotzdem befriedigt) ausschlaggebend zu sein, sondern ebenso die *sensorische Wirkung* und das spezifische *Aroma* der Schokolade bei deren Verzehr. Durch die glatte, angenehme Oberflächenbeschaffenheit und das Schmelzen bei Körpertemperatur wird eine sensorisch und geschmacklich angenehme Sinnesempfindung ausgelöst. Zudem spielen psychologische Komponenten für unsere Befindlichkeit beim Genuß von Schokoladeprodukten als Erziehungsmittel, Liebesersatz oder -beweis, Trostpflaster oder Geschenk eine Rolle, welche von der Werbung kräftig gefördert werden (Robert 1990:143-208; Harwich 1992:237-244; Logue 1995:423; Nestlé Schweiz 1995:3-8; Geubel/Servais 1996:239ff.).

Anbau und Gewinnung des Kakaos

Der Kakaobaum, *Theobroma cacao*, gehört zur Gattung der Sterkuliengewächse und gedeiht nur an feuchten, schattigen Stellen im Unterholz von Regenwäldern bei einer mittleren Jahrestemperatur von 24° bis 28° C. Die Hauptanbaugebiete liegen deshalb zwischen einer Breite 13° nördlich und südlich des Äquators. Die immergrünen Bäume tragen das ganze Jahr Blüten, reife und unreife Früchte. Neuere Sorten bringen bereits nach drei, vier Jahren erstmals Früchte hervor. Nach etwa acht Jahren produzieren sie dann während drei bis vier Jahrzehnten den vollen Ertrag. Man unterscheidet drei Grundsorten: Criollo (span. für »einheimisch«), Forastero (»ausländisch«) und – eine Kreuzung der beiden – Trinitario (»aus Trinidad«). Der Criollo-Baum wird auch in Zentralamerika, Venezuela, Kolumbien und einigen asiatischen Regionen kultiviert. Trotz seiner aromatisch milden Bohnen, die für hochwertige Schokoladen und Mischungen verwendet werden, droht er wegen des geringen Ernteertrages und der schwachen Resistenz gegenüber Krankheiten und Schädlingen langsam zu verschwinden. Sein Anteil an der Welternte liegt noch zwischen 5% und 10%. Der Hauptteil von etwa 80% stammt aus dem etwas bitteren Forastero-Kakao und seinen zahlreichen Hybriden und Varietäten. Die widerstandsfähigen und ertragreichen Forastero-Bäume werden hauptsächlich in Brasilien und Westafrika angebaut; Hybridsorten, die rascher Früchte tragen, v.a. in Malaysia und Indonesien.

Die gurkenförmigen Früchte enthalten ca. 20 bis 40 Samenkerne (Kakaobohnen). Diese werden nach der Ernte samt dem weißen Fruchtmus (Pulpa) aus der Frucht (Schote) gekratzt und zum Gären (Fermentieren) während mehrerer Tage liegen gelassen, meist unter Bananenblättern oder Zweigen. Dabei wird der bittere Geschmack abgemildert, und es entwickeln sich die Aromavorstoffe, die sich beim späteren Trocknen und Rösten in das eigentliche Kakaoaroma verwandeln. Nach dem Trocknen erhalten sie die typisch braune Farbe und sind bereit, in Jutesäcke abgefüllt, gewogen, klassifiziert und in die Konsumländer verschifft zu werden (Brockhaus 1990: 336; Nestec 1991:11ff.; Kriedte 1994:20; Coe 1997:215-243; Chocosuisse o.J.:28ff.).

Konsum

Geographische und soziale Verbreitung

Die Ursprünge der Kakaopflanze liegen in den tropischen Wäldern des südlichen Mexikos. Anbau und Verwendung des Kakaos reichen nach neueren Forschungen weit ins 1. Jh. v. Chr. zurück (Coe

1997:41-81). Bei den Mayas und Azteken genossen die Pflanzen einen hohen Symbol- und Handelswert. Häufig wurden sie zur Zubereitung eines Getränks bei religiösen oder kriegerischen Riten oder als Zahlungsmittel verwendet (Fontaine 1996:32).

Von den Spaniern in der ersten Hälfte des 16. Jhs. erstmals nach Europa gebracht, fand der Kakao auf dem alten Kontinent weniger Beachtung als etwa die Mais- oder Kartoffelpflanzen, die in den gemäßigten Zonen Europas ebenfalls angebaut werden konnten. Den Spaniern scheint das bittere Kakaogetränk in der ursprünglich zubereiteten Form wenig geschmeckt zu haben. Girolamo Benzoni, einer der ersten spanischen Kritiker, qualifizierte es als Getränk, welches »mich vielmehr ein Säutränke als eines Menschen Getränk zu sein dünkt« (zit. in: Mueller 1957:26). Die Spanier förderten die Anpflanzungen zunächst hauptsächlich deshalb, weil sie die Bohnen als Zahlungsmittel in der Neuen Welt gebrauchen konnten. Für die Entwicklung der Kakaowirtschaft war es bedeutsam, daß die Kolonisatoren um 1600 begannen, Schokolade zu konsumieren – zuerst in den Kolonien selbst, wo Frauen gar während des Gottesdienstes in der Kirche nicht darauf verzichten wollten, dann im spanischen Mutterland. Hier – wie später in anderen Ländern – gab offensichtlich die Aristokratie den geschmacklichen Ton an, durch die Vermittlung von Dienern und Dienstmädchen bald imitiert von den unteren Schichten. Neben den Adligen trugen die katholischen Geistlichen, unter ihnen vor allem die Jesuiten mit ihren Kontakten zu den amerikanischen Missionen, zur Verbreitung des Kakaogetränkes bei (Harwich 1992:68-71/95-96; Bernard 1996:87-88; Stols 1996:42).

Bis zur Mitte des 17. Jhs. blieb der Schokoladekonsum hauptsächlich auf die spanische Welt beschränkt, wo er als Modeerscheinung große Wirkung entfaltete (Stols 1996:50). Obwohl die modebewußte Gesellschaft an diversen europäischen Höfen den Kakao bald als exotisches und exklusives Getränk konsumierte und damit für eine gewisse Verbreitung auch in anderen Länder sorgte, dauerte es eine geraume Zeit, bis sich der Kakaokonsum auf einer breiteren Basis einstellte.

Nach Spanien fanden in reduzierterem Umfang italienische und flämische Gebiete als nächste in Europa Geschmack an der Schokolade. Nach dem Beispiel der spanischen Prinzessinnen Anna

Maria und Maria Theresia verbreitete sich die Schokolade sodann in den wohlhabenden Kreisen Frankreichs. Sie war Teil und gleichzeitig Nutznießer eines Geschmackswandels (der sog. »Zuckerrevolution«), der sich vom 17. zum 18. Jh. vollzog. Statt des bitteren, stark gewürzten Getränkes des barocken Zeitalters bevorzugte man immer mehr die mit viel Zucker angereicherte »Gesundheitsschokolade« (Chiapparino 1997/2:391). Von Frankreich aus verbreitete sie sich nach NW-Europa, England und im 18. Jh. immer mehr auch in der Schweiz, Deutschland und Österreich (Bernard 1996:84).

Bis zur Mitte des 19. Jhs. konsumierte man Schokolade fast ausschließlich in flüssiger Form, als teures und begehrtes Getränk. Die präkolumbianische Zubereitung wurde bald von einer dem europäischen Geschmack besser entsprechenden abgelöst. Charakteristisch für diese in fester Form im Handel erhältlichen Mischungen aus Kakao, Zucker, Zimt und Vanille oder anderen Gewürzen (früher auch Pfeffer, Zimt, Anis etc.) war ihr hoher Fettgehalt. Roh gegessen, verursachte sie oft Verdauungsschwierigkeiten. In einer aufgewärmten Flüssigkeit wie Wasser, Wein oder seit Ende des 17. Jhs. auch in Milch gelöst war sie bekömmlicher, mußte aber vor dem Konsum möglichst gut gerührt werden. Wie für den Kaffee oder den Tee wurde auch für die Schokolade ein eigenes Service entwickelt. Die charakteristische Schokoladenkanne besaß im Dekkel eine Öffnung für den Quirl (*molinillo*; *moussoir*) zum Schaumig-Rühren. Während die Spanier eine dickflüssige Konsistenz bevorzugten und zu diesem Zweck oft Eigelb beimischten, tranken die Franzosen die Schokolade stark verdünnt. Noch wurde die feste Schokolade hauptsächlich als Lösungsmittel betrachtet. Seit dem 18. Jh. wurde sie immer häufiger auch als aromatisierende Zutat bei der Herstellung von Kuchen, Cremes usw. erwähnt (Swaelen 1996:66/68; Stols 1996:51).

Mit der von Conrad van Houten am Ende der 1820er Jahre eingeführten Methode zur Kakaoentfettung mittels einer Alkalilösung verbesserten sich Löslichkeit, Geschmack und Bekömmlichkeit des entstandenen Pulvers, so daß dieses nun auch von Kindern, Kranken und alten Menschen konsumiert werden konnte. Gleichzeitig fiel eine große Menge zunächst überflüssiger Kakaobutter an, welche findige Produzenten noch vor der Jahrhundertmitte zusammen mit der Kakaopaste und Zucker zu der neuartigen, festen Eßschokolade verarbeiteten (Harwich 1992: 125-140; Chiapparino 1997/2:393).

Bis ins 19. Jh. war der Schokoladekonsum ein weitgehend den Erwachsenen vorbehaltenes Privileg. An diesem partizipierte nun auch eine neue Klasse, das Bürgertum (Bernard 1996:86/87). Mit der Ausweitung des Kakaoanbaus, der industriellen Verarbeitung und dem einsetzenden Preiszerfall kam zu Beginn des 20. Jhs. ein neuer Konsument dazu: das Kind. Für dieses wurden spezielle Produkte wie Schokolade-Zigarren, Katzenzünglein und diverse Phantasieartikel hergestellt. Zahlreiche Riegel (Barres) und Stengel erschienen auf dem Markt (Harwich 1992; Collet 1996; Scholliers 1996). Preissenkungen ermöglichten es mit der Zeit auch der Arbeiterklasse, bei ausgewählten Festlichkeiten Schokolade zu konsumieren. Nach 1920 fand sie Eingang in deren Alltagsernährung (Scholliers 1994:73-77; Scholliers 1996: 173-182). Heute stellen Kinder und Jugendliche unter 20 Jahren den Hauptanteil der Konsumenten von Schokoladensüßigkeiten. In Westeuropa konsumieren sie rund 40%, erwachsene Frauen 35% und Männer 25% der Schokoladensüßwaren (E.I.U. 1989:50). Offensichtlich gehören Schokolade und Konfekt noch immer in erster Linie zur Kinder- und Frauenkultur (Schivelbusch 1980:106).

Soziokulturelle Bedeutung

Im präkolumbianischen Kulturkreis wurde der Kakao als Opfergabe in religiösen Riten, als Heil-, Stärkungs- und Zahlungsmittel mit hoher soziokultureller Bedeutung verwendet. Deshalb haftete ihm im katholischen Mutterland der Eroberer lange Zeit ein zwiespältiger Ruf an. Obwohl das Getränk bald seinen Platz in der (adeligen) Gesellschaft fand, bewahrte es etwas von dem verruchten Status seines heidnischen Ursprungs und provozierte ständig Kritik und Kontroversen, insbesondere innerhalb der Kirche. Die umstrittene Frage, ob dieses nahrhafte Getränk die strengen Fastenregeln breche, verneinten 1569 sowohl Papst Pius V. als auch, ein knappes Jh. später, Kardinal Brancaccio. Damit verlor die Schokolade zumindest einen Teil ihres zweifelhaften Rufes (Harwich 1992:95-96; Bernard 1996:87-88).

In der höfischen Gesellschaft des 18. Jhs. salonfähig geworden, wurde die Schokolade zu einem Luxusartikel der europäischen Aristokratie, der es ihr erlaubte – ähnlich wie mit schönen Kleidern oder Häusern –, ihren sozialen Status auszudrücken. Befördert wurde der Nimbus der Schokolade auch durch die Umstände der Konsumtion: vorzugsweise zum neueingeführten Frühstück am Vormittag (Brunch) und im Bett liegend. Wolfgang Schivelbusch betont den katholisch-aristokratischen Aspekt der Schokolade im Gegensatz zum protestantisch-bürgerlichen des Kaffees: »Macht der Kaffee gleichsam ruckartig wach für den Arbeitstag, so kultiviert die Schokolade eher jenen Zwischenzustand von Liegen und Sitzen, den die zeitgenössischen Abbildungen wiedergeben: das allmorgendliche Erwachen einer untätigen Klasse zum gepflegten Nichtstun« (Schivelbusch 1980:99). Chiapparino erklärt das – im Vergleich zum Kaffee allerdings bescheidene – Vordringen der Schokolade im 18. Jh. mit der Nachfrage nach stimulierenden Genußmitteln, die eine leistungsbezogene Gesellschaft zu der notwendig werdenden Streßbewältigung gebraucht habe (Biziere 1979:135-145; Chiapparino 1997/2: 392).

Mit der Durchsetzung der bürgerlichen Gesellschaft und der exakten Naturwissenschaften im 19. Jh. änderte sich die Stellung des einstigen Statusgetränkes des Ancien régime. Im Vordergrund standen weniger der Distinktionswert oder die dem Kakao zugeschriebenen heilenden Wirkungen (weswegen er oft von Apothekern zubereitet und vertrieben wurde), sondern dessen Nährwert, der besonders die Physiologen der zweiten Hälfte des 19. Jhs. interessierte. Seinetwegen fanden Kakao und Schokolade bei der militärischen Ernährung zunehmend Berücksichtigung oder wurden von Ärzten als kräftigendes Aufbaumittel verschrieben. Erst seit der Belle Époque jedoch wurden Kakaoprodukte dank ihrer relativen Verbilligung nicht nur theoretisch, sondern auch im Alltag immer mehr als Nahrungs- denn als Genußmittel angesehen (Chiapparino 1997/2:396/397). Gleichzeitig behielten Eßschokolade und Konfekt ihre im 19. Jh. gewonnene Stellung als Süßigkeit, Naschmittel oder Geschenk bei (Schivelbusch 1980: 106). Zur relativen Preissenkung der Kakaoprodukte trugen die Mechanisierung der Verarbeitung, eine nachhaltige Steigerung der Realeinkommen sowie die Ausdehnung des Kakaoanbaus bei.

Neue und verfeinerte Distributionsmöglichkeiten zusammen

mit groß angelegten Werbekampagnen von Produzenten und Händlern förderten das Bild der Schokolade als ideale Zwischenverpflegung. Arbeiter und Sportler konnten sich damit schnell und günstig Energie zuführen. Im 20. Jh. fand eine vorher nie gekannte Demokratisierung des Konsums und Diversifizierung der Schokoladenprodukte statt. Ob Mann oder Frau, jung oder alt, reich oder arm, fast jede(r) in der industrialisierten Welt konnte sich sein/ihr bevorzugtes Produkt erstehen, unabhängig von Einkommen, Beruf und sozialem Status, sei es als Genußmittel, als Nahrungsmittel oder als Geschenkartikel. Mit dem Wirtschaftsboom nach demZweiten Weltkrieg setzte der eigentliche Massenkonsum ein. Die Qualitäten der Eßschokolade und der verschiedenen Riegel als *convenience food* kamen nun immer deutlicher zum Tragen.

Der gegenwärtige Konsum

Die Schokolade kann als Paradebeispiel für die Einführung eines neuen Konsumgutes in den Alltagskonsum gelten. Einer vorwiegend auf bestimmte Regionen oder Schichten beschränkten langsamen Verbreitung im 18. und 19. Jahrhundert folgte zwischen 1900 und 1914 eine zögerliche, aber wichtige Verteilung auf verschiedene Konsumentenschichten, die nach 1920 in ein allgemeines Wachstum mündete. Zwischen 1945 und 1980 folgte eine rasante Verbreitung in den mehrheitlich schon zu Beginn des Jahrhunderts vorgezeichneten Bahnen. Danach stellte man in den hochentwickelten Ländern eine gewisse Stagnation fest, die zu einer weiteren Konzentration der Branche führte. Seit den 1990er Jahren verspricht sich die Industrie neues Wachstum durch die Erschließung neuer Märkte in den ehemals abgeschotteten kommunistischen Ländern Osteuropas, in Rußland, China und anderen fernöstlichen Ländern. Dazu soll mit neuen Produktzusammensetzungen (Zusatz von Pflanzenöl) die Schokolade in wärmeren Regionen gefördert werden.

Wie in der Vergangenheit konzentrierte sich der Hauptkonsum von Kakao und Schokolade (in absoluten Zahlen) auch im 20. Jahrhundert auf eine kleine Anzahl von Ländern, hauptsächlich in Europa, und auf die USA. Unmittelbar nach dem Zweiten Weltkrieg waren die USA und Großbritannien die mit Abstand größten

Verbraucherländer von Kakao. Zusammen absorbierten sie 1945 rund 60% der gebrochenen Kakaobohnen (Harwich 1992:228). Bereits in der zweiten Hälfte der 1950er Jahre überstieg der Inlandverbrauch Deutschlands mit durchschnittlich 107.000 t Kakaobohnen jährlich jenen Großbritanniens um 27.000 t. Frankreich mit knapp 60.000 t folgte an dritter Stelle. Für 1994/95 blieb die Reihenfolge unverändert: Deutschland konsumierte 245.000 t, Großbritannien 184.000 t und Frankreich 156.000 t. Im Vergleich dazu stieg der Gesamtkonsum innerhalb der USA zwischen 1955/59 und 1994/95 von 270.000 t jährlich auf 544.000 t Kakaobohnen. Als neues bedeutsames Konsumland tauchte in den 60er Jahren die damalige UdSSR auf, die 1988/89 hinter den USA der zweitgrößte Endverbraucher der Welt war (OECD 1975/1991; ICCO 1996). Betrachtet man einzig die Kakaoimporte der einzelnen Länder – beziehungsweise ihren Anteil am Weltkonsum –, so steht im Kakaojahr (1. Oktober bis 30. September) 1995/96 Holland an der Spitze. Aber kein Land exportiert einen so hohen Prozentsatz (knapp 90%) davon wieder in Form von Kakaobutter, -kuchen und -pulver.

Eine ähnliche Entwicklung läßt sich anhand der Konsumstatistik von Schokolade feststellen, welche zusätzlich auch alle verarbeiteten Produkte wie Kakaobutter, Kakaomasse usw. berücksichtigt. Heute belegen auch in dieser Kategorie die drei bevölkerungsreichen Länder die absoluten Spitzenpositionen in Europa. 1995 wurden in Deutschland 818.000 t, in Großbritannien 475.000 t und in Frankreich 373.000 t Schokoladenprodukte konsumiert. Beim Pro-Kopf-Verbrauch von Schokolade relativiert sich das Bild. Weltweit am meisten Schokolade wurden mit 10,2 kg pro Einwohner in der Schweiz konsumiert (inkl. Käufe ausländischer Touristen), dicht gefolgt von Deutschland (10,0 kg), Österreich (9,9 kg), Belgien (9,8 kg) und Dänemark (9,8 kg). Während die drei letztgenannten Länder seit den 1980er Jahren einen starken Konsumanstieg pro Kopf der Bevölkerung verzeichnen konnten, stagnierte er in der Schweiz auf hohem Niveau (OECD 1975/1991; Harwich 1992:228-229; CAOBISCO 1996:40-42/52-54; Chocosuisse, Jahrbuch 1996:33; ICCO 4/1996; Chiapparino 1997/2: 387-389). Die Höhe des Schokoladenkonsums ist abhängig vom Einkommen, von der gesamten für Nahrungsmittel ausgegebenen

Summe, dem Preis von Komplementärgütern, den Werbeanstrengungen und der Bevölkerungsstruktur eines Landes. Die Nachfragepreiselastizität ist kurzfristig und bei hohem Pro-Kopf-Einkommen sehr gering (E.I.U. 1989:3; Eck 1992:73).

Wirtschaft

Produktion

Bis zum 18. Jh. war Venezuela der größte Kakaoexporteur. Spanien beanspruchte das Handelsmonopol, welches allerdings durch den einträglichen Schwarzhandel anderer europäischer Seefahrernationen, insbesondere den der Niederlande, in Frage gestellt war. Möglich waren die Ertragssteigerungen nur durch das Anlegen von Zuchtplantagen und dank der Einfuhr von afrikanischen Sklaven über den Atlantik (Coe 1997:229). In der ersten Hälfte des 19. Jhs. löste Ecuador das durch innenpolitische Unruhen geschwächte Venezuela als Hauptexporteur von Kakao nach Europa ab. Die steigende Kakaonachfrage der westlichen Industrienationen und der Nationalismus führten dazu, daß sich immer mehr europäische Nationen in ihren Kolonien um eigenen Kakaoanbau bemühten. Am Ende des 19. Jhs. standen neben dem extensiven Anbau südamerikanischer Großgrundbesitzer intensiv bewirtschaftete Plantagen. Solche wurden unter Leitung westlicher Kapitalgeber beispielsweise im portugiesischen São Tomé, im holländischen Java oder von den Deutschen in Kamerun eingeführt. Bedeutsam für die im 20. Jh. erfolgte Angebotsausweitung war aber das Entstehen von kleinem einheimischen Grundbesitz (mehrheitlich Familienbetriebe), eines dritten Bewirtschaftungstypus, zunächst in der Gegend des brasilianischen Bahia, dann in diversen Gebieten Zentral- und Westafrikas. Neben Produktionsstruktur, Klima, Alter und Sorte der Kakaobäume beeinflussen auch der Einsatz von Dünger und Schädlingsbekämpfungsmitteln die Erträge. Gleichzeitig wirft deren Einsatz ökologische Fragen auf (Harwich 1992:218; Chiapparino 1997/2:388, Coe 1997:228-231).

Während die Weltkakaoproduktion zwischen 1900 und 1939 um den Faktor 7 gesteigert wurde, vergrößerte sie sich seit 1950 noch um etwa das 3,5fache (Harwich 1992:204). Allein zwischen 1983/84 und 1995/96 stieg die Kakaowelternte von 1,7 Mio. t auf

2,9 Mio. t. Bis zu Beginn des 20. Jhs. dominierten die amerikanischen Anbieter den Markt. Dann wurden sie allmählich von einem Konkurrenten überrundet, den sie ihrerseits auf einem anderen Gebiet aus dem Feld geschlagen hatten: Afrika, der Ursprungsort des Kaffees. Seit 1911 ist die Elfenbeinküste der größte Kakaoexporteur. 1995 produzieren die beiden wichtigsten Kakao-Anbauländer, Elfenbeinküste und Ghana, mit 1,2 Mio. t resp. 404.000 t Kakao (1995/96) zusammen 55% der Welternte, wobei ihr Anteil zehn Jahre vorher noch bei 41% gelegen hatte. Brasilien (1995/96: 230.000 t; 7,9%) dagegen rutschte in der ersten Hälfte der 1990er Jahre vom zweiten auf den vierten Rang ab, noch hinter Indonesien (295.000 t; 10,2%). Am markantesten fiel die Steigerung seit den 1980er Jahren in Südostasien aus. Praktisch von Null aus hißte Malaysia seine Kakaoproduktion bis zum Jahre 1990 auf ein Höchstvolumen von 250.000 t. Seither nimmt sie wegen des als einträglicher eingestuften Anbaus von Ölpalmen wieder ab (E.I.U. 1989:6; Harwich 1992:203-217; Chocosuisse-Bulletin 1996). Für die Elfenbeinküste und Ghana, deren Wirtschaft noch wenig diversifiziert ist, stellen die Rohkakaoexporte wichtige Devisenquellen dar. Der Anteil von Kakao am Gesamtexport betrug 1995 in beiden Ländern je rund 30%. In den übrigen führenden Produzentenländern wie Brasilien, Malaysia oder Indonesien liegt er unter 0,5% und stellt einen viel geringeren Wirtschaftsfaktor dar (E.I.U. 1996:244/250).

Auch wenn der Kakao vor allem in der Rohform (Kakaobohne) aus den Ursprungsländern exportiert wird, so gibt es doch einige Produzentenländer, die einen Teil ihrer Ernte selber verarbeiten, sei es für den einheimischen Konsum oder für den Export. Brasilien beispielsweise exportierte 1995/96 nur rund 46%, davon zwei Drittel weiterverarbeitet zu Kakaomasse, -butter, -pulver usw. Die Elfenbeinküste und Ghana dagegen führten 98% resp. 92% aus, davon weniger als 10% vorverarbeitet (ICCO 4/1997:11-16).

Der Rohkakao wird von Industrieunternehmen, die sich mehrheitlich in den Konsumländern befinden, zu Halb- und Fertigfabrikaten weiterverarbeitet. Bereits Ende des 18. Jhs. hielt die Mechanisierung mit dem Einsatz von Mühlen, Knet- und Dampfmaschinen (z. B. J. Frey & Sons 1795 in Bristol) in der Schokoladenfabrikation diverser europäischer Länder Einzug. In Frankreich entstanden zu Beginn des 19. Jhs. eigentliche Schokoladenfabriken, in denen der »Melangeur« zur Kakaoherstellung eingesetzt wurde. Bemerkenswert daran waren weniger technische Neuerungen als die durch sie ermöglichte Produktions- und Verkaufssteigerung (Mueller 1957:116).

Zwei wichtige Neuerungen, die in den 1880er Jahren in der Schweiz eingeführt wurden, fanden bei den Konsumenten großen Anklang und sorgten für einen weiteren Aufschwung der Schokoladenindustrie. Die eine war die Erfindung der Milchschokolade durch Daniel Peter (1875, zuerst in gepreßter Pulverform), die andere jene der Schmelzschokolade (chocolat fondant) unter neuartiger Verwendung von Conchen durch Rodolphe Lindt. Mitte der 1930er Jahre machte der Anteil der Milchschokolade bereits 85% der englischen, 86% der US-amerikanischen und 64% der deutschen Schokoladenproduktion aus (Chiapparino 1997/2:395).

Weitere technische Neuerungen kamen in der zweiten Hälfte des 19. Jhs. insbesondere in Frankreich und Deutschland zur Anwendung, wo die größten Betriebe der Branche entstanden. Die einzelnen Fabrikationsschritte wurden verfeinert, besondere Maschinen entwickelt. Daneben kreierten aber Schokolade- und Kakaobetriebe auf der ganzen Welt eigene Spezialitäten und Markenartikel, mit denen sie erfolgreich waren. Namen wie Blooker (gegr. 1815) in Holland, Menier (1825) und Poulain (1848) in Frankreich, Fry (1748/51), Cadbury (1824/31) und Rowntree (1862) in England, Baker (1765) in den USA, Stollwerck (1839/66), Sarotti (1868), Hartwig & Vogel (1870) in Deutschland, Schmidt (1854), Meinl (1862) und Küfferle (1865) in Österreich, Cailler (1819) und Suchard (1826) in der Schweiz, Côte d'Or (1870) in Belgien und in kleinerem Rahmen Caffarel (vor 1802), Moriondo & Gariglio, Lombardi & Macchi (1823/43) und Talmone (1850) in Italien gehörten neben anderen ebenso dazu wie die bereits erwähnten.

Im 20. Jh. verzeichneten amerikanische Firmen wie Hershey (1900) mit den *Hershey bars* und Mars (1911/22) mit *Milky Way* die spektakulärsten Erfolge. In den 1930er Jahren etablierte sich der gefüllte Schokoladenriegel endgültig als Alternative zu den herkömmlichen Dragees. In Europa verbreiteten sich insbesondere die holländische Variante *Nuts* sowie *Kit-Kat*, ein Produkt der englischen Firma Rowntree (Fincke 1936:17-26; Mueller 1957: 112-144/194-207; Harwich 1992:193-99; Chiapparino 1997/1).

Die bereits vor dem Zweiten Weltkrieg einsetzende Konzentration der Schokoladenindustrie beschleunigte sich nach 1945 beträchtlich. Heute wird die Branche von großen multinationalen Unternehmen wie Nestlé S.A. (CH), Kraft Jacobs Suchard (Philipp Morris Companies Inc./USA), Cadbury Schweppes PLC (GB), Mars Inc. (USA) und Hershey Foods Corp. (USA) dominiert. Zahlreiche bekannte Firmen- und Markennamen gelangten durch Übernahmen und Fusionen zu den fünf genannten Firmengruppen. Außer Hershey tätigen alle diese Firmen über 50% ihrer Geschäfte auf internationalem Terrain; alle produzieren auch andere Nahrungs- oder Genußmittel als Schokolade oder Kakao. Der bereits weiter gefaßte Bereich der »Süßwaren« (confectionery) nimmt bei ihnen einen sehr unterschiedlichen Anteil am Gesamtumsatz ein. Sind es bei Hershey rund 90%, bei Cadbury und Mars etwas weniger als die Hälfte, so tragen die Schokoladen- und Süßwarenverkäufe von Nestlé nur knapp 15% zum Gesamtumsatz bei. Gemeinsam decken die fünf Firmen rund 50% des Weltmarktes ab. Zwei weitere Firmen mit steigenden Aktivitäten im internationalen Geschäft sind Lindt & Sprüngli (CH) sowie Ferrero (I). Daneben behaupten sich nach wie vor eine beträchtliche Zahl kleinerer Industrie- und Konfiseriebetriebe mit ihren eigenen Spezialitäten (E.I.U. 1989:43-45; UNITED NATIONS 1991:76-79; Harwich 1992:232-235; Pfiffner 1993:71-72; Firmenberichte).

Handel

Der transatlantische Kakaohandel begann gegen Ende des 16. Jhs. und war zunächst größtenteils in spanischen Händen. Gesellschaften wie die baskische »Real Compañia Guipuzcoana« erhielten im 17. Jh. staatliche Privilegien. Sehr rasch beteiligten sich aber andere Seefahrernationen am lukrativen (Schwarz-)Handel, der als sog. »Drei-Wege-Handel« bekannt wurde: europäische Manufakturwaren wurden zu den afrikanischen Sklavendepots geschifft und dort gegen menschliche Fracht eingetauscht; in Amerika wurden die Schiffe mit den Produkten der Zucker-, Kakao- und Tabakplantagen beladen und fuhren nach Europa zurück (Coe 1997:229).

Die Ausweitung der Kakaoproduktion und des -konsums im 19. Jh. brachte auch dem Handel einen enormen Aufschwung. Zwischen 1870 und 1900 stieg der Weltexporthandel von Kakao um 700% (Collet 1996:10-14). Im Vergleich zu den Kaffee- und Tee-Exporten fiel der Kakaohandel allerdings bescheiden aus. Sein Anteil am wertmäßigen Welthandel stieg zwischen 1829/31 und 1911/13 von 0,2 % auf 1,2 %; der des Kaffees blieb mit rund 8% relativ konstant, der des Tees sank von 6,5% auf 3%, wobei die Preissenkungen bei Tee und Kaffee größer waren (Chiapparino 1997/2:387).

Heute stellt der Rohkakao nach Kaffee und Zucker den drittwichtigsten Agrarrohstoff dar. Sein Handelsvolumen wird Mitte der 1990er Jahre auf 3,4 Mrd. US $ geschätzt, was etwa jenem des Tees, aber nur einem Viertel des Kaffeeumsatzes entspricht. Die Tendenz ist steigend. Allein die Rohkakaokäufe der europäischen Schokoladenindustrie haben sich in den Jahren zwischen 1980 und 1995 von 540.000 t auf 1,1 Mio. t verdoppelt (Montavon 1996: 12/24-25).

Bis zum Zweiten Weltkrieg bestand der internationale Kakaohandel ausschließlich aus dem Export von Kakaobohnen. Noch 1946 betrug ihr Anteil über 95% des Volumens am Weltkakaohandel. Seit 1945 gewinnt der Export von Kakaobutter und -masse zunehmend an Bedeutung. 1986/87 repräsentierte er rund 35% des Welthandels. Dies ist das Resultat der zunehmenden Verarbeitung der Kakaobohne zu Halbfabrikaten in den Produzentenländern selbst. Der internationale Kakaomarkt trennte sich auf in einen Markt für Kakaobohnen und je einen für die jeweiligen Halbfabrikate. Diese verhalten sich nicht immer bloß komplementär zueinander, sie können auch miteinander konkurrieren (E.I.U. 1989:42).

Der Kakaohandel spielt sich heute auf verschiedene Art und Weise ab. Er wird einerseits bestimmt vom wirtschaftlichen und politischen System der Produzentenländer und ihren traditionellen Handelspraktiken, andererseits von den Spielregeln der westlichen Marktwirtschaft. Die kakaoverarbeitende Industrie kann den Kakao entweder direkt am Ursprung in den Produzentenländern erwerben, auf dem physischen Markt über die in den Importländern tätigen spezialisierten Händler oder an den Rohstoffbörsen, so in London (*London Commodities Exchange*) und New York (*Coffee, Sugar and Cocoa Exchange*). Direktkäufe beim Produzenten werden nach Meinung von Branchenkennern (zuverlässige Statistiken gibt es keine) von industriellen Großverbrauchern nur in geringem Masse vorgenommen. Erst seit kurzem werden diesbezüglich Anstrengungen unternommen (Montavon 1996:34). Großverbraucher decken sich weitgehend bei spezialisierten Handelshäusern ein, welche eine Vermittlerrolle zwischen Käufer und Verkäufer einnehmen. Um Ernte, Transport und Lagerung des Kakaos in immer größeren Mengen in den Verbraucherländern vorfinanzieren zu können, benötigen die Handelshäuser enorme Finanzmittel. Dies führte in jüngster Zeit zu einer starken Konzentration im internationalen Kakaohandel. Gegen die Risiken von Preisschwankungen suchen sie sich mit Terminverträgen abzusichern. Effektive und absehbare Ereignisse schlagen sich dabei sofort in den Preisen nieder, während die Produzentenländer nur verzögert darauf reagieren können. Die tatsächlichen (physischen) Rohkakaokäufe an Terminbörsen sind wie die Direktkäufe sehr bescheiden und betragen nur einen Bruchteil (nach Schätzungen etwa 5%) der an der Börse abgeschlossenen »Papiergeschäfte«. Neben Kakaohändlern und institutionellen Anlegern drängen vermehrt auch reine Spekulanten an die Rohstoffbörsen. Dies wirkt sich nachteilig in einer vorübergehenden Verstärkung der Preisbewegungen aus. Andererseits versorgt die große Zahl von Investoren den Markt mit der notwendigen Liquidität. Mit unterschiedlichem Erfolg wurden in den letzten Jahren verschiedene Instrumente eingeführt, um die Preisschwankungen beim Rohkakao zu glätten; teils auf nationaler Ebene in den Produzentenländern selbst, teils durch die Unterzeichnerstaaten von internationalen Kakaoabkommen (UNCTAD/GATT 1987:81-185; Harwich 1992:221-224; Eck 1992:46-56; Montavon 1996:15-17).

Dem seit Jahrhunderten wachsenden Großhandel des Kakaos liegt der Konsumanstieg der fertigen Schokoladenprodukte zugrunde. Dieser wiederum wurde unter anderem ermöglicht durch eine Vermehrung der Orte, wo die Schokolade erhältlich war, durch den lokalen Verkauf. Dem noch im 19. Jh. dominierenden Verkauf durch den Apotheker oder Spezereihändler um die Ecke, dem Hausierer oder umherziehenden Händler setzten findige Fabrikanten wie beispielsweise Stollwerck in Deutschland bereits in den 1880er Jahren Verkaufsautomaten zur Seite, die bald zu einem festen Bestandteil des öffentlichen Lebens wurden. Für den Massenverkauf entscheidend wurde aber ein neuer Typ von Läden, die teils noch vor 1900 erschienen und die zwischen den beiden Weltkriegen und nach 1945 äußerst erfolgreich waren. Warenhäuser, Genossenschaften und ganze Ladenketten boten ein breites Sortiment verschiedener Marken an oder gingen gar dazu über, selber Schokoladenprodukte herzustellen und unter einer Eigenmarke zu verkaufen. Mittels breit angelegter Promotionskampagnen, zu denen Sammelalben für Bildermarken, Kinderclubs und Treueprämien gehörten, suchten die verschiedenen im Wettbewerb stehenden Anbieter Kunden an sich zu binden (Schäfke/Pape 1993:44-59; Scholliers 1996:181-184).

Politik

Kolonialwaren, zu denen der Kakao gehört, begründeten zu einem bedeutenden Teil die Kapitalakkumulation in den industrialisierten Ländern. Im alten Kolonialsystem hatten Kolonien in einer rigiden Aufgabenteilung die Rohstoffe möglichst günstig und in genügender Menge zu liefern, welche im Mutterland verarbeitet auf den in- und ausländischen Märkten abgesetzt werden konnten, ohne mit den Gütern der Metropole zu konkurrieren. Die staatlichen Einflußmöglichkeiten waren vielfältig. Mittels Einsetzung einer »Administration« in den Kolonien nahmen die Kolonialmächte die dortige »wirtschaftliche Erschließung« an die Hand. Durch die Vergabe von Monopolen und Konzessionen suchten sie den Handel zu kontrollieren. Mit Zöllen und Quoten regelten Importstaaten die Einfuhr und Verteilung der Güter, und von Staates wegen wurden gesetzliche Regelungen, z. B. über die Zusammensetzung von Schokoladenprodukten, zum Schutz und Wohlergehen sowohl der Konsumenten als auch der einheimischen Industrie verabschiedet. Daß dabei der Staat selbst nicht zu kurz kam, dafür sorgte er mit teils zusätzlicher massiver Besteuerung des inländischen Konsums, Handels oder Verkaufs (Kriedte 1994:13; Sandgruber 1994:86-88).

Akteure und Interessen

Regierungen versuchen seit langem und in praktisch allen Ländern, Einfluß auf das Angebot von Nahrungsmitteln auszuüben; oft intervenieren sie bei den Preisen. Solange Kakao als exotisches (Kolonial-)Produkt, als Heil- oder statusbestimmendes Genußmittel galt, suchte man dessen Konsum durch massive Besteuerung einzuschränken, in einzelnen Fällen zum Schutze der Bevölkerung oder der öffentlichen Moral gar zu verbieten. Zudem gebot die merkantilistische Handelspolitik, den Kauf ausländischer Luxusprodukte wegen des Devisenabflusses zu beschränken. Mit dem Aufkommen einer Schokoladenindustrie und der steigenden Nachfrage im Verlauf des 19. Jahrhunderts, als der Schokolade immer mehr die Eigenschaften eines Nahrungsmittels zugeschrieben wurden, beförderte das Autarkiestreben der Nationen eine verstärkte Zollpolitik zum Schutz der eigenen Industrien und die Begründung von Handelskolonien zur Sicherung der Rohstoffquellen. Im Einklang mit den politischen Bestrebungen drängten die Industrien ihrerseits auf eine billige und ausreichende Versorgung unverarbeiteten Kakaos; je mehr Verarbeitungsstufen dieser durchlaufen hatte, um so höher wurde der Einfuhrzoll. Die in verschiedenen Ländern seit etwa 1880 eingeführten Nahrungsmittelgesetze zum Schutz der Konsumenten vor Verfälschungen wurden von den meisten nationalen Schokoladenunternehmen unterstützt. Die zusammen mit Vertretern der einheimischen Industrie oft sehr detailliert ausgearbeiteten Qualitätsvorschriften erschwerten gleichzeitig den Marktzutritt der nach anderen nationalen Vorschriften oder Geschmacksgewohnheiten hergestellten ausländischen Fabrikate. So konnte Fincke in seinem 1936 erschienen Handbuch der Kakaoerzeugnisse für Deutschland befriedigt feststellen: »Die Förderung der Güte der deutschen Kakaoerzeugnisse, die Tatkraft bedeutender Persönlichkeiten des deutschen Schokoladengewerbes, die Mitarbeit des deutschen Maschinenbaues, wissenschaftliche Forschung und staatliche Zollmaßnahmen haben gemeinsam bewirkt, daß Deutschlands Kakaoerzeugnisse und die zu ihrer Herstellung dienenden Einrichtungen schon seit beträchtlicher Zeit von anderen Ländern nicht mehr übertroffen werden und daß ausländische Kakaoerzeugnisse in Deutschland keine Bedeutung mehr haben« (Fincke 1936:25-26). Die damit verbundenen Schwierigkeiten bei der Ausfuhr eigener Schokoladenprodukte nahm man in Kauf. Nicht autark ausgerichtete Länder wie die Schweiz mit ihrem sehr kleinen Heimmarkt sahen sich gezwungen, in Fabriken im Ausland zu investieren.

Wie die Abnehmer von Kakao sind auch dessen Produzenten an stabilen Preisen interessiert. Im Gegensatz zur Industrie und einem Großteil der Konsumenten kämpfen die Anbieter seit jeher für höhere Preise. Unterstützt werden sie dabei von Konsumentengruppen und Entwicklungsorganisationen, die sich nach dem Prinzip »Max Havelaar« für »gerechtere« Preise einsetzen. Daß tiefe Rohstoffpreise allein nicht zwangsläufig nachteilig sein müssen, zeigt die Zwischenkriegszeit. Die damalige Tiefpreisphase des Kakaos stimulierte selbst unter schwierigen Wirtschaftsbedingungen die Konsumtion. Die durchschnittliche Weltjahresproduktion stieg von 244.000 t in den Jahren 1910/1914 auf 745.000 t in der Periode 1935/1939. Allerdings hängen solche Absatzsteigerungen ganz wesentlich vom Sättigungsgrad eines Marktes ab. Internationale Organisationen wie die Weltbank nehmen ihrerseits Einfluß auf die Regierungen in den Produzentenländern sowie auf deren Export- und Anbaupolitik, beispielsweise über Umschuldungsabkommen (Eck 1992:151ff.; Clarence-Smith 1996:116/108; Chocolat 1996:275).

Wirtschafts- und Fiskalpolitik

Bei der Wahl zwischen Protektionismus und Freihandel optierten Staaten fast immer für die erste Variante. Zölle waren dabei das einfachste und verbreitetste Interventionsmittel. Nach einer rund drei Jahrzehnte dauernden Phase relativer Offenheit in Europa, die in den 1840er Jahren begann, führte die neue kontinentale Wirtschaftsmacht Deutschland, bald gefolgt von anderen europäischen Ländern (außer England), strengere Schutzbestimmungen ein. Wirtschaftliche Probleme wie das Ringen um Rohstoffe, Absatzmärkte und Kapitalanlagen wurden wieder verstärkt zu politischen. Als sich beispielsweise in den 1880er Jahren in Belgien die Einfuhr von Schokolade gegenüber dem Vorjahrzehnt fast verdreifachte, wurden die Importzölle auf Schokolade auf Betreiben der einheimischen Fabrikanten um ein Drittel erhöht. Da die Einfuhren nach einem kurzen Rückgang erneut anstiegen, wurden auf Klagen der Industrie die Kakaoimporte von den Steuern befreit. Schließlich schaffte die Regierung 1903 die Konsumabgabe auf Zucker, dem zweitwichtigsten Basisrohstoff, in exportierter Schokolade ab, um die einheimischen Produkte auf ausländischen Märkten wettbewerbsfähiger zu machen (Scholliers 1996:166).

Auch nach dem Höhepunkt des Protektionismus in der Krise der 30er Jahre wurde sowohl in Europa als auch in den Kolonialgebieten und den inzwischen unabhängig gewordenen Ländern eine Zeitlang weiterhin versucht, den Außenhandel teils mit etablierten, teils mit neugeschaffenen Organen zu kontrollieren. Die meisten Kakao produzierenden Entwicklungsländer übernahmen nach der Unabhängigkeit in modifizierter Form die Praktiken, welche die ehemaligen Kolonialländer zum Schutz ihrer Agrarrohstoffe eingeführt hatten. Die Elfenbeinküste, Ghana und Nigeria gingen andere Wege. Zunächst wurden in den »Dominions« des Commonwealth neue Interventionsorgane geschaffen. Nachdem noch vor dem Zweiten Weltkrieg in Kanada und Australien für den Weizen, dann in Neuseeland für Milchprodukte sog. »Marketing Boards« geschaffen worden waren, erhielten während des Krieges Ghana und Nigeria »Cocoa Marketing Boards«. Diese nach dem Krieg beibehaltenen Organe hatten nicht nur für garantierte Festpreise gegenüber den einheimischen Kakaoproduzenten und bessere Verkehrswege zu sorgen, sondern sich auch um Qualitätsverbesserungen beim Kakao und um Hilfe im Kampf gegen Krankheiten der Kakaobäume zu bemühen. Die französische Version waren die etwas weniger interventionistisch ausgelegte »Caisse de stabilisation«, in der Elfenbeinküste die 1955 geschaffene »CAISTAB« (Caisse de Stabilisation et de Soutien des Prix des Produits Agricoles) (Harwich 1992:206-220, Eck 1992:56-64). Beiden staatlichen Institutionen war gemeinsam, daß sie ihr Ziel stabiler und höherer Kakaopreise nicht erreichten. Hingegen gelang es dem Marketing Board in Ghana, die Qualität des einheimischen Kakaos so zu verbessern, daß er heute Weltruf genießt, und dank der Bemühungen der CAISTAB steht die Elfenbeinküste heute an der Spitze der Produzentenländer. Strategische Fehlentscheide in den Erntejahren 1979/80 und 1887/88 brachten die CAISTAB zweimal an den Rand des Ruins. Fünf der sieben heute wichtigsten Produzentenländer wählten den freien Markt (der dem Produzenten bezahlte Preis hängt also vom Weltmarktpreis ab). Die CAISTAB in der Elfenbeinküste und der Marketing Board in Ghana dagegen garantieren den einheimischen Produzenten noch immer einen festen Preis, der allerdings oft nach unten revidiert werden muß.

Nachdem die Produzentenländer mit einer Preisbeeinflussung über ein Kartell gescheitert waren, versuchten sie im Rahmen der UNCTAD stabilere und höhere Kakaopreise über internationale Abkommen mit den Konsumländern (vornehmlich den europäischen) auszuhandeln. Das erste trat 1973 in Kraft. Vier weitere folgten 1976, 1981, 1987 und 1994. Die gleichzeitig gegründete »International Cocoa Organisation« (ICCO) in London sollte für die Einhaltung der Wirtschaftsklauseln sorgen. Die angestrebten Ziele wurden mit den vorgesehenen Maßnahmen (Exportbeschränkung, Schaffung von Puffervorräten) nicht erreicht. In das letzte Abkommen wurden deshalb keine zwingenden Klauseln mehr aufgenommen. Für die Anbauländer sind Maßnahmen zur Produktionssenkung vorgesehen; die Importländer verpflichteten sich, Zollbeschränkungen abzubauen und den Konsum zu fördern. Die Erfolgsaussichten für substantielle Verbesserungen bleiben gering.

In den vergangenen drei Jahrzehnten wurden die Importzölle auf Kakaobohnen und -produkte in Europa nach und nach reduziert. Länder, welche Zölle auf Kakaoprodukte in einem frühen Verarbeitungsstadium erheben, sind in der Minderheit. Dennoch werden zur Steigerung der Staatseinnahmen sowie zum Schutz einheimischer Verarbeitungsindustrien und bevorzugter Anbieter nach wie vor Zölle und inländische Abgaben auf Kakao- und Schokoladenprodukte erhoben (UNCTAD/GATT 1987:33-46; E.I.U. 1989:51-53; UNITED NATIONS 1991:79/143).

Innerhalb der EU drehen sich die aktuellen Diskussionen bei den Schokoladenerzeugnissen weniger um Zölle und Steuern als vielmehr um einheitliche Lebensmittelverordnungen, so um die EU-Verordnung über neuartige Lebensmittel und Lebensmittelzutaten (»Novel Food«), die im Mai 1997 in Kraft getreten ist, oder um die Revision der »Schokolade-Richtlinien«, welche die gesetzlichen Regelungen EU-weit harmonisieren soll. Dadurch soll der freie Verkehr aller bereits legal existierenden Produkte innerhalb der EU ermöglicht werden. Umstritten sind dabei insbesondere die mögliche Zulassung von bis zu 5% anderen Pflanzenfetten als Kakaobutter (s.u.), die Kennzeichnung solcher Pflanzenfette auf den Etiketten sowie der Mindestkakaogehalt von »Milch«-Schokolade (ob gemäß englischer Tradition mit 20% Kakao- und 20% Milchanteil oder gemäß kontinentaleuropäischer Präferenz mit 25% Kakao- und nur 14% Milchanteil).

Surrogate

Als der Preußenkönig Friedrich II. gegen Mitte des 18. Jhs. den Import von Kakao und Schokolade verbot, beauftragte er gleichzeitig den Chemiker Andreas Sigismund Marggraf, ein Ersatzgetränk zu schaffen. Der daraufhin entwickelte »Lindenblüten-Kakao« fand allerdings wenig Anklang und provozierte heftige Proteste der Bevölkerung (Italiaander 1980:81; Harwich 1992: 262-64).

Da es bis in die zweite Hälfte des 19. Jhs. in Europa kaum gesetzliche Bestimmungen gab, welche Zusätze einem als »Schokolade« bezeichneten Produkt beigemischt werden dürfen und wie hoch der Mindestgehalt an Basisprodukten sein muß, wurde der teure Kakao und die Kakaobutter immer wieder mit allen möglichen Ersatzstoffen gestreckt und mindestens teilweise ersetzt. Beliebt waren alle Arten von Mehlzusätzen, der Ersatz der Kakaomasse durch Kakaoschalen und jener der Kakaobutter durch ein billigeres Fett (Dammer 1887:406). Nach der Einführung der Nahrungsmittelgesetze sprach man von »Fälschungen«, wenn das als Schokolade verkaufte Produkt nicht der in nationalen Gesetzen und internationalen Vereinbarungen festgelegten Zusammensetzung entsprach.

Als durch den starken Konsumanstieg in den 1930er Jahren das Angebot an Kakaobutter knapp wurde und ein starker Preisanstieg resultierte, ersetzten Fabrikanten aus Ländern, wo entsprechende Regelungen fehlten, Kakaobutter durch die billigere Illipe-Butter aus Indonesien. Dank neuer Technologien gelang es der Fettindustrie, weitere pflanzliche Fette mit einer ähnlichen chemischen Zusammensetzung wie derjenigen der Kakaobutter anzubieten.

Kopra-, Soja- und Palmöl (aus Malaysia) sowie die Schibutter (aus Burkina Faso und Mali) kamen im Laufe der Zeit dazu. Seit den 50er Jahren verwendet beispielsweise die englische Schokoladenindustrie solche pflanzlichen, nichtkakaohaltigen Fette mit bis zu 5 % des Produktgewichts. Heute erlaubt die Gesetzgebung mehrerer europäischer Länder einen solchen Fettzusatz in derselben Größenordnung, jene Finnlands sogar einen doppelt so großen. Manche Länder haben erst kürzlich im Zusammenhang mit der laufenden Revision der Schokoladendirektiven der EU ihre diesbezüglichen Gesetze geändert. Während kakaoproduzierende Länder und die Kakaopreßindustrie, unterstützt von Konsumentenverbänden und Drittweltgruppierungen, sich gegen eine teilweise Substitution wehren, weil sie einen Verkaufsrückgang von Kakaobutter oder eine Qualitätsverschlechterung befürchten, glauben die europäischen Schokoladenhersteller, mit der erweiterten Produktpalette neue Märkte (v.a. in wärmeren Gebieten) erschließen und damit insgesamt die Kakao- und Schokoladennachfrage weiter steigern zu können. Zudem versichern sie, die traditionelle Zusammensetzung ihrer Markenprodukte, insbesondere der Tafelschokolade, nicht ändern zu wollen. Je nach Studie und künftigem Ausnützungsgrad einer gesetzlich erlaubten Substitution dürften nach einem allfälligen Inkrafttreten der EU-Direktiven zwischen 25.000 t und 50.000 t Kakaobutter durch andere pflanzliche Fette ersetzt werden. Bereits gegen Ende der 1980er Jahre dürften gemäß Schätzungen weltweit für rund 200.000 t Kakaobohnen Kakaobutter-Surrogate eingesetzt worden sein – insbesondere in den USA und in Australien, wo solche Fette für »Schokolade«-Produkte zwar verboten, unter der Bezeichnung »candy« aber weit verbreitet sind (E.I.U. 1989:54-57; Harwich 1992: 262-264; Montavon 1996:24-26; CAOBISCO).

Bibliographie

Bernard, Bruno (1996): Est-il moral de boire du chocolat?, in: Chocolat, Brüssel, S. 81-90

Biziere, Jean Maurice (1979): Hot Beverages and the Enterprising Spirit in 18th Century-Europe, in: The Journal of Psychohistory 7, S. 135-145

Brockhaus Enzyklopädie (1990/1992), Mannheim

CAOBISCO (Hg.) (1996): Statistical Review/Bulletin Statistique 1995, Bruxelles

*Chocolat (1996): De la boisson élitaire au bâton populaire, XVIe-XXe siècle (paru à l'occasion de l'exposition à la Galerie de la CGER à Bruxelles), Bruxelles [verschiedene thematische Aufsätze, von Spezialisten verfaßt]

*Chiapparino, Francesco (1997/1): L'industria del cioccolato in Italia, Germania e Svizzera, Bologna [detaillierte Geschichte der Schokoladenindustrie von den Anfängen bis 1914]

Ders. (1997/2): Von der Trink- zur Eßschokolade: Veränderung eines Genußmittels zw. dem 19. und dem beginnenden 20. Jh., in: Neumann, G./Teuteberg, H.J./Wierlacher, A. (Hg.): Essen und kulturelle Identität, Berlin, S. 387-400

Chocosuisse (Hg.) (o.J.): Chocologie – ein kleiner Führer durch die schweizerische Schokoladenindustrie, o.O.

Dies. (Hg.) (1986-1997): Jahresberichte, Bern

Dies. (Hg.) (1986-1996): Chocosuisse-Bulletin, Bern

Clarence-Smith, William G. (1996): Le cacao dans l'économie tropicale, de 1800 à 1940, in: Chocolat, Bruxelles, S. 107-120

*Coe, Sophie u. Michael D. (1997): Die wahre Geschichte der Schokolade, Frankfurt a.M. (engl. 1996) [v.a. zu den Ursprüngen des Kakaos und dessen Einführung in Europa]

Collet, Emmanuel (1996): De l'optimisme en bâton, in: Chocolat, Bruxelles, S. 9-14

Dammer, Otto (Hg.) (1887): Illustriertes Lexikon der Verfälschungen und Verunreinigungen der Nahrungs- und Genußmittel, Leipzig

Eck, Jean-François (1992): Le commerce mondial des produits agricoles au XXe siècle, Paris

E.I.U. (The Economist Intelligence Unit) (Hg.) (1989): Cocoa to 1993, London

Dies. (Hg.) (1996): World outlook 1997, London

*Fincke, Heinrich (1936): Handbuch der Kakaoerzeugnisse, Berlin [ein umfassendes Handbuch mit einem wichtigen historischen Teil]

Fontaine, Françoise (1996): Le cacao, boisson des rois dans le Nouveau Monde, in: Chocolat, Bruxelles, S. 15-34

Geubel, André/Servais, Paul (1996): Médecine et chocolat au XXe siècle, in: Chocolat, Bruxelles, S. 239-246

*Harwich, Nikita (1992): Histoire du Chocolat, Paris [Überblickswerk zu den meisten Kakao- und Schokoladethemen; ab 15. Jh. bis 1990]

ICCO (Hg.) (1 u. 4/1996; 4/1997): Quarterly Bulletin of cocoa statistics, London

Italiaander, Rolf (1980): Xocolatl, Hamburg

Kriedte, Peter (1994): Vom Großhändler zum Detaillisten. Der Handel mit »Kolonialwaren« im 17. und 18. Jh., in: Jahrbuch für Wirtschaftsgeschichte, Berlin, S. 11-36
Logue, Alexandra W. (1995): Die Psychologie des Essens und Trinkens, Heidelberg/Berlin/Oxford (engl. 1986)
Montavon, Rémy (1996): Nestlé und der Kakao, Nestlé AG (Hg.), Lausanne
Nestec S.A. (Hg.) (1991): Cacao, Vevey
Nestlé S.A. (Hg.) (1990): Le Marché Mondial du Cacao, Vevey
Nestlé Schweiz AG (Hg.) (1995ff.): Nutritio, Lausanne
OECD (Hg.) (1975/1991): Food Consumption Statistics 1955-1973/1979-1988, Paris
Pfiffner, Albert (1993): Henri Nestlé (1814–1890). Vom Frankfurter Apothekergehilfen zum Schweizer Pionierunternehmer, Zürich
Robert, Hervé (1990): Les vertus thérapeutiques du chocolat ou comment en finir avec les idées reçus, Paris
Sandgruber, Roman (1994): Genußmittel. Ihre reale und symbolische Bedeutung im neuzeitlichen Europa, in: Jahrbuch für Wirtschaftsgeschichte, Berlin, S. 73-88
Schäfke, Werner/Pape, Thomas (Hg.) (1993): Das Mmmuseum. Die Schokoladenseite der Kölner Museen, Köln
Schivelbusch, Wolfgang (1980): Das Paradies, der Geschmack und die Vernunft. Eine Geschichte der Genußmittel, München/Wien
Scholliers, Peter (1994): Der Aufstieg der belgischen Schokoladc, in: Sandgruber, R./Kühnel, H. (Hg.): Genuß & Kunst, Innsbruck, S. 73-77
Ders. (1996): De la boisson élitaire à la barre populaire, in: Chocolat, Bruxelles, S. 161-184
Stols, Eddy (1996): Le cacao: le sang voluptueux du Nouveau Monde, in: Chocolat, Bruxelles, S. 35-56
Swaelen, Lutgarde (1996): La Flandre et le chocolat, in: Chocolat, Bruxelles, S. 57-74
UNCTAD/GATT (Hg.) (1987): COCOA. A trader's guide, Genf
UNITED NATIONS (Hg.) (1991): Prospects for the world cocoa market until the year 2005. Report by the UNCTAD Secretariat and the Secretariat of the International Cocoa Organization, New York
Waterhouse, Debra (1995): Frauen brauchen Schokolade, München

Institutionen

Archive: Archives historiques Nestlé, Vevey (Peter-Cailler-Kohler); Archives Suchard-Tobler, in: Musée d'Art et d'Histoire, Neuchâtel; Archivio Storico Buitoni, Perugia; Archiv der Stollwerck AG, Köln; Firmenarchiv Elbflorenz, Dresden (Hartwig & Vogel)

Handelsorganisationen: International Cocoa Organisation (ICCO) (London) [www.icco.org.htm]; Cocoa Producers Alliance (Lagos)

Museen: Cadbury's (Birmingham); Imhoff-Stollwerck Museum (Köln); Musée Jacques (Eupen/Belgien); Schoko Land Alprose (Caslano/Schweiz)

Verbände der Kakao- und Schokoladehersteller: Association of the Chocolate, Biscuit and Confectionery Industries of the EU (CAOBISCO) (Brüssel); International Office of Cocoa, Chocolate and Confectionery (IOCCC-OICCC) (Brüssel)

Zeitschriften

CAOBISCO: Statistical Review (Brüssel)

Coffee and Cocoa International, Surrey (UK) [Handel]

FAS. Tropical Products: World Markets and Trade, United States. Economic Research Service (Hg.), Washington

ICCO (Hg.), Cocoa Newsletter, Biannual Bulletin of the Internat. Cocoa Organization (London) [www.icco.org/newsletter.htm]

ICCO (Hg.), Quarterly Bulletin of Cocoa Statistics (London)

IOCCO-OICCC (Hg.), International Statistical Review of the Cocoa, Chocolate and Sugar Confectionery Industries (Bruxelles)

Tee

Dietmar Rothermund

Einleitung

Der Tee ist ein anregendes Getränk, das sich von seiner ostasiatischen Heimat aus weltweit verbreitet hat. Das gilt nicht nur für den Konsum, sondern auch für die Produktion, die nach China und Japan im 19. Jahrhundert auch Indonesien, Indien und Sri Lanka und im 20. Jahrhundert Afrika und Südamerika einbezog. Der internationale Teehandel, der zunächst von der niederländischen und der britischen Ostindiengesellschaft vorangetrieben wurde, ist heute zum großen Teil in den Händen multinationaler Konzerne, die selbst die Vermarktung des Tees in den Erzeugerländern kontrollieren. Die mühevolle Arbeit der Plantagenarbeiter und Teepflückerinnen wird sehr bescheiden entlohnt. Sie erhalten nur etwa 3 Prozent des Preises, den der Konsument in den westlichen Industrieländern für den Tee zahlt (Merzenich 1986:121). Dagegen sind die Handelsspannen der Firmen, die den Tee vermarkten, beträchtlich.

Vor der Darstellung aller mit dem Konsum, der Produktion und der Vermarktung des Tees zusammenhängenden Fragen soll zunächst geklärt werden, was der Tee eigentlich ist und welche Wirkung er hat.

Begrifflichkeit

Das in Europa verbreitete Wort »Tee« (tea, thé, etc.) stammt von dem chinesischen Wort »tu«, daneben existiert die Bezeichnung »cha«, die von Japan bis Indien und darüber hinaus bekannt ist. Bei uns bedeutet »Tee« neben dem »echten« Tee auch eine Fülle von Früchte- und Kräutertees, über die im Abschnitt »Surrogate« berichtet werden soll. Als »echt« gilt meist der schwarze Tee, weil der in Ostasien beliebte grüne Tee, der nur getrocknet und nicht fermentiert wird (s.u.: Produktion) in Europa weniger bekannt ist. Ursprünglich stammte der Tee nur von der chinesischen Teepflanze (Camellia sinensis), erst im 19. Jahrhundert wurde die im Nordosten Indiens heimische Teepflanze (Camellia assamica) entdeckt.

Doch wurde auch Camellia sinensis in Indien (Darjeeling) angepflanzt.

Die Teepflanzen gedeihen in subtropischen, feuchten Gebieten, aber nicht in den Flußtälern, sondern meist auf Hügeln (ca. 300 bis 1000 m. ü. M.). Sie sind immergrüne Gewächse, die zur Familie der Hartheupflanzen (Guttiferales) gehören. Wenn sie nicht im Interesse der Ernte klein (ca. 1,20 m) gehalten werden, können sie zu Bäumen heranwachsen. Auch können sie sehr alt werden (über hundert Jahre). Wie bei den Weinreben geht bei alten Pflanzen der Ertrag zurück, die Qualität nimmt aber zu. Freilich müssen die Pflanzen alle paar Jahre radikal zurückgeschnitten werden, um dann wieder neu auszuschlagen.

Beim Tee gibt es verschiedene Qualitätsgrade. Es sind dabei zweierlei Klassifizierungen zu unterscheiden. Die erste bezieht sich auf die Ernteperiode, die zweite auf die Qualität der Blätter. Die erste Ernteperiode im Frühjahr liefert zarte, kleine Blätter, die als *First Flush* (Ende März, Anfang April) bezeichnet werden. Es folgt der *Second Flush* (Mai) und weitere Ernten, die sich kontinuierlich anschließen und nicht besonders benannt werden. Die Einstufung der Qualität der Blätter richtet sich nach der Reihenfolge am Zweig. Die Knospen an der Spitze des Zweiges werden als *Flowery Orange Pekoe* bezeichnet, das zweite, darunterstehende Blatt als *Orange Pekoe*, das dritte als *Pekoe*, und das vierte und weitere Blätter als *Souchong*. Das chinesische Wort *Pekoe* bedeutet »weißes Haar« und bezieht sich auf den zarten Flaum der Teeknospen. Das Wort *Orange* hat hier nichts mit den gleichnamigen Früchten zu tun, sondern bezieht sich auf das Haus Oranien, das 1688 (William of Orange) den britischen Königsthron erhielt. Damit bedeutete *Orange* »königlich«.

Der Coffeingehalt der höherstehenden Teeblätter (*Orange Pekoe*) beträgt über 4%, der von *Pekoe* und *Souchong* nur noch 3% oder weniger. Die Qualitätseinstufungen nach Ernte und Blatt können kombiniert werden. *First Flush Flowery Orange Pekoe* ist dann das höchste der Gefühle, freilich nur für den Teekenner, der einen zarten, aromatischen Tee liebt. Wer lieber einen kräftigen Tee trinkt, wäre damit nicht gut bedient. Wer zum kräftigen Tee neigt, wird ohnehin nicht den aus ganzen Blättern bestehenden Tee, sondern den *Broken Tea* (gebrochenen Tee) bevorzugen. Dieser ist keineswegs ein Tee zweiter Wahl, sondern wird anders produziert (s. u.). Auch hier gelten die bereits genannten Qualitätskategorien. Nur *First Flush* etc. hätte hier als Qualitätsbezeichnung keinen Sinn, da sie sich nur auf ganze Blätter bezieht. Aufgrund des Produktionsprozesses kommen beim *Broken Tea* noch zwei Kategorien hinzu: *Fannings* und *Dust*. Sie ergeben sich beim Sieben des Tees, bei dem die *Fannings* sich im feinsten Sieb sammeln und der *Dust* (Staub) durch alle Siebe hindurchfällt. Tee dieser beiden Kategorien eignet sich für Teebeutel, in denen sich größere Teile von Teeblättern ohnehin nicht recht entfalten können. Die *Fannings* sind kein billiges Abfallprodukt, zumal wenn sie von einem Tee von hoher Qualität stammen.

Übrigens sind in den Teemischungen der weltbekannten Firmen durchaus nicht nur Tees von einer Qualitätsstufe enthalten. Die Kunst liegt gerade in der Bestimmung des richtigen Verhältnisses von feinaromatischen und kräftigeren Bestandteilen (*Blended Tea*). Beim Wein würde man hier von Verschnitt sprechen. Die großen Teefirmen sind daran interessiert, Tee von stets gleichbleibender Qualität zu liefern und nicht etwa Tees, bei denen Jahrgang und lokale Herkunft von Bedeutung sind.

Physiologische Wirkung

Die Blätter von grünem und schwarzem Tee enthalten Coffein, ein Alkaloid. Vermutlich sind die Alkaloide Nebenprodukte des Eiweißstoffwechsels der Pflanzen. In höheren Konzentrationen wirken Alkaloide als Nervengifte (Tollkirsche). Der menschliche Körper reagiert auf sie ähnlich wie auf das körpereigene Adrenalin (Steigerung der Herztätigkeit, Erhöhung des Blutdrucks etc.). Der Coffeingehalt der Teeblätter (bis zu 4% oder 5%) ist höher als der von Kaffeebohnen (ca. 1%). Da der Tee aber mit vergleichsweise mehr Wasser zubereitet wird als der Kaffee, hat das fertige Getränk einen sehr mäßigen Coffeingehalt. Es kommt hinzu, daß der Tee Gerbstoffe (z. B. Tannin=Gallusgerbsäure) enthält, die geradezu ein Gegenmittel zum Coffein sind, weil sie seine Aufnahme durch den Körper bremsen. Das Coffein löst sich rascher im Wasser als die Gerbstoffe. Die anregende Wirkung (Anregung der Herztätigkeit, bessere Hirndurchblutung) des Tees ergibt sich daher vor allem beim kurzen Aufguß (3 Minuten), läßt man den Tee länger ziehen, treten die Gerbstoffe aus, die eine beruhigende Wirkung haben. Der Tee schmeckt dann freilich bitter. Für die medizinische Verwendung von Tee, etwa bei Durchfall, sind die Gerbstoffe, insbesondere die Katechine, von Bedeutung, man muß daher den Tee für diesen Zweck länger ziehen lassen (Pahlow 1993:419). Die genannten Regeln über das Ziehenlassen des Tees können nur ungefähre Angaben sein, da die betreffenden Zeiten je nach der Blattgröße und Beschaffenheit des Tees variieren. Die Aufnahme von Alkaloiden (so auch Nikotin beim Rauchen) entzieht dem Körper Vitamin C, das wiederum für die Resorption von Eisen entscheidend ist. Der hohe Polyphenolanteil des Tees gilt in diesem Zusammenhang ebenfalls als resorptionshemmend, wenn die Nahrung vorrangig pflanzliche Eisenquellen enthält. Der Tee enthält zwar selbst Eisen, aber dieses kann aus den angegebenen Gründen auch nicht resorbiert werden. Übermäßiges Teetrinken kann daher unter Umständen zum Eisenmangel führen, der sich bei Blutarmut oder beim periodischen Blutverlust (Menstruation) nachteilig auswirkt. Im Unterschied zum Eisen kann das im Tee reichlich enthaltene Kalium und Kupfer vom Körper leicht resorbiert werden. Ferner enthält der Tee das für die Verhütung von Karies so wichtige Fluor. Der Gehalt an Vitaminen der B-Gruppe wäre ebenfalls zu erwähnen, doch da diese hitzeempfindlich sind, geht ein hoher Anteil von ihnen beim Trocknen des Tees verloren (Wurziger 1980:17). Zusammenfassend läßt sich sagen, daß die anregenden und gesundheitsfördernden Qualitäten des Tee die gesundheitsschädigenden, die nur in bestimmten Fällen gegeben sind, weit überwiegen.

Konsum

Geographische und soziale Verbreitung des Teetrinkens

Das Teetrinken verbreitete sich bereits vor Jahrtausenden in China. Andere Länder folgten mit großem zeitlichen Abstand. Indien, heute das größte Erzeugerland, wurde erst sehr spät zum Teetrinken bekehrt, man lernte dort das Teetrinken von den britischen Kolonialherren. Noch bis ins 19. Jh. trank man in Indien Wasser, Milch oder Fruchtsäfte – aber keinen Tee.

Europa kam durch sein Ausgreifen nach Übersee in der frühen

Neuzeit mit dem Tee in Berührung, der zuerst als eine Art Medizin galt. Schon die frühen europäischen Missionare waren auf das Teetrinken in China und Japan aufmerksam geworden und beschrieben es in ihren Berichten (Butel 1989: 43). Erst um die Mitte des 17. Jhs. wurden kleine Mengen von Tee nach Europa eingeführt, und es gab Nachrichten über das Teetrinken dort. Im 18. Jh. wurde der Tee in Großbritannien zum Volksgetränk. Der Grund für die wachsende Popularität des Tees lag darin begründet, daß man ihn mit viel Zucker und Milch trank. Die Chinesen fügen ihrem grünen Tee natürlich keine solchen Zutaten hinzu, zumal sie auch keine Milch trinken. Ihnen dürfte die britische Art, Tee zu trinken, wohl als barbarisch erscheinen. Doch die britische Mischung ist ein richtiges Energiepaket. Die anregende Wirkung des Tees verbindet sich mit dem Nährwert von Zucker und Milch. Ohne lange Verdauung wird dieser Energie-Tee vom Körper rasch absorbiert, vertreibt die Müdigkeit und steigert die Leistungsfähigkeit. Erwachsene Menschen, die sonst nicht dazu neigten, Zucker und Milch in größeren Mengen zu verzehren, nahmen sie mit dem Tee nur zu gerne auf. Schottische Richter, deren Gehälter aus den Einnahmen der Biersteuer bezahlt wurden, fürchteten bereits 1731, daß der Tee das Bier verdrängen werde (John 1969: 173). Der Import billigen amerikanischen Zuckers bedeutete eine wesentliche Unterstützung für die Verbreitung des neuen Getränks. Die Zucker-Einfuhren stiegen von 1700 bis 1774 rasch an. Ihr Wert betrug um 1700 0,6 Mill. Pfund Sterling, 1774 aber 2,4 Mill. Pfund, wobei der größte Wachstumssprung in den letzten 20 Jahren dieser Periode von 1,3 auf 2,4 Mill. zu verzeichnen war. Der Wert der Teeimporte stieg von 1700 bis 1774 von 8.000 Pfund auf 0,8 Mill. Pfund, und das bei ständig fallendem Teepreis. Während man 1700 noch ein Pfund Sterling für ein Pfund Tee zahlen mußte, kostete es 1750 nur noch 5 Schilling. Der Tee wurde in großem Maße reexportiert, Amerika spielte dabei eine bedeutende Rolle. Der Gesamtwert der britischen Reexporte betrug um 1774 0,3 Mill. Pfund Sterling (Davis 1969:119).

Auf dem europäischen Kontinent fand eher der Kaffee als der Tee weite Verbreitung. Zumindest wurde der Tee dort kein Volksgetränk, sondern blieb den adligen und bürgerlichen Kreisen vorbehalten. Eine Ausnahme bildete Ostfriesland, wo man das Energiepaket noch verstärkte: die Milch wurde durch Sahne ersetzt und dann noch ein Schuß Rum hinzugefügt.

In China, der alten Heimat des Tees, blieb man den Prinzipien des legendären Entdeckers des Tees, Chen Nung, treu. Die Legende berichtet, daß dieser Kaiser im Jahre 2737 vor Christus durch einen Zufall auf den Wohlgeschmack der Teeblätter aufmerksam geworden sei. Er hatte im Interesse der Volksgesundheit befohlen, daß nur abgekochtes Wasser getrunken werden dürfe. Auf einer Reise machte er in einem Wald Rast und ließ Wasser abkochen. Da fielen Teeblätter in den Kessel und als der Kaiser das Wasser kostete, fand er den Geschmack so gut, daß er danach dem Wasser stets diese Blätter hinzufügen ließ (Butel 1989:14). Das was er da trank, war unbehandelter grüner Tee. Um den grünen Tee zu konservieren, wurde er in der frühen Zeit nur getrocknet und zu Blökken zusammengepreßt, von denen man dann jeweils Stücke abbrach und aufbrühte. Erst um ca. 1000 nach Christus ging man dazu über, den grünen Tee zu pulverisieren.

Die Japaner übernahmen den pulverisierten grünen Tee (Matcha) von den Chinesen. Mönche, die den Zen-Buddhismus nach Japan brachten, führten auch den Tee dort ein, denn er wurde deshalb geschätzt, weil sein Genuß bewirkte, daß man beim Meditieren nicht einschlief. Darauf weist auch eine buddhistische Ursprungslegende des Tees hin. Der indische Mönch Bodhidharma soll sich die Augenlider abgerissen haben, weil ihm beim Meditieren die Augen zugefallen waren. Aus diesen Lidern soll dann die Teepflanze gewachsen sein. Deshalb bedeutet in der japanischen Schrift das Zeichen für Augenlid auch Tee. Doch Bodhidharma hat seine Entdeckung wohl außerhalb seiner indischen Heimat gemacht, denn dort blieb sie unbekannt.

Es ist ein für die Weltbedeutung des Tees erstaunliches Phänomen, daß der Tee in Indien seit dem Ende des 19. Jhs. den größten Teil des riesigen Landes erobert hat und der eigene Konsum jetzt den Umfang des Exports um das Dreifache übersteigt. Tee wird zu jeder Tageszeit getrunken und ist für arme Leute oft ein Ersatz für substantiellere Nahrung. Vermutlich war dies in Großbritannien vom späten 18. Jh. bis zum Ende des 19. Jhs. genauso.

Im Unterschied zu der hohen kulturellen Wertschätzung des Tees in Ostasien ist die Teezubereitung in Indien alles andere als zeremoniell. Typisch für den indischen Teekonsum ist die Art und Weise, wie er in den vielen kleinen Teeständen an den Landstraßen angeboten wird. Er wird nicht aufgebrüht, sondern buchstäblich gekocht, die Milch gleich mit. Meist werden auch noch Gewürze hinzugefügt. Dieser Tee wird aus dem billigsten Assam-Tee gemacht, dessen Absud eine fast kaffeebraune Farbe hat und so lange gekocht wird, daß er sehr bitter schmeckt, wenn er nicht mit den erwähnten Zutaten versehen ist. Wenn man sich an die indische Teezubereitung gewöhnt hat, kann man sogar auf den Geschmack kommen und diese Art des Tees eben als ein Getränk eigener Art anerkennen. Natürlich wird in Indien auch der feine Darjeeling-Tee auf die ihm gemäße Weise zubereitet, aber in den einfachen Teeküchen kann man ihn nicht erwarten. Der anspruchsvolle Teetrinker muß die »Tee-Kaffee-Grenze« beachten, die südlich von Bombay verläuft. In Südindien trinkt man Kaffee, der auf besondere Weise zubereitet wird und meist ganz vorzüglich schmeckt. In dieser Region der Kaffeetrinker ist die Kunst der Teezubereitung meist unbekannt.

In Zentralasien und Rußland, wo der Tee aus China importiert wurde, haben sich ebenfalls eigentümliche Formen des Teekonsums herausgebildet. Der Tee wurde meist nach chinesischer Art in Blöcken transportiert. Er wurde in Tibet mit Butter, in Rußland gelegentlich auch mit Früchten oder Marmelade angereichert. Im westlichen Kontinentaleuropa folgte man entweder dem britischen Beispiel oder trank den Tee mit Zucker, aber ohne Milch. Dabei war der Tee stets schwarzer Tee, der aus England importiert wurde. In der Regel wurde der Tee nur als »Nachmittagstee« eingenommen oder aber zu einer kalten Abendmahlzeit. Besonderer Beliebtheit erfreut sich dabei der zarte Darjeelingtee, der am besten ohne Zutaten zur Geltung kommt.

Die Nordamerikaner kannten den Tee bereits, als sie noch Briten waren. Die Revolution bedeutete einen Rückschlag für den amerikanischen Teekonsum, weil der Protest gegen das Teemonopol der Ostindiengesellschaft (»Boston Tea Party«) eine wichtige Rolle bei der Auseinandersetzung mit der britischen Herrschaft spielte (Hobhouse 1985:155). Später nahm der amerikanische Teekonsum wieder zu, aber mit der wachsenden Einwanderung von Kontinentaleuropäern nahm der relative Anteil von Teetrinkern an der amerikanischen Bevölkerung ab. Dann aber entdeckte man eine völlig neue Form des Teegenusses, den »Eistee«. Zunächst war das nur Tee mit Zitrone und ein paar Eiswürfeln. Aber dann wurde daraus ein industriell gefertigtes Dosengetränk, das Coca-Cola und ähnlichen Produkten Konkurrenz macht. Oft ist in den Dosen noch nicht einmal Tee, sondern ein Aromastoff, der den Teegeschmack vortäuscht. Den Teetrinkern sind solche Neuerungen ein Graus, aber für die Weltbedeutung des Tees haben alle Formen des Teegenusses jeweils einen weiteren Zuwachs bedeutet.

Soziokulturelle Bedeutung

In Ostasien, in adligen und bürgerlichen Kreisen aber auch in Europa, hatte der Teegenuß geradezu eine zeremonielle Bedeutung. In Großbritannien wurde der »Fünf-Uhr-Tee« zum Mittelpunkt geselligen Beisammenseins. Einladungen dazu waren geschätzt, sie konnten auch rascher und informeller ausgesprochen werden als die zu einem großen Abendessen (dinner), bei dem die Herren im Smoking (dinner jacket) und die Damen in entsprechender Garderobe zu erscheinen hatten. Kontinentaleuropäer, die die »feine englische Art« bewunderten, zeigten dies durch die Einladung zum »Fünf-Uhr-Tee«. Kam ein Besucher unerwartet, so wurde auch ihm eine Tasse Tee angeboten, um die Gastlichkeit des Hauses zu beweisen. Zum Tee gehörte auch ein besonderes Geschirr – in England zumeist silberne Teekessel und Milchkännchen, die schon auf Gemälden des frühen 18. Jahrhunderts zu sehen sind. Echte chinesische Teetassen erfreuten sich in Europa besonderer Beliebtheit. Ihre durchsichtige Zartheit reflektierte sozusagen die Feinheit des Teegenusses überhaupt, desgleichen die Zierlichkeit der Teelöffel, die in jedem Haushalt, der etwas auf sich hielt, vorhanden sein mußten. Zur »Echtheit« der chinesischen Teetassen in Europa muß allerdings vermerkt werden, daß die Chinesen ihren Tee aus henkellosen Schalen tranken und nur für den Export nach Europa Tassen mit Henkeln herstellten (Hobhouse 1985:150).

In Ostasien war das Teetrinken seit alter Zeit ein feierlicher Anlaß. Teekenner wetteiferten miteinander beim Bestimmen von Qualität und Herkunft des Tees. Die Beschaffenheit des Wassers wurde von den chinesischen Teekennern besonders beachtet. Oft ließen sie Wasser aus großen Entfernungen herbeibringen, damit ihr Tee den richtigen Geschmack bekam (Butel 1989: 20). In Japan bemühten sich die Zen-Mönche um die Teekultur und prägten die japanische Teezeremonie (Chanoyu = heißes Wasser für Tee). Der Zen-Reformator Eisai schrieb 1214, ein Jahr vor seinem Tod, ein Buch über den Tee und die Gesundheit (Collcutt 1988, I:438). Der zeremonielle Teegenuß, den es eigentlich so nur in Japan gibt, wurde von solchen Gelehrten auf ein hohes Niveau gebracht. Fürsten hatten Teemeister an ihrem Hofe, die die Teezeremonie für sie zelebrierten. Der einflußreichste dieser Teemeister war Sen No Rikyu, der im 16. Jh. lebte und der Teezeremonie ihre für die Folgezeit gültige Gestalt gab (Kamakura 1994:33ff.). Sein Ideal war der »Armutstee« (*wabicha*). Übersetzt man »Wabi« mit Armut, so trifft man freilich nicht den tieferen Sinn dieses ästhetischen Begriffs. Er bezieht sich auf den Mangel an äußerem Glanz und Ebenmaß. Der Anblick des Halbmonds, der die Perfektion des Vollmondes nur andeutet, ist in diesem Sinne dem des Vollmonds vorzuziehen. Das unregelmäßig geformte Gefäß ist »schöner« als eines, das perfekt geformt ist (Haga 1994:206). Die enge und niedrige Tür zum kleinen Teehaus, die zur demütigen Haltung zwingt und die Trennung von der äußeren Welt deutlich macht, paßt zu dieser Idee (Morris 1988, III:44). Die betonte Einfachheit wurde zum wesentlichen Element dieser Zeremonie; das Ritual der Einladung sowie Zubereitung und Genuß des verehrten Getränks verliefen jedoch nach strengen Regeln. In der Einhaltung dieser Regeln zeigte sich das Stilgefühl des Gastgebers. Der »Armutstee« war also nicht für arme Leute, sondern für erlesene Gäste kultivierter Herren, die die Zeremonie selbst zelebrierten (Sadler 1962:93ff.). In China war das Ideal des »Armutstees« unbekannt, dort tat sich der Gastgeber eher durch die Qualität der hauchdünnen Porzellanschalen hervor, in denen er seinen Tee servieren ließ, auch hatte das Teetrinken dort nicht die quasi-religiöse Bedeutung, die es in Japan unter dem Einfluß der Teemeister gewann.

Selbst in Indien, wo das Teetrinken keine tiefere Bedeutung hat, ist es doch Ausdruck der Gastfreundschaft. So bekommt jeder Besucher auch im bescheidensten Haushalt oder aber im Büro des Beamten eine Tasse Tee serviert. Wiese man sie zurück, dann beleidigte man damit den Gastgeber.

Der gegenwärtige Konsum

In den letzten vierzig Jahren hat der Konsum von Tee weltweit stark zugenommen. Die Produktion hat sich in dieser Zeit verdoppelt. Die Tabelle zeigt die Situation aufgrund der jüngsten Statistiken:

Produktion, Handel und Konsum von Tee (in Mill. kg), Durchschnitt 1991-93 und 1994-96

a) Erzeugerländer 1991-93 (1994-96)

Rang (Prod.)	Land	Produktion	Export	Import	Angebot (Binnen- markt)	Angebot) pro Kopf (Gramm)
	Welt	2.555 (2.656)	1.181 (1.158)	1.173 (1.185)		ca. 450- 460
1 (1)	Indien	726 (764)	178 (147)	1 (1)	549 (618)	622) (665
2 (2)	China	588 (613)	193 (177)	12 (11)	407 (447)	344 (366)
3 (3)	Sri Lanka*	217 (249)	176 (171)	2 (2)	43 (80)	2.529 (4.444)
4 (4)	Kenia*	201 (237)	182 (232)	0 (1)	19 (6)	760 (222)
5 (5)	Indonesien	153 (154)	118 (89)	1 (0)	34 (65)	180 (330)
6 (6)	Türkei	133 (117)	16 (4)	2 (2)	119 (115)	2.052 (1.885)
7 (7)	Japan	91 (87)	0 (0)	39 (45)	130 (132)	1.048 (1.056)
8 (9)	UdSSR/ GUS	87 (55)	10 (14)	139 (168)	216 (209)	753 (731)
9 (8)	Iran	51 (57)	0 (0)	59 (20)	110 (77)	1.746 (1.132)

* Sri Lanka und Kenia, die hauptsächlich für den Export produzieren, zeigen überraschende Schwankungen des Angebots auf dem Binnenmarkt, die wohl nicht auf drastischen Veränderungen der internen Nachfrage, sondern auf die Exportchancen zurückzuführen sind, die sich für Sri Lanka verminderten, während sie für Kenia rasch wuchsen.

b) Einfuhrländer 1991-93 (1994-96)

Rang (Imp.)	Land	(Re-) Export	Import	Angebot (Binnen-markt)	Angebot pro Kopf (Gramm)
1 (1)	Groß- britannien	37 (34)	183 (178)	146 (144)	2.517 (2.482)
2 (2)	UdSSR/GUS	10 (14)	139 (168)	216 (209)	753 (731)
3 (3)	Pakistan	0 (3)	113 (116)	113 (113)	897 (831)
4 (4)	USA	3 (4)	87 (90)	84 (86)	324 (322)
5 (5)	Ägypten	0 (0)	81 (67)	81 (67)	1.373 (1.081)
6 (9)	Iran	0 (0)	59 (20)	110 (77)	1.746 (1.132)
7 (6)	Japan	0 (0)	39 (45)	130 (132)	1.048 (1.056)
8 (8)	Niederlande	16 (11)	30 (24)	14 (13)	933 (866)
9 (7)	Deutschland	9 (13)	27 (33)	18 (20)	225 (244)

Quelle: FAOSTAT Database Collection (http://apps.fao.org): a) Agricultural Production: Crops Primary, update v. 3.11.1998; b) Agriculture & Food Trade: Crops & Livestock Primary & Processed, update v. 12.3.1998; c) Population: Annual Time Series, update v. 24.8.1998.

Die Angaben über das Binnenangebot, die Rückschlüsse auf den Konsum zulassen, wurden vom Verfasser aufgrund der Zahlen für Produktion, Export und Import berechnet. Die neun genannten Erzeugerländer produzierten 88 Prozent der Weltproduktion. Die neun genannten Einfuhrländer, von denen drei (Iran, Japan, UdSSR/GUS) zugleich zu den Haupt-erzeugerländern zählen, haben einen Anteil von etwa 64 Prozent am Weltimport. In den Angaben wurde Mate nicht berücksichtigt – von diesem Genußmittel wurden in den Berechnungszeiträumen insgesamt 570 bzw. 727 Millionen kg in Argentinien, Brasilien, Paraguay und dem Sudan produziert.

Bei den Angaben in dieser Tabelle fällt auf, daß nur 46% der Weltteeproduktion auf den Weltmarkt gelangen, während der Rest in den großen Erzeugerländern selbst konsumiert wird. Indien als größtes davon zeigt dies deutlich. Der Eigenverbrauch übersteigt dort den Export um das Dreifache. Die Angabe zum Konsum pro Kopf der Bevölkerung wäre noch zu korrigieren, wenn man die rund 150 Mill. Kaffeetrinker in Südindien von den rund 850 Mill. (1991) abzieht. Für die verbleibenden 700 Mill. ergibt sich dann ein Prokopfverbrauch von 787 g. Auch China hat einen hohen Eigenverbrauch. Sri Lanka und Kenia sind dagegen kleine Länder mit großer Teeproduktion und entsprechend hoher Exportmenge, aber auch dort ist die Bevölkerung auf den Geschmack am Tee gekommen, und der Eigenverbrauch macht sich bemerkbar. Die Türkei als sechstgrößter Teeproduzent konsumiert den meisten Tee im Lande und gehört zur Spitzenklasse beim Prokopfverbrauch. In dieser Spitzenklasse hat Irland (3.200 g) den ersten Platz, gefolgt von Großbritannien, Sri Lanka, der Türkei und Ägypten, dann kommen mit einigem Abstand Japan, die Niederlande, Kenia, Iran und Pakistan. Die kontinentaleuropäischen Länder, insbesondere Deutschland und Frankreich, in denen der Kaffeekonsum seit jeher den Teekonsum weit übersteigt, zeichnen sich durch einen sehr geringen Prokopfverbrauch beim Tee aus. Er liegt dort weit unter dem Weltdurchschnitt.

In einigen Ländern hat der Teekonsum in jüngster Zeit stark zugenommen. In Deutschland wurden 1996 rund 37 Mill. kg Tee importiert, davon ca. 10 Mill. kg aus Indien und 6,6 Mill. kg aus Sri Lanka. Das Importvolumen hat sich also in wenigen Jahren um 10 Mill. kg erhöht, wenn man von den oben angegebenen Durchschnittsszahlen für 1991-93 ausgeht. Dabei hat sich freilich auch der deutsche Re-export von 9 auf 13 Mill. kg erhöht. Zu den besten Kunden Deutschlands gehörten 1996 Großbritannien und die Niederlande, die ihrerseits Tee nach Deutschland exportierten.

Wirtschaft

Produktion

Die Produktion des Tees blieb bis zur Mitte des 19. Jahrhunderts fast ausschließlich auf China beschränkt. Japan produzierte Tee für den eigenen Gebrauch. Die europäische Nachfrage nach Tee, die im 18. Jahrhundert immer stärker anstieg, konnte nur von China befriedigt werden. Es war geradezu erstaunlich, daß China diese Nachfrage jederzeit befriedigen konnte und daß der Exportpreis des Tees dabei nicht stieg, sondern immer mehr fiel (Dermigny 1964,II:520ff.). Eine Erklärung hierfür ist, daß die Chinesen auf billige Teesorten zurückgriffen, um die Europäer zu versorgen, die ohnehin die Feinheit des Geschmacks der besseren Sorten noch nicht zu würdigen wußten. Zugleich aber wurde der Anbau des Tees sehr rasch ausgedehnt. In der Provinz Fukien wurde im 18. Jh. jedes Stück Land, das sich nur einigermaßen für den Teeanbau eignete, diesem Zweck gewidmet. Vermutlich wurde auch der Tee der westlichen Provinzen, der auf dem Landweg nach Zentralasien und Rußland exportiert wurde, in wachsendem Maße an die Küste umgeleitet, um auf dem Seeweg nach Europa transportiert zu werden.

China konnte auf die Dauer jedoch nicht den wachsenden Teebedarf der Welt decken. Die Bevölkerung Europas wuchs im 19. Jahrhundert enorm an – allein in Großbritannien von 10 auf 36 Mill. – und damit stieg auch die Zahl der Teetrinker. Die Briten bemühten sich daher schon in der ersten Hälfte des 19. Jahrhunderts um die Erkundung von Möglichkeiten, Tee in Indien anzubauen. Die Schwierigkeiten des britischen Chinahandels nach 1833 (s.u.) machten diese Bemühungen um so dringlicher. Der Vizekönig Lord Bentinck beurteilte die Chance einer indischen Teeproduktion sehr zuversichtlich und ernannte 1835 eine Teekommission, die die Voraussetzungen hierfür prüfen sollte (Scott 1965:66). Zunächst war nur daran gedacht, chinesische Teepflanzen nach Indien zu verpflanzen, aber die entsprechenden Experimente zeigten anfänglich keinen Erfolg. Dann entdeckten britische Beamte in Assam zufällig, daß Stammesangehörige dort aus einer einheimischen Pflanze Tee zubereiteten. Sie hatten ihre eigenen Methoden, die Blätter zu trocknen und in Bambusröhren zu fermentieren. Die Teekommission nutzte die neuen Erkenntnisse und regte die Einrichtung von Teeplantagen in Assam an. Auf der Weltausstellung in London 1851 konnte der Assamtee bereits einen Preis gewinnen, aber es dauerte noch geraume Zeit, bis die Produktion wirklich in Gang kam, dann aber stieg sie rasch an: 1885 produzierte Indien 32 Mill. kg Tee, 1900 bereits 90 Mill. kg.

Dem indischen Erfolg folgte der des Teeanbaus in Sri Lanka. Schon 1839 waren Teepflanzen im Royal Botanic Garden, Peradineya, vorhanden. Aber erst 1867 begann der Teeanbau zunächst in sehr kleinem Maßstab. Noch herrschte der Kaffeeanbau vor. Doch in den 1870er Jahren verbreitete sich eine Pflanzenkrankheit, der Kaffeerost, und ruinierte die Plantagen. Ein Ersatz durch den Teeanbau bot sich an. Einige Pioniere erzielten Demonstrationseffekte. Der große Durchbruch kam aber erst in den Jahren 1881-83, als die Teeanbaufläche von rund 7.000 auf 16.000 ha anstieg (Forrest 1967:94). Die Produktion nahm dann in Sri Lanka noch weit schneller zu als in Indien: 1885 waren es nur 5 Mill. kg Tee, 1900 bereits 67 Mill. kg. Bis 1930 verdoppelten beide Länder ihre Produktion nahezu. Indien produzierte 177 Mill. kg, Sri Lanka 110 Mill., während Indien 14 Mill. kg für den einheimischen Bedarf behielt, exportierte Sri Lanka seine gesamte Produktion. Zwanzig Jahre später zeigte sich dieser Unterschied noch deutlicher. Indien blieben von rund 265 Mill. kg ca. 80 Mill. kg, Sri Lanka von 140 Mill. kg nur 3 Mill., doch für die kleine Insel war das bereits eine beträchtliche Menge.

Die Flächenerträge beim Tee blieben lange Zeit vergleichsweise bescheiden: rund 1.000 kg/ha. Durch neue Methoden der Züchtung (Vegetative Propagation = V.P.) konnte man jedoch ertragreichere Pflanzen herstellen. Bei der natürlichen Fortpflanzung ergibt sich beim Tee nämlich oft eine unerwünschte Hybridisierung. Eine »Zuchtwahl« ist durch Klonen möglich. Man schneidet Blätter mit kleinen Zweigstücken von besonders ertragreichen Sträuchern ab und breitet sie auf Beeten aus. So entstehen neue Pflanzen, die alle Eigenschaften der »Mutterpflanze« haben (Johnson 1962:134). Bei kräftiger Düngung erhält man dann von solchen Pflanzen rund 8000 kg/ha. Dabei ist freilich der Einsatz von rund 500 kg Stickstoff pro Hektar erforderlich (Forrest 1967:249). Das 1929 gegründete Tea Research Institute in Sri Lanka hat viel dazu beigetragen, daß solche Ertragssteigerungen erzielt wurden. Es wurde zunächst durch einen besonderen Exportzoll finanziert. Die Plantagenbesitzer unterstützten dies, weil sie von den Forschungsergebnissen des Instituts profitierten.

Die Plantagenproduktion war in Indien und Sri Lanka von gleicher Art. Es gab eine Reihe von großen Plantagen, die britischen Plantagenbesitzern gehörten. In beiden Ländern entstanden Probleme bei der Rekrutierung der Arbeiterschaft, weil sich die lokale Bevölkerung nicht für die Arbeit in den Plantagen interessierte und die entsprechenden Gebiete nur dünn besiedelt waren. Für Assam warben die Plantagenbesitzer Arbeiter aus den Stammesgebieten von Chota Nagpur in Süd-Bihar an. Um 1900 waren bereits ca. 500.000 »Kulis« aus anderen Gebieten Indiens in Assam eingesetzt. Die Methoden der Anwerbung waren von zweifelhalter Art. Die Werber kassierten Prämien und machten den armen Leuten allerlei vor. Waren sie erst einmal auf der Plantage angekommen, mußten sie die vertraglich vereinbarten Jahre abarbeiten. In Sri Lanka wurden tamilische Arbeiter vom indischen Festland rekrutiert. Schon der Kaffeeanbau war dort auf tamilische Wanderarbeiter angewiesen, doch diese kamen meist ohne ihre Frauen und kehrten regelmäßig in ihre Heimat auf dem Festland zurück. Die Teeproduktion hängt aber in erster Linie von dem Geschick der Pflückerinnen ab. Daher siedelten sich nun ganze Familien auf Dauer in den Plantagen oder an ihrem Rande an. In neuerer Zeit hat man in einigen Ländern Versuche gemacht, die Arbeiterschaft sozial abzusichern, um die Landflucht zu verhindern.

Der Teeanbau ist sehr arbeitsintensiv. Die Männer sind für das Trimmen der Teesträucher und für das Jäten des Unkrauts zuständig, die Frauen konzentrieren sich auf das Pflücken. Für ein Kilogramm fertigen Tee werden vier Kilogramm frischer Blätter benötigt (Merzenich 1986:58). Der Arbeitsaufwand beim Pflücken hängt von der Feinheit des Tees ab. Beim Darjeeling-Tee muß die Pflückerin über 8.000 Pflückbewegungen pro Kilo machen, beim gröberen Assamtee nur 4.000. Sie pflückt jeweils nur die Knospe und die obersten zwei Blätter. Mechanische Erntehilfsmittel eignen sich nur für billige Tees, weil sie auch gröbere Blätter erfassen. Die Löhne sind minimal, doch bei einer Erhöhung müßten viele Plantagen ihren Betrieb einstellen, weil den Erzeugern insgesamt wenig von dem zugute kommt, was der Konsument für den Tee zahlt.

Beim Pflegen der Teesträucher wurden viele Fehler gemacht, die erst mit der Zeit ihre nachteilige Wirkung zeigten. Besonders das Jäten von Unkräutern wurde sehr intensiv betrieben, auch unter Einsatz von Herbiziden. In der Regenzeit wurde der so »gepflegte« Boden weggespült und manche Plantagen weisen starke Erosionsspuren auf. Das Mulchen, bei der Kaffeeproduktion schon längst bekannt, wurde beim Teeanbau kaum angewandt. Es wird empfohlen, weil es den Boden vor Auslaugung und Erosion bewahrt und ihm Nährstoffe zuführt. Darjeeling mit seinen Hanglagen und vergleichsweise großen Abständen zwischen den oft recht alten Teesträuchern ist von der Erosion besonders gefährdet. Die Besinnung auf einen ökologisch verträglichen Anbau ist daher dort besonders wichtig.

Die Plantagenbesitzer befinden sich freilich oft in einer schwierigen Lage, weil ihnen die Mittel fehlen, um die dringend notwendigen Investitionen in die Pflege der Plantage zu tätigen. Es kommt hinzu, daß die Produktion von Qualitätstee immer weniger gefragt ist, weil der Massenkonsum ein billiges Produkt verlangt, das in Teebeutel gestopft wird. Wer sich auf die Produktion von Tee von hoher Qualität spezialisieren will, bekommt dafür selten den Preis, der ihn dazu ermutigen würde. Bei der Qualitätsproduktion sind die Flächenerträge gering, die Massenware wird durch Ertragssteigerung mit dem Einsatz von Kunstdünger und chemischem Pflanzenschutz erzielt. Darunter leidet oft der Geschmack des Tees, aber wer kümmert sich schon darum, solange ein kräftiger brauner Saft aus dem Teebeutel quillt.

Außer dem Anbau und dem Pflücken von rohem Tee verlangt die Teeproduktion auch noch die Weiterverarbeitung in Fabriken, die in der Regel zu jeder Plantage gehören. Dort werden die Blätter zuerst für kurze Zeit welken gelassen, dann zerkleinert, fermentiert, geröstet und gesiebt. Einen großen Fortschritt in der Verarbeitung bedeutete der Einsatz von C.T.C.-Maschinen (C = Crush, T = Tear, C = Curl). Diese Maschinen haben zwei gegeneinanderlaufende Stahlwalzen, deren Laufgeschwindigkeit und Abstand sich je nach Bedarf einstellen läßt. Die Walzen pressen und zerreißen die Blätter und rollen sie gleichzeitig ein. Sie erledigen so in einem Arbeitsgang, was zuvor mit verschiedenen Maschinen bewältigt werden mußte. Das C.T.C.-Verfahren bereitet die Blätter besser auf die Fermentierung vor und bewirkt, daß der Tee einen kräftigen Aufguß ergibt. Es wurde schon 1930 in Assam erfunden, erlebte aber erst nach 1950 einen Aufschwung, als die Zahl der Konsumenten wuchs, die einen solchen Aufguß (rich brew) bevorzugten (Johnson 1962: 484).

Die Fermentierung durch die pflanzeneigenen Enzyme bewirkt die Oxydierung des Tannins (Gerbstoff). Dies gibt dem Tee die dunkle Farbe, bestimmt aber auch seinen Geschmack. Etwa drei bis vier Stunden sollte die Fermentierung dauern. Läßt man ihr weniger Zeit, wird der Tee zu schwach, dauert sie länger, dann wird der Tee dumpf und schal. Das anschließende Rösten stoppt die Fermentierung und trocknet den Tee. Wird dabei nicht sofort die richtige Temperatur (ca. 70-80 Grad Celsius) erreicht, fermentiert der Tee in beschleunigter Form weiter und verdirbt (Johnson 1962: 494).

Die Chinesen beherrschten die Kunst des Fermentierens bereits vor dem 8. Jahrhundert, denn um 760 beschrieb Lu Yu in seinem als klassisch geltenden Werk *Ch'a Ching* (Butel 1989:19) bereits einen komplizierten Prozeß, der eine lange Erfahrung voraussetzte. Das chinesische Verfahren ähnelte im Prinzip dem oben beschriebenen, war aber langsamer und verlangte andere Temperaturen als die moderne maschinelle Verarbeitung. Die Teeblätter wurden in einem Kessel gedämpft, in einem Mörser zerstoßen, dann in Formen gepreßt und auf Tüchern getrocknet. Die so geformten Teekuchen wurden nach der Fermentierung mit einem Messer perforiert und in einem Ofen geröstet. Lu Yu vermerkte, daß längeres Fermentieren über Nacht schwarzen Tee ergibt, kürzeres während des Tages aber gelben. Die Teekuchen wurden vor der Zubereitung des Tees noch einmal geröstet, abgekühlt und gemahlen.

Wie diese Schilderungen moderner und alter Verfahren zeigen, braucht die Teeverarbeitung viel Fingerspitzengefühl, denn bei jedem Arbeitsvorgang kommt es auf Präzision an. Ferner verlangen die verschiedenen Teesorten jeweils individuelle Behandlung. Der letzte Arbeitsvorgang in der Fabrik ist die sorgfältige Verpakkung in Holzkisten, die meist je 40 kg Tee enthalten. Heutzutage ist man allerdings zur Abfüllung in Papiersäcken und zum Containerversand übergegangen. Beim Versand muß darauf geachtet werden, daß der Tee nicht zuviel Feuchtigkeit aus der Luft aufgesogen hat, weil er sonst beim Transport verdirbt. Eventuell ist eine nochmalige Röstung vor dem Verpacken erforderlich. Bei ordnungsgemäßer Verpackung ist der Tee lange Zeit haltbar und durchaus nicht leicht verderblich. Hat der Tee dann seinen Bestimmungsort erreicht, übernimmt der Handel das weitere Teegeschäft.

London wurde schon im 18. Jahrhundert zum Zentrum des Welt-teehandels. Im Mincing Lane befanden sich die großen Auktions-häuser, von denen die Firmen, die den Tee verpackten und unter ihrem Namen vermarkteten, den Tee bezogen (Forrest 1967:160). Die Methode der Auktion hatte sich bereits für andere Güter bewährt, ehe der Tee überhaupt auf den europäischen Markt kam. Durch Auktionen ließ sich leicht feststellen, welche Güter der Markt zu welchen Preisen aufzunehmen bereit war. Eine gewisse Lenkung war dadurch möglich, daß man die Mengen der Güter dosierte, die man der Auktion zuführte. Meist wurden Qualitätsgrade und Mindestpreise vor der Versteigerung veröffentlicht. Dies war auch beim Tee der Fall. Die Qualitätsbestimmung ist nach wie vor die Aufgabe der berühmten Teeschmecker, die für die Auktionshäuser, aber auch für die großen Firmen arbeiten, die den Tee vermarkten. Ihre Aufgabe in den Auktionshäusern ist es, die Qualität der eingehenden Lieferungen zu bestimmen. Im Dienste der Handelshäuser müssen sie dagegen dafür sorgen, daß die Teemischungen richtig zusammengesetzt werden und damit die Gleichförmigkeit des von der betreffenden Firma angebotenen Markentees garantiert ist.

Beim Teeschmecken werden die verschiedenen Tees jeweils fünf Minuten aufgebrüht, dann wird der Aufguß von den Blättern getrennt. Der Teeschmecker kostet die Probe mit einem Löffel, dabei saugt er den Tee rasch ein und sprüht ihn gegen den Gaumen (Johnson 1962:536). Damit kann er Geschmack und Geruch insgesamt erfassen. Es ist dies eine ganz andere Art des Schmeckens als beim Wein, den man langsam von hinten nach vorn an den Rändern der Zunge entlangrinnen lassen muß. Erfahrene Teeschmecker können in rascher Folge sehr viele Proben beurteilen und sich dabei ein Urteil bilden. An sich wäre es möglich, den Tee mit Apparaten zu analysieren, doch diese können nur einzelne Eigenschaften prüfen, nicht aber den Gesamteindruck vermitteln, den der erfahrenen Teeschmecker beurteilt. Geschmackliche Bewertungskriterien für eine chemische Analyse gibt es nicht. Für die Feststellung der Belastung des Tees durch Schadstoffe ist sie allerdings erforderlich.

Die Dienste der Teeschmecker werden heute hauptsächlich dazu gebraucht, jenes Mittelmaß festzustellen, das für die Vermarktung des Tees in großen Mengen erforderlich ist. Diese Vermarktung ist in den Händen weniger großer Firmen. Besonderes Gewicht hat der Unilever-Konzern, der zunächst die traditionsreiche Firma Lipton und 1984 auch Brooke Bond erwarb. Thomas Lipton war ein Revolutionär der Teevermarktung. Er lieferte seit 1889 den Tee in haushaltsgerechten kleinen Päckchen an den Einzelhandel, während dieser zuvor den Tee lose verkauft hatte. Mit Liptons Pakkungen wurde der Tee zum Markenartikel. Er prüfte auch das Wasser in den verschiedenen Städten und behauptete dann, daß der Tee, den er dort in den Handel brachte, genau auf das Wasser der betreffenden Stadt abgestimmt sei (Merzenich 1986:99).

In Deutschland haben die Großkonzerne keinen Einfluß auf die Vermarktung, statt dessen ist es dort zu einer Renaissance der Teefachgeschäfte gekommen. Die deutschen Teegroßhändler organisieren ihre eigenen Importe, während »Lipton« und »Brooke Bond« sonst überall vertreten sind und nicht nur in den Importländern das Sagen haben, sondern auch den Markt in Ländern wie Indien kontrollieren, die den Tee selbst produzieren.

Im 18. Jh. kontrollierten nicht die Vermarktungsfirmen den Teehandel, sonderen die niederländische und die britische Ostindiengesellschaft, die den Seeweg von Asien nach Europa beherrschten. Sie waren damals noch ausschließlich auf China angewiesen und mußten die Spielregeln akzeptieren, die der Kaiser von China festlegte. Der Hafen Kanton am Perlfluß in Südchina wurde vom kaiserlichen Hof als einziger Ausfuhrhafen für den Tee designiert. Der Handel lag dort in den Händen einer Vereinigung (hong) von Kaufleuten, die dafür eine besondere Lizenz hatten. Vorbild dieser Organisationsform war die Vereinigung der Salzhändler, die vom Kaiser privilegiert worden war, den Handel mit diesem lebenswichtigen Gut innerhalb Chinas zu betreiben (Dermigny 1964,I: 331ff.). Die europäischen Kaufleute, sowohl die Ostindiengesellschaften als auch die in immer größerer Zahl in Kanton erscheinenden privaten Händler, waren auf die lizenzierten chinesischen Kaufleute angewiesen. Sie durften sie nicht umgehen und sich direkt mit den Produzenten im Inland in Verbindung setzen.

Als 1793 der britische Sonderbotschafter Lord Macarteney nach China entsandt wurde, um vom Kaiser Zugeständnisse zu erwirken, wurde ihm eine recht scharfe Absage erteilt. Macarteney wollte unter anderem erreichen, daß britische Schiffe in Häfen, die in der Nähe der Teeanbaugebiete lagen, vor Anker gehen und daß die Briten einen Stützpunkt errichten durften, wie ihn die Portugiesen schon lange in Macao hatten. Der Kaiser wollte von alledem nichts wissen und schrieb, man habe keinen Bedarf für europäische Güter – daß der Export von Tee China viel Silber einbrachte, erwähnte er nicht (Morse 1926,I:247). Erst nach dem britischen Sieg im Opiumkrieg brauchten sich die Briten nicht mehr auf Kanton zu beschränken, sondern durften mehrere Vertragshäfen anlaufen.

Für die Ostindiengesellschaften war der Teehandel ein lukratives Geschäft. Die niederländische hatte – wie auch beim Handel mit Textilien – Pionierarbeit geleistet, wurde aber im 18. Jahrhundert rasch von der britischen Ostindiengesellschaft überholt. Ein Grund dafür war der Anstieg der britischen Nachfrage, ein anderer aber die größere Flexibilität der britischen Ostindiengesellschaft. Die niederländische Gesellschaft besaß eine enorme Zahl eigener Schiffe, die zwar in der Herstellung billig, in Geschwindigkeit und Bewaffnung aber bescheiden waren. Sie segelten meist in Gruppen unter dem Schutz von Kriegsschiffen. Die britische Ostindiengesellschaft gab 1660 sowohl ihre eigene Werft als auch den eigenen Schiffsbesitz auf. Sie mietete statt dessen Schiffe von Schiffseignern, die miteinander konkurrierten, wenn es darum ging, der Gesellschaft die besten und schnellsten Schiffe anzubieten. Diese Schiffe fuhren einzeln und waren schwer bewaffnet. Für den Interkontinentalverkehr waren sie hervorragend geeignet, für den Seehandel in asiatischen Gewässern, an dem sich die niederländische Gesellschaft in großem Umfang beteiligte, waren ihre Frachtraten viel zu hoch. Ihre Kapitäne, die meist einen Anteil an ihrem Schiff hatten, waren gut bezahlte Experten mit großer nautischer Erfahrung. All das kam der britischen Ostindiengesellschaft zugute, als sie in das Teegeschäft einstieg. Die »Clipper« der Ostindiengesellschaft waren die schnellsten Segelschiffe überhaupt. Ihre große Zeit begann im späten 18. Jahrhundert und reichte bis zur Ablösung der Segelschiffe durch Dampfschiffe im 19. Jahrhundert. Kurz vor dieser Ablösung bewältigten die modernsten Segelschiffe die Reise nach China in rund drei Monaten. Auf der Rückreise brachten sie jeweils bis zu 500 Tonnen Tee mit.

Die Frachtgebühr für eine solche Ladung betrug 3.500 Pfund Sterling, zu jener Zeit eine beträchtliche Summe (Scott 1967:147). Die Dampfschiffe brauchten zunächst länger, weil sie unterwegs Häfen anlaufen mußten, um Kohle zu laden. Aber sie wurden dennoch bevorzugt, weil sie wohl als sicherer galten als die Segelschiffe.

Die Ostindiengesellschaften waren Relikte des Zeitalters des Merkantilismus, sie paßten nicht mehr in die Zeit, die von Adam Smiths Botschaft des Freihandels geprägt wurde. Die niederländische Gesellschaft ging bereits am Ende des 18. Jahrhunderts ein, die britische hielt sich noch bis 1858, verlor jedoch 1833 alle Handelsprivilegien und wurde sozusagen zur kolonialen Regierungsagentur, deren Wirken sich auf die Verwaltung Indiens beschränkte. Damit schied sie mit Beginn des Jahres 1834 aus dem Chinageschäft aus, das von britischen Privathändlern übernommen wurde. Für diese begann eine krisenhafte Zeit ständiger Auseinandersetzungen mit den chinesischen Behörden. Es kam hinzu, daß die Briten das Geld, mit dem sie für den Tee in China bezahlten, in wachsendem Maße durch den Absatz von Opium verdienten (Morse 1926,III:331). Dieser Handel war illegal, die kaiserliche Regierung versuchte ihn im Interesse der Volksgesundheit zu unterbinden, was ihr jedoch nicht gelang. Die Spannungen führten schließlich zum Opiumkrieg von 1839-40. Der Teehandel wurde zwar dadurch nicht direkt betroffen, aber die Unsicherheit, die sich aus den Spannungen ergab, führte dazu, daß die Briten – wie wir bereits gesehen haben – an Indien als Alternative dachten.

Solange die indische Alternative aber noch nicht gegeben war, war der Teehandel weiter auf China angewiesen. Schon vor 1833 hatten die sogenannten Privathändler der Ostindiengesellschaft Konkurrenz gemacht. Danach blieb ihnen das Feld völlig überlassen. Die Versorgung Europas mit Tee durch diese Handelsschiffe war kein Problem, sie standen im Wettbewerb miteinander, soviel wie möglich Tee auf schnellstem Weg nach Europa zu bringen. Statt dessen wurde die Vermarktung in Europa, insbesondere in Großbritannien selbst, immer wichtiger. Damit begann eine Entwicklung, die dann zu den Aktivitäten von Händlern wie Thomas Lipton führte.

Andererseits veränderte sich langfristig auch die Struktur des Weltexports von Tee. Das 20. Jahrhundert war durch eine bemerkenswerte Verschiebung der Gewichte auf diesem Gebiet gekennzeichnet. China behielt seine Führungsposition als Hauptlieferant nur noch bis zum Ende des 19. Jahrhunderts, stand aber schon um 1900 in hartem Wettbewerb mit Indien und Sri Lanka. Indien hatte seinen Tee-Export von 1886 bis 1900 von 36 Mill. kg auf 87 Mill. kg gesteigert, Sri Lanka von 3 Mill. kg auf 67 Mill. kg, China aber war von 134 Mill. kg auf 89 Mill. kg zurückgefallen. Indonesien exportierte 1900 7 Mill. kg und Japan 22 Mill. kg. Andere Staaten nahmen noch nicht an diesem Export teil. Um 1930 teilten immer noch diese fünf Staaten den Markt unter sich auf, doch die Gewichte hatten sich dramatisch verschoben. Indien stand nun mit 163 Mill. kg an der Spitze, Sri Lanka mit 110 Mill. kg an zweiter Stelle, Indonesien exportierte 72 Mill. kg , China aber nur noch 42 Mill. kg und Japan 9 Mill. kg.

Kurz darauf machte sich der Agrarpreisverfall der Weltwirtschaftskrise auch beim Tee bemerkbar. Die Hauptexporteure begegneten dem mit einer Kartellvereinbarung. Dies war verhältnismäßig leicht zu bewerkstelligen, weil Indien und Sri Lanka noch unter britischer und Indonesien unter niederländischer Kolonialherrschaft standen. Die entsprechenden Vereinigungen der Plantagenbesitzer benutzten die Kolonialregierungen als Erfüllungsgehilfen ihrer Kartellabsprachen, beschränkten die Produktion und setzten Exportquoten fest. Das Kartell funktionierte erstaunlich gut, die Preise wurden gehalten (Rothermund 1992:197). China und Japan, die dem Kartell nicht angehörten, konnten es dennoch nicht erschüttern, weil ihr Weltmarktanteil zu gering war. Japan verdoppelte jedoch während der Krise seine Produktion und konnte dank einer drastischen Währungsabwertung seinen Tee billig auf den Markt bringen.

Im Jahr 1950 zeigte sich ein neues Bild. Die Weltausfuhr von Tee hatte sich gegenüber 1930 nicht wesentlich verändert, aber Indien und Sri Lanka, die ja nun nicht mehr von Kartellabsprachen behindert wurden, hatten kräftig zugelegt. Indien exportierte 183 Mill. kg und Sri Lanka 137 Mill. kg, Indonesien dagegen nur 31 Mill. kg, China 10 Mill. kg und Japan 7 Mill. Inzwischen waren aber auch noch andere Staaten aufgetreten, die künftig eine größere Rolle spielten sollten. Kenia und Uganda exportierten zusammen 5 Mill. kg und Malawi (Nyassaland) 7 Mill. kg.

Von 1950 bis 1970 wuchsen die Weltausfuhren von Tee beträchtlich. Hatten sie 1950 nur 418 Mill. kg betragen, so erreichten sie 1970 719 Mill. kg. Indien und Sri Lanka exportierten je 208 Mill. kg., Indonesien 35 Mill. kg und China 31 Mill. kg. Die drei größten afrikanischen Exportländer Kenia, Uganda und Malawi exportierten jedoch nun zusammen 74 Mill. kg und traten damit als ernstzunehmende Konkurrenz auf dem Weltmarkt auf. Die Situation zu Beginn der 1990er Jahre wurde oben dargestellt. Die Angaben über Export und Import, die dort tabellarisch zusammengefaßt worden sind, zeigen, daß Kenia in jüngster Zeit ebensoviel Tee exportiert wie Sri Lanka und daß die fünf Hauptexportländer (Indien, China, Sri Lanka, Kenia und Indonesien) heutzutage rund 72 Prozent der Weltexportmenge erbringen. Es ist damit zu rechnen, daß sich weitere Länder der Schar der Exporteure anschließen werden. Nepal zum Beispiel produziert Tee von ausgezeichneter Qualität, hat sich aber als Anbieter auf dem Weltmarkt noch nicht bemerkbar gemacht.

Betrachten wir den europäischen Teehandel von seinen Anfängen bis heute, so sehen wir eine bemerkenswerte Entwicklungslinie. In der frühen Zeit waren die niederländische und die britische Ostindiengesellschaft, die den Tee in Asien beschafften und nach Europa transportierten, von ausschlaggebender Bedeutung für diesen Handel, heute hat der niederländisch-britische Unilever-Konzern das größte Gewicht im internationalen Teehandel, doch seine Macht basiert mehr auf der Kontrolle der Vermarktung als der Beschaffung, die heute kein Problem mehr ist, weil eine große Zahl von Exportländern den Tee billig anbietet.

Politik

Akteure und Interessen

Bedeutende Akteure, die Teeproduktion und Teehandel maßgeblich beeinflussen, sind vor allem die genannten großen Konzerne. Ihr Interesse ist es, möglichst billig ein- und teuer zu verkaufen, und das nicht in kleinen, sondern möglichst großen Mengen. Dagegen sind die Exportländer bemüht, sich der Kontrolle des Marktes durch diese Konzerne zu entziehen und ihre Produkte möglichst direkt an die Konsumenten zu verkaufen, um einen besseren Preis zu erzielen. Doch dazu fehlt es ihnen meist an Kapital und Know-how. Außerdem sind sie auf Deviseneinkünfte angewiesen und können sich nicht auf eine Konfrontation mit den großen Konzernen einlassen, die schließlich ihre besten Kunden sind. Allenfalls können sie darauf hoffen, Preisstabilisierungsabkommen zu erreichen. Die mehrfachen Ansätze dazu sind aus zwei Gründen gescheitert. Einerseits sind der Vorratshaltung zur Dämpfung von Preisschwankungen beim Tee Grenzen gesetzt, andererseits scheitert die Festlegung von Exportquoten durch ein internationales Abkommen an den Interessenkonflikten der Erzeugerländer (Merzenich 1986: 106ff.). Wie bereits erwähnt, funktionierte ein solches Abkommen noch zur Zeit der Weltwirtschaftskrise. Inzwischen sind aber viele neue Erzeugerländer hinzugekommen, deren Export ständig steigt und die selbstverständlich keine Quotenregelung akzeptieren würden, die nur den arrivierten Teeproduzenten nützt. Eine Überproduktion wird aber wohl nicht zu befürchten sein, weil der Eigenkonsum Indiens in absehbarer Zeit die ganze Produktion dieses Landes beanspruchen wird. Auch bei bescheidener Steigerung des wirtschaftlichen Wachstums und einer Erhöhung des Prokopfkonsums auf 1.000 g pro Jahr könnte Indien nicht mehr wie heute ca. 180 Mill. kg exportieren, sondern müßte 120 Mill. kg importieren. Von China gilt dies in ähnlicher Weise. Damit scheiden die alten Erzeugerländer außer Sri Lanka aus dem Exportgeschäft aus, das dann ganz und gar den neuen Erzeugern überlassen bleibt. Diese Entwicklung dürfte sich schon im nächsten Jahrzehnt deutlich abzeichnen.

Die Macht der großen Konzerne, die den Tee-Weltmarkt beherrschen, wird durch solche Veränderungen aber nicht gebrochen. Die Bemühungen der Ökologiebewegung in den europäischen Ländern, die Aktivitäten der großen Konzerne zu unterlaufen, indem sie von ihr ausgewählten Plantagen günstige Festpreisgarantien gibt, die einer besseren Entlohung der Arbeitskräfte dienen und einen Verzicht auf chemische Düngemittel und Herbizide erfordern, bleiben nach wie vor aktuell, aber solche Initiativen erreichen noch nicht den Massenmarkt.

Wirtschafts- und Fiskalpolitik

Bei der Analyse der Wirtschafts- und Fiskalpolitik ist zwischen derjenigen der Exportländer und der der Importländer zu unterscheiden. Die Regierungen der Exportländer sind einerseits daran interessiert, den Export zu fördern, indem sie Institutionen oder Werbemittel finanzieren und Exportprämien zahlen, andererseits erheben sie mitunter Exportsteuern, um den Staatshaushalt aufzubessern. Dabei müssen sie freilich auf die Wettbewerbsfähigkeit achten, weil auf dem Weltmarkt eine harte Konkurrenz herrscht. Eine besondere Rolle spielen auch die Forschungseinrichtungen, die der Ertrags- und Qualitätssteigerung dienen, wie wir zuvor am Beispiel des Tea Research Institute von Sri Lanka gesehen haben. Ein Problem bei der nationalen Forschungsförderung auf diesem Gebiet ist allerdings, daß die Forschungsergebnisse bald auch anderen teeproduzierenden Nationen zugänglich sind.

Die Behörden der Importländer dachten früher beim Tee an die Zoll- und Steuereinkünfte. Seit 1991 ist in einigen Ländern der Teezoll weggefallen, um die Importe aus Entwicklungsländern zu fördern. Der Tee wird dann nur noch wie alle anderen Produkte mit der üblichen Umsatz- und Mehrwertsteuer belastet. Der Verbraucher hat aber von dieser Entlastung nichts gemerkt, sie ist nur der Handelsspanne zugute gekommen. Ein kleines Rechenbeispiel mag dies zeigen: Kauft man in Indien einen Darjeeling-Tee hoher Qualität in Blechdosen gut verpackt, dann zahlt man ca. DM 15 pro Kilo, kauft man ihn lose in einen deutschen Teefachgeschäft, so kostet er ca. DM 78 pro Kilo. Die indische Regierung erhebt keine Tee-Exportsteuer. Die Frachtkosten sind bei einer hochwertigen Fracht wie Tee anteilsmäßig ebenfalls nicht sehr hoch (ca. DM 0,50 pro Kilo). Es müßte daher möglich sein, hochwertigen indischen Tee für etwa DM 30-40 pro Kilo mit Gewinn zu verkaufen. Eine private Initiative, die »Teekampagne«, hat dies in Deutschland tatsächlich geschafft. Natürlich ist sie dem etablierten Teehandel ein Dorn im Auge. Ihr Erfolgsgeheimnis ist es, daß sie den Tee direkt in Indien einkauft, sich auf eine einzige Sorte von Darjeeling-Tee hoher Qualität beschränkt und ihre Ware nur per Versand in 1-kg-Paketen an Einzelkunden verkauft. Ferner betreibt sie keine langfristige Lagerhaltung, sondern setzt die Ware in jahreszeitlichen »Kampagnen« ab. Die Anlieferung wird so organisiert, daß sie gerade rechtzeitig (»just in time«) erfolgt. Der Fachhandel legt dagegen auf ein reichhaltiges Angebot verschiedener Teesorten Wert. Diese werden oft in kleinen Packungen angeboten und müssen möglichst jederzeit verfügbar sein, so daß höhere Lagerhaltungskosten anfallen. Die Ausgaben des Fachhandels für die Werbung sind ebenfalls beträchtlich. Es sollen pro Jahr ca. 25 Millionen DM für Teewerbung in Deutschland ausgegeben werden. Berücksichtigt man das deutsche Importvolumen von 1996, dann ergeben sich nur ca. DM 0,68 pro kg als Kostenanteil für die Werbung.

Ein Grund dafür, daß es sich der Fachhandel leisten kann, den Tee zu hohen Preisen zu verkaufen, besteht wohl in der beschränkten Nachfrageelastizität für Tee, d.h. ein billigeres Angebot würde die Zahl der Teetrinker nicht sprunghaft erhöhen. Unter diesen Umständen war es für die Betreiber der »Teekampagne« sinnvoll, im oberen Segment des Markts einzusteigen. Mit einem Jahresimportvolumen von 0,4 Mill. kg ist ihr Marktanteil noch sehr gering und kann den Fachhandel noch nicht erschüttern. In einem Land wie Deutschland, wo sich das Interesse der Kunden beim Tee auf hohe Qualität konzentriert und der Teekauf Vertrauenssache ist, hat der etablierte Fachhandel immer noch eine starke Stellung. Das war jedoch in Großbritannien im 18. Jh. ganz anders. Dort bestand eine hohe Nachfrageelastizität für Tee und jede Preissenkung führte zu einer Vermehrung der Teetrinker. Der Staat erhob jedoch einen hohen Teezoll und damit war der Anreiz zum Schmuggel gegeben. Die Schmuggler konnten überall an der Küste ihre Ware bei Nacht und Nebel anlanden. Die Ware stammte entweder aus den Reexporten in europäische Länder, für die der Zoll von den britischen Behörden zurückerstattet wurde, oder aber aus den Einfuhren kontinentaleuropäischer Ostindiengesellschaften, etwa der französischen oder der dänischen. Ein wichtiges Versorgungszentrum für die Schmuggler war Nantes in Nordfrankreich (Dermigny 1964:II, 595). Der Tee war damals auch noch kein Markenartikel und wurde lose verkauft. Der Absatz der geschmuggelten Ware war leicht. Außerdem wurde der Tee mit allerlei unlauteren Mitteln »gestreckt« (Hobhouse 1985:128). Der Durchbruch zum Massenkonsum kam erst 1784 mit einer drastischen Senkung des Teezolls. Davor hatte die Zollbelastung meist um die 100% des

Werts des Tees betragen. Das regte den Schmuggel an und begrenzte den Teekonsum. Nach Schätzungen soll vor 1784 über die Hälfte des in Großbritannien konsumierten Tees von Schmugglern ins Land gebracht worden sein. Durch die Zollreform wurde die Belastung des Tees von rund 100 auf 12,5% des Werts des Tees gesenkt. Sein Preis sank nahezu auf die Hälfte, der Schmuggel hörte auf und der Prokopfverbrauch stieg von ca. 340 auf 900 g pro Jahr (Cole 1969:128). Als zu Beginn des 19. Jhs. die Zölle wieder erhöht wurden, reduzierte das den Prokopfverbrauch nicht. Nach der Zollreform von 1784 war der Tee in der Tat zum Volksgetränk geworden.

Surrogate

Wenn man die vom Coffeingehalt abhängige anregende Wirkung des Tees als maßgebend betrachtet, dann kann nur der Matetee als Teesurrogat im eigentlichen Sinne bezeichnet werden. Der Matetee stammt aus Südamerika und wird auch als Paraguaytee bezeichnet. Die immergrüne Matepflanze (*Ilex Paraguariensis*) gehört zur Familie der Stechpalmengewächse und ist nicht mit der Teepflanze verwandt, enthält aber ebenfalls Coffein und Gerbstoffe. Auch der Matetee hat eine anregende Wirkung, er soll sich bei Schlankheitskuren bewähren, weil er den Appetit zügelt. Er hat aber auch eine leicht abführende Wirkung und ist daher im Gegensatz zum »echten« Tee für die Behandlung von Durchfall nicht geeignet (Pahlow 1993:462). Der Anbau von Mate ist heute nicht mehr auf Südamerika beschränkt, sondern wird auch in Asien betrieben.

Nun wird freilich auch die große Zahl von Aufgüssen von Früchten und Kräutern aller Art landläufig als »Tee« bezeichnet und kann daher in einem erweiterten Sinne als Teesurrogat gelten. Sie werden alle länger ziehen gelassen, weil die entsprechenden Wirkstoffe nicht so leicht löslich sind wie das Coffein. Einige dieser Tees werden nur zu Heilzwecken aufgrund ihrer jeweils besonderen Wirkung getrunken, so etwa der Kamillentee, der entzündungshemmend und krampflösend wirkt und vor allem bei Magenbeschwerden hilft, oder der Brennesseltee, der harntreibend wirkt und für Leber und Galle gut ist. Der Pfefferminztee, der ebenfalls bei Magenbeschwerden hilft, wird oft auch von gesunden Menschen als Ersatz für den schwarzen Tee getrunken, obwohl er zur Daueranwendung nicht unbedingt geeignet ist (Pahlow 1993: 247). Der aus der roten Malve (Hibiskus) zubereitete Tee (Karkade) mit seinem erfrischenden Geschmack und lebhaft roter Farbe ist ebenfalls ein beliebtes Teesurrogat. Das Wort Karkade bezieht sich ursprünglich nur auf die fleischigen Kelchblätter des Hibiskus, der so bezeichnete Tee enthält aber auch noch andere Früchte. Über die Heilwirkung von Karkade ist wenig bekannt, eine Dauerverwendung scheint ungefährlich zu sein (Pahlow 1993:383). Die handelsüblichen Früchte- und Kräutertees bestehen meist nicht aus den Bestandteilen einer Pflanzenart, sondern sind Mischungen. Es wird ihnen eher eine beruhigende als eine anregende Wirkung zugeschrieben. Einige werden besonders wegen ihres hohen Vitamin C-Gehalts empfohlen. Manche Teemischungen enthalten auch Gewürze wie Ingwer, Kardamom, Kümmel und Zimt, die allesamt verdauungsfördernd wirken. Die Heilteekunde ist sozusagen eine Wissenschaft für sich und kann hier nicht weiter behandelt werden. Zumeist geht es bei den Früchte- und Kräutertees ja auch nicht darum, den Genuß des »echten« Tees zu ersetzen. Sie werden um ihrer selbst willen getrunken und sind dann keine Surrogate.

Bibliographie

*Butel, Paul (1989): Histoire du Thé, Paris [gute Gesamtdarstellung aus kulturgeschichtlicher Sicht]

Cole, W.A. (1969): Trends in Eighteenth Century Smuggling, in: Minchinton, W.E. (Hg.): The Growth of English Overseas Trade in the 17th and 18th centuries, London

Collcutt, Martin (1988): Eisai, in: Embree, Ainslie T. (Hg.): Encyclopedia of Asian History, (4 Bände), New York

Davis, Ralph (1969): English Foreign Trade, 1700-1774, in: Minchinton, W.E. (Hg.): The Growth of English Overseas Trade in the 17th and 18th centuries, London

Dermigny, Louis (1964): La Chine et l'Occident – Le Commerce à Canton au XVIIIe Siècle, 1719-1833, (4 Bände), Paris

Embree, Ainslie T. (Hg.) (1988): Encyclopedia of Asian History (4 Bände), New York

FAO Yearbook 1993, Rom 1994

Forrest, D.M. (1967): A Hundred Years of Ceylon Tea, 1867-1967, London

Fuchs, Hans-Joachim (1998a): Ecological needs for sustainable tea production in Darjeeling, India, in: ASIEN 69 (Oktober), S. 30-42

Fuchs, Hans-Joachim (1998b): Ceylon Tea – development and changes, in: Domrös, Manfred/Roth, Helmut (Hg.): Sri Lanka Past and Present, Weikersheim, S. 152-167

Haga, Koshiro (1994): The Wabi Aesthestics through the Ages, in: Varley, Paul/Kumakura, Isao (Hg.): Tea in Japan. Essays on the History of Chanoyu, Honolulu

*Hobhouse, Henry (1985): Fünf Pflanzen verändern die Welt, Stuttgart [historischer Überblick für den allgemein interessierten Leser]

Huang, Hsin-Tsung (im Druck): Tea Processing and Utilisation, in: Needham, Joseph (Hg.): Science and Civilisation in China, Vol. 6: Biology and Biological Technology, Part IV: Fermentations and Food Science, Cambridge

John, A.H. (1969): Aspects of English Economic Growth in the First Half of the Eighteenth Century, in: Minchinton, W.E. (Hg.): The Growth of English Overseas Trade in the 17th and 18th centuries, London

*Johnson, Reginald J. (1962): Johnson's Note Book for Tea Planters, Colombo (4. Aufl.) [praktische Anleitung für Teeproduzenten mit ausführlicher Darstellung des Teeanbaus und der Verarbeitungsmethoden]

Kamakura, Isao (1994): Sen no Rikyu: Inquiries into his Life and Tea, in: Varlcy, Paul/ Kumakura, Isao (Hg.): Tea in Japan. Essays on the History of Chanoyu, Honolulu

*Merzenich, Bernd/Imfeld, Al (1986): Tee. Gewohnheit und Konsequenz, St.Gallen/Köln [kritische Einführung in die Probleme des modernen Teegeschäfts]

Minchinton, W.E. (Hg.) (1969): The Growth of English Overseas Trade in the 17th and 18th centuries, London

Mitchell, B.R. (1982): International Historical Statistics: Africa and Asia, London

Morris, V. Dixon (1988): Sen No Rikyu, in: Embree, Ainslie T. (Hg.): Encyclopedia of Asian History, (4 Bände), New York

Morse, Hosea B. (1926): The Chronicles of the East India Company Trading to China, 1635-1834, (4 Bände), London

Pahlow, Apotheker Mannfried (1993): Das große Buch der Heilpflanzen, München

Rothermund, Dietmar (1981): Asian Trade and European Expansion in the Age of Mercantilism, New Delhi

Rothermund, Dietmar (1992): India in the Great Depression, 1929-1939, New Delhi

Sadler, A.L. (1962): Cha-No-Yu. The Japanese Tea Ceremony, Rutland & Tokyo (1. Aufl. 1933)

*Schmidt, Rainer (1997): Tee, München [Überblick über Teeproduktion und -handel. Ein großer Teil des Buches ist einer ausführlichen Vorstellung der wichtigsten Darjeeling-Plantagen und der deutschen Teehandelsfirmen gewidmet.]

Scott, J.M. (1965): The Great Tea Venture, New York

*Varley, Paul/Kumakura, Isao (Hg.) (1994): Tea in Japan. Essays on the History of Chanoyu, Honolulu (1. Aufl. 1989) [Sammelband mit vorzüglichen Aufsätzen zur japanischen Teekultur]

Wurziger, Johannes (1980): Physiologische Wirkungen und Zusammensetzung des Tees, in: Kaffee und Tee Markt, XXX/23, S. 3-7

Organisationen:

Deutscher Teeverband e.V., Gotenstr. 21, 20097 Hamburg. Der Verband versendet interne Rundschreiben an seine 38 Mitglieder, meist Teegroßhändler.

Deutsches Teebüro, Katharinenstr. 33, 20457 Hamburg. Das Büro veröffentlicht Material zur Verbraucherinformation, es wird unter anderem von den Tea Boards von Indien und Sri Lanka unterstützt.

Tea Board of India, Overbeckstr. 90 b, 22085 Hamburg.

Projektwerkstatt GmbH (»Teekampagne«), Postfach 411020, 12120 Berlin.

Der Verfasser dankt Frau Dr. G. Panzer, Deutscher Teeverband, für die kritische Lektüre der Erstfassung dieses Kapitels und hilfreiche Hinweise. Er hat die von ihr aufgezeigten Fehler korrigiert. In der Urteilsbildung konnte er ihr nicht immer folgen. Für die zum Teil sicher kontroversen Aussagen ist er allein verantwortlich.

Rauchbares

Tabak

Thomas Hengartner

Einleitung

Tabakpflanze und Tabakgewinnung
Die Tabakpflanze ist die am weitesten verbreitete nicht eßbare Feldfrucht der Welt. Ursprünglich in tropischen und subtropischen Gegenden beheimatet, wird Tabak heute in allen Kontinenten in einer breiten Region zwischen dem 38. südlichen und deutlich über den 55. nördlichen Breitengrad hinaus in über 80 Ländern angebaut. Einzelne Arten der Pflanzengattung Nicotiana aus der Familie der Nachtschattengewächse können bis 2 Meter hoch werden und bis zu fünfundzwanzig 60 bis 80 cm lange Blätter tragen.

Von den fast hundert bekannten Arten – ein- und mehrjährige Kräuter, Stauden und Halbsträucher, mit klebrig-drüsenhaarigen Blättern und zwei- bis vielklappiger Fruchtkapsel – werden fast ausnahmslos die Arten *Nicotiana tabacum* und *Nicotiana rustica* kommerziell angebaut und genutzt. Dabei steht heute der Anbau der *Nicotiana tabacum* weit vor demjenigen der *Nicotiana rustica*, die – ehedem sehr bedeutsam und weit verbreitet – praktisch nur noch in einigen Ländern Asiens und Afrikas produziert wird. *Nicotiana tabacum* wiederum existiert in zahlreichen Varietäten, die nach Blattypen und nach Trocknungsmethoden eingeteilt werden. Bei den hellen Tabaken dominiert der Virginia-Tabak (Hauptbestandteil der »blonden« amerikanischen Zigarette): Er wird mittels durch Röhren geleiteter Heißluft getrocknet und macht fast die Hälfte der Weltproduktion aus. Ebenfalls blond, aber luftgetrocknet sind Burley (gut 10% der Weltproduktion) und Maryland. Dunkle Tabake, die vor allem für die Zigarrenproduktion, aber z. B. auch für die indischen Bidis verwendet werden, bilden rund ein Fünftel des gesamten weltweiten Anbaus. Auf orientalische Tabake (Hauptanbauländer GUS, Türkei, Bulgarien, Griechenland) entfällt ein Anteil von rund einem Sechstel.

Die Eigenart einer bestimmten Tabaksorte ist von unterschiedlichsten Faktoren abhängig: Dies reicht von den genetischen Anlagen der Pflanze über Boden- und Klimaverhältnisse, Be- und Entwässerung und Pflege der Pflanze (z. B. dem sog. »toppen«, d.i. das Abschneiden der Blüte und der obersten Blätter) bis hin zum Zeitpunkt und zur Methode der Ernte und zur Verarbeitung (z. B. Trocknungsverfahren) wie zur Lagerung des Tabaks.

Allein diese Bandbreite läßt generalisierende Aussagen zum Anbau schwer zu. Dazu kommt, daß in Anbau wie Produktion möglichst viele Informationen als Betriebsgeheimnisse zurückgehalten werden. Dessenungeachtet ist der Tabakanbau, bei aller Mechanisierung, ausgesprochen arbeitsintensiv; dies mag auch der folgende idealtypische Ablauf am Beispiel des Virginia-Tabaks illustrieren: Die Tabaksamen (von denen 1 Gramm 12.000 Körner enthält) werden zunächst in Saatbeete mit besonderer chemischer Präparation ausgesät. Nach rund zwei Monaten, wenn die Pflanzen ca. 15 cm Höhe erreicht haben, werden sie ausgepflanzt (16-20.000 Pflanzen pro ha). Aufgehäufelte Erdwälle sollen dabei ideale Wasserverhältnisse, Agrochemikalien idealen Wuchs garantieren. Kurz vor der Blüte, d. h. etwa einen Monat nach dem Auspflanzen, werden die Spitzen »getoppt«, um möglichst alle Kraft in die Blätter gehen zu lassen. Ebenso werden auch neue Triebe »weggespritzt«. Weitere rund zwei Monate später beginnt die Ernte, bei der entweder in mehreren Durchgängen manuell von unten nach oben die reifen Blätter oder aber seit neuerer Zeit die ganzen Pflanzen maschinell geerntet werden (Voges 1984:369-398).

Unmittelbar nach der Ernte beginnt der Trocknungsvorgang, bei dem den Tabakblättern zwischen 80% und 90% ihres ursprünglichen Gewichts entzogen wird. Im Gegensatz zur Sonnentrocknung bei den Orienttabaken oder zur Scheunentrocknung an der Luft bzw. mittels Schwelfeuern, deren Rauch den Tabak aromatisiert, wird Virginia-Tabak durch ein Röhrensystem, durch das Heißluft geleitet wird, getrocknet. Am Ende dieses Schnelltrocknungsverfahrens, das gegenüber dem Sonnentrocknen nur noch rund eine Woche, d.h. vier- bis sechsmal weniger Zeit braucht und vor allem die Umwandlung von Stärke in Zucker ermöglichen soll, werden die Blätter durch Erhöhung der Temperatur abgetötet, anschließend zerkleinert (bei Handverarbeitung zudem von Stammresten und Blattrippen getrennt) und während 1½ bis 3 Jahren in großen Holzfässern gelagert. Damit ist der nötige Alterungs- und Fermentierungsprozeß abgeschlossen und der Tabak kann weiter verarbeitet werden. Dabei werden einerseits verschiedene Tabake gemischt: für »blonde« Zigaretten beispielsweise ca. 47% Virginia, 35% Burley, 17% Orienttabak und 1% Maryland (Hess 1987:96). Andererseits werden ihnen verschiedene Stoffe zugesetzt: sog. »Soßen«, die zur Stabilisierung des Feuchtigkeitsgrades und zur Aromatisierung (Kakao, Vanille, Menthol etc. sowie zunehmend synthetische Stoffe) dienen, aber auch – namentlich bei Burley und Maryland-Tabaken – Zucker bzw. Ahornzucker, Lakritze oder Honig. Diese heben den bitteren Geschmack des durch die Verbrennung der Stickstoffkomponenten entstehenden basischen Rauches auf und ergeben beim Verbrennen den für Zigaretten üblichen sauren Rauch.

Physiologische Wirkung

Hauptinhaltsstoffe des Tabaks sind Eiweiß, Kohlenhydrate (Stärke, Zucker), Pektin, Harz, Zellulose, das Alkaloid Nikotin sowie mehrere organische Säuren und Salze. Im Tabakrauch sind die Schwelprodukte der Kohlenhydrate, Pyridin- und Pyrrolabkömmlinge, Phenole, Brenzkatechin, Aldehyde, Ketone, Nikotinsalze, Harze, Paraffine etc. enthalten. Zigarren- und Pfeifenrauch enthalten vorwiegend basische, Zigarrettenrauch überwiegend saure Bestandteile.

Tabakrauch ist chemisch ausgesprochen komplex: es sind schon über 4.720 einzelne Komponenten darin nachgewiesen worden, die – die folgenden Angaben beziehen sich in erster Linie auf Zigaretten – unterschieden werden nach deren Aufkommen in der sog. »Gasphase« – sie erhält ihren Namen durch den Umstand, daß bei den Temperaturen von bis zu 900° C in der Glutzone sich Tabakbestandteile teilweise in Gase verwandeln – und in der sog. »Teilchenphase«. Letztere bezeichnet jene Zonen, in denen a) durch die Hitze Wasserdampf freigesetzt wird, durch den seinerseits andere Inhaltsstoffe des Tabaks freigesetzt werden (Destillationszone) und b) sich dieses Gemisch abkühlt und sich in der Kondensationszone niederschlägt. Wichtige Bestandteile der Gasphase sind Kohlenmonoxid (ca. 5%), Kohlendioxid, Stickstoffoxid, Ammoniak, Formaldehyd, Benzol und Wasserstoffzyan; in der Teilchenphase fallen u.a. Nikotin, Phenol, Naphtaline und Cadmium an. Alle Bestandteile der Teilchenphase, ausgenommen das Nikotin, werden unter der Sammelbezeichnung Teer zusammengefaßt; und es ist vor allem der Teergehalt, der – neben beigegebenen Geschmacksstoffen – das Aroma bestimmt.

Als zweite Einteilung für den Tabakrauch hat sich jene in einen Haupt- und einen Nebenstromrauch – die beide rund die Hälfte des gesamten Rauches beinhalten – etabliert. Der Hauptstromrauch wird vom Raucher über die Atemwege inhaliert und verliert auf seinem Weg durch die Zigarette enorm an Temperatur, zudem werden durch Restzigarette und allenfalls Filter chemische Bestandteile gebunden. Der Nebenstromrauch, der entweicht, während eine Zigarette brennt, enthält, da er sich ungehindert verbreiten kann, eine deutlich höhere Konzentration der chemischen Stoffe (Ginzel 1990:430ff.).

Als zentraler – aber, wie deutlich geworden sein dürfte, bei weitem nicht einziger – Wirkstoff für die Tabakrauchenden erscheint das Nikotin. Ja, die medizinische Raucherforschung geht üblicherweise davon aus, daß der entscheidende Grund für den Konsum von Tabak darin besteht, sich Nikotin zuzuführen. Nikotin, ein pflanzliches Alkaloid, ist nicht nur für den typischen Tabakgeruch verantwortlich, sondern an sich ein potentes Gift. Der alkalische Pfeifen- und Zigarrenrauch kann durch die Mundschleimhaut aufgenommen werden und verbreitet sich im Vergleich zum sauren Zigarettenrauch langsamer und weniger intensiv. Demgegenüber wird der infolge der Trocknungs- und Bearbeitungsmethoden der Blätter saure Zigarettenrauch zu rund 90% durch die Lunge aufgenommen und von dort schnell (schneller als etwa durch eine Injektion) absorbiert. Nikotin kann, von seiner physiologischen Wirkung her, sowohl erregende als auch lähmende Wirkung auf das vegetative Nervensystem zeitigen, ferner kann es zur Erhöhung der Herzfrequenz und der Gefäßkonzentration führen. Nikotineinwirkung verringert weiter die Muskelspannung, was als angenehme Entspannung empfunden wird. Bekannt (und oft von den Konsumierenden geschätzt) ist ferner die Einwirkung auf den Magen-Darm-Trakt durch Stimulierung der Verdauungsbewegungen, die Anregung der Atmung und Steigerung der Konzentration und des Gedächtnisses (durch Stimulation der Synapsen durch Noradrenalinausschüttungen).

Kleine Anmerkung zu Rauchen und Gesundheit
Es ist unbestritten, daß Rauchen Auswirkungen auf den menschlichen Organismus hat – und seit 1950 sind weltweit über 70.000 Untersuchungen über gesundheitliche Auswirkungen des Rauchens erstellt worden, darunter immer wieder Studien, die mit fünf- bis sechsstelligen Probandengruppen operieren (WHO World Health Report 1999:66). Grob kategorisiert sind es vor allem die Wirkstoffe Nikotin, Kohlenmonoxid und Teer, die in der biomedizinischen Darstellung als besonders gefährliche Verursacher bestimmter Schadensgruppen bezeichnet werden: Nikotin wird dabei namentlich durch seine Auswirkungen auf Gefäße und Herzkranzgefäße (vom Raucherbein bis zum Herzinfarkt), Kohlenmonoxid durch seine Auswirkungen auf das Hämoglobin (Leistungsabfall) und Teer durch die Auswirkungen auf Lunge und Atemwege (von allgemeiner Krankheitsanfälligkeit über Raucherhusten zur Bronchitis) charakterisiert. Im Vordergrund stehen aber ursächliche Verbindungen, die zwischen Nikotin und Sucht sowie Teer und Lungenkrebs gezogen werden. Bei alledem, und trotz der vielerorts vorgenommenen Relativierungen und auch ohne gesundheitsschädigende Wirkungen des Rauchens in Frage stellen zu wollen, entsteht beim kultur- und sozialwissenschaftlichen Blick auf die medizinische Behandlung der Tabakfrage der Eindruck, daß die Kategorien Risiko und Sucht, die beide grundlegend im Zuge der Medikalisierung der Gesellschaft Wirkmächtigkeit erlangt haben, den Blick auf soziale und kulturelle Faktoren, auf Lebensstile und Lebensumstände, auf soziale, kulturelle und individuelle Praxen sowie symbolische (Be-)Deutungen oft verstellen, unterbewerten oder gar ausblenden (vgl. Franzkowiak 1985; Dieterich 1998).

Konsum

Zur Frühgeschichte des Tabak(konsum)s
Im vorneuzeitlichen Europa waren weder die Tabakpflanze noch der Rauchvorgang als kulturelle Technik des Genußmittelver-

brauchs bekannt. Sowohl die Pflanze als auch das Wissen um die Verwendung wurde durch die spanischen Eroberer ab dem Ende des 15. Jahrhunderts nach Europa getragen. Von dort wiederum wurden sie in einem fast beispiellosen Eroberungszug über die ganze Welt weitergetragen.

Die Kulturgeschichte älteren Stils läßt eine blumige Vielfalt von Legenden und ein Florilegium aus Quellen des 16. Jhs. um die ersten Kontakte der Europäer mit den Tabak rauchenden, kauenden, schlürfenden oder schnupfenden Bewohner der Neuen Welt ranken, die allerdings mehr über die zeitgenössischen kulturellen Vorstellungen von Exotik und die jeweils aktuellen Leitbilder der Bewertung von Tabak aussagen, denn als Belege für Kulturkontakt oder die tatsächliche Zurkenntnisnahme der Existenz und des Umgangs mit Tabak gelesen werden dürfen. Besonders sprechend hierfür ist eine von Bartolome de Las Casas überkommene Überlieferung, die bereits das schnell aufkommende negative Bewertungsmuster von Tabak in Gleichsetzung zur alkoholischen Trunkenheit mitschreibt und auch die Abhängigkeit vom Tabak thematisiert (Las Casas 1527, in: Corti 1930:39).

Immerhin lassen archäologische und bildliche Quellen, aber auch die Reiseberichte der »Entdecker« erschließen, daß unterschiedlichste Konsumformen von Tabak lange vor der europäischen Expansion zwischen Brasilien, Mittelamerika und (Süd)Kanada verbreitet gewesen sein müssen und große Ähnlichkeiten zu heutigen Gebrauchsformen wie der Zigarre, der Zigarette, dem Schnupf- oder Kautabak existieren. Darüber, ob tatsächlich das Pfeifenrauchen die am weitesten verbreitete Form darstellt, läßt sich im Grunde genommen nur spekulieren, da sich nur bei dieser Konsumform die Rauchutensilien als Relikte erhalten haben. Selbst die Tatsache, daß auf frühen bildlichen Darstellungen zum Rauchen am häufigsten die Pfeife auftaucht, läßt eher auf eine mögliche zeremonielle Bedeutung (Lévi-Strauss 1976:13-30; 59-70; 141-211; 430-435; 467-491) denn auf eine weite alltagspraktische Verbreitung schließen. Wie viele andere Pflanzen war auch der Tabak zudem Bestandteil medizinaler Anwendungen und wurde zur Wundbehandlung, als Brech- und Abführmittel oder gegen Kopfschmerzen eingesetzt.

Daß der Tabak aber größere Bedeutung und sein Konsum wohl

auch alltagspraktische Relevanz besaß und Bestandteil von Konsumkulturen war, legt die Tatsache nahe, daß die Pflanze domestiziert und regelrecht angebaut worden war. (In dieser Zeit und diesen Kulturen von »Genußmitteln« zu sprechen fällt schwer, zumal wir nur unser, im wesentlichen seit der Spätaufklärung geformtes Verständnis von »Genuß« auf deutlich andere Kulturen, das heißt auch differente Werte-, Normen- und Deutungshorizonte übertragen.)

Die Ausbreitung des Tabakkonsums nach seiner Entdeckung durch die Europäer

Wenn hier die Vorgeschichte des Tabaks nur sehr kurz angesprochen wurde, dann nicht nur, weil kaum andere als via Europa vermittelte und damit auch diese Sichtweise weiterschreibende Quellen existieren, sondern auch, weil Europa zum eigentlichen Nukleus der weiteren Verbreitung des Tabakkonsums wurde. Mit erstaunlicher Geschwindigkeit und auf unterschiedlichen Wegen verbreitete er sich sowohl von der iberischen Halbinsel über ganz Europa, als auch in außereuropäischen Kulturen. Vor allem den Entdeckungsreisenden kommt die Rolle zu, den Tabakkonsum nicht nur von außen nach Europa gebracht, sondern auch zu seiner weiteren Verbreitung maßgeblich beigetragen zu haben: In ihrem Gepäck gelangt er Ende des 16., anfangs des 17. Jhs. nach Südostasien, zu Beginn des 17. Jahrhunderts nach China und Japan, anschließend auf den afrikanischen Kontinent, um 1620 nach Korea und Neuguinea, in die Mongolei, nach Tibet, Turkestan, Sibirien und zu den Inuit (Sandgruber 1986:91).

In Europa selbst ist zwischen der Diffusion der Tabakpflanze und derjenigen des Tabakkonsums grundlegend zu unterscheiden: Die Tabakpflanze wurde vorerst als Heil- und Medizinalpflanze vor allem in höfischen Kreisen und unter Botanikern und Medizinern weitergereicht und erst allmählich außerhalb dieser Kreise heimisch. In diesem Zusammenhang ist auch auf den französischen Gesandten am portugiesischen Hof in den Jahren 1559-1561, Jean Nicot, hinzuweisen, der die Pflanze von dort an den französischen Hof brachte und diesen von der Heilkraft des Krautes zu überzeugen vermochte. Ihm zu Ehren benannte bereits Liebeault um 1570 die Tabakpflanze Nicotiana, welche Bezeichnung 1737 auch von Linné übernommen wurde und auch die Heidelberger Chemie- und Medizinstudenten Posselt und Raimann dazu veranlaßte, dem von ihnen isolierten Wirkstoff des Tabaks als »Nikotin« zu bezeichnen.

Die Ausbreitung der Tabakpflanze entspricht damit in beachtlichem Maße dem klassischen Muster des sog. »sinkenden Kulturguts« als Form vertikalen Kulturtransfers – allerdings wächst sie schon in der zweiten Hälfte des 17. Jahrhunderts auch in Schweizer Bauerngärten (Berner Oberland), so daß auch hier vor der Inanspruchnahme eines pauschalisierenden, die Wirklichkeit zu stark vereinfachenden Verbreitungsmusters, wie es gerne auch für die übrigen »Kolonialwaren« kolportiert wird (Schivelbusch 1983), gewarnt werden muß.

Das gilt in noch weit stärkerem Maße für die Verbreitung des Tabakkonsums (meist in Form des Rauchens), dessen Entwicklung fast gegenläufig zu den herkömmlichen Zuschreibungen der Entwicklung des Genußmittelkonsums zu beschreiben ist: Weder blieb der Gebrauch von Tabak im 17. und 18. Jh. auf finanzstarke (und damit auch auf besonders distinktionsbedachte) Schichten beschränkt, noch läßt er sich als eine ausgesprochen städtische Erscheinung fassen (vgl. Sandgruber 1982:210). Vielmehr verbreitete sich der Tabak und sein Konsum über verschiedene Kanäle mehr oder weniger gleichzeitig: See-, Kauf- und Handelsleute, besonders aber auch die ausgangs des 16. Jhs. und insbesondere im Dreißigjährigen Krieg zahlreichen Truppen trugen entscheidend dazu bei, die Praxis des Rauchens in unterschiedlichen Ständen, bei beiden Geschlechtern und auch in allen Altersklassen ausgesprochen schnell und nachhaltig zu verankern. Über Gründe, die die Aufnahme begünstigt haben, kann nur spekuliert werden: Angefangen bei den eher niedrigen Kosten über die hungerdämpfende Funktion des Rauchens bis hin zur Entwicklung kostbarer Rauchutensilien mag alles mitverantwortlich für die Attraktivität einer neuartigen Form des Genußmittelkonsums gewesen sein.

Die Ausbreitung des Tabaks konnte auch durch den Umstand nicht aufgehalten werden, daß spätestens seit dem beginnenden 17. Jh. von unterschiedlichen Seiten gegen das Rauchen agitiert wurde: Erhalten geblieben sind etwa Schriften von Geistlichen, die gegen das aus dem Heidentum importierte Teufelskraut zu Felde zogen

(Böse 1957:49) oder – wie zahlreiche Gelehrte auch – sich zum Teil mit Verve gegen das (übermäßige) »Tabak sauffen« wandten, dessen Folgen sie in Analogie zum Alkoholabusus darstellten und werteten. Insbesondere war es aber – zumindest im europäischen Kontext – die »Rauchfrage«, welche die Gemüter erregte: die Belästigung durch den stinkenden Tabakrauch (Dieterich 1998: 46ff.). Dieses Argument entsteht erst mit einer sich anbahnenden Umwertung des Tabakkonsums. Zwar werden ihm bis in die Mitte des 17. Jahrhunderts hinein wohl mehrheitlich und danach unterschwellig Funktionen als Heilmittel zugesprochen, aber mit seiner zunehmenden Verbreitung einher geht auch eine Neueinschätzung als Genußmittel. Dies erleichterte auch staatlich-prohibitive Maßnahmen, wie das Verbot des Tabbakkonsums bei Todesstrafe, die im Osmanischen Reich zu Beginn des 17. Jahrhunderts auch massenhaft verhängt wurde, oder wie sie in der zweiten Jahrhunderthälfte in zahlreichen europäischen Staaten – letztlich erfolglos – ergriffen wurden. Der Kampf gegen das Rauchen ließ sich damit in den gegen andere verpönte Lustbarkeiten integrieren und mit anderen, insbesondere merkantilistischen, Motiven kombinieren. Die Versuche, den Tabak zu verbieten, blieben indessen kurzfristig. Mit am längsten hielten sie – im gesamteuropäischen Vergleich – in der Schweiz an, wo sie bis ins zweite Jahrzehnt des 18. Jahrhunderts fortgeführt wurden (Hengartner/Merki 1993:379f.).

Über weitere Gründe für die Einleitung und das Scheitern dieser frühen Prohibitionsbemühungen kann nur spekuliert werden. Für deren Erlaß wurde u.a. eine symbolischen Aufladung von Kaffee und Tee im 17. Jh. als bürgerliche Vorboten (Schivelbusch 1983: 238), als Infragesteller der »Konsumhierarchie einer ständischen Gesellschaft« (Tanner 1996:39) oder eine Einbettung der Tabakverbote in den Rahmen sozialdisziplinierender Maßnahmen erwogen. Für das Scheitern ist einerseits auf den Widerspruch zwischen restriktiver Gesetzgebung und aktiver Konsumpraxis der Gesetzgeber verwiesen worden (Austin 1981:126), andererseits aber auch auf die Macht des Handels, der sich zu diesem Zeitpunkt nicht mehr unterbinden ließ, oder auf die Lernfähigkeit der Obrigkeiten, die zunehmend auf den Tabak als Einnahmequelle – durch den Aufbau staatlicher Monopole und/oder fiskalischen Zugriff – abstellten.

Zu Beginn des 18. Jahrhunderts hatte sich damit der Tabak in seiner Eigenschaft als Genußmittel endgültig durchgesetzt. Der Heilmittelaspekt blieb zwar – zum Teil bis in unser Jahrhundert hinein – noch präsent (Hengartner/Merki 1993:394f., 399), spielte aber nur noch eine untergeordnete Rolle. Demgegenüber bildeten sich im Verlauf des 18. Jhs. soziale Differenzierungs- und Distinktionsmuster bezüglich Konsumformen und Konsumarten heraus. Bis ins 19. Jahrhundert hinein hielt zwar das Pfeifenrauchen den Löwenanteil, was die Konsumform anbelangt (in Österreich beispielsweise rund zwei Drittel des konsumierten Tabaks; Sandgruber 1986:98), erhielt aber von verschiedener Seite Konkurrenz: Zunächst war es vor allem das Tabakschnupfen, das sich in den europäischen Eliten des 18. Jhs. rasant ausbreitete und als Luxusgut mit seinen teilweise ausgesprochen kostbaren Accessoires auf breiter Ebene nachgeahmt wurde. Das Schnupfen kann geradezu als Musterbeispiel für die von Norbert Elias beschriebene Dynamik des Zivilisationsprozesses beschrieben werden: Einer »zunehmenden Durchbildung des Verhaltens« in den Oberschichten folgt eine »Zirkulation der Modelle« (Elias 1977/78, Bd. 2:415f.). Bis ins frühe 19. Jh. hinein erfreute sich das Tabakschnupfen ungeachtet des Geschlechts so großer Beliebtheit, daß es beispielsweise in England und Frankreich das Rauchen von Tabak bei weitem überflügeln konnte.

Der »moderne« Tabakkonsum

Neben dem Schnupfen und dem Rauchen von Tabak war im Ancien régime auch das Tabakkauen von einiger Wichtigkeit – und ebenso wie das Schnupfen hat es sich teilweise bis ins 20. Jahrhundert hinein in Relikten (und in sog. »Reliktgebieten«) erhalten. Alle drei in den ersten Jahrhunderten der europäischen Tabakgeschichte relevanten Konsumformen gerieten indessen im 19. Jahrhundert ins Hintertreffen: Zwei Neuerungen, die beide Rauchgerät und Genußmittel in sich vereinigten, die Zigarre und anschließend die Zigarette, leiteten von einer Veralltäglichung des Tabakkonsums zu einer solchen des Rauchens über. Auf Wechselwirkungen zwischen Technisierung und Industrialisierung einerseits und der Ausformung, dem Gebrauch, Umgang sowie der Einschätzung respektive (Be-)Deutung besonders der Zigarette ist verschiedentlich hingewiesen worden: Für Jakob Tanner verkörpert sie »die Beschleunigung sozialer Vorgänge ebenso wie die Individualisierung von Lebensstilen und die ›Herrschaft der Mechanisierung‹« (Tanner 1996:16) oder für Wolfgang Schivelbusch die Nervosität, von der unsere Kultur durchdrungen ist (Schivelbusch 1983:141).

Sicher ist, daß sich mit dem »modernen Rauchen« eine kulturelle Praxis etablierte, deren Deutungen und Bedeutungszuschreibungen einerseits zunehmend komplexer und heterogener wurden, andererseits aber auch wie bei keinem anderen Genußmittel zu lange (bis heute) anhaltenden einschneidenden Dichotomisierungen und Verwerfungen führte.

Im folgenden sei versucht, idealtypisch einige wesentliche Ebenen der Bewertung des Tabakkonsums anzuführen. Daß diese realiter ineinandergreifen und weder als monokausale Erklärung dienen noch erschöpfend dargestellt werden können, versteht sich dabei von selbst – und auch die jeweilige Gewichtung ist innerhalb unterschiedlicher Gruppen different.

– Ver- und Entalltäglichung

Kennzeichnendste Entwicklung des Tabakkonsums in den letzten beiden Jahrhunderten bildete sein Weg in den und aus dem Alltag heraus. Der vergleichsweisen Langsamkeit, mit der das Rauchen im 19. Jh. und bis in die 1970er Jahre hinein zur zunehmend unproblematischeren und für alle Erwachsenen akzeptierten Praxis wurde, entspricht die Schnelligkeit, mit der es in den vergangenen knapp dreißig Jahren dieser Normalität wieder verlustig ging. Diese generelle Bedeutungsentwicklung zum alltäglichen Genußmittel bzw. zum (kulturell akzeptierten) Suchtmittel ist Ausfluß verschiedener in- und übereinandergreifender und durchaus nicht eindeutig zu beurteilender Prozesse: So wurden beispielsweise die beiden großen Neuerungen auf dem Rauchmarkt, die Zigarre und die Zigarette, zunächst beargwöhnt und politisch und/oder sozial aufgeladen oder stehen sich heute die gesundheitspolitische Infragestellung des Rauchens seit der Entdeckung des Lungenkrebses und hedonistische Werte der Lebensgestaltung gegenüber (Hengartner 1996).

– Genderaspekte

Geschlechtsspezifische Zuschreibungen und Trennungen bezüglich des Tabakkonsums schienen in der Frühen Neuzeit zunächst weniger ausgeprägt gemacht worden zu sein: für das Schnupfen im 18. Jahrhundert und für das (Pfeife-)Rauchen ab dem 17. Jh. existieren vielmehr Belege, die auf weitreichende Akzeptanz schließen lassen, die sich im skandinavischen wie im deutschsprachigen Raum im agrarischen Bereich zum Teil bis in unser Jahrhundert hinein fortsetzte (Sandgruber 1986:125f.). Dennoch ist der Konsum von Tabak eine kulturelle Praxis, bei der immer wieder Demarkationslinien entlang der Geschlechter gezogen wurden. Schweizerische Tabak-Mandate des 17. Jahrhunderts stellen, verblüffend ähnlich wie Volkskalender des 19. oder selbst die Tabakindustrie eingangs des 20. Jahrhunderts, rauchende Frauen auf eine Stufe mit jugendlichen Tabakkonsumenten und grenzen sie aus dem Bereich des akzeptierten Konsums weitgehend aus. Die Beispiele haben zwar eine im wörtlichen Sinn übereinstimmende Aussage, stammen indessen aus derart unterschiedlichen diskursiven Kontexten, daß sie inhaltlich sehr Unterschiedliches repräsentieren: Während die ältesten Belege aus der Zeit merkantilistischer Tabakprohibition wohl vor allem als Indiz für die geographisch und intrasozietär weitreichende Verbreitung des Tabaks zu lesen sind, entspringen die zweiten einem bürgerlichen Werte- und Rollenverständnis, dessen Konstruktion einer »Polarität von Geschlechtscharakteren« sich bis auf die genderorientierte Zuschreibung einzelner Gegenstandsbereiche und Handlungen erstreckte. Wenn sich die Tabakindustrie ebenfalls dieses Musters bediente, dann um medizinische oder moralisch-ethische Bedenken, die beide um die Jahrhundertwende mit dem verstärkten Aufkommen der Zigarette aufgeflammt waren, zu zerstreuen.

Zur geschlechtsspezifischen Zuordnung des Rauchens führte zunächst seine allgemeine »Verhäuslichung«, das heißt seine Zuweisung in Kneipe oder Wohnung, zumal es in den (west)europäischen Städten des 19. Jhs. als unschicklich galt, im Freien bzw. auf der Straße zu rauchen. In dem für das gesellschaftliche Leitbild zentralen Bürgertum setzte sich diese Aufteilung noch weiter fort: Innerhalb der Wohnung waren es das Arbeits- und namentlich das »Herren-« oder »Rauchzimmer«, die dafür vorgesehen waren, und damit Bereiche der männlichen Sphäre. Benimm- und Anstandsregeln sorgten für das weitere: Frauen sollten nicht nur nicht rauchen, sondern vom Tabakqualm möglichst gänzlich freigehalten werden: Zigarre und Smoking-Jackett hatten in ihrer Gegenwart nichts zu suchen. Vor diesem Hintergrund lag nahe, das Rauchen als Signal gegen diese ungleiche Ordnung zu nutzen oder umgekehrt – wie in der Karikatur des 19. Jhs. beliebt – Frauen, die sich ihr nicht unterzogen, Zigarren oder Zigaretten buchstäblich in den Mund zu legen (vgl. Brändli 1996:86-90).

Rauchen von Frauen als bürgerliches oder intellektuelles Emanzipationssignal zu werten, wie dies Friedrich Tiedemann bereits 1854 getan hatte (Tiedemann 1854:285), benennt einen wichtigen Aspekt als symbolische Praxis. Dazu gesellt sich aber beispielsweise die leichtere und schnellere Konsumierbarkeit der Zigarette, die generell zur weiteren Verbreitung des Rauchens beitrug, ebenso wie der Umstand, daß in den von der bürgerlichen Welt ausgeschlossenen Kreisen – von der Halbwelt bis zu den Industriearbeiterinnen – die Zigarette schnell Fuß faßte. Schon ab den 1910er Jahren sprach die Zigarettenindustrie deshalb vermehrt auch Frauen an. Dennoch dauerte es – u.a. durch die NS-Tabakpolitik, die sich vehement gegen das Rauchen von Frauen wandte – im Grunde bis in die Nachkriegszeit, bis Frauen (zumindest im deutschsprachigen Raum) ebenfalls ungehindert zur Zigarette greifen konnten; ein Wertewandel, der sich beispielsweise illustrativ anhand der in ihren Motiven auf Häuslichkeit ausgerichteten Zigarettenwerbung der 50er und 60er Jahre ablesen läßt.

Im Zuge der Ent-Alltäglichung des Konsums von Tabak, namentlich von Zigaretten, waren es dann wiederum die Frauen (und Jugendlichen), deren Zigarettenkonsum als erstes gesellschaftlich in Frage gestellt wurde. Dessenungeachtet erhöhte sich bis in die 80er Jahre hinein in zahlreichen hochentwickelten westlichen Ländern der Anteil rauchender Frauen oder sank zumindest markant langsamer als derjenige der Männer (Women and tobacco 1992:13f.).

– Rauchwaren

Die Einschätzung der kulturellen Praxis des Rauchens bindet sich nicht zuletzt auch an einzelne »Rauchwaren«. So war es in den ersten zwei Dritteln des 19. Jahrhunderts die Zigarre, mit der sich, im Wechselspiel mit einer deutlich steigenden gesellschaftlichen Akzeptanz, generell ein Anstieg des Rauchens verband (vgl. schon Tiedemann 1854:377). Nur allmählich war sie von Südwesteuropa nach Norden vorgedrungen und galt hier im Vormärz kurzfristig als Zeichen revolutionärer Gesinnung. Vom Fortschrittszeichen wurde sie aber bald zum Signum der Behaglich- und Behäbigkeit und begann, der Pfeife den Rang als beliebteste Konsumform streitig zu machen.

Mit der Zigarre verbindet sich ganz wesentlich das Allgemeinwerden des Rauchens in allen gesellschaftlichen Gruppen und in fast allen alltäglichen Situationen. Fast ironischerweise wurde damit die Zigarre zur Wegbereiterin für die Zigarette, die just ab den 1870er Jahren, das heißt zu dem Zeitpunkt, als die Zigarre etwa in Deutschland oder in Österreich der Tabakpfeife den Rang als beliebteste Konsumform streitig machte, auf den Plan trat. Gerade die Bewertung des Zigarettenkonsums zeichnet sich durch heterogene Muster und schnellere Wechsel ab und ist keineswegs eindeutig und einheitlich.

Zunächst fand sie vor allem in den Städten und Gebieten mit industriellem Hintergrund Eingang. Schnell galt sie hier als zeitgemäße und zeitgeistige Form des Rauchens: in kurzer Zeit konsumierbar und effizient, was die Aufnahme der Wirkstoffe im Tabakrauch anbelangt. Dies gilt vor allem für die *American Blend*, die kurz vor dem ersten Weltkrieg auftauchte, als Reynolds 1913 die »Camel« auf den Markt brachte. Der heißluftgetrocknete Virginia-Tabak vermochte nicht nur die bisher zur Zigarettenproduktion verwendeten Orienttabake zu verdrängen, sondern sein Rauch reagierte beim Abbrennen auch sauer, was wiederum dazu führte, daß das Nikotin nicht mehr über die Mundschleimhaut, sondern durch Inhalieren über die Lunge aufgenommen werden mußte. In Europa dauerte zwar die Aufnahme dieser Neuerung länger als in den USA, aber spätestens in der Nachkriegszeit, als etwa in Deutschland die »amerikanische Zigarette« nicht nur das Maß aller Dinge war, sondern kurzzeitig gar als »Ersatzwährung« fungierte (Merki 1996), hatte sie sich definitiv durchgesetzt.

Mit der zunehmenden modernen Durchformung der Gesellschaft fielen weitere Vorbehalte gegenüber dem Zigarettenkonsum allmählich weg, aber auch die seit den 1930er Jahren marktreife Filterzigarette trug das ihre dazu bei. Sie ließ sich nicht nur von der Zigarettenindustrie gegen die aufkommenden gesundheitlichen Bedenken instrumentalisieren, sondern erleichterte wesentlich auch den Griff von Frauen nach der Zigarette.

Durch die rasante Ausbreitung der Zigarette wurden Pfeife und Zigarre (hier mit Ausnahme der Schweiz, wo sich die kurze Zigarre mit stumpfem Ende, der Stumpen, nicht zuletzt auch infolge fiskalischer Begünstigung länger halten konnte) praktisch bedeutungslos, erhielten aber markante symbolische Zuschreibungen: die Pfeife, wiewohl weit häufiger im ländlichen Kontext geraucht, wurde zum Signum der Intellektualität, die Zigarre neuerdings zum zelebrierten, in Clubs, Lounges und Cigarnights genossenen Lifestyle-Attribut.

– Gesundheitsfragen

Der naturwissenschaftliche Diskurs, der das 19. Jahrhundert wesentlich prägte, machte auch vor dem Tabak und dem Rauchen nicht halt. Ausgangs des Jahrhunderts rückten besonders das Nervengift Nikotin und seine Auswirkungen in den Brennpunkt. Gleichzeitig gesellten sich ideologische Bedenken dazu: Vor allem aus dem (rauchenden) Bürgertum formierte sich Widerstand gegen das Rauchen von Kindern und Jugendlichen, ja der Jugendschutzgedanke wurde ein wichtiger Pfeiler der Argumentation von Antitabakbewegungen vom bürgerlichen bis ins religiöse Lager.

Während sich die Zigarettenindustrie voll hinter diesen Gedanken stellte, versuchte sie, das Gift-Argument durch die Entwicklung nikotinfreier Zigaretten und Zigarren zu entkräften. Allerdings schien auf der Seite der Konsumierenden die medizinische Verunsicherung noch nicht sehr groß. Bis in die 1960er Jahre und darüber hinaus hinderten gesundheitliche Bedenken kaum jemanden, zur Zigarette (oder zu anderem Rauchgut) zu greifen. Erst die zunehmende Wirkmächtigkeit des Krebsdiskurses bewirkte hier eine Änderung und führte ab den 1970er Jahren einerseits zu einem veränderten Rauchverhalten, andererseits zur (definitiven) Umbewertung des Tabaks als Suchtmittel.

Während in Europa und in Nordamerika zur Filter- und später zur Light-Zigarette gegriffen oder das Rauchen ganz aufgegeben wurde und sich an der Frage des Passivrauchens neue Fronten entzündeten, ging andernorts die Aufnahme des (Zigaretten-) Rauchens erst richtig los. Um daher den vorangegangenen europalastigen Schilderungen wenigstens für die jüngste Zeit außereuropäisches Material zur Seite stellen und diesen Sachverhalt zu illustrieren, seien abschließend einige globale Zahlen zur Verbreitung angeführt.

Weltweit hat sich der Gesamtkonsum an Zigaretten in den fünfundzwanzig Jahren zwischen 1970 und 1995 von rund 3.000 Mia. Stück auf rund 6.900 Mia. Stück mehr als verdoppelt. Für den gleichen Zeitraum ist seit den 1980er Jahren eine Abnahme des durchschnittlichen Pro-Kopf-Konsums in Ländern mit hohem Einkommen zu beobachten (von knapp 3.000 p.a. auf gut 2.500), dem eine Steigerung in solchen mit mittleren und geringen Einkommen um ungefähr zwei Drittel (von 860 im Jahr 1971 auf 1.410 im Jahr 1991) entgegensteht. Am markantesten erscheint die Zunahme in China, wo sich in zwanzig Jahren der Pro-Kopf-Konsum von 730 Stück pro Jahr (1971) auf 1.900 (1991) in zwanzig Jahren mehr als verzweieinhalbfacht hat (WHO World Health Report 1999: 67). Noch einmal anders präsentieren sich die Zahlen, betrachtet man die geographische Verteilung:

Zigaretten: Pro-Kopf-Konsum 1995 (nach WHO-Regionen)

Region	Pro-Kopf-Konsum
Afrika	480
Nord- und Südamerika	1.530
Östl. Mittelmeerraum	890
Europa	2.080
Südostasien	415
Westl. Pazifikraum	1.945
Total	1.325

Quelle: WHO World Health Report 1999:67

Eine schlüssige Interpretation dieser Zahlen steht noch aus, ja, muß ausstehen, zumal die einzelnen Genußkulturen zu komplex sind, als daß Konsum- und Bewertungsmuster von der einen auf die andere Region einfach übertragen werden dürften. So wäre beispielsweise das Genußmittelgefüge der jeweiligen Kulturkreise, d.h. also auch die Stellung des Tabaks unter anderen möglichen »Genußdrogen«, ebenso zu ermitteln wie die unterschiedlichen Symbol- und Wertehorizonte oder die jeweiligen Konstruktionen von Genuß bzw. Sucht. Zudem ist beim Schluß von Durchschnittswerten auf den realen Konsum weitere Vorsicht geboten: In Europa und der westlichen Welt beispielsweise geht zwar der statistische Median zurück, aber es sind je nach Region, Altersklasse und Geschlecht unterschiedliche Trends zu beobachten (beispielsweise hat sich in Westdeutschland der Anteil rauchender Frauen im Alter zwischen 30 und 49 Jahren seit 1978 kontinuierlich von rund 25% auf deutlich über 30% [1995] erhöht [Gesundheitsbericht des Bundes 1998:Tab.4.4.2]).

Wirtschaft

Schon anfangs der 1950er Jahre hat Knud O. Moeller den Tabak als »ökonomischen Machtfaktor ersten Ranges« bezeichnet (Moeller 1951:125). Für den Anbau datieren die wichtigsten Entwicklungen, die zu dieser Stellung führten, im 19. Jh., für den Handel um 1900 und später. Beide sind aber untrennbar verbunden mit dem Aufstieg der Zigarette.

Produktion

Bis gegen Ende des 18. Jhs. war der Tabakanbau fast untrennbar mit dem Kolonialismus und insbesondere den europäischen Überseekolonien verbunden. Die Welt-Tabakproduktion der Zeit war fast vollständig auf die USA, Brasilien und Kuba konzentriert. Allein die Haupttabak-Anbau-Gegend im Chesapeake-Gebiet an der Westküste der USA verdreifachte im Verlauf des 18. Jhs. ihre Produktion und erreichte Spitzenwerte von über 100 Mio. Pfund Tabak. Der Tabakanbau beruhte dabei fast vollständig auf Sklavenarbeit (Goodman 1993:166-188). Demgegenüber konnten sich in den niederländischen Provinzen, aber auch in den europäischen Anbaugebieten, insbesondere in Deutschland Kleinpflanzer etablieren, die die aufkommenden Tabakfabriken aber bei weitem nicht bedarfsdeckend beliefern konnten (Ellerbrock 1993:95-100).

Rohtabakproduktion der größten Erzeugerländer in 1.000 t

	1984	1996 (1990)
China	1.400	2.324 (2.692)
USA	746	710 (722)
Indien	450	512 (490)
Brasilien	373	471 (435)
Türkei	210	230 (252)
(ehem.) UdSSR	367	k. Ang. (225)
Italien	146	104 (205)
Indonesien	143,5	136
Griechenland	135	129
Bulgarien	131	40
Japan	129	70
Zimbabwe	115	209
Welt	ca. 6.000	6.513

Quellen: Hess 1987:98 (für 1984); Goodman 1993:8 (für 1990); Statist. Jb. für das Ausland 1998:248 (für 1996)

Nach 1800 jedoch begann die weltweite Ausdehnung der Tabakproduktion, zunächst im 19. Jh. insbesondere (und noch einmal in Verflechtung mit kolonialer Expansion) nach Asien, speziell in den niederländischen Kolonien und in Indien. Vor allem in den niederländischen Besitzungen, wo neben Kaffee, Zucker und Indigo bewußt auch der Tabakanbau forciert wurde, begann der Anbau zu florieren, so daß sie am Vorabend des Ersten Weltkrieges zum zweitgrößten Exporteur geworden waren. In der Produktion wurden sie indessen von Indien übertroffen, das ausgangs des 19. Jhs.

fast die Produktionskapazitäten der USA erreicht hatte. Seinen Platz als zweitgrößtes Erzeugerland mußte es in den 1930er Jahren China überlassen, das sich allmählich zum mit Abstand größten Erzeugerland entwickelte.

Der weitere Ausbau der Tabakproduktion erfolgte dann mit voller Stoßkraft im 20. Jh., in dessen Verlauf sie sich mehr als verfünffachte. Damit einher ging auch eine Änderung hin zu hellen und leichten (und luftgetrockneten) Tabaken für die Zigarettenproduktion, die die stärkeren dunklen Arten zurückdrängten. Insgesamt rangiert heute der Tabak, was seine Bedeutung für das Einkommen von Bauern und Landarbeitern anbelangt, unter den wichtigsten zehn Erzeugnissen, obwohl nur einige Promille des landwirtschaftlich genutzten Bodens damit angebaut werden (Goodman 1993:210ff.).

Handel

Bis gegen Ende des 19. Jahrhunderts war die Tabak-Industrie durch kleinteilige und arbeitsintensive Produktion, lokale oder staatliche Distributions- und Handelssysteme geprägt. In den beiden letzten Jahrzehnten des 19. Jhs. – Hand in Hand mit der Durchsetzung der (blonden Virginia-)Zigarette in den USA – veränderte sich dieses Bild indessen schlagartig: es begannen sich Tabakkonzene zu formieren, allen voran die bald marktbeherrschende *American Tobacco Company*, die in den Grundzügen bis heute nach dem damals gefundenen Muster operiert: Sie investierte nicht in den Anbau des Tabaks und kaufte auch keine Tabakpflanzungen, sondern betätigte sich als Aufkäufer und besonders Verarbeiter von Tabak und brachte auch wichtige Zuieferbetriebe unter ihre Kontrolle. Sie erhielt zudem ganz gewichtigen Auftrieb durch fast gleichzeitige Markteinführung von Maschinen, die die industrielle Produktion von Zigaretten ermöglichten.

Durch diese rasante Entwicklung öffnete sich nicht nur die bis heute bestehende Kluft zwischen Tabakpflanzern und -herstellern sowie -vertreibern, sondern es entstanden, nachdem die *American Tobacco Company* 1911 in Anwendung des Anti-Trust-Gesetzes in mehrere Firmen aufgeteilt (u.a. American Tobacco Company, R.J. Reynolds, P. Lorillard) worden war, einige der noch heute führenden Tabakkonzerne, zu denen sich in den vergangenen fünfzig

Die zehn größten Tabakkonzerne der Welt (1997)

	Zigarettenproduktion (in Mia.Stk.)	Anteil an der Weltzigarettenproduktion (%)	Einnahmen a. Tabakgeschäft (Mia. $)	Führende Markennamen
China National Tobacco Corporation (China)	1.700	24,6	k. Ang. erhältlich	Zhong Hua, Hong ta Shan
Philip Morris (USA)	947	13,7	23.895	Marlboro, Virginia Slims
BAT (British American Tobacco)* (Großbritannien)	712	10,3	11.845	Derby
R.J. Reynolds (USA)	316	4,6	8.325	Winston, Camel
Japan Tobacco (Japan)	288	4,2	23.445	Mild Seven
Rothmans International* (Südafrika)	187	2,7	5.500	Rothmans
Reemtsma (Deutschland)	119	1,7	2.330	West
KT&G – Korea Tobacco and Ginseng Corporation (Republik Korea)	94	1,4	k. Ang. erhältlich	This
Tekel (Türkei)	75	1,1	1.550	Maltepe
SEITA (Frankreich)	55	0,8	3.125	Gauloises
Andere	2.407	34,9		

* 1999 fusioniert

Quelle: WHO World Health Report 1999:71

Jahren nur einige wenige ehemals kleinere Firmen gesellten (Philip Morris, Brown and Williamson), die nach und nach den Weltmarkt eroberten (Goodman 1993:232-235).

Die sechs größten Tabakkonzerne, die meist in den vergangenen Jahrzehnten nach und nach diversifizierten (d.h. auch die Gewinne aus dem Tabakgeschäft in anderen Branchen anlegten) und die eng mit den wenigen großen Aufkäuferfirmen verflochten oder gar verbunden sind, waren in den vergangenen rund fünfundzwanzig Jahren für zwei Fünftel (1974) bis gut ein Drittel (1997) der Weltzigarettenproduktion verantwortlich. Sie produzieren meist über die ganze Welt verteilt, sei dies über Zweigniederlassungen oder durch aufgekaufte, ehemals selbständige Unternehmen.

Daneben existieren aber auch Staatsmonopole, die z.B. 1980, als sich in den Händen der großen Tabakkonzerne zusammen rund 35% der Weltproduktion befanden, 55% aller Zigaretten produzierten. Die größten unter ihnen befinden sich in China und Japan, in Europa sind es Länder wie Frankreich, Italien, Spanien, Österreich (bis 1995) oder die der ehemaligen UdSSR. Der Hauptunterschied zwischen den Tabakkonzernen und den Monopolbetrieben – abgesehen von der französischen SEITA, die ebenfalls auf dem internationalen Markt mitmischt – besteht in deren weitgehender Restriktion auf nationale Produktionsstätten, Verkaufsmärkte und Jurisdiktionen.

Politik

Der Tabak steht und stand in verschiedenerlei Hinsicht im Blickfeld der Politik. Vom 17. bis in das 19. Jahrhundert. hinein dominierten v. a. fiskalische Interessen, danach wurde der Tabakkonsum zunehmend auch Thema der Gesundheits- und Sozialpolitik, was zu einem mitunter durchaus widersprüchlichen staatlichen Umgang mit ein und derselben Substanz führen konnte.

Fiskalpolitik

Zwischen Genußmitteln und der Entwicklung des modernem Steuerstaats besteht in der Regel eine enge Verbindung, die sich gerade auch beim Tabak manifestiert. Nachdem sich die repressive

Politik gegenüber dem Tabak – gipfelnd in Prohibitionsbemühungen – nicht hatte durchsetzen können, trat an deren Stelle die Besteuerung. Das heißt der Tabak begann ab der zweiten Hälfte des 17. Jahrhunderts fiskalische Bedeutung zu erlangen. Über Zölle, Steuern und teilweise über Monopole sollten sowohl der Import als auch der Inlandanbau unter staatlich-finanzielle Kontrolle gebracht werden. Als erste hatte die Republik Venedig 1657 Tabakfabrikation und -handel verpachtet, es folgten Österreich, das 1658 erste Einfuhrzölle erhoben und ab 1662 Bemühungen zur Errichtung eines Tabakmonopols unternommen hatte, sodann die päpstliche Regierung, 1674 Frankreich, das durch die Verpachtung des staatlichen Fabrikationsmonopols neue Einnahmemöglichkeiten schuf. In Preußen war 1658 eine Verbrauchsabgabe auf Tabak eingeführt und 1676 die erste Konzession zum Anbauen, Verarbeiten und Verkaufen von Tabak vergeben worden (Ellerbrock 1993:96).

Spätestens im 19. bzw. Anfang des 20. Jahrhunderts, als auch die Verbrauchszahlen durch das Aufkommen der Zigarette rapide zu steigen begannen, erlangten Abgaben an den Staat bzw. Einkünfte durch Monopole eine enorme Bedeutung – in Österreich beispielsweise stammten in dieser Zeit zwischen 10% und 20% der Staatseinnahmen aus dem Tabakmonopol. (Sandgruber 1986: 151). Es liegt auf der Hand, daß praktisch alle westlichen Staaten diese Ressource nutzten, als einer der letzten die Schweiz, die erst 1920 den Tabakzoll zu einem ertragreichen Finanzzoll auszubauen begann (Merki 1993: 243). Heute erreicht die steuerliche Belastung pro Paket Zigaretten zwischen rund 30% (z. B. USA; Taiwan) und weit über 80% (Dänemark) und liegt, gerade in den hochentwickelten Staaten, in der Regel über der 50%-Marke (TIPS 1999). Damit stellen die steuerlichen Einnahmen in den einzelnen Staatshaushalten wichtige Einnahmequellen dar. In Deutschland etwa, wo drei Viertel des Verkaufspreises jeder Packung an den Fiskus fließen, wurde 1994 die Grenze von 20 Milliarden Mark pro Jahr überschritten, in den USA, wo die steuerliche Belastung von Zigaretten rund einen Drittel beträgt, wurde im Durchschnitt in den vergangenen zehn Jahren 11,86 Mia. $ jährlich eingenommen.

Zur Legitimierung der Tabaksteuer als spezieller Verbrauchssteuer wird heute oft darauf verwiesen, daß Raucherinnen und Raucher damit – wenigstens zum Teil – für die sozialen Kosten des Rauchens aufkommen sollten. Gleichzeitig werden Kosten-Nutzen-Rechnungen angestellt, die eine Abnahme der Zahl der Rauchenden bei gleichzeitigem Ansteigen der Einnahmen für den Staat gewährleisten sollen. So hat beispielsweise die Weltbank unlängst für China eine zehnprozentige Erhöhung der Tabaksteuer vorgeschlagen und dabei eine Abnahme des Konsums um 5% – bei gleichzeitigem Anstieg der Einnahmen um 4,5% – prognostiziert (WHO World Health Report 1999: 73f.).

Gesundheits- und Sozialpolitik

Der staatliche Umgang mit dem Tabak zeichnet sich durch eine lang anhaltende Ambivalenz aus: einmal steuerlich genutzt und/oder als staatliche Einnahmequelle erschlossen, pendelte seine Einschätzung zwischen willkommener Einnahmequelle und gefährlicher Risikosubstanz. Gesundheitliche Aspekte indessen spielten bis eingangs des 20. Jhs. keine oder höchstens eine untergeordnete Rolle. Gefahren barg der Tabak vielmehr durch seine symbolische Aufladung, was bis hin zu zeitweiligen Konsumverboten in der Öffentlichkeit führen konnte, die z. B. in der ersten Hälfte des 19. Jhs. gegen die in Deutschland und Österreich höchst suspekte Spezies der Zigarrenraucher gerichtet waren (während Schnupfer im übrigen ganz unbehindert ihren Tabak konsumieren konnten).

Noch in der Diskussion um die toxischen Wirkungen des Nikotins an und nach der Wende zum 20. Jh. sah sich kaum ein Staat veranlaßt, gesundheitspolitisch zu agieren. Dennoch begann unter dem Primat der Naturwissenschaften und der Medikalisierung der Gesellschaft, mithin auch der zunehmenden Akzeptanz des modernen Suchtbegriffs, der Tabak allmählich zur »steuerlich genutzten, aber gesundheitspolitisch problematischen« Substanz (Sandgruber 1994:87) zu werden. Dies führte – z. B. in Japan oder den nordeuropäischen Staaten – dazu, spezielle Verordnungen gegen den Tabakkonsum von Jugendlichen zu erlassen, ganz besonders aber zu einer Ideologisierung des Tabakkonsums, die in der Verfemung des Tabakkonsums von Frauen in der NS-Rassenbiologie einen bedenklichen Kulminationspunkt fand (Merki 1998).

Der allmähliche Übergang der Diskussion um Rauchen und Lungenkrebs vom medizinischen Fach- in den öffentlichen Diskurs nach dem Zweiten Weltkrieg leitete auch eine grundlegende Änderung des gesellschaftlichen und des staatlichen Umgangs mit dem Tabakkonsum und namentlich dem (Zigaretten-)Rauchen ein. Einen entscheidenden Impuls vermittelte dabei der 1964 in den USA erschienene *Report on Smoking and Health* (Terry-Report), dem das *Surgeon General's Advisory Committee* zu weltweiter Aufmerksamkeit verhalf. Staatlicherseits erfolgten Reaktionen auf verschiedenen Ebenen: vom Warnaufdruck auf den Zigarettenpackungen, der in der EU im Gegensatz etwa zu den USA erst Anfang der 80er Jahre erfolgte, über prohibitive massive Erhöhungen der Tabaksteuer (und damit auch des Verbraucherpreises) in den skandinavischen Ländern bis hin zur Erstellung von staatlichen Kosten-Nutzen-Rechnungen des Tabakkonsums. Insbesondere aber rückte der Tabak in den Blickpunkt staatlicher Gesundheitspolitik.

Die öffentliche und mediale Präsenz, die die Tabakfrage nun seit über dreißig Jahren besitzt, erfuhr in den 1970er Jahren durch das Aufkommen der Frage des Passivrauchens eine entscheidende Richtungsänderung, die eher von der Problematisierung des aktiven Tabakkonsums wegführte. Das heißt der Blickwinkel verlagerte sich vom individuellen Konsum und seinen Folgen hin zur Schädigung von Unbeteiligten durch das Rauchen. Politische Reaktionen blieben auch hier nicht aus und reichen von der endgültigen Formierung von Anti-Raucher-Bewegungen als politische (und staatlich ernstgenommene) *pressure-groups* bis zur Ausdehnung von rauchfreien Zonen in öffentlichen oder für viele zugänglichen Bereichen. Damit schließt sich im übrigen ein Kreis, der mit der Fortführung der bürgerlichen Verhäuslichung des Rauchens im 19. Jahrhundert begonnen und schon vor hundert Jahren zur Forderung nach rauchfreien Räumen und Zonen geführt hatte (Dieterich 1998:76-80).

Dem Kampf um den Tabak – denn konfliktuöse Formen hat die Auseinandersetzung in den vergangenen Jahrzehnten durchaus angenommen, Fronten haben sich beidseitig verhärtet und eine eindeutige (Selbst-)Zuordnung zum einen oder anderen Lager wird eingefordert – kommt heute eine über die Auseinandersetzung mit einer »genußhaltigen Risikosubstanz« hinausgehende Bedeutung zu. Tabak erscheint als eines jener Medien, über die gegenwärtig weitergehend gesellschaftliche Werte, Probleme und Ziele ausgehandelt werden.

Surrogate

Surrogate im engeren Sinne, d.h. Substanzen, die völlig ohne Zugabe von Tabak und an seiner Statt konsumiert werden, sind kaum in Gebrauch. Zwar wird bzw. wurde z. B. der Betel in Indonesien in ähnlichen Kontexten gekaut, in denen später auch Tabak zum Zuge kam, oder bedienen sich Kinder der Waldrebe für ihre ersten Rauchversuche, aber bis auf tabak- und nikotinfreie Zigaretten auf Kräuterbasis, sog. »Kräuteretten«, die in Reformhäusern angeboten werden, oder anderen speziell für die Raucherentwöhnung entwickelten Produkten gibt es keine als Ersatz propagierten Stoffe.

Fälschlicherweise als Surrogat bezeichnet wird dagegen gerne der sog. »Bauerntabak«, der in Mangel- und Kriegszeiten oft in Eigenbau kultiviert wurde – es handelt sich dabei um die *Nicotiana rustica* und damit eine vollwertige, allerdings nicht mehr unbedingt modernen Geschmacksvorstellungen angenehme Art der Tabakpflanze. In Kriegs- und Mangelzeiten war es aber auch üblich, den Tabak durch verschiedene Zugaben zu strecken. Beigemischt wurden bevorzugt getrocknete Eichen- oder Birken-, aber auch Weichsel-, Kartoffel-, Nuß- und Sonnenblumenblätter oder Huflattich.

Im Ersten Weltkrieg existierten in Österreich gar 72 approbierte Streckmittel. Empfohlen wurde zunächst die Beigabe von 10% Buchenlaub, 1916/17 wurde der Anteil auf 20% verdoppelt, schließlich bestand der »Notknaster« nur noch aus 20% Tabak, neben 40% Buchenblättern und 40% Hopfen (Sandgruber 1986:95f.).

Nach dem Zweiten Weltkrieg waren der Phantasie praktisch keine Grenzen gesetzt – und dennoch konnte das Rauchen von Waldmeister, Farn, Rosenblättern, abgebrühten Teeblättern etc. höchstens Wärmeempfindung und eine Reizung der Schleimhäute, aber weder Geruch noch Geschmack und schon gar nicht die physiologische Wirkung des Tabaks hervorrufen. Gerade in solchen

Zeiten – und das gilt namentlich für den Zweiten Weltkrieg und danach – spielte, wie Kurt Pohlisch anmerkt, der Genußaspekt des Rauchens kaum mehr eine Rolle, und seine pharmakologischen Wirkungen traten kurzfristig wieder in den Vordergrund (Pohlisch 1954:152ff.): als Sedativum, als Ausgleich zur schmalen Kost und als Mittel zur Spannungsbewältigung (Merki 1996:70).

Literatur

Arnim, Volkmar v. (1958): Die Welttabakwirtschaft, Kiel

Austin, Gregory (1981): Die europäische Drogenkrise des 16. und 17. Jahrhunderts. In: Völger, Gisela/Welck, Karin v./Legnaro, Aldo (Hg.): Rausch und Realität. Drogen im Kulturvergleich, Köln 1981, S. 115-132

Berger, Peter L. (1986): A Sociological View of the Antismoking Phenomenon. In: Tollison, Robert D. (Hg.): Smoking and Society, Lexington, S. 225-240

Böse, Georg (1957): Im blauen Dunst. Eine Kulturgeschichte des Rauchens, Stuttgart

Brändli, Sabina (1996): »Sie rauchen wie ein Mann, Madame«. Zur Ikonographie der rauchenden Frau im 19. und 20. Jahrhundert. In: Hengartner, Thomas/Merki, Christoph Maria (Hg.): Tabakfragen. Rauchen aus kulturwissenschaftlicher Sicht, Zürich, S. 83-109

Brengelmann, Johannes C. (Hg.) (1987): Determinanten des Rauchverhaltens. Ein Kongreßbericht, Frankfurt a.M. etc.

Burnham, John C. (1993): Bad Habits. Drinking, Smoking, Taking Drugs, Gambling, Sexual Misbehavior and Swearing in American History, New York/London

Corti, Egon Caesar Conte (1930): Die trockene Trunkenheit. Ursprung, Kampf und Triumph des Rauchens, Leipzig

Dahlke, Rüdiger und Margrit (1989): Die Psychologie des blauen Dunstes. Be-Deutung und Chance des Rauchens, München

Dieterich, Claus-Marco (1998): Dicke Luft um Blauen Dunst. Geschichte und Gegenwart des Raucher/Nichtraucher-Konflikts, Marburg

Elias, Norbert (1977/78): Über den Prozeß der Zivilisation. Soziogenetische und psychogenetische Untersuchungen, 2 Bde., Frankfurt a.M.

Ellerbrock, Karl-Peter (1993): Geschichte der deutschen Nahrungs- und Genußmittelindustrie 1750-1914, Diss., Stuttgart

Fehér, Ferenc/Heller, Agnes (1995): Biopolitik, Frankfurt a.M./New York (engl. 1994)

Franzkowiak, Peter (1985): Alltäglicher Genußmittelkonsum und medizinische Risikodefinition. Eine kultursoziologische Kritik an epidemiologischen und gesundheitserzieherischen Konzepten zum sozial integrierten Zigarettenrauchen und Alkoholkonsum, Diss. Göttingen

Ginzel, K.H. (1990): A quantitative estimate of exposure of active and passive smokers to chemicals in cigarette smoke. In: Durston, B./Jamrozik, K. (Hg.): Tobacco and Health 1990: The Global War. Proceedings of the Seventh World Conference on Tobacco and Health, Perth, Western Australia

*Goodman, Jordan (1993): Tobacco in History. The Cultures of Dependence, London/New York [besonders ertragreich für die vormodernen Aspekte der Tabakgeschichte sowie für die Entwicklung von US-Tabakanbau und -handel]

Goodman, Jordan/Lovejoy, Paul E./Sheratt, Andrew (Hg.) (1995): Consuming Habits. Drugs in History and Anthropology, London/New York

Hengartner, Thomas (1996): Tabakkonsum und Rauchen. Theoretische Überlegungen zu einer Volkskunde der Genußmittel. In: Hengartner, Thomas/Merki, Christoph Maria (Hg.): Tabakfragen. Rauchen aus kulturwissenschaftlicher Sicht, Zürich, S. 113-137

Hengartner, Thomas/Merki, Christoph Maria (1993): Heilmittel, Genußmittel, Suchtmittel. Veränderungen in Konsum und Bewertung von Tabak in der Schweiz. In: Schweizerische Zeitschrift für Geschichte, Bd. 43, S. 375-418

*Hengartner, Thomas/Merki, Christoph Maria (Hg.) (1996): Tabakfragen. Rauchen aus kulturwissenschaftlicher Sicht, Zürich [Sammelband zu geistes-, kultur- und sozialwissenschaftlichen Aspekten des Rauchens]

*Hess, Henner (1987): Rauchen. Geschichte, Geschäfte, Gefahren, Frankfurt a.M./New York [einführendes Werk mit Schwergewicht auf ökonomischen und Risiko-Aspekten]

Immensack, R. (1996): Bibliographie als Geschichte der deutschsprachigen Tabakliteratur von 1579-1995, hg. von Schneider, U., Braunschweig etc.

Kiernan, Victor G. (1991): Tobacco – A History, London

Leu, Robert E./Schaub, Thomas (1985): Rauchen und Gesundheit. Eine volkswirtschaftliche Analyse, Basel

Lévi-Strauss, Claude (1976): Mythologica II. Vom Honig zur Asche, Frankfurt a.M. (frz. 1966)

Merki, Christoph Maria (1993): Interessen im blauen Dunst. Die Tabaksteuer in der Schweiz. In: Guex, Sébastien/Körner, Martin/Tanner, Jakob (Hg.): Staatsfinanzierung und Sozialkonflikte (14.-20. Jahrhundert), Zürich, S. 241-261

Merki, Christoph Maria (1996): Die amerikanische Zigarette – das Maß aller Dinge. Rauchen in Deutschland zur Zeit der Zigarettenwährung (1945-1948). In: Hengartner, Thomas/Merki, Christoph Maria (Hg.): Tabakfragen. Rauchen aus kulturwissenschaftlicher Sicht, Zürich, S. 57 bis 82

Merki, Christoph Maria (1998): Die nationalsozialistische Tabakpolitik. In: Vierteljahrshefte für Zeitgeschichte 1, S. 19-42

Moeller, Knud O. (1951): Rauschgifte und Genußmittel, Basel

Niederberger, Josef Martin (1987): Rauchen als sozial erlerntes Verhalten. Physiologie und Sozialisationstheorie einer alltäglichen Sucht, Stuttgart

Pohlisch, Kurt (1954): Tabak. Betrachtungen über Genuß- und Rauschpharmaka, Stuttgart

Porter, Roy/Teich, Mikulas (Hg.) (1995): Drugs and Narcotics in History, Cambridge etc.

Precht, Kai/Baumgartner, Hansjakob (1993): Tabak. Gewohnheiten, Konsequenzen, St. Gallen etc.

Rogozinski, Jan (1990): Smokeless Tobacco in the Western World. 1550-1950, New York/ Westport/London

Sandgruber, Roman (1982): Die Anfänge der Konsumgesellschaft. Konsumgüterverbrauch, Lebensstandard und Alltagskultur in Österreich im 18. und 19. Jahrhundert, München

*Sandgruber, Roman (1986): Bittersüße Genüsse. Kulturgeschichte der Genußmittel, Wien/Köln/Graz [illustriertes und illustratives Einführungswerk]

Sandgruber, Roman (1994): Genußmittel. Ihre reale und symbolische Bedeutung im neuzeitlichen Europa. In: Jahrbuch für Wirtschaftsgeschichte, S. 73-88.

Schivelbusch, Wolfgang (1983): Das Paradies, der Geschmack und die Vernunft. Eine Geschichte der Genußmittel, Frankfurt a.M. etc.

Schmidt-Semisch, Henning (1994): Die prekäre Grenze der Legalität. DrogenKulturGenuß. München

Statistisches Bundesamt (Hg.) (1998): Statistisches Jb. 1998 für das Ausland, Wiesbaden

Stiehr, Karin (1991): Der Streit um das Rauchen: Zur Genese eines Risikokonflikts. In: Soziale Welt 42, S. 510-521

Tanner, Jakob (1996): Rauchzeichen. Zur Geschichte von Tabak und Hanf. In: Hengartner, Thomas/Merki, Christoph Maria (Hg.): Tabakfragen. Rauchen aus kulturwissenschaftlicher Sicht, Zürich, S. 15-42

Tiedemann, Friedrich (1854): Geschichte des Tabaks und anderer ähnlicher Genußmittel, Frankfurt a.M.

Tollison, Robert D. (Hg.) (1986): Smoking and Society, Lexington

Tollison, Robert D./Wagner, Richard E. (Hg.) (1988): Smoking and the State. Social Costs, Rent Seeking and Public Policy, Lexington
Troschke, Jürgen v. (1987): Das Rauchen. Genuß und Risiko, Basel/Boston
Völger, Gisela/Welck, Karin v./Legnaro, Aldo (Hg.) (1981): Rausch und Realität. Drogen im Kulturvergleich, Köln
Voges, Ernst (1984): Tobacco Encyclopedia, Mainz
Women and tobacco [eigentlich: Chollat-Traquet, Claire] (1992), WHO, Genf

Elektronische Dokumente

The World Health Report 1999. Making a Difference (Internet-Ausgabe: http://www. who.int/whr/1999/en/report.htm [August 1999])
Gesundheitsbericht des Bundes 1998, Kapitel Tabak (http://www.gbe-bund.de/gbe/owa/ ergebnisse.prc_tab?fid=852&suchstring=Rauchen&query_id=81426796&sprache=d &fund_typ=TXT&methode=1&vt=&bevorz=&page_ret=0&seite=1&p_sprachkz=D&p_uid=gast&p_aid=81426796&verwandte=1&hlp_nr=3); Zugang über www.gbe-bund.de (und Stichwortsuche »Rauchen«, August 1999)

Ausgewählte Internetressourcen (Stand jeweils August 1999)

Centers for Disease Control and Prevention (Department of Health and Human Services – USA) (http://www.cdc.gov/)
Economic Commission for Europe, Statistical Division (http://www.unece.org/stats/links.htm#international
http://www.unece.org/stats/links.htm#international [Web-Seiten der Economic Commission for Europe, Statistical Division mit Verlinkungen in die UN- und nationalen statistischen Quellen]
GBE - Die Gesundheitsberichterstattung des Bundes. Ein kurzer Überblick über die Zielsetzung und die Besonderheiten der GBE (http://www.gbe-bund.de)
Society for Research on Nicotine and Tobacco (http://www.srnt.org); Herausgeberin der ZS Nicotine & Tobacco Research
TIPS. Tobacco Information and Prevention Source (http://www.cdc.gov/nccdphp/osh/in-dex.htm)
*Tobacco Free Initiative der WHO (http://www.who.int/toh/Otherlinks/tabacweb.htm) [reichhaltige Web-Site mit Links in fast alle Bereiche des Tabaks von der Medizin bis zur Industrie, geeigneter Einstieg für Netzrecherchen]

Zeitschriften

Es existiert eine Vielzahl meist nationaler, von Interessenverbänden herausgegebener Periodika, von der Schweizerischen und der (deutschen) Tabakzeitung bis hin zur »Nichtraucher-Info« (hg. von der Nichtraucherinitiative Deutschland e.V.), »Luftwege. Das Magazin für Nichtraucher«, den »Mitteilungen des Ärztlichen Arbeitskreises Rauchen und Gesundheit« oder (seit 1999) »Nicotine & Tobacco Research. Official Journal of the Society on Nicotine and Tobacco« u.v.a.m. Darüber hinaus werden Tabakfragen bevorzugt in einer kaum mehr überblickbaren Fülle von Broschüren und grauer Literatur behandelt.

Cannabis und Opium

Jakob Tanner

Einleitung

Der Begriff der »Droge« war lange Zeit synonym mit jenem der Betäubungsmittel und der Rauschgifte und umfaßte neben Opiaten (Rauchopium, Morphium, Heroin) und Hanf (Cannabis) auch eine Reihe weiterer Stoffe (wie z. B. Kokain, Meskalin, Amphetamine, LSD, Ecstasy und andere Designerdrogen). Aufgrund des Prohibitionsregimes, das im Verlaufe des 20. Jahrhunderts durchgesetzt wurde, gehören »Drogen« heute zu den weltweit profitabelsten Produkten. Für die 1990er Jahre belaufen sich Schätzungen über den Jahresumsatz auf 300 bis 500 Milliarden US-Dollars; davon fällt ca. ein Viertel auf Heroin und – weil besonders schwierig zu schätzen – zwischen 5% und 20% auf Cannabis (Morel/Rychen 1994:8ff.).

Obwohl die strafrechtliche Definitionslogik weder aus pharmakologischer noch aus historischer Sicht sinnvoll ist, hat sie die Wahrnehmungskategorien und Deutungsmuster von Drogen in den Industriegesellschaften des 20. Jhs. maßgeblich geprägt (Renggli/Tanner 1994). Dieser Überblicksbeitrag behandelt Hanf und Opium gemeinsam. Dies ist nicht nur auf die definitorische »Schicksalsgemeinschaft«, die Opium und Hanf mit dem modernen Prohibitionsregime als »Betäubungsmittel« erfahren haben, zurückzuführen, sondern auch darauf, daß die beiden Stoffe aus historischer Perspektive wichtige Gemeinsamkeiten aufweisen. Zwei Aspekte sind hervorzuheben: Erstens handelt es sich sowohl bei den verschiedenen Sorten von Cannabis (der Hanfpflanze) wie auch beim Papaver somniferum (der Pflanze, aus der Opium gewonnen wird) um alte, weitverbreitete, vielfältig genutzte Kulturpflanzen, welche die Menschen schon seit Jahrtausenden begleiten. Seit dem Übergang zur Seßhaftigkeit, verbunden mit der Haltung von Haustieren und der Züchtung von Pflanzen, wie er unter der zeitlich diffusen Bezeichnung »Neolithische Revolution« zusammengefaßt wird, haben Hanf und Opium ihre Spuren hinterlassen. Während Opium vor allem auf der nördlichen Hemisphäre heimisch ist, tritt Hanf global auf. Als Anbausorten waren die verschiedenen Cannabisvarietäten und der Papaver somniferium Resultate gezielter züchterischer Verbesserungen. Sie waren in komplex strukturierte argrar- und viehwirtschaftliche Produktionsweisen integriert, wurden in verschiedenen Zusammenhängen genutzt und integral weiterverarbeitet. Während Opium vor allem aufgrund seiner schmerzstillenden, sedativen und euphorischen Potenzen einen ausgezeichneten Ruf in der europäischen Medizin genoß und als das Heilmittel par excellence galt, wurde Hanf vor allem als gewerblicher Rohstoff geschätzt, aus dem strapazierbare und anspruchslose Fasern für die Textil-, Seil- und Papierherstellung gewonnen werden konnten (Tanner/Spörri 1998). Mit der Verwissenschaftlichungstendenz des 19. Jahrhunderts gerieten Hanf und Opium in eine zweischneidige Situation: zum einen ermöglichte die Forschung neue Inhaltsstoffe und Verarbeitungsformen, zum anderen wurden beide Stoffe durch wissenschaftlich-industrielle Alternativen verdrängt.

In dieser Phase zeigte sich die zweite Gemeinsamkeit: Sowohl Opium wie Hanf wurden im 20. Jahrhundert als »Rauschmittel« stigmatisiert. Die moderne »Rhetorik der Droge« (Derrida 1989: 197ff.) stattete die entsprechenden Produkte mit angsteinflößenden Bedeutungsfacetten wie Leistungsversagen, Krankheit, sozialem Elend und Tod aus. Opiate und Cannabisprodukte schienen die Gesundheit des sogenannten Volkskörpers zu bedrohen. Im Zuge dieser neuen Bewertung löste sich die therapeutische Dimension der beiden Pflanzen weitgehend auf, und das Wissen über ihre Bedeutung als Heilmittel, als die sie in den Jahrhunderten zuvor Verwendung gefunden hatten, ging verloren. Zunächst kristallisierten sich die Verbotsbestrebungen am Opium und seinen Derivaten, den Alkaloiden. Der »symbolische Kreuzzug« der US-Amerikaner gegen das Opium markierte den Auftakt zu einem internationalen Prohibitionsregime, das mit der Ersten Internationalen Opium-Konvention von 1912 und den Pariser Friedensverträgen nach dem Ersten Weltkrieg auf einer globalen Stufenleiter verankert werden konnte. Seit den 1920er Jahren waren auch Cannabisprodukte Gegenstand dieser Verbotspolitik.

In den 1960er und 70er Jahren existierten die traditionsreichen und polyvalenten Pflanzen nur noch als gefährliche Drogen, die von einer Minderheit gebraucht und gegen die ein regelrechter »Krieg« geführt wurde. In dieser polarisierten Atmosphäre eines war on drugs waren grundlegende Differenzierungen nicht mehr möglich und kulturelle Mißverständnisse vorprogrammiert. Später besannen sich Strömungen, die eine Liberalisierung der Drogenpolitik anstrebten, auf neue Unterscheidungen und sprachen von »weichen« und »harten« Drogen. Dies war Ausdruck des Bemühens, Cannabis aus dem Dunstkreis des Illegalen und Kriminellen herauszulösen und dem psychotomimetisch-halluzinogenen Haschisch oder Marihuana eine neue gesellschaftliche Respektabilität als Genußmittel zu verschaffen. Im Verlaufe der letzten Jahre konnte zudem das nüchterne Bild des Hanfs als eines rasch regenerierbaren Rohstoffs mit vorteilhafter Ökobilanz rehabilitiert werden (Herer 1993). Darüber hinaus wird verstärkt die Ambivalenz dieser Drogen thematisiert. So, wie im Begriff *pharmakon* Heilung und Vergiftung semantisch verquickt sind, rükken Buchtitel das Bedrohliche und das Faszinierende in unmittelbare Nähe. Eine Publikation, die 1989 unter dem Titel *Intoxication* erschien, heißt in der deutschen Übersetzung »RauschDrogen: Sehnsucht nach dem künstlichen Paradies« (Siegel 1995) oder es ist von den »Pflanzen der Götter« und den »magischen Kräften der Rausch- und Giftgewächse« die Rede. Auch wenn sich die Gewichtung in Richtung eines unbefangeneren Umgangs mit Drogen verlagert hat, bleibt doch das Spannungsfeld zwischen den zwei unvereinbar scheinenden Komponenten bestehen: Hanf als umweltverträgliche Nutzpflanze, Opium als leistungsfähiges Analgetikum einerseits; Haschisch, Marihuana, Morphium und Heroin als exotisch-gefährliche Rauschgifte andererseits.

Diese Ausführungen machen am Beispiel von Hanf und Opium deutlich, daß es »in der Natur« keine Drogen gibt (Derrida 1989:197). Was Gegenstand einer Drogengeschichte ist, sind nicht die unveränderbaren Stoffe, sondern die kulturellen Konstrukte, welche die Gesellschaft und die Menschen bewegen. Der Gebrauch von Opium und seinen Alkaloiden und Derivaten (Morphium, Heroin) sowie von Cannabis (in Form von Haschisch und Marihuana) muß deshalb immer in einem historischen Kontext betrachtet werden. Nur so unterbleibt die analytisch unergiebige Fixierung auf scheinbar stoffimmanente, transkulturelle Konstanten und Eigenschaften, und die Aufmerksamkeit kann sich auf die Vielfältigkeit von Nutzungsformen, das breite Spektrum von Wirkungen, die Verschiedenheit von Praktiken und die Wandelbarkeit von Deutungsmustern richten. Eine solche Herangehensweise ermöglicht es, bei der Darstellung der beiden Stoffe das Verfahren des Vergleichs produktiv zu machen und dadurch Unterschiede und Gemeinsamkeiten herauszuarbeiten. Ähnliche Entwicklungen und Probleme, wie sie bei Hanf und Opium auftreten, ließen sich für andere Drogen, die derselben Prohibitionsgesetzgebung unterstellt waren (bzw. sind) und deren Bedeutung ohne die Berücksichtigung ihrer Illegalisierung und Exotisierung nicht verständlich ist, aufzeigen. Während Opium und Hanf über Jahrhunderte hinweg eine eminente Bedeutung für traditionale Gesellschaften und subkulturelle Gruppen aufwiesen, sind andere Drogen (das halbsynthetische Opiat Heroin, aber auch die Designerdrogen) Produkte des 20. Jhs. und als solche Teil eines beschleunigten kulturellen Wandels, zu dem sie auf ihre Weise beitragen.

Begrifflichkeit

Für das lateinische Wort Cannabis gibt es divergierende etymologische Erklärungsansätze (aus dem Assyrischen, Altostiranischen, Urgermanischen, Arabischen, Semitischen etc.; Fankhauser 1996: 7f.). Die Bezeichnung Hanf geht auf einen indoeuropäischen Stamm zurück und leitet sich vom althochdeutschen »hanaf« bzw. vom altenglischen »hamp« ab (Herer 1993:115). Botanisch gehört Hanf mit Hopfen zur Familie der Cannabaceae, welche wiederum eine Unterabteilung der Moraceae (Maulbeergewächse) sind (Rätsch 1992:19). In der Forschung ist umstritten, ob es sich bei Cannabis um drei verschiedene Arten (Cannabis sativa, Cannabis indica, Cannabis ruderalis) handelt (Rätsch 1992:18, Scheerer 1989:369) oder ob Cannabis als einzige Spezies (Cannabis sativa) klassifiziert werden soll, deren Unterkategorien sich aus chemischen und morphologischen Varianten zusammensetzen. Die Gliederung des Cannabis in Cannabis sativa, Cannabis indica, Cannabis ruderalis geht einher mit einer Zuordnung verschiedener Wirkungen und Nutzungsmöglichkeiten zu den einzelnen Arten und einer Bewertung derselben: Im allgemeinen ist Cannabis sativa faserhaltiger als Cannabis indica, welches seinerseits rauschwirksamer sein soll; Cannabis ruderalis wiederum ist zu klein, um als Droge genutzt zu werden (Scheerer 1989:369; Schultes/Hofmann 1995:62). Der indische Hanf gilt somit als rauschwirksam, während der einheimische Hanf, Cannabis sativa, diese Eigenschaft angeblich nicht besitzt. Die Forschungsrichtungen, die sich einer solchen Klassifikation entgegenstellen und von der Annahme ausgehen, Hanf sei eine einzige Spezies (Emboden 1982:557), führen deren unterschiedliche Wirkungen auf klima- und züchtungsbedingte Unterschiede zurück (Bröckers 1988:45; Kessler 1984). Tatsächlich weisen die weiblichen Pflanzen verschiedener Hanfsorten einen unterschiedlichen Gehalt an Tetrahydrocannabinol (THC) auf, doch auch verschiedene Anbaumethoden haben Einfluß, indem nahe beieinander stehende Pflanzen stärker in die Höhe streben, wodurch die Faserbildung verstärkt wird. Cannabis kommt getrenntgeschlechtlich (diözisch) vor, d.h., es gibt blühende männliche Pflanzen (Femelhanf) einerseits und fruchtende weibliche Pflanzen andererseits (Mäschelhanf), wobei nur die letzteren zur Haschisch- und Marihuanagewinnung geeignet sind (Katalyse 1995:205), weil sie die nährstoffreichen Samen ausbilden und den für die Haschisch- und Marihuanagewinnung begehrten psychoaktiven Wirkstoff THC enthalten.

Das Wort Haschisch hat eine mehrdeutige Etymologie. Es wird zum einen vom Arabischen *hasis* (»Gras«, »Heu«) hergeleitet, zum anderen auch mit der Sekte der Haschaschinen (Assassinen) in Verbindung gebracht, wodurch sich ein begrifflicher Zusammenhang zwischen »Mördern« und »Haschischrauchern« ergibt (Gelpke 1966). Seit den 1960er Jahren haben sich auch das Substantiv »Hascher« und das Verb »haschen« eingebürgert. Die Bezeichnung Marihuana stammt zunächst aus dem mexikanischen Spanisch und gelangte über das amerikanische Englisch in den deutschen Sprachgebrauch. Entstanden ist der Begriff wahrscheinlich durch das Zusammenziehen der weiblichen Vornamen Maria und Juana. Marihuana wird aus den getrockneten Blättern und Stengeln der weiblichen Hanfstaude hergestellt (Renggli/Tanner 1994:212). Die Bezeichnungen Femel- und Mäschelhanf stammen aus einer »verkehrten« Geschlechterzuordnung. Man ging ganz selbstverständlich davon aus, daß der größere, stärkere Hanf männlich sei, so daß er mit dem Namen Mäschel aus masculus versehen wurde, während der zartere Hanf seinen Namen aus femella erhielt. Erst später entdeckte man, daß die Geschlechterzuordnung »falsch« vonstatten gegangen ist, wovon die »verkehrten« Namen noch immer zeugen (Peter 1983:24).

Opium wird aus dem sogenannten Schlafmohn, Papaver somniferum, gewonnen, der nicht mit dem uns bekannten Klatschmohn, Papaver rhoeas, verwechselt werden darf. Vermutlich stammt Papaver somniferum von Papaver setigerum ab, hat also als Urform nie existiert (Schultes/Hofmann 1995:57). Ursprünglich umfaßte die Familie der Papaverazeen über 700 Wildformen, heute sind noch etwa 100 Formen bekannt. Der Schlafmohn, der vorwiegend auf der nördlichen Halbkugel (Seefelder 1987:7) existiert, ist eine uralte Kulturpflanze, d.h. ein Produkt jahrhundertelanger Züchtungsbemühungen, die alle darauf abzielten, den Ertrag an Opium, das aus den Kapseln des Mohns gewonnen wird, zu steigern. Etymologisch wurde Opium im 15. Jahrhundert aus dem Lateinischen entlehnt und als Mohnsaft bezeichnet, wobei der lateinische Begriff Opium selbst schon eine Entlehnung aus dem Griechischen war, nämlich aus *opós* (»Milchsaft«). In der Sprache moderner Wissenschaft konnte Opium seit dem 19. Jahrhundert allmählich als ein komplexer Cocktail von Alkaloiden dechiffriert werden, der aus 25 Alkaloiden besteht; eines davon ist Morphium, weitere bekannte sind etwa Thebain, Kodein, Papaverin, Narcein und Narkotin (bzw. Noscapin). Rohopium besteht zu etwa einem Viertel aus solchen spezifischen Wirkstoffen, der wichtigste davon ist (je nach Anbaugebiet und Qualität) mit 8% bis 15% das zuerst entdeckte Morphium. Auch aus anderen Naturheilstoffen oder Genußmitteln konnten nun solche Alkaloide extrahiert werden. So gelang es 1859/60 dem Göttinger Chemiker A. Niemann, das Alkaloid der Blätter des Kokastrauchs, das er Kokain nannte, zu isolieren.

Morphin wurde erstmals 1805 durch den Paderborner Apotheker Heinrich Sertürner isoliert. Beeindruckt von der stark narkotisierenden Wirkung dieses »Prinzips« gab ihm sein Entdecker den Namen Morphin, abgeleitet vom griechischen Gott des Schlafes und des Traumes, Morpheus; bald wurde daraus Morphium. Fast ein Jahrhundert später wurde Heroin (Diacetylmorphin), das nicht im pflanzlichen Gewebe vorkommt, sondern aus einer Synthese stammt, verfügbar. Obwohl dieser Stoff erstmals 1874 hergestellt worden war, traten seine frappanten Wirkungen erst dem beim deutschen Arzneimittelfabrikanten Bayer angestellten Chemiker Heinrich Dreser deutlich vor Augen, dem es im Jahre 1898 (im selben Jahr, in dem auch Aspirin auftauchte) erneut gelang, aus Morphium und Essigsäureanhydrid den halbsynthetischen Stoff Diacetylmorphin herzustellen. Aufgrund ihrer Stärke erhielt die Reagenzglasschöpfung den auf »heroisch« anspielenden Markennamen »Heroin« (de Ridder 1990; Seefelder 1987).

Physiologische und psychische Wirkung

Wirkungen von Drogen können nicht generalisiert werden. Sie sind geprägt – was sich besonders stark bei Hanf und Opium zeigt – von der Kultur, in der diese Stoffe gebraucht werden und von der Persönlichkeit, von den individuellen Bedürfnissen der Konsumenten. Zugleich sind sie abhängig von der Zubereitung des Stoffes und von dessen Dosis. Opiumträume und Haschischhalluzinationen gehören zu den Wirkungen dieser Stoffe, auch wenn es keine schlüssigen Verbindungen zwischen Pharmakodynamik und kultureller Produktion gibt (Hayter 1988).

In traditionellen Einteilungen wurde Opium unterschiedlich klassifiziert und galt als Euphoricum, Seelenberuhigungsmittel, als ein potentes Analgetikum und Schlafmittel. Je nach Dosis kann ein angenehmes Entspannungsgefühl oder aber – am anderen Ende des Spektrums – eine letale Lähmung eintreten. Während Rauchopium langsam und eher diffus wirkt, tritt bei Heroin ein rush-artiger, Wohlbefinden vermittelnder Effekt ein. Mit Hilfe einer Rezeptorentheorie kann die Wirkungsweise von Opium und Opiaten heute gut beschrieben werden – ganz im Gegensatz zum psychotomimetischen, halluzinogenen Effekt von Cannabis, über dessen Zustandekommen weitgehend Unklarheit herrscht. Die Einsicht in die physiologischen Mechanismen ermöglicht es auch, die physische Abhängigkeit, die beim Konsum von Opium und seinen Alkaloiden auftritt, zu analysieren. Beim Hanf ist dergleichen nicht bekannt. Weder körperliche Suchtphänomene noch generell schädliche Auswirkungen konnten bisher festgestellt werden. Um so naheliegender ist es, die vermuteten segensreichen Verwendungsmöglichkeiten und die behaupteten desaströsen Wirkungen des Hanfs in historischer Perspektive zu sehen. Die der Pflanze inhärenten Qualitäten und Wirkstoffe können von Menschen nur innerhalb eines spezifischen kulturellen Kontextes erkannt und genutzt werden. Erwartungen und Techniken der Selbstkonzentration spielen hier eine entscheidende Rolle. Aber auch in synchroner Perspektive gibt es keine einheitliche gesellschaftliche Wahrnehmung und Deutung des Stoffes. Bäuerinnen und Bauern, die Faserhanf auf ihren Äckern kultivierten, hatten wohl eine andere Auffassung von der physiologisch-psychologischen Wirkung des Hanfkrautes bzw. seiner Blütenextrakte als Bohémiens, die nach produktiven Verrückungen suchten. Ebenso sind die Opiumträume von romantischen Dichtern des 19. Jahrhunderts, die mit Hilfe dieses himmlischen Vehikels in phantastische Welten zu entschweben versuchten, etwas anderes als etwa die minutiöse Selbstbeobachtung, die der zur Schmerzlinderung Opium konsumierende Albrecht von Haller in den 1770er Jahren niederschrieb (Hayter 1988).

Erfahrungen mit Drogen erweisen sich daher immer als kulturell modelliert. Dem Hanf kommt ein enorm breites Wirkungsspektrum zu. Am einen Pol finden wir die »berauschenden« Wirkungen des Hanfes. Im allgemeinen werden Hanf ganz unterschiedliche, nämlich bewußtseinserweiternde, entspannende, beruhigende, halluzinogen-psychotomimetisch-psychedelische Wirkungen zugeschrieben. Am andern Pol ist seine Qualität als Nahrungsmittel, als Nährwertlieferant zu sehen. Im Hanfsamen sind die acht essentiellen Aminosäuren enthalten; nur die Sojabohne übertrifft ihn als gehaltreichste Frucht (Bröckers 1988:45). Wenn nach physiologischen Wirkungen gefragt wird, geht es um die Inkorporierung des Stoffes durch Menschen, sei es als Nahrungs-, als Heil- oder als Rauschmittel. Gerade beim Hanf ist die psychische Komponente, die Erwartungshaltung der KonsumentInnen als entscheidender Faktor bei der Effektmodellierung zu betrachten. Die Wirkung von Hanf bzw. die Diskussion darum ist, vor allem in unserem Jahrhundert, immer auch von naturwissenschaftlichen Erkenntnissen geformt. Gesellschaftliche Vorurteile können durch wissenschaftliche Forschungsergebnisse erhärtet werden – in diesem Fall sind sie zueinander kongruent –, doch verbinden sich alltägliches und wissenschaftliches Wissen nicht immer in solch »fruchtbarer« Art und Weise. Bisweilen stehen sich die beiden auch diametral gegenüber; Forschungsergebnisse finden dann selten Eingang ins Alltagswissen. Dabei geht es unter anderem um die von der wissenschaftlichen Forschung extrahierten Qualitäten des Stoffes; die Beziehung von Alltags- und Wissenschaftswissen in Konkurrenz und Deckung wird dabei sichtbar. Mit der zunehmend verwissenschaftlichten Beobachtung wurde allerdings seit dem 19. Jahrhundert versucht, die eher sedativ-analgetische Wirkung von Opium von der halluzinogenen, psychotomimetischen Qualität von Haschisch zu unterscheiden.

Produktion und wirtschaftliche Bedeutung

Im Unterschied zu Papaver somniferum, der zur Opiumgewinnung angebaut wurde, ist die Geschichte des Hanfs nicht gleichzusetzen mit derjenigen von Haschisch und Marihuana. Es läßt sich hier vielmehr eine landwirtschaftlich-gewerbliche Nutzungsweise beobachten, die zwar auch einen Genußmittelaspekt aufweist, der aber häufig nicht dokumentiert ist oder nur ganz am Rande erwähnt wird. Die Herstellung von Opium war seit dem 19. Jahrhundert auch weit stärker mit dem Verwissenschaftlichungs- und Technisierungsprozeß verbunden als jene von Hanf. Der Gebrauch traditioneller Opiumzubereitungen (Tschanu und Laudanum) trat hinter den der Alkaloide zurück. Die Herstellung der Alkaloide – insbesondere des Morphiums und seiner Derivate (vor allem des Heroins) – war eingebunden in die Geschichte der Industrialisierung und insbesondere des Aufbaus der chemisch-phamazeutischen Industrie. Die Industrielle Revolution markiert denn auch eine Zäsur in der Produktion des Opiums. Im 20. Jahrhundert war das Laboratorium in der Opiatproduktion immer stärker auf dem Vormarsch. Die entsprechenden Techniken werden heute in verschiedenen Anbauregionen beherrscht.

Von der traditionellen Opiumherstellung zu den industriellen Opiumalkaloiden

Funde aus dem südlichen Europa zeigen, daß der Anbau von Mohn schon um 4.000 v. Chr. bekannt war. Opium weist folglich eine über 6.000 Jahre sich hinziehende Überlieferung auf – so lange haben Menschen mit diesem Stoff gelebt; erst vor 80 Jahren kamen sie auf die Idee, er müsse weltweit verboten, illegalisiert, kriminalisiert und ausradiert werden. Der Mohnanbau erstreckte sich auf nahezu alle Hochkulturen der Antike (Mesopotamien, Ägypten, Vorderasien, Kreta, Griechenland, Karthago, Rom). Wer die Form der Mohnkapsel kennt, wird sie häufig auf verschiedenen Reliefs, Münzen, Bildern etc. wieder finden: Demeter, die griechische Göttin des Ackerbaus und der Feldfrüchte, wird beispielsweise mit den beiden wichtigsten Pflanzen abgebildet: dem Getreide und der Mohnkapsel.

Im Abendland scheint das Opium nach der Völkerwanderung nur noch eine marginale Bedeutung gehabt zu haben; in einigen Gegenden war es ganz verschollen. Über die Gründe für das Unterbrechen dieser Tradition existieren nur Vermutungen. Erst im Mittelalter wurde das Opium, das in der arabischen Medizin seine herausragende Position behauptet hatte, wiederentdeckt. Mit den Kreuzzügen des 11. und 12. Jhs. kam der Theriak, der von Galen bereits im 2. Jh. als König der Heilmittel bezeichnet worden war, im Abendland wieder in Gebrauch. Als Theriak (oder im Süddeutschen: Triackel) bezeichnete man opiumhaltige Mischungen verschiedenster Substanzen, denen unterschiedliche Wirkungen zugeschrieben wurden. Im 16. Jh. trugen verschiedene Gelehrte maßgeblich zur Prestigesteigerung von Opium bei; im 17. und 18. Jh. wurde die Popularisierung von Opium verstärkt. Nun kam vermehrt eine Mixtur von Opium und gebranntem Alkohol in Umlauf, das sogenannte Laudanum, das sich während Jahrhunderten zum eigentlichen Renner unter den Opiaten entwickelte. Der Buchdruck war dieser Profilierung des Opiums förderlich; verschiedene Autoren veröffentlichten Bücher, die sich mit »Opiologie« befaßten.

Die weite Verbreitung, die der Mohn fand, ist u.a. darauf zurückzuführen, daß es sich um eine vielfältig nutzbare und leicht reproduzierbare Kulturpflanze handelt. Eine Kapsel enthält Tausende von Samen, die genetisch homogen sind und Saatgut für ein ganzes Feld abgeben. In traditionellen Anbaugebieten war Mohn eine Pflanze, die unterschiedlich genutzt wurde. In noch nicht ausgereiftem Zustand konnte sie als Gemüse gegessen werden, in vielen Gegenden wurde Mohn vor allem wegen seines ölhaltigen Samens geschätzt. Wichtigstes Anbaumotiv scheint aber allgemein doch das Opium gewesen zu sein. Nach dessen Gewinnung, die noch an der grünen, nicht ganz reifen Kapsel vorgenommen wird, konnte nochmals Öl aus der Blüte gepreßt werden; dieses ließ sich sowohl in der Küche als auch für die Beleuchtung verwenden. Der Preßkuchen wiederum ergab ein gutes Viehfutter. In ärmeren Familien war es üblich, diese Rückstände auch für das Strecken des Brotgetreides zu gebrauchen. Aus den trockenen Stengeln wiederum konnte Heizmaterial für den Winter hergestellt werden. Die Mohnpflanzungen waren auf diese Weise vielfach in das ökologische System integriert, es handelte sich um ein Produkt, das optimal auf die Subsistenzwirtschaft und den Geldbedarf einer kleinfamiliär-bäuerlichen Produktionsweise abgestimmt war.

In diesem Zusammenhang ist das Stichwort Familienökonomie wichtig. Der Anbau und die Gewinnung von Opium ist – allerdings nur während einer kurzer Zeitspanne – äußerst arbeitsintensiv. Ausgesät wird zwischen November und Februar, geerntet zwischen Mai und Juli. Den höchsten Ertrag bringen die Pflanzen kurz vor der Reife. Die noch grünen Kapseln werden mit kunstvoll gefertigten Messerchen geritzt, so daß eine weißliche Milch, das Opium, heraustritt. Trotz der Extraktionsverfahren, die durch die chemische Industrie entwickelt wurden, vermochte sich eine rationelle Bewirtschaftung im großen Stil – im Gegensatz zum Zucker oder zur Baumwolle, deren Anbau von den aufsteigenden Kolonialmächten auf Riesenplantagen in Regie genommen wurde – beim Opium nicht durchzusetzen. Hier dominierten kleinbäuerliche Produzenten, das heißt: es war ein flexibles Arbeitsangebot vorhanden: Männer, Frauen, Kinder, Verwandte und Bekannte konnten kurzfristig große Arbeitspensen leisten. Die chemische Industrie versuchte zwar, Produktivitätssteigerungen mit technischen Mitteln und Kapitalinvestition zu realisieren, aber die Opiumernte blieb Handarbeit, gebunden an Handfertigkeit, an manuelles Know-how, an Erfahrungswerte über den besten Zeitpunkt der Ernte. Die Kunst der Opiumgewinnung besteht nämlich darin, die beschriebenen Schnitte an den Kapseln genau in der richtigen Tiefe vorzunehmen; sind sie zu wenig tief, so ist der Ertrag niedrig, sind sie hingegen zu tief, so fließt das Opium in das Innere der Samenkapsel und kann zwar noch aus den geernteten Kapseln herausgepreßt werden, aber die Qualität dieses Stoffs ist dann, verglichen mit dem frisch ab Kapsel gewonnenen, sehr schlecht. In Berichten über Opiumanbau ist von rauschartigen Zuständen hervorrufenden, aber auch beschwerdenerregenden Duftwolken die Rede, die von den Feldern her die bewohnten Gebiete erreichen und die Bewohner belästigen können, und zwar über einen Zeitraum von ca. drei Wochen hinweg: So lange dauert nämlich die Ernte, bei welcher der Ritzvorgang in der Abfolge von einem oder mehreren Tagen insgesamt bis zu sechsmal vorgenommen wird. Der Arbeitsaufwand für die Gewinnung eines Kilogramms Opium beträgt ungefähr 250 Arbeitsstunden. Die Ernteschwankungen sind beträchtlich, sie variieren zwischen guten und schlechten Jahren im Verhältnis von 1 zu 6. Insgesamt können so pro Hektar zwischen 5 und 70 kg, durchschnittlich etwa 30 bis 40 kg Opium gewonnen werden. Die klebrige Masse wird dann als Opiumkuchen einem Trocknungsprozeß ausgesetzt; dabei geht etwa die Hälfte des Gewichts verloren. Die so gereifte Substanz ist nun handels- und marktfähig.

Auf dieser Verarbeitungsstufe können dann, wie etwa die britische Opiumproduktion in Indien zeigt, durchaus manufakturiell-industrielle Produktions- und Organisationsformen zur Anwendung kommen. Papaver somniferum war eine *cash-crop*. An der gewinnträchtigen Vermarktung der Produkte waren die Hersteller jedoch in den wenigsten Fällen selber beteiligt; diese wurde vielmehr von Zwischenhändlern besorgt, denen die anbauenden Bauernfamilien oft ausgeliefert waren. Das Opium war für jene, die es anbauten, somit häufig keine lohnende Einkommensquelle. Daraus erklärt sich der Umstand, daß beispielsweise in Indien die Bauern von den Kolonialherren gezwungen werden mußten, sich vom Anbau traditioneller Produkte (die auf ihre Ernährungsweise und die lokalen Märkte ausgerichtet waren) abzuwenden und Mohn anzupflanzen. Je größer die Profite wurden, die mit der Vermarktung von Opium zu erzielen waren, desto mehr sahen sich die unmittelbaren Produzenten einem harten Diktat von Händlern ausgesetzt; die Geschichte des »ausgebeuteten Mohnbauern« ist also verknüpft mit der Geschichte des lukrativen britischen Opiumhandels in China und – später – mit der Geschichte der Drogenprohibition, also der Betäubungsmittelgesetzgebung.

Morphium wurde bereits in den 1820er Jahren durch die Darmstädter Firma Merck & Co. auf industriell-kommerzieller Basis hergestellt. Da Morphin schlecht löslich war, wurde schon bald ein Verfahren entwickelt, das es ermöglichte, aus der Morphinbase Salze zu gewinnen; das wichtigste war das 1870 erfundene Morphinhydrochlorid.

Im ersten Jahrzehnt des 20. Jhs. erzielte das seit 1898 produzierte Heroin als Medikament einen breiteren Durchbruch, wurde jedoch in den amerikanischen Großstädten gleichzeitig eine Alltagsdroge für junge Männer aus Unterschichten. Dieser nicht medizinisch kontrollierte Konsum wirkte sich negativ auf die gesellschaftliche Wahrnehmung der Droge aus und hatte in den ersten Jahrzehnten des 20. Jhs. einen dramatischen Imageverlust zur Folge. Nach dem Ersten Weltkrieg waren vor allem Deutschland, die Vereinigten Staaten, Frankreich, Großbritannien, Japan und die Schweiz führend an der Produktion von Opiumalkaloiden beteiligt; bei der Heroinherstellung hielt die Schweiz zwischen 1926-29 die Spitzenposition inne, während dieser Stoff in den USA ab 1924 auch für medizinische Zwecke verboten war. Während des Zweiten Weltkrieges entwickelte die deutsche Chemiefirma Hoechst das erste vollsynthetische Opiat »Polamidon«, das heute unter dem Namen »Methadon« bekannt ist. Den Anstoß zur Erforschung synthetischer Substitute gab die Wehrmacht, die im blockadebeeinträchtigten Dritten Reich ein Schmerzlinderungsmittel für die Kriegsverwundeten und ein Ruhigstellungsmittel für Störelemente benötigte. Methadon sollte mithelfen, das gute Funktionieren der nationalsozialistischen Kriegsmaschinerie zu gewährleisten. Die Synthetisierung von Morphin gelang dann 1952 (Schultes/Hofmann 1995:58).

Die Krise der gewerblichen Nutzpflanze Hanf im Zeitalter der Industrie

Wie die Mohnpflanze war auch Hanf bereits seit der Neolithischen Revolution bekannt. In der Quellenüberlieferung erscheint er als eine der weltweit ältesten und am häufigsten angebauten Nutzpflanzen (Herer 1993:116). Sein Verwendungsspektrum war breit (Scheerer 1989:370). So wurde der Hanf in China vor 6.000 Jahren zu Nahrung, Kleidung, Fischnetzen, Öl und Medikamenten verarbeitet (Scheerer 1989:371; Emboden 1982:562). Von Zentralasien breitete sich Cannabis weiter aus und spielte in den folgenden Jahrtausenden in allen Kulturen des Mittleren Ostens, Kleinasiens, Indiens, Chinas, Japans, Europas und Afrikas eine Rolle. In die sogenannte Neue Welt wurde Hanf durch die spanischen Seefahrer eingeführt (1545); später brachten dann die Engländer ihr europäisches Wissen in die Kolonien mit (Katalyse 1997:23). Generell wurde die Hanfpflanze als Faser- und Öllieferantin sowie als Nahrungsmittel benutzt und zu Heilmitteln weiterverarbeitet. Ihre bewußtseinsverändernde (halluzinogene, psychotomimetische) Wirkung wurde sowohl in religiösen Ritualen wie auch für den alltäglichen Gebrauch geschätzt (Herer 1993:117). Etwas später als die zuvor genannten Derivate setzte die Papierherstellung aus Hanf ein: China begann damit im 1. Jahrhundert v. Chr., Europa um 1200. Am Ende des 19. Jahrhunderts bestanden drei Viertel des in der Welt hergestellten Papiers aus Hanf (Bröckers 1988:45).

In starkem Kontrast zu dieser weiten Verbreitung und vielfältigen Nutzungsweise – der Anbau war im 17. und 18. Jh. in Amerika teilweise sogar gesetzlich verordnet worden – steht der im 19. Jahrhundert einsetzende Niedergang von Cannabis (Bischof 1994:33). Noch während der Frühindustrialisierung wurde der Hanfanbau in Kontinentaleuropa zwar gefördert, doch machte sich die russische Konkurrenz immer stärker bemerkbar; Baumwollimporte verdrängten Hanffasern ebenfalls zunehmend. In Westeuropa ging mehr und mehr Ackerfläche an den Getreidebau und die Futterwirtschaft über. In der Schweiz wurde Hanf ab Mitte des 19. Jahrhunderts nur noch für die Selbstversorgung angebaut und war bereits zu Beginn dieses Jahrhunderts fast vollständig von der Bildfläche verschwunden. In verschiedenen Schriften des 19.

wie auch des frühen 20. Jahrhunderts wurde der sinkende Anbau beklagt und mit fehlendem Fleiß der Bevölkerung und ungenügenden Verarbeitungstechniken erklärt. Sozial- und Agrarreformer priesen den Hanf als eine mögliche Einnahmequelle für verarmte Unterschichten an; in den Texten kommt insbesondere zum Ausdruck, daß man mit dem Anbau von Hanf traditionelle Lebensweisen und Werte zu fördern hoffte – dem Stoff wurde also eine stabilisierende Funktion zugesprochen (Tanner/Spörri 1998).

Nicht nur in der Schweiz, auch in Deutschland ging der Anbau in der Zeit vor dem Ersten Weltkrieg zurück, doch die Versorgungsprobleme – in beiden Weltkriegen war Deutschland weitgehend vom Weltfasermarkt abgeschnitten – reaktivierten denselben. Interessant ist in diesem Zusammenhang die »lustige Hanffibel« der Nationalsozialisten, die Hanf als bodenständigen einheimischen Rohstoff für Industrie und Hauswirtschaft präsentierte. Aber auch in Amerika stilisierte man Hanf als Retter der Nation; der Titel eines Hanfpropagandafilms lautete: *Hemp for Victory* (Bröckers 1993:231).

Cannabis hat sich im Gegensatz zu Opium, das voll in die Verwissenschaftlichung integriert wurde, eher gegenläufig zum Industrialisierungprozeß entwickelt. Hanf ist eine einjährige Pflanze, welche sehr unkompliziert zu halten ist und sich daher zur extensiven, ökologischen Landwirtschaft bestens eignet. In superlativischer Sprache wird Cannabis manchmal als der umweltschonendste, am raschesten nachwachsende und damit optimal regenerierbare Rohstoff für die Textilindustrie, die Papierherstellung, den Apparatebau und die Verpackungsproduktion bezeichnet (Katalyse 1993). Als Negativfaktor fällt – wie beim Opium – einzig die vergleichsweise arbeitsintensive Verarbeitung ins Gewicht (Kessler 1984:17; Bischof 1994:28). Nach dem Zweiten Weltkrieg verdrängten synthetische Fasern die Hanffasern, mineralische Öle das Hanföl, elektrisches Licht ersetzte Lampenlicht, die arzneiliche Verwendung von Cannabis zugunsten synthetischer Mittel war rückläufig, die petrochemische Industrie brachte Hanf als Preßmaterial zum Verschwinden und für die Papierherstellung wurde Holz statt Hanf verwendet. Der einstmals unverzichtbare Faserlieferant geriet aufgrund der Schwierigkeiten, Ernte und Verarbeitung zu mechanisieren, ins Hintertreffen. Daß die Konkurrenzstoffe des Hanfes demgegenüber gut in den Industrialisierungsprozeß eingebunden werden konnten, war auch das Resultat einer strafrechtlichen Stigmatisierung des Hanfs im Verlaufe des 20. Jhs.

Konsum und Kultur der Drogen

Bei sogenannten Rauschgiften läßt sich der Konsum nicht unabhängig von der Prohibitionspolitik darstellen. Die folgenden zwei Teile der Ausführungen hängen also – sowohl für Hanf wie auch für Opium – aufs engste zusammen.

Hanf zwischen Energiespender für die Armen und Erfahrungsdroge

Sowohl der Gebrauch von Hanf wie auch von Opium war eng mit der schicht-, milieu-, geschlechts- und generationenspezifischen Differenzierung der Gesellschaft verbunden. Um den vielfältigen Gebrauch und insbesondere das Rauchen von Haschisch und Marihuana aus einer historischen Perspektive beschreiben und interpretieren zu können, ist die von Vera Rubin im Reader »Cannabis and Culture« eingeführte Unterscheidung von zwei kulturellen Hanf-Komplexen nützlich. Rubin spricht von einem traditionellen *ganja-complex* und hebt diesen ab vom modernen *marijuana-complex* (Rubin 1975:3ff.). Den Begriff *ganja-complex* entwickelten Vera Rubin und Lambros Comitas am reichhaltigen Beobachtungsmaterial über den Cannabisgebrauch, den die *Indian Hemp Drugs Commission* auf ihrer Indienreise in den Jahren 1893/94 zusammengetragen hatte. Dieser Komplex läßt sich in verschiedenen Kulturen identifizieren: Die Bevölkerung verwendete Hanf vor allem »as a sovereign remedy for all ills« (Michael H. Beaubrun, in: Rubin 1975:487). Über seine Rolle als medizinisches Palliativmittel und Remedium für Leiden aller Art hinaus war Hanf auch ein Medium für die Projektion von Wünschen und phantastischen Vorstellungen; die mystische Aufladung des Stoffes stattete ihn mit der Fähigkeit aus, böse Einflüsse zu bannen und Unheil abzuwenden. Diese Verwendung wiederum war integriert in Produktion und Arbeit. Zugleich hatten das Rauchen, Essen oder Trinken von Cannabissubstanzen eine unterstützende Funktion für körperlich harte Arbeit. Ein enger Zusammenhang zwischen Drogengebrauch und physischer Leistungsfähigkeit läßt sich bis heute in den verschiedensten Kulturen und für eine Reihe von Substanzen feststellen. So scheinen in Südamerika die Blätter des Kokastrauchs die Rolle eines funktionalen Äquivalents zum *ganja* zu spielen; auch dieser Stoff war ein Symbol für soziale Zugehörigkeit, und er war integriert in eine Kultur, in der körperliche Verausgabung zum Alltag der meisten Menschen gehörte; ohne diese Art von Erleichterung wäre das entbehrungsreiche Leben noch viel schwieriger auszuhalten gewesen. Cannabis war aber nicht nur konnotiert mit Armsein und mit dem Zwang zur Arbeit, sondern das Kraut fungierte auch als Mittel subkultureller Kohäsion. Denn Arbeit wurde nicht als individuelle Verrichtung aufgefaßt, sondern sie stellte ein kollektives Unternehmen dar, in welchem Gemeinschaftsrituale eine zentrale Rolle spielten. Hanf unterstützte beide Funktionen: Er wirkte als *energizer* und als Euphorikum; er steigerte die Leistungsfähigkeit und förderte die atmosphärische Teilhabe. Als soziales Integrationsmedium stand er im Zentrum einer alltäglichen identitätsstiftenden Praxis, die konformes Verhalten förderte und die Überlebenskultur der Unterschichten stärkte. Haschisch war auch dann, wenn er individuell geraucht wurde, ein symbolischer »Joint«, und das Rauchen klappte so richtig nur »*with a little help from one's friends*«. Im Gegenzug dazu läßt sich auch in traditionalen Gesellschaften beobachten, daß die Eliten die Tendenz hatten, den Hanfgebrauch zu stigmatisieren. Der arbeitsbezogene Gebrauch dieses Stoffes als Genußmittel war Ausdruck eines niederen sozialen Status, und dies schlug sich in seiner Bedeutung nieder. Aus der Sicht von oben handelte es sich beim Haschischkonsum nicht um eine Folge sozialer Depravierung, sondern um eine von deren Ursachen (d.h. die Leute rauchten nicht, weil sie arm waren, sondern sie wurden arm, weil sie rauchten).

Unter dem *marijuana-complex* subsumiert Vera Rubin demgegenüber spezifisch moderne, durch eine paradoxe Ambivalenz charakterisierte Nutzungs- und Gebrauchsformen des Hanfs. Einerseits wird der Anbau dieser Pflanze nun einem marktwirtschaftlichen Kalkül unterworfen, andererseits spielt sie nun die

Rolle einer Droge, ohne daß ihre profane Verwendung als Textilrohstoff und Nahrungsmittel noch mitbedacht würde. Die Autorin unterscheidet deshalb zwei antagonistische Aspekte: Kommerzialisierung und Mystifizierung. Seit wann und in welchem Umfang Cannabis auch in Mitteleuropa als Halluzinogen benutzt worden ist, bleibt weiterhin zu klären (Scheerer 1989:371). Gemäß Scheerer dominierte der Hanfanbau zur Nutzung als Faser- und Ölpflanze in Mitteleuropa jedoch ganz deutlich (Scheerer 1989:372). Diese These wird durch schweizerische Quellen des 19. und 20. Jhs. gestützt: In landwirtschaftlichen Beschreibungen erscheint Hanf als Faserrohstofflieferant, der hauptsächlich zu Textilien weiterverarbeitet wird. Teilweise wird erwähnt, daß die Pflanze einen betäubenden Geruch ausströme, doch wird dieser nirgends als gefährlich eingestuft. Man weiß zwar, daß im »Orient« eine andere Hanfsorte, Cannabis indica, existiere, welcher berauschende Wirkungen innewohnen würden, doch die einheimische Cannabis sativa wird nicht mit solchen bedrohlichen Qualitäten in Verbindung gebracht. Der Gebrauch als halluzinogenes, verrücktmachendes Mittel wurde vielmehr als typisch für die »Orientalen« bezeichnet. Diese Zuschreibung hat mit einer allgemeineren Entwicklung zu tun: Der Orient funktionierte seit dem 18. Jahrhundert als Projektionsfläche für das »Andere« des Westens, als phantasmagorische Alternative zur kalten Rationalität des Okzidents. Das morgenländische Gegenbild, das die seit dem 19. Jh. einer raschen Industrialisierung unterworfenen westeuropäischen Länder entwarfen, war mit psychotomimetischen Drogen wie Haschisch verbunden und oszillierte zwischen Angst und Faszination. Zum einen wurde der Drogenkonsum mit rassistisch aufgeladenen ethnischen Klischees unterlegt (die verrückten, faulen Orientalen); zum andern blieb die orientalische Welt eine unversiegliche Quelle von Inspirationen. Opium dagegen war stärker mit dem politischen Schlagwort der »gelben Gefahr« konnotiert (Miller 1969; Sandmeyer 1939).

Anfangs des 20. Jhs. stellte sich im pharmakologischen Institut in Bern mittels verschiedener Experimente zwar heraus, daß die Wirkungen des Cannabis sativa und Cannabis indica durchaus vergleichbar seien, und ersterer schnitt sogar größtenteils besser ab, doch auch diese Entdeckung löste keine Beunruhigung aus. Die einheimische Pflanze schien gegen »Mißbrauch« gefeit. Gleichzeitig mehrten sich Studien, die eine Ethnographie des Cannabisrauchens in anderen »Kulturkreisen« lieferten. Starke Beachtung fanden die spezifischen Utensilien, die zum Zwecke des Rauchens entwickelt wurden. Ikonographisch stand dabei die Wasserpfeife im Brennpunkt der Aufmerksamkeit. Ethnologische Forschungen gingen davon aus, bei diesen Geräten handle es sich um eine persische Innovation (Brian M. du Toit in: Rausch und Realität 1985, Bd. 2:893; Benet in: Rubin 1975:48; Rätsch 1992:117, 127, 131, 157; Schaer 1878:19). Zum Diffusionsprozeß schrieb Carl Hartwich (1911:231): »Hanfrauchen und Wasserpfeife gehören ursprünglich zusammen und haben sich weit verbreitet, aber nicht gleichmäßig, das erstere ist in Asien meines Wissens im wesentlichen auf die Muhamedaner beschränkt geblieben und hat fast ganz Afrika also auch die Neger erobert, wobei offenbar die Araber auf ihren Kriegs- und Handelszügen die Verbreiter gewesen sind. Man kann sagen, wo Hanf geraucht wird, findet sich auch die Wasserpfeife, wenn schon er jetzt nicht ausschließlich aus dieser geraucht wird und andererseits die Wasserpfeife auch zum Tabakrauchen verwendet wird.« Die Opium-Wasserpfeife, deren sich die Tschanduraucher in China bedienten und die im Verlaufe des 19. Jhs. zu einem wichtigen Artefakt der Überlebenskultur chinesischer Arbeitsmigranten in den USA wurde, stellte ein Derivat von Modellen dar, die ursprünglich für den Genuß von Hanf und später von Tabak entwickelt worden waren (Moeller 1951:90ff.). Aufgrund der effektvollen Dramatisierung der »gelben Gefahr« wurden diese Rauchgeräte seit den 1870er Jahren so prominent, daß es zu einer festen Verbindung von Opium und Wasserpfeife kam, so daß die anderen Varianten kaum mehr zur Kenntnis genommen wurden. Die verbreitetsten Formen des Rauchens von Hanfbestandteilen waren jedoch das (wiederverwendbare) »Rauchrohr« (in welches neben Cannabis auch andere Stoffe wie Stechapfelblätter, Bilsenkraut oder Tabak gestopft werden konnten) und die Verwendung eines Pflanzenblattes als Umhüllung für eine rauchbare Mischung.

Bekannt war Hanf in Europa und Amerika auch als Medikament: ab dem 16. Jh. findet Cannabis Eingang in die Kräuterbücher. Die Bedeutung von Haschisch und anderen Hanfprodukten im Arzneimittelschatz einer Medizin, die sich bis ins 19. Jh. hinein an humoralpathologischen Vorstellungen orientierte und die Krankheit als Störung in der Harmonie der Säfte interpretierte, kann nicht hoch genug veranschlagt werden, und sie wurde auch zunehmend mit dem wissenschaftlichen Instrumentarium der Chemie und der Physiologie erforscht. Marihuana war, bis es ab 1898 vom Aspirin Konkurrenz erhielt und schließlich als Heilmittel durch eine breite Palette von neuen, synthetischen Arzneimitteln abgelöst wurde, in Amerika das am häufigsten benutzte Schmerzmittel. Zwischen 1842 und 1900 machten Cannabispräparate dort die Hälfte aller verkauften Medikamente aus (Herer 1993:75). Auch im 20. Jh. beschäftigten sich nicht nur Naturheiler und Geheimmittelproduzenten, sondern auch pharmazeutische Großunternehmen mit Hanfpräparaten und -wirkstoffen, wobei nun aber das Rauchen gegenüber anderen Applikationsmethoden an Bedeutung verlor. In Europa und damit größtenteils auch in der Schweiz waren zwischen 1850 und 1950 über 100 verschiedene Cannabismedikamente erhältlich (Fankhauser 1996:170). Einer Untersuchung ist zu entnehmen, daß zwischen 1850 und 1950 ungefähr ein Zehntel der über 100 im Handel erhältlichen »Cannabismedikamente« (mittels Zigaretten, Räucherpulver und -papier) inhaliert wurden (Fankhauser 1996). Der Vorteil des Rauchens wird dabei in aller Regel in der raschen Wirkung und in der damit zusammenhängenden Möglichkeit einer Dosierung während der Applikation gesehen (Grimm 1953:57).

Die Konsumstruktur zeigt, daß Cannabis zu verschiedenen Zeitpunkten zu unterschiedlichen Zwecken verwendet wurde und wird. Hanf war lange Zeit ein Ausdruck von Armsein: Hanfkraut rauchte, wer sich Tabak nicht leisten konnte (Kessler 1984:16). Subkulturelle Kohäsion und gemeinsames Arbeiten und Konsumieren waren dabei wichtig (Tanner 1996:27f.). Hanf war Ausdruck traditionaler Lebensform, ein Genußmittel, das auch den Widerstand gegen die Zumutungen der wirtschaftlichen Modernisierung und Kommerzialisierung symbolisieren konnte.

Als in den 1840er Jahren, im Pariser *Club des Hachichins*, die mit Hanfgebrauch in Verbindung gebrachten orientalischen Gegenwelten als positiver Kontrast zur bürgerlich-normalen Lebensweise erfahren wurden, setzte eine neue Prägung des Stoffes ein (Schivelbusch 1980; Siegel 1995:152ff.). Hanf repräsentierte nun nicht mehr die Aufrechterhaltung der traditionalen Ordnung, sondern stand für eine Abkehr von der Normalität. Als Vehikel der Verrückung sollte das von normalen Bürgern perhorreszierte Rauschmittel den Zugang zu neuen Erfahrungsbereichen und Wahrnehmungsweisen eröffnen und die künstlerische Produktivität anregen (Tanner 1996:30; Scheerer 1989:373). Dieser phantastische »Rauschgift«-Diskurs der Boheme lieferte so unwillkürlich Argumente zur Tabuisierung der Droge, auch wenn dies ganz und gar nicht der Intention dieser Kreise entsprach (Schivelbusch 1980; Rudgley 1993:101ff.). Stellten die Konsumenten damals noch eine relativ homogenes Publikum dar, ist inzwischen eine heterogene Gruppe entstanden (Bröckers 1988:44).

Opium: Von »god's own medicine« zum »Rauschgift«

Mit der raschen Entdeckung von Alkaloiden wurden nach der Mitte des 19. Jhs. auch neue Methoden der Applikation entdeckt. 1856 verwendete A. Wood erstmals die Methode der subkutanen Injektion mittels einer Hohlnadelspritze, die nach ihrem Erfinder, dem französischen Arzt und Apotheker Charles G. Pravaz, »Pravaz-Spritze« genannt wurde. Diese Spritze erlebte einen phänomenalen Siegeszug als prestigeträchtiges Statussymbol für Ärzte, die damit so ziemlich alles, was sich an Medizin verflüssigen ließ, zu spritzen versuchten – bis hin zum Kamillentee. Seit diesem Zeitpunkt und befördert durch die neue, zunächst noch ärztlich kontrollierte Applikation ist die Geschichte des Opiums eng verbunden mit jener der modernen Kriegsführung. Vom amerikanischen Sezessionskrieg 1861/65 über den preußisch-österreichischen Krieg von 1866, den deutsch-französischen Krieg von 1870/71 bis zum Ersten und Zweiten Weltkrieg: überall zeigte sich das Morphium unentbehrlich zur Behandlung einer steigenden Anzahl von Kriegsversehrten, jeder dieser Kriege markierte einen regelrechten Suchtschub; in den USA war bald von *soldier's disease* die Rede. Nach der Jahrhundertwende fand aufgrund des rasanten Fortschritts in der Arzneimittelbranche und der zunehmend skeptischen Beurteilung von Opiaten ein Verdrängungswettbewerb statt; Opium, das während Jahrtausenden als unersetzlich galt, »god's own medicine«, wurde zunehmend durch die neuen, meist synthetischen Medikamente verdrängt. Die Prohibition kam im schönen Gleichtakt voran mit der pharmazeutischen Industrie, die nun lieber synthetische und halbsynthetische Medikamente verkaufte als das Allroundmittel Opium und das äußerst leistungsfähige Analgetikum Morphium.

Um die gesellschaftliche Neubewertung der »Drogen« und die Ausweitung der Problemperzeption auf neue Stoffe, insbesondere auf Morphium, Heroin und Kokain zu erklären, ist es zudem nötig, die Veränderungen der Konsummuster zu analysieren. Die moderne Drogengesetzgebung war mit einer Stigmatisierung »fremder Sitten«, mit der Ausgrenzung von Minderheiten verbunden. In den USA richtete sich die Drogengesetzgebung bis ins 20. Jh. hinein ausschließlich gegen die Chinesen und gegen ihre Droge »Rauchopium«. Die Konsumenten und Konsumentinnen des weit stärker wirkenden industriell hergestellten Morphiums hingegen wurden kaum als Problemfälle angesehen und deshalb noch bis zum Ersten Weltkrieg nicht behelligt. Zwar gab es auch in diesem Konsumsegment »einfache Leute«, v.a. Kriegsveteranen, die während des Sezessionskrieges von 1861/65 verletzt und aufgrund der medikamentösen Behandlung mit Morphium von diesem Stoff abhängig geworden waren (oder ihn einfach schätzen gelernt hatten). Hier ging die Respektabilität der Suchtursache – Verwundung im Krieg – zusammen mit der Konformität der Süchtigen, die keinesfalls aufzufallen beabsichtigten, sondern in ihrer großen Mehrheit ein ganz normales Leben führten. Daneben wurde Morphium in Mittel- und Oberschichten, insbesondere auch in Ärztekreisen, gespritzt. Hierbei handelte es sich aber – wie die Untersuchung von Charles E. Terry und Mildred Pellens aus dem Jahre 1928 festhielt – um die »gebildetsten, anerkanntesten und nützlichsten Schichten der Gesellschaft«; in derselben Studie wurde die sogenannte »typische Konsumentin« als eine »zarte Frau mit hellblauen Augen und flachsgelbem Haar« geschildert (Terry/Pellens 1928) . Das war so ziemlich das Gegenbild zu den Chinesen; es gab also keine Anhaltspunkte, die ein Eingreifen nötig gemacht hätten. Schon vor dem Ersten Weltkrieg ereignete sich aber in den amerikanischen Großstädten eine dramatische Veränderung des Drogenkonsums. Nun bildeten sich drogenzentrierte Subkulturen von Jugendlichen heraus. Dieselben Stoffe wurden plötzlich mit marginalen Milieus, mit unfähigen Menschen, mit gescheiterten Individuen, kurz: mit Problemen aller Art in Verbindung gebracht. Das veränderte ihre Bewertung fundamental. David T. Courtwright hat in seiner die Opiumabhängigkeit in den USA vor 1940 behandelnden Untersuchung *Dark Paradise* gezeigt, daß die Zahl der Süchtigen in dieser Phase insgesamt abnahm (Courtwright 1982). Trotzdem führte die Anstiegstendenz in einem problematischen Sozialsegment zu einem drastischen Imageverlust der Stoffe und jener, die sie konsumierten. Courtwright weist darauf hin, daß die mit der Drogenverfolgung befaßten Instanzen auch mit irreführenden und gefälschten Statistiken operierten, um ihre Horrorvisionen plausibel zu machen. Drogenkonsum wurde nun auch aus ärztlicher Sicht neu gedeutet. Wenn früher überhaupt eine Diagnose gestellt wurde, so lautete sie auf »moralische Schwäche«. Nun wurde sie verstärkt in Kategorien einer »mentalen Pathologie« gefaßt (Harding 1988). Spätestens in den 1920er Jahren kam der durchschnittliche Doktor auf die Idee, bei Drogenkonsum handle es sich um ein psychopathisches Phänomen, die Betroffenen seien psychisch gespaltene, bewußtseinsgestörte, potentiell gefährliche Individuen, für die doch wohl eher Polizei und Justiz zuständig seien. Eine repressive, diskriminierende »harte Linie« begann sich durchzusetzen. Als »kriminelle Süchtige« und »Geisteskranke« wurden die Drogenkonsumierenden seit damals marginalisiert, stigmatisiert, verfolgt. Internierung und Kriminalisierung ersetzten die bisherige Strategie einer diskreten Medikalisierung der Abhängigkeit.

Ebenso wie Hanf konnten auch Opium und die zahlreicher werdenden Opiate je nach Gegebenheit symbolisch unterschiedlich aufgeladen werden; längerfristig entwickelten sich beide Pflanzen von nützlichen, in Gewerbe und Medizin unverzichtbaren Gewächsen zu bedrohlichen Rauschgiften – gleichzeitig blieb Hanf ein geschätztes Genußmittel, das sich weit über oppositionelle und subkulturelle Milieus hinaus einer breiten Beliebtheit erfreute. Während sich beim Opium in Europa die Modernisierung der Substanzen voll durchsetzte und das rasche Spritzen von wirkungspotenten Alkaloiden die traditionellen Formen des Tschandu-Rauchens völlig verdrängte, war beim Hanf eine gegenläufige Entwicklung festzustellen. Das Joint-Rauchen hat hier längst nicht ausgedient. Während ein breiter Konsens besteht, daß Opiumalkaloide ein hohes, wenn auch pharmakologisch vergleichsweise unschädliches Abhängigkeitspotential aufweisen und deswegen ein Problem darstellen, gehen beim Hanf die gesellschaftlichen Bewertungen stark auseinander. Die Mythen über das »Mörderkraut«, das mit Gewalt, Kriminalität und Sittenzerfall konnotiert war, sehen sich heute mit überzogenen Vorstellungen eines potenten Wundermittels konfrontiert, das für alle möglichen Probleme in den Bereichen Umweltkrise, Ernährung, Bekleidung und Gesundheit Patentlösungen anbieten kann. Hanf ist für die einen ein heimtückisches Rauschgift geblieben, während es für andere zu einem Hoffnungsträger einer kreativen und modernen Lebensweise geworden ist (Behr 1982; Herer 1993).

Die 68er Bewegung und die Erfahrungsdrogen
Wichtig für ein neues Image der Drogen war der beschleunigte kulturelle Wandel der 1960er Jahre, der eine starke gesellschaftliche Herausforderung bedeutete. Hippies, Beatniks, Gammler, Freaks und Junkies bildeten eine Subkultur, die sich im Underground, auf Happenings, auf psychedelischen Festivals mit neuer Musik, neuen Ausdrucksformen, neuen Einstellungen effektvoll und medienwirksam in Szene setzte. Was in den Jahren um 1968 passierte, war die Folge einer neuen Wahrnehmung und Deutung der Wachstumsgesellschaft. Die Generation, die während der Weltwirtschaftskrise und des Zweiten Weltkrieges sozialisiert wurde, durchlebte die 50er und 60er Jahre als Fortschritt. Steigende Konsumkaufkraft paarte sich mit dem Rückzug ins Familiäre; Normalität war gefragt und nicht aufzufallen galt als Tugend. Der kalte Krieg diente ganz allgemein der inneren Stabilisierung, gefragt waren Konsens, Kompromiß, Konkordanz, verbunden mit Konsum und Karriere – es ließe sich noch Kosmetik anführen und dabei nicht nur auf eine neue, aufstrebende Branche, sondern allgemeiner auf das »den schönen Schein Wahren« hinweisen. Unter diesen Bedingungen hatten Drogen ein *low profile*, waren nichts Herausragendes, wurden – wie die Opiate – von den (nach dem Krieg ziemlich zahlreichen) Abhängigen versteckt konsumiert, sozial ausgeblendet und kulturell dämonisiert oder dann – wie Alkohol und Zigaretten – in den neuen Lebensstil der sich bildenden Massenkonsum- und Freizeitgesellschaft integriert. Subkul-

turelle Strömungen, die in den Nischen dieser Gesellschaft überlebten, stellten ein öffentliches Ärgernis und eine Quelle von Kassandrarufen über den moralischen Zerfall der Jugend dar.

Auf die junge Generation der 60er Jahre vermochte der ganze Konsumzauber hingegen kaum mehr eine solch vereinnahmende Wirkung zu entfalten. Hinter der glitzernden Oberfläche der Dinge öffnete sich für viele ein Abgrund gähnender Langeweile. Was aus seinem eigenen Leben machen in einer solchen Gesellschaft? Die protestierende Jugend der 68er Bewegung ging zuerst einmal auf Distanz zur herrschenden Kultur. Sie sah hier – polemisierend – rasende, moralintriefende Kleinbürger am Werk, verklemmte Spießbürger und Workaholics, die mit ihrer Arbeits- und Konsumwut die Wachstumsraten der Volkswirtschaft auf immer neue Rekordhöhen trieben. Die ganze Gesellschaft war aus dieser Sicht drogenabhängig und wurde nach dem Suchtmodell beschrieben. Diese süchtige Gesellschaft war zugleich eine betäubte Gesellschaft. Der Sinn für das, worauf es im Leben ankam, schien sich in kleinkarierten Aufstiegsaspirationen verflüchtigt zu haben. Das Establishment deckte seine Probleme mit stumpfmachenden Resistenzfestigern und Sorgenbrechern, mit Wohlstandschampagner und Psychotabletten zu. Eine solche Gesellschaft schien schlicht nicht mehr attraktiv zu sein. Der damalige Aufbruch bedeutete deshalb – über Kontestation, Nonkonformismus und politischen Protest hinaus – den Versuch, die Sensibilität für die in der Massenkonsumgesellschaft verlorengegangenen Werte zurückzugewinnen: Es ging um das Individuelle, das Einzigartige, das andere, das Nichtkäufliche, das Imaginäre. *L'imagination au pouvoir*, die Phantasie an die Macht: so lautete sinnigerweise ein Leitspruch der 68er. Die Erschließung neuer Erfahrungswelten durch eine Kulturrevolution stand auf dem Programm. *Make love – not war*: diese Parole war auch gegen den Vietnamkrieg der USA gerichtet, der für die 68er der Inbegriff der herrschenden Doppelmoral und der nach innen verdrängten, nach außen um so härteren Gewalt einer nur oberflächlich toleranten und pseudopluralistischen großindustriellen Gesellschaft war.

Ab 1964 begann der Cannabiskonsum in den USA signifikant anzusteigen (Himmelstein 1983). Im legendären *Summer of love* von 1967 erreichte der Konsum von Erfahrungsdrogen einen ersten Höhepunkt. In den Massenmedien war etwas hilflos von einer »Drogenwelle« die Rede, welche die entwickelten Industrieländer überschwemmte. Aus der Binnenperspektive der 68er Bewegung handelte es sich demgegenüber um kulturrevolutionäre Manifestationen. Diese Strömungen sollten von beträchtlicher Langzeitwirkung sein für die Entwicklung der kapitalistischen Industriegesellschaften, die in ihrem Selbstverständnis ja zugleich auch hedonistische Massenkonsum- und Freizeitgesellschaften sind.

»*Turn on, tune in, drop out*« hieß das drogenkulturelle Motto, das der jugendlichen Protestbewegung der Hippies, die sich vor allem zwischen 1965 und 1968 entfaltete, zugrunde lag und das von einer breiten Szene von »Aussteigern« verschiedenster Couleur hochgehalten wurde. Mit einer solchen Einstellung gelang es den Hippies, ihre nonkonforme Lebensweise in ein Protestritual, in eine bewußt provozierende Inszenierung des eigenen Andersseins umzuwandeln. Es handelte sich hier, um es paradoxal auszudrükken, um einen gegenkulturellen *Mainstream* der 60er Jahre; die Hippies begriffen sich als *Love generation* – später sprach man dann, durchaus doppelbödig, auch von *Lost generation*. Sie legten sich auf ein normatives Kontrastprogramm zur »herrschenden Gesellschaft« fest – und sie wirkten entsprechend schreckerregend auf alle Apologeten der Normalität und die Wächter über Bürgermoral, Ruhe und Ordnung. Daß die Provokation so gut klappte, daß die herrschenden Autoritäten sich so leicht verunsichern ließen und ihre andere, ihre weniger liberale und tolerante, ihre repressive und rigide Seite zeigten, verweist darauf, daß die These von der erdrückenden Konformität der Wachstumsgesellschaft durchaus Sinn machte. Wie schon in der zweiten Hälfte des 19. Jahrhunderts setzte eine kulturelle Eskalationsdynamik ein, mit dem Resultat, daß die einen ihre Wirkung und die anderen das Ausmaß der Bedrohung überschätzten – gerade solche Überschätzungen führen zu Überreaktionen, zu einer Verhärtung der Konfliktfronten, Phänomene, die 1968 gang und gäbe waren (Renggli/Tanner 1994: 112ff.).

Insgesamt wurde die gesellschaftliche Funktion des Drogenkonsums in den ausgehenden 60er Jahren umgepolt. Nun waren Drogen nicht mehr wie bisher verwoben mit dem Willen zum normalen, unauffälligen, bequemen Leben. Nun wurden sie zum Vehikel für die Demonstration von Gegenkultur. In diesem Kontext erhielten sie zwei neue Hauptfunktionen:

Die eine war die kontestative: Drogenkonsum, verstanden als Kampfansage an die Gesellschaft, war ostentativ; es ging um die Herstellung eines öffentlichen Ärgernisses, um die weithin sichtbare Zelebration eines alternativen Rituals. Drogenerfahrung wurde visualisiert, zur Schau gestellt: *Pop-art* und *Flower-power* waren auch die Verbildlichung, die graphische Umsetzung von neuen Formen- und Farbenerfahrungen unter dem Einfluß von bewußtseinserweiternden Drogen – diese künstlerischen Manifestationen verfolgten den Zweck, die Einfallslosigkeit der dominanten Kultur aufzuzeigen.

Die andere Funktion war eine sozialintegrative: Drogenkonsum war weitgehend gruppengebunden. Das Ritual der Droge war für viele das zentrale Mittel, den subkulturellen Zusammenhalt zu erfahren und zu stärken. Der Joint hieß eben nicht umsonst »*joint*«. Die »Friedenspfeife der Indianer« war deswegen so populär, weil es hier um eine Identifikation über ein Symbol des Friedens ging. Die Mobilisierungswirkung der Anti-Vietnamkrieg-Bewegung stellte für diese gegenkulturelle Gruppenintegration eine starke Triebkraft dar.

Drogenkonsum zwischen Rebellion und Konformität

Auch innerhalb der Gesellschaft sah sich die rebellierende Jugend mit einem »Krieg« konfrontiert. Doch der »Kreuzzug«, den die Regierungen gegen die Drogen eröffneten, vermochte weder Angebot noch Nachfrage nach den ebenso lukrativen wie begehrten Stoffen einzudämmen. Vermehrt tauchten nun sogenannte harte Drogen wie Heroin und Kokain auf, so daß sich der Fokus der öffentlichen Diskussion ab 1974 zu den sogenannten »Rauschgifttoten« hin verlagerte. Im Schatten dieser Entwicklung expandierte der Konsum in einem weiteren Schritt zum Massenphänomen – durch die größere Verbreitung waren aber auch Individualisierungs- und Rückzugstendenzen festzustellen, vom kollektiven Experiment weg zum Mittel, den persönlichen Frust zu vergessen (Wolffersdorff-Ehlert 1989:375-377). Im Verlaufe der 70er Jahre wurde die Hippiekultur kommerzialisiert, die Gammler verkamen zur folkloristischen Weltstadtdekoration. Als *Flower-*

power den Weg in die Boutiquen geschafft hatte, erlahmte der Impetus der Gegenkultur. Schon vor dem Beginn der 80er Jahre bildeten sich in verschiedenen Industrieländern drei unterschiedliche, bis zu einem gewissen Grad sich überschneidende Konsumgruppen heraus (Renngli/Tanner 1994:120ff.):

Erstens halten sich subkulturelle Traditionen bis in die Gegenwart. Vor allem die sogenannten weichen Drogen stellen hier unverzichtbare Genußmittel dar. Dieser Drogengebrauch ist Teil eines partiell devianten, nonkonformistischen Lebensstils geblieben, der sich hin und wieder aufmüpfig zeigt. Der Stoff wird über ein personelles Beschaffungsnetz organisiert, Eigenanbau und Import ergänzen sich, die Kosten halten sich in einem verkraftbaren Rahmen, die latente Kriminalisierung schlägt in den meisten Fällen nicht in eine manifeste um. Trotz ihres Protest-Habitus stehen diese Konsumformen in steter Wechselwirkung mit Kommerzialisierungstendenzen. Sichtbar – und meist unbehelligt gelassen – wird der Konsum an Konzerten, Festivals und Festen, überall dort also, wo Jugendkultur kommerziell inszeniert oder autonom artikuliert wird.

Zweitens gibt es einen sozial integrierten, verhaltensunauffälligen, »unsichtbaren« Konsum, insbesondere bei karrierestrebsamen Leuten, die den harten Anforderungen der Arbeitswelt nur mit Drogen gewachsen sind, wobei Alkohol und Medikamente längst nicht die einzigen dieser Mittel sind. Diese *recreational users*, zu denen seit den 80er Jahren auch zahlreiche sogenannte Yuppies (*young urban professionals*) zu zählen sind, gebrauchen Drogen zur psychischen Regeneration und zur physischen Streßresistenz. Diese Leute konsumieren außerhalb des Gesichtskreises der repressiven Instanzen und werden von Polizei und Gerichten weniger angetastet. Vor mehr als einem Jahrzehnt schon haben Untersuchungen für die USA gezeigt, daß kontrollierter Konsum von Heroin keineswegs zwangsläufig zu der Form von Abhängigkeit führen muß, die in der Drogenszene endet. In den 1980er Jahren machten die gelegentlich Heroinkonsumierenden in den USA 40 und mehr Prozent der Heroinverbraucher aus. Auch für europäische Länder gibt es glaubwürdige Schätzungen, die davon ausgehen, daß die Mehrzahl aller illegalen Drogen durch Leute konsumiert werden, die sozial gut integriert sind und keineswegs

Gefahr laufen, in die Szene der Marginalisierten abgedrängt zu werden.

Drittens formieren sich immer wieder »Drogenszenen«, die die spektakulärste und medienwirksamste Verdichtung aller problematischen Aspekte des Drogenkonsums darstellen. Diesen Szenen lieferten eine Projektionsfläche, die es der Gesellschaft ermöglichte, sich über ihr »Drogenproblem« zu verständigen. Hier fallen die sozialen Kosten der Prohibition mit ungebremster Wucht an, hier wird ein eigentliches Opferritual inszeniert – es kommt zur Wechselwirkung von Ordnungsstiftung und Herrschaftssicherung nach innen sowie zur Stigmatisierung und Kriminalisierung von Outcasts (Becker 1973). In diesem Bereich ist die Gesellschaft mit ihrer »Problemlösungskapazität« auf Grenzen gestoßen.

Auf eine Normalisierung der Drogenpolitik und einen Abbau ihrer repressiven Komponenten zielen auch die Argumentationen in der zeitgenössischen Fachliteratur und den neueren Zeitungsartikeln zu Hanf bzw. zum Haschisch- und Marihuanakonsum. Sie plädieren für eine Entkriminalisierung des Konsums, da dieser nicht in einer physischen, sondern eher in einer psychischen Abhängigkeit resultiere und der Grad der Abhängigkeit mit dem des Koffeins, Tabaks und Alkohols vergleichbar sei. Gerade im Vergleich mit Tabak und Alkohol schneidet Hanf sogar meist besser ab und gilt als weniger risikoreich, beispielsweise hinsichtlich Aggressivität, aber auch bezüglich gesundheitsschädigender Auswirkungen (Quensel 1982:384-393).

Ein Blick auf die Strukturen des Handels zeigt, daß hier ganz unterschiedliche Formen und Dimensionen involviert sind, gibt es doch sowohl lokalen Verkauf (mit »Freundschaftspreisen«) in engster Nachbarschaft als auch globale Handelsströme (mit teilweise exorbitanten Gewinnen). Hanf wird unter anderem in Marokko, Libanon, Pakistan, Nepal angebaut (Bröckers 1988:44f.) und gelangt über verschiedene Zwischenstationen meist in minderer Qualität auf den europäischen Markt (Tanner/Renggli 1994:2f.). Auch aus solchen Gründen und einer marktwirtschaftlichen Argumentation folgend kann ein Anbau in Europa fördernswert erscheinen, weil die entsprechenden Gewinne nicht ins organisierte Verbrechen fließen würden (Giger 1995:25).

Momentan erlebt Hanf eine Renaissance bezüglich seiner Qualität als nachwachsender Rohstoff. Zahlreiche Anwendungsfelder wurden wiederentdeckt. Cannabis wird erneut als Arzneimittel benutzt und kann zahlreiche Erfolge verbuchen: es stellt ein geringes Gefahrenrisiko dar (kaum Kontraindikationen, kaum Suchtpotential), es ist u.a. ein ausgezeichnetes Schmerzmittel, Anti-Brechmittel (z. B. bei Chemotherapien) und wirkt appetitanregend (bei Anorexie und AIDS). Die ökologischen Vorteile von Hanf zeigen sich insbesondere im Vergleich zur schädlingsanfälligen und deshalb mit Pestiziden behandelten Baumwolle, aber auch im Vergleich zu Holz, über den Hanf als viel schneller nachwachsender Rohstoff wiederum triumphieren könnte. So gibt es, nachdem Cannabis ein eher kümmerliches Dasein in privaten Gärten, im Balkonblumenkistchen gefristet hat, in der Schweiz inzwischen ein Hanfförderungsprojekt des Bundesamtes für Landwirtschaft (Bischof 1994). Gerade in diesem Moment zeigte sich, daß die Verdrängung des Hanfes mit einem Traditions- und Know-how-Verlust einhergegangen war: Saatgut mußte aus Ungarn und Frankreich importiert und die Kenntnisse über den Anbau der Faserpflanze neu erworben werden (Bischof 1994:30). Insgesamt läßt sich ein erhöhtes Interesse am Hanfanbau und an Hanfprodukten feststellen. Doch während es früher in ländlichen Gegenden zur Tagesordnung gehörte, diesen Faser- und Nahrungslieferanten anzubauen und weiterzuverarbeiten, gelten die Hanfbauern heute immer noch als etwas Spezielles, und Anbieter, die Cannabis auch als Genußmittel anpreisen, laufen nach wie vor Gefahr, angeklagt und verurteilt zu werden. Die heutige drogenpolitische Diskussion hat sich allerdings weitgehend von phantasmagorischen Bedrohungsbildern verabschiedet und es scheint nicht nur in der Schweiz möglich geworden zu sein, eine rationale Auseinandersetzung um die aus Hanf gewonnenen Rohstoffe und Genußmittel zu führen.

Politik/Gesetzgebung/Prohibition

1909 tagte in Schanghai eine Internationale Opium-Kommission unter der Führung der USA. Diese hatte sich, seit der Eroberung der Philippinen im Jahre 1898, den Kampf gegen den anhaltend kritisierten Opium-Handel der Kolonialmacht Großbritannien zwischen Indien und China auf ihre Fahnen geschrieben. Die USA profilierten sich in dieser Auseinandersetzung als moralische Weltmacht, die global gegen Übel anzukämpfen bereit war und die alles daran setzte, die britische Kolonialpolitik zu diskreditieren. Fortan sollte die wirtschaftlich stärkste Macht der Welt den *War on drugs* zu einem ihrer wichtigen Anliegen machen. Das Design der modernen Prohibitionspolitik stammt aus dem 19., die Verwirklichung dieser Politik war die Sache des 20. Jahrhunderts. Den Auftakt dazu stellte die 1911-12 im Haag stattfindende erste internationale Opium-Konferenz dar, an der die 12 Teilnehmerstaaten das erste Opium-Abkommen verabschiedeten, das in der Folge zur Grundlage der nationalen Betäubungsmittelgesetze werden und die während des 20. Jahrhunderts vorherrschende Verbotshaltung maßgeblich bestimmen sollte. Die Opium-Konvention lieferte dabei weniger Rechtsnormen als Legitimationsmuster für eine Strategie des Verbots und der Eliminierung. Im Zentrum standen dabei das Rauchopium und die aufstrebenden Alkaloide (Scheerer 1982; Taylor 1969; Trebach 1990).

Die Hanfprohibition, die nach dem Ersten Weltkrieg einsetzte, als sich technische Möglichkeiten einer rationellen, kapitalintensiveren Bewirtschaftung des Hanfes abzeichneten, war ein mächtiger Hebel, mit dem Wirtschaftsinteressen, vor allem die der Papierholzindustrie und später die der Petrochemie (welche ähnliche Produkte auf einer konkurrierenden Basis herstellten), diesem ökologisch überlegenen Konkurrenten den Garaus machen konnten (Herer 1993:54ff.). Die rhetorische Inszenierung der Antihanfkampagnen übernahmen die Prediger der Prohibition, die sich in der Zwischenkriegszeit zu einer politisch durchsetzungsfähigen *pressure group* formierten und die den großindustriellen Gegnern der Hanfkultivation großzügige und unentgeltliche Schützenhilfe leisteten. Mitte der 1920er Jahre kam Hanf auf die Liste der inkriminierten Stoffe. 1929 wurde im deutschen Recht der Handel und Konsum von »indischem Hanf und namentlich seinem Harz« unter Strafe gestellt. Das paßte gut ins Konzept der Hanf-Konkurrenz, die wohl darauf bedacht war, Hanf zu stigmatisieren. Der ökonomische Niedergang des Hanfes hatte damit den Aufstieg der Prohibition im Weltmaßstab als Kehrseite; Haschisch und Marihuana und deren Konsumenten wurden seit der Zwischenkriegszeit zunehmend kriminalisiert. 1937 wurde in den USA mit dem *Marihuana Tax-Act* ein regelrechtes Kesseltreiben gegen das »Mörderkraut« eingeleitet, das auch den internationalen Druck in Richtung Verbotspolitik stärkte. Die forcierte Kriminalisierung von Hanf hatte langfristig nicht unbedingt den erwünschten Effekt, sondern war vielmehr daran beteiligt, diese Pflanze zu einem Emblem für Frieden, Toleranz etc. zu machen; durch ihre Stigmatisierung wurde sie gleichsam ausgezeichnet und in subkulturellen Milieus popularisiert (Wolffersdorff-Ehlert 1989:374).

1971 hatte der damalige US-Präsident Richard Nixon die Drogen zu Amerikas Feind Nr. 1 erklärt und den *War on Drugs* als symbolischen Kreuzzug gegen das, wofür die revoltierende Generation stand, eröffnet (Welt-Drogen-Bericht 1993:9; Siegel 1995: 287). Je mehr der Drogengebrauch an die gesellschaftlichen Ränder abgedrängt und kriminalisiert wurde, desto stärker machte sich die Verschiebung der Konsumstruktur von halluzinogenen, experimentellen Stoffen zu jenen Substanzen, die sich besser als psychisch kompensatorische Fluchtmittel eigneten, bemerkbar.

Drogen(sub)kulturen sind nie kompakte Phänomene. Doch war die Jugendrevolte, die Gegenkultur von 1968, durch einige gemeinsame Merkmale, durch die Philosophie des »Aussteigens« und der »Selbstverwirklichung«, durch Kontestation und kulturrevolutionäre Manifestationen, charakterisiert. Aus der Sicht der Betroffenen war der herrschende repressive Drogendiskurs nur ein Teil jener Realität, die es eben gerade zu bekämpfen galt. Diese Drogensubkultur brach im Verlauf der 70er Jahre zunehmend auseinander. Die verstärkte Kriminalisierung von Drogenkonsumenten war verbunden mit einem Vorrücken von Heroin, das seit Mitte der 70er Jahre als hegemoniale Droge bezeichnet werden kann.

In allen europäischen Ländern und in den USA ist seit den 70er Jahren eine auf den ersten Blick paradoxe, aus ökonomischer Sicht jedoch logische Entwicklung feststellbar. Einerseits wurde weiter an der Repressionsschraube gedreht und das Dispositiv des *War on drugs* weltweit ausgebaut. Andererseits läßt sich eine Ausweitung des Drogenangebots und eine Zunahme des entsprechenden Konsums feststellen. Zusammengenommen schlug sich dies in einer Zunahme von polizeilichen Anzeigen und gerichtlichen Verurteilungen auf der einen Seite und in einem Ansteigen der Profite in diesem lukrativen Geschäft auf der anderen Seite nieder. In der Schweiz verdoppelte sich die Zahl der Anzeigen wegen Konsums, Handels oder Schmuggels illegaler Drogen in den 80er Jahren, um sich dann zwischen 1990 und 1996 nochmals mehr als zu verdoppeln. Bei den Verurteilungen läßt sich in den 80er Jahren ebenfalls eine Verdoppelung feststellen. Die Zahl der sogenannten Drogentoten vervierfachte sich zwischen 1979 und 1992 von 102 auf 419 und war daraufhin leicht rückläufig. Der Anteil der Cannabiskonsumenten in der Altersgruppe der 15- bis 39jährigen schwankte zwischen 1970 und 1990 um ca. 20% (mindestens einmal Konsum pro Woche). Beim Opitatkonsum sind es zwischen 2% und 3%.

Verallgemeinernde Aussagen über Konsumstrukturen und Nachfragepräferenzen lassen sich nicht machen. Erwiesen ist jedoch, daß die unelastische Konsumnachfrage durch oft erratische Preisbewegungen und Repressionsoffensiven nicht beeinträchtigt wird; längerfristig lag es aber im Interesse mafiöser Dealergruppen und ihrer weit verzweigten Absatzorganisationen, in denen sich Kleinhandel und Konsum zunehmend vermischten, weitere Marktsegmente zu erschließen. Dafür bot die undifferenzierte Kriminalisierung von Cannabis und Heroin gute Voraussetzungen. Dadurch wurde die subkulturell äußerst heterogene Nachfrage nach inkriminierten Stoffen in ein durchlässiges, polytoxikomanes Kontinuum integriert. Insgesamt sind die qualitative Verschlechterung der angebotenen Stoffe und die Verelendung auf sogenannten »Drogenszenen« die Kehrseite eines illegalen Marktes, der nach wie vor viele Möglichkeiten einer »Legalisierung« von Drogengeldern auf internationalen Finanzplätzen durch kriminelle Organisationen bietet. Schmutzige Drogen und sauberes Geld gehören insofern zusammen. Seit Mitte der 80er Jahre zeigten sich die sozialen Kosten der Prohibition mit der raschen Ausbreitung von AIDS aufgrund infizierter Spritzen in besonders eklatanter Weise. Während die polizeiliche Bekämpfung der Heroin- und Cannabiskonsumenten in dieser Phase forciert wurde, war das Waschen von Geldern, das aus kriminellen Aktivitäten stammte, in der Schweiz noch bis 1990 straffrei, und auch in den darauffolgenden Jahren war eine effiziente Rechtshilfe bei der Bekämpfung des organisierten Verbrechens nicht gewährleistet (Labrousse/Wallon 1996:113ff.).

Betrachtet man die Phase zwischen den ausgehenden 1960er und den 90er Jahren, so sieht die Bilanz der traditionellen Prohibitionspolitik düster aus (McCoy 1992; Renggli/Tanner 1994). Auch wenn sich die Intentionen diametral unterscheiden, so verfolgen Mafia und Polizei doch dasselbe Interesse: die Verknappung des Stoffes. Durch die »Militarisierung der Rauschgiftbekämpfung« in den 1990er Jahren wurde diese Tendenz noch akzentuiert (Welt-Drogen-Bericht 1993:9). Auf der Konsumseite trug sie zur Stigmatisierung und Dämonisierung von »Rauschgiften« bei, deren Konsum sich durch die Verbote nicht wirksam einschränken ließ. Es zeichnete sich vielmehr eine »Globalisierung des illegalen Drogenkonsums« ab (Labrousse/Wallon 1996:18). Nach dem Suchtmodell *More of the same* versuchen heute fundamentalistische Politiker und internationale Administrationen, denen die eigene Bestandeserhaltung über alles geht, mit einem verschärften Krieg gegen die Drogen deren Totalrepression ungeachtet der sozialen und menschlichen Kosten durchzusetzen. Demgegenüber steht ein pragmatischer Ansatz, der sich einem pluralistisch-liberalen Gesellschaftsbild verpflichtet weiß und der sich der doktrinären Vorstellung einer »drogenfreien Gesellschaft« widersetzt. Diese Politik möchte den Teufelskreis, der aus der Prohibitionspolitik hervorging, durchbrechen. Sie stuft den Feldzug gegen Cannabis als kontraproduktiv und unnötig ein, verkennt hingegen die Gefahren, die von Opiaten ausgehen, nicht. Doch auch in dieser Beziehung steht nicht die Purifizierung der »guten Gesellschaft« von den »bösen Drogen« im Vordergrund, sondern es wird eine Drogenpolitik gefordert, die sich in erster Linie an den Bedürfnissen jener orientiert, die Probleme mit Stoffen haben, die physisch und psychisch abhängig machen.

Abel, Ernest (1980): Marijuana. The First 12'000 Years, New York

Amendt, Günter (1992): Die Droge – Der Staat – Der Tod. Auf dem Weg in die Drogengesellschaft, Hamburg

Arbeitsgruppe Hanf und Fuß (1994): Unser gutes Kraut. Das Porträt der Hanfkultur, Solothurn/Löhrbach

Arlacchi, Pino (1989): Mafiose Ethik und der Geist des Kapitalismus. Die unternehmerische Mafia, Frankfurt a.M.

Arnau, Frank (1967): Träume auf dem Regenbogen, Luzern

Baudelaire, Charles (1964): Die künstlichen Paradiese, Hamburg (frz. 1860)

Becker, Howard S. (1973): Außenseiter. Zur Soziologie abweichenden Verhaltens, Frankfurt a.M.

Behr, Hans Georg (1982): Von Hanf ist die Rede. Kultur und Politik einer Droge, Basel

Ders. (1985): Weltmacht Droge. Das Geschäft mit der Sucht, München

Benussan, Ihno J. (1946): L'opium. Considérations générales et études économiques, sociales et législatives, Paris

*Berridge, Virginia/Griffith, Edwards (1981): Opium and the People. Opiate Use in Nineteenth-Century England, London/New York [gibt eine differenzierte Einsicht in die Sozialgeschichte des Opiumkonsums]

Bischof, Alois (1994): Mörderkraut, in: Tagesanzeiger Magazin 37, S. 28 bis 37

Bröckers, Matthias (1988): Hanfdampf und seine Kriegsgewinnler: Kleine Kulturgeschichte der nützlichsten Pflanze der Welt, in: Transatlantik 3, S. 44-53

Ders. (1993): Weshalb der Hanf vergessen werden konnte: ein Kapitel Industriegeschichte, in: Herer, Jack. Die Wiederentdeckung der Nutzpflanze Hanf Cannabis Marihuana, Frankfurt a.M., S. 201-295

Butel, Paul (1995): L'opium. Histoire d'une fascination, Paris

Caballero, Francis (1989): Droit de la drogue, Paris

Camporesi, Piero (1990): Das Brot der Träume. Hunger und Halluzinationen im vorindustriellen Europa, Frankfurt a. M./New York

Cherniak, Laurence (1995): Das große Haschisch-Buch, Teil 1, Markt Erlbach

Courtwright, David T. (1982): Dark Paradise. Opiate Addiction in America before 1940, Cambridge/Mass.

Courtwright, David T./Joseph, Herman/Jarlais, Don (1989): Addicts who survived. An Oral History of Narcotic Use in America (1923-1965), Knoxville

Couvrat, Jean/Pless, Nicolas (1993): Das verborgene Gesicht der Weltwirtschaft. Das Geschäft mit Drogen, Waffen und Geld, Münster

Derrida, Jacques (1989): Rhétorique de la drogue, in: Jean-Michel Hervieu (Hg.), L'ésprit des drogues, Paris, S. 197-214

Drogen. Welt in Trance (1991): Katalog zur Ausstellung von Werner Jehle in der Galerie Littmann (Basel) Basel

Dudley, William (Hg.) (1999): Marijuana, San Diego/California

Ehrenberg, Alain/Mignon, Patrick (Hg.) (1992): Drogues. Politique et société, Paris

Fankhauser, Manfred 1996, Haschisch als Medikament, Bern (unveröffentlichtes Manuskript der Dissertation)

Frank, Mel/Rosenthal, E. (1990): Marijuana Grower's Guide, Los Angeles

Gelpke, Rudolf (1966): Vom Rausch im Orient und Okzident, Stuttgart

Goldman, Albert (1979): Grass Roots, New York

Grimm, Klaus (1953): Zur Kenntnis der rauschgiftartigen Wirkstoffe des deutschen Faserhanfs, München

Grözinger, Gerd (Hg.) (1991): Recht auf Sucht. Drogen, Markt, Gesetze, Berlin

Grotenhermen, Franjo/Huppertz, Renate (1997): Hanf als Medizin. Wiederentdeckung einer Heilpflanze, Heidelberg

Gusfield, Joseph R. (1963): Symbolic Crusade: Status Politics and the American Temperance Movement, Urbana

Hänni, Catherine (1998): Im Spannungsfeld zwischen Arzneimittel und Rauschgift. Zur Geschichte der Betäubungsmittelgesetzgebung in der Schweiz, Bern

Harding, Geoffrey (1988): Opiate Addiction, Morality and Medicine. From Moral Illness to Pathological Disease, New York

Hartwich, Carl (1911): Die menschlischen Genußmittel. Ihre Herkunft, Verbreitung, Geschichte, Anwendung, Bestandteile und Wirkung, Leipzig

Hayter, Alethea (1988): Opium and the Romantic Imagination, Addiction and Creativity in De Quincey, Coleridge, Baudelaire and Others, Wellingborough (erstmals 1968)

*Herer, Jack (1993): Die Wiederentdeckung der Nutzpflanze Hanf Cannabis Marihuana, Frankfurt a.M. [beleuchtet eingehend die verschiedenen Aspekte der polyvalenten und multifunktionalen Pflanze Hanf]

Heubach, Helga (Hg.) (1995): Die Faserpflanze Hanf. Materialien zur Geschichte ihres Anbaus, ihrer Verarbeitung und Handels, Egelsbach/Frankfurt/Washington (Mikroform)

Himmelstein, Jerome (1983): The Strange Career of Marihuana. Politics and Ideology of Drug Control in America, Westport/Conn./London

Hogshire, Jim (1994): Opium for the Masses, Port Townsend

Kaplan, John (1985): The Hardest Drug. Heroin and Public Policy, Chicago
Kappeler, Manfred (1991): Drogen und Kolonialismus. Zur Ideologiegeschichte des Drogenkonsums, Frankfurt a.M.
Katalyse-Institut für angewandte Umweltforschung (Hg.) (1995): Hanf & Co. Die Renaissance der heimischen Faserpflanzen, Göttingen
Dass. (1993): Weshalb der Hanf wiederkehren wird. Über die universelle Nutzpflanze Hanf, in: Herer, Jack. Die Wiederentdeckung der Nutzpflanze Hanf Cannabis Marihuana, Frankfurt a.M., S. 297-351
Kessler, Thomas (1984): Hanf in der Schweiz, Grenchen
Ders. (Hg.) (1985): Cannabis Helvetica. Hanf in der Schweiz – Hoffnung für die Drogenpolitik, Solothurn
Labrousse, Alain/Wallon, Alain (Hg.) (1996): Der Planet der Drogen. Analyse einer kriminellen Weltmacht, Frankfurt a.M.
La Motte, Ellen N. (1924): The Ethics of Opium, New York; London
Leary, Timothy (1983): Flashbacks. An Autobiography, London
Legnaro, Aldo (1975): Drogen und soziokultureller Wandel, Köln
Leu, Daniel (1984): Drogen. Sucht oder Genuß, Basel
Lewin, Louis (1924): Phantastica: die betäubenden und erregenden Genußmittel. Für Ärzte und Nichtärzte, Berlin
Lowes, Peter (1966): The Genesis of International Narcotic Control, Genève
McCoy, Alfred W./Block, Alan A. (Hg.) (1992): War on Drugs. Studies in the Failure of U.S. Narcotics Policy, Oxford
McKenna, Terence (1994): True Hallucinations, San Francisco
Miller, Stuart Creighton (1969): The Unwelcome Immigrant: The American Image of the Chinese (1785-1882), Berkeley
Moeller, Knud O. (1951): Rauschgifte und Genußmittel, Basel
Morel, Bernard/Rychen, Frédéric (1994): Le marché des drogues, Paris
Musto, David F. (1973): The American Disease: Origins of Narcotic Control, New Haven
Parsinnen, Terry (1983): Secret Passions, Secret Remedies. Narcotic Drugs in British Society (1820-1930), Manchester
Peter, Hans-Jakob (1983): Flachs und Hanf, Zollikofen
Quensel, Stephan (1982): Drogenelend. Cannabis, Heroin, Methadon: für eine neue Drogenpolitik, Frankfurt a.M.
Rätsch, Christian (1992): Hanf als Heilmittel. Eine ethnomedizinische Bestandesaufnahme, Solothurn/Löhrbach
*Renggli, René/Tanner, Jakob (1994), Das Drogenproblem. Geschichte, Erfahrungen, Therapiekonzepte, Berlin etc. [gibt eine allgemeine Einführung]
de Ridder, Michael (1990), Heroin. Geschichte einer pharmazeutischen Spezialität, Berlin (Manuskript)

Rubin, Vera (Hg.) (1975): Cannabis and Culture, Den Haag/Paris

Rudgley, Richard (1993): The Alchemy of Culture. Intoxicants in Society, London

Sandmeyer, Elmer C. (1939): The Anti-Chinese Movement in California, Urbana

Saufen, rauchen, spritzen, schlucken: zum Umgang mit Drogen und Sucht (1994): traverse. Zeitschrift für Geschichte/revue d'histoire Nr. 1

*Scheerer, Sebastian/Vogt, Irmgard (Hg.) (1989): Drogen und Drogenpolitik. Ein Handbuch, Frankfurt a.M.

Schivelbusch, Wolfgang (1980): Das Paradies, der Geschmack und die Vernunft. Eine Geschichte der Genußmittel, München/Wien

Schultes, Richard E./Hoffmann, Albert E. (1995): Pflanzen der Götter. Die magischen Kräfte der Rausch- und Giftgewächse, Aarau (erstmals 1979)

Schwendter, Rolf (1982): Drogenabhängigkeit und Drogenkultur, Wien

Seefelder, Mathias (1987): Opium: Eine Kulturgeschichte, Frankfurt a.M.

Siegel, Ronald K. (1995): RauschDrogen. Sehnsucht nach dem Künstlichen Paradies, Frankfurt a.M.

Stille, Günther (1994): Krankheit und Arznei. Die Geschichte der Medikamente, Berlin etc.

Szasz, Thomas S. (1980): Das Ritual der Drogen, Frankfurt a.M.

Tanner, Jakob (1996): Rauchzeichen. Zur Geschichte von Tabak und Hanf, in: Hengartner, Thomas/Merki, Christoph Maria (Hg.), Tabakfragen. Rauchen aus kulturwissenschaftlicher Sicht, Zürich, S. 15-42

Tanner, Jakob/Spörri, Myriam (1998): Cannabis in der Schweiz (unveröffentlichter Bericht für das Bundesamt für Gesundheit), Zürich/Bern

Taylor, Arnold H. (1969): American Diplomacy and the Narcotic Traffic (1900-1939). A Study in International Humanitarian Reform, Durham N.C.

Terry, Charles E./Pellens, Mildred (1928): The Opium Problem, New York

Trebach, Arnold S./Zeese, Kevin B. (Hg.) (1990): Drug Prohibition and the Conscience of Nations, Washington

Venturini, Maurizio/Vannini, Claudio (1995): Zur Geschichte der Halluzinogenforschung. Schwerpunkt Schweiz (Teil I: 1938-1965), Zürich

Völger, Gisela/Welck, Katrin von (1982): Rausch und Realität. Drogen im Kulturvergleich, 3 Bde., Reinbek b.H.

Welt-Drogen-Bericht (1993): Ein Jahresbericht des Observatoire géopolitique des drogues (OGD), mit einem Vorwort von Berndt Georg Thamm, München

Wolffersdorff-Ehlert, Christian von (1989): Cannabis: Die Cannabis-Szenen, in: Scheerer Sebastian/Vogt, Irmgard (Hg.), Drogen und Drogenpolitik. Ein Handbuch, Frankfurt a.M., S. 373-378

Eßbares

Zucker

Christoph Maria Merki

Einleitung

Der Zucker hat heute in der menschlichen Ernährung, meistens in Form industriell erzeugter Fertigprodukte, eine zentrale Stellung inne. In Europa wissen nur die wenigsten Menschen – vor allem ältere, die Kriegs- und Krisenzeiten kennen –, daß der Zucker nicht immer selbstverständlich war. Der Beginn seiner Karriere als Nahrungsmittel fällt zusammen mit der industriellen Revolution. Vorher kannte man den Zucker in Europa allenfalls als luxuriöses Arznei-, Gewürz- oder Süßungsmittel. Beim Zucker handelt es sich sowohl um eines der ersten weltweit gehandelten Produkte als auch um eines der ersten industriell erzeugten Lebensmittel. In der Frühen Neuzeit (ca. 1500-1800) war er eine typische »Kolonialware«, die ausschließlich aus dem tropischen Zuckerrohr und auf Plantagenbetrieben gewonnen wurde.

Begrifflichkeit

Bei der kristallinen, wasserlöslichen und süß schmeckenden Substanz »Zucker« handelt es sich um ein reines Kohlenhydrat, um ein sog. Disaccharid mit der chemischen Bezeichnung Saccharose. Es kommt als Reservestoff in den verschiedensten Pflanzen vor. Rohrzucker und Rübenzucker sind in ihrer gereinigten oder »raffinierten« Form vollkommen identisch. Neben dem handelsüblichen Haushaltszucker gibt es aber auch noch andere »Zucker«, die als Süßungsmittel in Frage kommen und die sich in der Lebensmittelindustrie zunehmender Beliebtheit erfreuen, so vor allem die Monosaccharide Traubenzucker (Glukose) und Fruchtzucker (Fruktose).

Physiologische Wirkung
Zucker (Saccharose, Glukose, Fruktose usw.) liefern dem Körper als chemisch reine Kohlenhydrate hochwertige Nahrungsenergie. Allerdings fehlen ihnen alle anderen lebensnotwendigen Nährstoffe (Proteine, Vitamine, Ballaststoffe, Fette). Da der Kohlenhydratbedarf durch viele Lebensmittel gedeckt werden kann, ist der herkömmliche Weißzucker aus physiologischer Sicht an und für sich entbehrlich. Besonders attraktiv macht ihn jedoch sein süßer Geschmack, der von den meisten Menschen als äußerst angenehm empfunden wird. In der Ernährungsphysiologie streitet man sich darüber, ob diese Vorliebe eher genetisch oder eher soziokulturell determiniert ist (Logue 1995:126-138). Gestritten wird auch darüber, wie stark der Zucker »abhängig« machen kann (im Sinne eines früh erlernten Bedürfnisses, das stets befriedigt werden will). Zuckerkritiker diffamieren den Stoff deshalb kurzerhand als »Suchtmittel« oder »Droge« (Ziegler 1987).

Verwendungsarten und Gewinnung
Der Zucker, der in der menschlichen Ernährung fast immer in Verbindung mit anderen Lebensmitteln auftritt, ist weit mehr als ein süßer Nährstofflieferant. Erhitzt man ihn, wird er zu Karamel. Der Zucker schützt nicht nur vor dem Befall von Mikroorganismen (Marmelade), er kann auch den Geschmack anderer Lebensmittel verstärken oder abrunden, was man sich z. B. bei der Fabrikation von Ketchup zunutze macht. Der Limonade wiederum verleiht er »Körper«, d. h. jene gummiartige Konsistenz, auf die fast jeder Gaumen anspricht. Schließlich kommt der Zucker auch außerhalb der menschlichen Ernährung zum Einsatz, so als Grundstoff in der chemischen Industrie, z. B. bei der Produktion von Penicillin. Am spektakulärsten ist wohl seine Verwendung als »umweltfreundlicher« Treibstoff (Ethanol), da bei dieser Nutzung, die stark von der Entwicklung der Erdölpreise abhängig ist, zahlreiche ökonomische, ökologische und soziale Probleme konfligieren.

Zucker wird vor allem aus zwei Pflanzen gewonnen: in den gemäßigten Zonen aus der Zuckerrübe, in den tropischen Zonen aus dem Zuckerrohr. Die Verarbeitung der beiden Rohstoffe geschieht auf ähnliche Art und Weise in einem aufwendigen und komplizierten technischen Verfahren. In verschiedenen Reinigungs- und Konzentrationsprozessen erhält man ein erstes Zwischenprodukt: den etwas klebrigen Rohzucker, dem die Reste des Sirups eine gelbliche Farbe verleihen. Früher war dieser Rohzucker in den Fabriken der kolonialen Gebiete das Endprodukt, und noch heute ist er für die Börse ein wichtiges Handelsprodukt. Durch erneutes Auflösen, Kochen und Filtrieren entsteht schließlich die Raffinade, der gebrauchsfertige Weißzucker.

Konsum

Der Zucker ist seit langem ein Lieblingskind der Statistik. Da er die Handelsbilanzen der europäischen Staaten belastete, mußten diese über Import, Export und Produktion genau Bescheid wissen. Es ist deshalb möglich, die Entwicklung des Pro-Kopf-Konsums über Jahrhunderte zurückzuverfolgen. Schwieriger ist es, diesen Konsum auf statistischem Wege regional oder sozial aufzuschlüsseln. Und was seine geschlechtsspezifischen Aspekte angeht, bleiben selbst Haushaltsrechnungen weitgehend stumm. Die Frage nach einer angeblich weiblichen Vorliebe für Zucker (Ortiz 1987) hat wirtschafts- und geschlechtergeschichtlich einige Brisanz, wenigstens wenn man eine vom berühmten Wirtschaftshistoriker Werner Sombart formulierte These ernst nimmt, der 1913 die Bedeutung der Luxusindustrien für die Entstehung des kapitalistischen Systems untersuchte. Eine wichtige Rolle schrieb er dabei dem Zucker und im Zusammenhang damit der in den Geschmacksfragen des 17. und 18. Jhs. omnipräsenten »Weiberherrschaft« (1983:122) zu. Belege dafür, wie die Frauen jener Zeit den süßen Geschmack der sozialen Eliten konkret und absichtlich manipuliert hätten, liefert er aber nicht.

Geographische und soziale Verbreitung

Das Zuckerrohr stammt aus dem asiatischen Raum, sein Ursprungsort liegt in Melanesien, wo es vor etwa zehntausend Jahren aus wildwachsenden Arten veredelt wurde. Über Indonesien und den malaysischen Archipel gelangte die Pflanze nach Indien. Dort wurde sie zu einem dunklen Saft verarbeitet, den man in flüssiger oder erstarrter Form zu sich nahm (das Wort »Zucker« geht auf eine altindische Bezeichnung zurück). Im 5. Jahrhundert n. Chr. verbreitete sich der Anbau in Persien. In dieser Zeit gelang es zum erstenmal, ein raffiniertes und dem heutigen Zucker ähnelndes Produkt herzustellen. Die Araber brachten die Zuckerproduktion in den Mittelmeerraum, und zwar von Ägypten zunächst nach Syrien und Zypern, später nach Sizilien und Spanien. Im 15. Jahrhundert wurde das Zuckerrohr auf den Kanarischen Inseln angepflanzt, von wo es Kolumbus in die Neue Welt mitnahm.

Der erste Zucker, der um die Jahrtausendwende über die Republik Venedig aus dem Orient nach Mittel- und Nordeuropa kam, diente als Gewürz und Medikament. Der medizinische Gebrauch von Zucker verbreitete sich durch die Vermittlung der arabischen Pharmakologie, wobei der Zucker sowohl äußerlich wie oral Anwendung fand. Er wurde in die Haut gerieben, in die Augen geträufelt, auf offene Wunden gestreut und als eine Art Allheilmittel gegen Fieber, Durchfall und Husten verschrieben. Auch half er, abscheuliche Mixturen genießbar zu machen.

In seiner Funktion als Gewürz fand er allmählich Eingang in die herrschaftliche Küche, wo man ihn neben dem vergleichsweise billigen Honig zum Würzen von Fleisch, Fisch und Gemüse verwendete, gleichberechtigt neben anderen Zutaten wie Pfeffer oder Koriander. In der süß-sauren Küche ist diese Tradition noch heute lebendig. Ein Kaufkraftvergleich macht deutlich, daß sich andere Verwendungsarten in der Regel von selbst verboten: Im Spätmittelalter hatte 1 kg Zucker den Wert von 100 kg Weizen.

Mit der allmählichen Verlagerung der Produktion aus dem östlichen in den westlichen Mittelmeerraum und weiter Richtung Atlantik begannen die Preise zu sinken. Schon in der zweiten Hälfte des 15. Jhs. fielen sie auf einen Fünftel ihrer bisherigen Höhe (Mauruschat 1985). Im 16. Jh. weitete sich das Angebot noch einmal aus, und der Zucker war bald der wichtigste Exportartikel der neuen Kolonien in Übersee. Dieser Preissturz veränderte seine Stellung in der herrschaftlichen Küche, und es gelang ihm, das traditionelle Süßungsmittel Honig zu verdrängen. Gleichzeitig kamen süße Desserts wie kandierte Früchte und Marzipan in Mode, die meist in einem zeremoniellen Kontext aufgetischt wurden und den *beati possidentes* vorbehalten blieben. Folgenreich war die Verbreitung der kolonialen Heißgetränke Kaffee, Kakao und Tee, die jeweils mit Zucker gesüßt werden mußten – eine Sitte, die uns heute so selbstverständlich, ja »natürlich« anmutet, daß uns allein schon der Gedanke an den nordskandinavischen Brauch, den Kaffee zu salzen, schaudern läßt. Ebenfalls ins 17. Jh. fällt die Erfindung neuer, exklusiver Süßigkeiten: Likör, Limonade, Praline, Speiseeis – Genüsse, die zuerst am französischen Hof zelebriert wurden und von denen die Masse der Bevölkerung höchstens träumen konnte. Der Konsum von Zucker blieb in Westeuropa bis ins 18., in Mittel- und Osteuropa bis ins 19. Jh. hinein auf Haushalte Adeliger und reicher Bürger beschränkt (Mintz 1987; Wiegelmann 1986).

Zu einem mehr oder weniger alltäglichen Nahrungsmittel wurde der Zucker erst in der zweiten Hälfte des 19. Jahrhunderts. Dabei ging Großbritannien voran, das seine Zuckerzölle 1874 endgültig abschaffte und seinen einheimischen Markt dem billigen kontinentaleuropäischen Rübenzucker öffnete. Mit Hilfe des Zuckers gelang es den sozialen Unterschichten, den energetischen Wert ihrer Ernährung markant zu erhöhen. Der Zucker verbesserte die Energiebilanz aber nicht nur direkt, d. h. dadurch, daß er selber Kalorien zur Ernährung beisteuerte, sondern auch indirekt, d. h. dadurch, daß er die alltägliche und oft eintönige Kost schmackhafter gestaltete. So machte erst der Tee, der mit Zucker gesüßt war, das fade Pausenbrot bekömmlich; dem gleichen Zweck diente die Marmelade, die im ausgehenden 19. Jh. selbst auf dem Frühstücksbrot der ärmsten Engländer nicht mehr fehlen durfte (Deerr 1950; Mintz 1987). Daß der Schritt vom Genuß- zum Nahrungsmittel zuerst in England geschah, hatte mehrere Gründe. Mit seinen weltumspannenden Beziehungen war England vom 17. bis zum 19. Jh. die Zucker(handels)macht par excellence; der Tee konnte sich schon im 18. Jh. als wichtigstes Genußmittel durchsetzen (wobei die Engländerinnen und Engländer süße Getränke wie Ale oder Met seit langem kannten, ihre sprichwörtliche Vorliebe für Süßes somit bis zu einem gewissen Grade vorgebildet war); vor allem aber war England das erste sich industrialisierende Land, d. h. das erste Land mit steigender Kaufkraft breiter Bevölkerungsschichten einerseits und technisch-organisatorischen Verbesserungen in der Zuckerwirtschaft (zentralisierte Plantagen) andererseits.

Das Eindringen des Zuckers in die alltägliche Ernährung wiederholte sich in allen europäischen Staaten mit einer Verzögerung von einem halben bis einem ganzen Jahrhundert. Auffällig ist dabei nicht nur ein Gefälle zwischen West- und Osteuropa (das dem der Industrialisierung entsprach), sondern auch eines zwischen Stadt und Land. So verbrauchte 1783 alleine die Haupt- und Residenzstadt Wien fast ein Fünftel des gesamten Importzuckers der Habsburgermonarchie, und noch 1860 war der Wiener Zuckerverbrauch mit 13 kg pro Kopf und Jahr rund siebenmal so hoch wie jener im übrigen Niederösterreich. Während der Zucker sich im Speiseplan großstädtischer Arbeiter schon vor dem Ersten Weltkrieg einen festen Platz erobern konnte, blieb er im bäuerlichen Haushalt abgelegener Gebiete noch lange ein sparsam verwendetes Gut. Entscheidendes Kriterium für die Höhe des Konsums in einer bestimmten Gegend war aber nicht der Anteil der bäuerlichen Bevölkerung an und für sich, sondern der Grad ihrer gesellschaftlichen Modernisierung, d.h. die Integration der bäuerlichen Ökonomie in die Marktwirtschaft. Die Verbreitung des seit jeher kommerzialisierten Gutes Zucker ging Hand in Hand mit dem Vordringen der Geldwirtschaft (Merki 1993).

Soziokulturelle Bedeutung

Die große Bedeutung des süßen Geschmacks in der heutigen Ernährung läßt sich nicht trennen von der Geschichte der kolonialen Produktion und Vermarktung des Zuckers in der Frühen Neuzeit. Damals wurde der koloniale Rohrzucker zu einem wichtigen Statussymbol sozialer Eliten. In bäuerlichen Haushalten verwendete man den Zucker allenfalls bei hohen Festen, und zwar im Sinne von Thorstein Veblens »demonstrativem Konsum«, also um zu zeigen, daß man sich auch Herrenspeisen leisten konnte; deshalb streute man den bräunlichen Zucker vor dem Servieren gut sichtbar auf den Hirsebrei und kochte ihn nicht etwa mit. Auch im Repräsentationsstreben der höfischen und großbürgerlichen Eliten war der Zucker nicht bloß ein geschmacklicher, sondern auch ein ästhetischer Genuß. Phantasievolles Zuckerwerk schmückte die Tafel beim Bankett, riesige Burgen aus Zuckerguß dienten zur Dekoration, und im Glanz dieser Kunst sonnte sich auch ihr Schöpfer, der seinen Zubereitungen dadurch zu Reputation verhalf, daß er sie geheimhielt, und der sich nun einen fremdländisch klingenden Namen zulegte – aus dem Zuckerbäcker wurde der Konditor. Überbleibsel dieser süßen Pracht ist das Lebkuchenhäuschen, das im Spielzimmer verwöhnter Wohlstandskinder ein vergleichsweise kümmerliches Dasein fristet. Mit der Krise der absolutistischen Gesellschaft setzte die Nivellierung der höfischen Statussymbole ein. Diese vertikalen Imitationsprozesse betrafen nicht nur die Süßwaren, sondern auch die Kleidermode, die Tischsitten oder die Möbel. Je mehr der Zucker an symbolischer Bedeutung und Prestige verlor, um so wichtiger wurde er für die Ernährung (Mintz 1987; Wiegelmann 1986).

Das Prestige des Zuckers hat dessen soziale Verbreitung ohne Zweifel begünstigt, wenn nicht gar in Gang gebracht, es erklärt seinen phänomenalen Erfolg aber nur zum Teil. Voraussetzung dafür waren zwei seiner Eigenschaften: sein bereits angesprochener Wert als Kalorienlieferant und seine große funktionale Flexibilität. Dank dieser Flexibilität wurde er zu einem Schrittmacher der modernen, industriellen Ernährung, wobei industrielle Ernährung vor allem zwei Dinge meint: 1. die Verpflegung außer Haus und 2. die industriell gefertigte Nahrung. Der Zucker hat im England des 19. Jhs. dazu beigetragen, die alte, agrarische Mahlzeitenordnung aufzulösen, die um das in der Familie zubereitete und eingenommene Essen zentriert war. Als eine Art Avantgarde des *fast food* begünstigten sowohl die schnelle Zwischenmahlzeit mit Tee als auch die schnell bestrichene Marmeladenschnitte eine Zeitökonomie, deren Rhythmus durch das Diktat der Fabriken bestimmt war (Mintz 1987). Überdies war der Zucker für die entstehende Lebensmittelindustrie ein gefundenes Fressen: Tafelschokolade, *soft drinks*, Speiseeis und Kondensmilch sind Fertigprodukte, die seit der zweiten Hälfte des 19. Jhs. industriell hergestellt werden und die den Zuckermarkt heute weitgehend prägen. Zu Beginn des 20. Jhs. war der industrielle Verbrauch im Unterschied zum häuslichen Verbrauch verschwindend klein. Im Gebiet des heutigen Österreichs wurden 1912 bei einem Zuckerkonsum von 21 kg pro Kopf und Jahr nur gerade 18% industriell verarbeitet, d.h. als (gekaufte) Marmelade, Limonade, Schokolade usw. verspeist – heute ist das Verhältnis bei einem weit höheren Konsum ziemlich genau umgekehrt (Merki 1993).

War der Zucker einst ein Heilmittel, das dann zu einem luxuriösen Genuß- und schließlich zu einem gewöhnlichen Nahrungsmittel wurde, so wird er heute, sozial entwertet, als »Schadstoff«, »Suchtmittel« und »Dickmacher« denunziert und – meistens völlig unbegründet – für zahlreiche Zivilisationskrankheiten verantwortlich gemacht (wirklich begründet ist wohl einzig sein Ruf als Kariesverursacher). Nichts illustriert den Imageverlust des Zukkers deutlicher als das Prädikat »zuckerfrei«, das von der Werbung seit etwa zwei Jahrzehnten als positiv besetzter Begriff für nichtsaccharosegesüßte Lebensmittel verwendet wird. Früher ein Zeichen seiner Qualität, ist die weiße Farbe des Zuckers heute oft nur noch ein Makel, der in den Augen vieler Konsumentinnen und Konsumenten die Entfremdung signalisiert, die zwischen ihm und seinem »natürlichen« Ausgangsstoff besteht. Die Debatte um den Zucker (vgl. Fischler 1987) ist nicht frei von moralischen Untertönen. Offensichtlich eignet sich dieses Lebensmittel, das schon immer mit signifikanten soziokulturellen Bedeutungen befrachtet war, für die europäische Gesellschaft besonders gut dazu, sich über die richtige »Lebensführung« (Max Weber) im Bereich von Ernährung und Genuß klarzuwerden.

Der gegenwärtige Konsum

Aller Kritik zum Trotz zählt der Zucker heute zu den wichtigsten Nahrungsmitteln des Menschen. In den industrialisierten Ländern gehen 10% bis 15% aller konsumierten Kalorien auf sein Konto, und sein süßer Geschmack dominiert einen großen Teil der menschlichen Kost. 1996 betrug der Verbrauch an Zucker weltweit 122 Millionen Tonnen (Rohwert). Zu Beginn des Jahrhunderts waren es erst 11 Millionen Tonnen gewesen. Dieser enorme Anstieg ist auf verschiedene Gründe zurückzuführen: das Bevölkerungswachstum, die fortlaufende Verbilligung des Produktes, Einkommenszuwächse, aber auch die weltweite Verbreitung eines zuckerfreundlichen Ernährungsstils. Der Anstieg verlief nicht etwa gleichmäßig. So begannen die hohen Zuwachsraten in den 1960er Jahren zu sinken, nachdem der Nachholbedarf aus der Zeit des Zweiten Weltkrieges befriedigt worden war. In den industrialisierten Staaten ist die Sättigungsgrenze seit einigen Jahrzehnten erreicht, und der Konsum stagniert auf hohem Niveau. In den alten

Bundesländern Deutschlands ist der Zucker seit einigen Jahren sogar ein inferiores Gut, seine Einkommenselastizität somit negativ – das bedeutet, daß der Verbrauch trotz wachsendem Volkseinkommen tendenziell sinkt. Auf dem Vormarsch sind andererseits alternative Süßungsmittel, die dafür sorgen, daß der süße Geschmack als ganzes seine Position halten kann. Ganz anders präsentiert sich die Verbrauchssituation in den Entwicklungsländern, wo nach wie vor satte Zuwachsraten zu verzeichnen und sowohl die Preis- wie die Einkommenselastizitäten deutlich höher sind.

Der Zuckerverbrauch in den Mitgliedstaaten der Europäischen Union EU zeigt nur geringe jährliche Schwankungen. Er pendelt um 38 kg pro Kopf und Jahr. Die große Bandbreite, die noch vor einigen Jahrzehnten innerhalb des westlichen Europas bestand, ist mittlerweile zusammengeschrumpft. So wuchs der griechische Pro-Kopf-Konsum von 14 kg (1960) auf 31,5 kg (1993). Umgekehrt fiel der dänische Pro-Kopf-Konsum von 53,3 kg (1960) auf 43 kg (1991). In Großbritannien verringerte er sich von 52 kg (1960) auf 37,6 kg (1993) – ohne Zweifel eine Folge der erwähnten Gesundheitskritik. Andere Gründe hat der Verbrauchsrückgang in den Ländern des ehemaligen Ostblocks. Dort war der Zukker ein aus politischen Motiven stark verbilligtes Nahrungsmittel, und der Pro-Kopf-Verbrauch lag 1988 mit fast 50 kg weit über dem westeuropäischen Durchschnitt. Nach dem Auslaufen der Verträge mit Kuba und infolge der Transformationsschwierigkeiten der kommunistischen Volkswirtschaften erfolgte ein markanter Konsumrückgang (1994 nur noch 36 kg).

In den Ländern der sog. Dritten Welt erreicht der Zuckerverbrauch am Ende des 20. Jhs. Werte, wie sie in Mitteleuropa ein Jahrhundert zuvor üblich gewesen sind. Allerdings gibt es große regionale Unterschiede. So hat der Zucker mancherorts noch immer den Status eines Genußmittels, was die Industrie auf entsprechend hohe Zuwächse hoffen läßt. Andernorts weist der Verbrauch westeuropäisches Niveau auf, ja liegt zum Teil darüber. Das kann verschiedene Ursachen haben, so die Subventionspolitik der Regierung (wie in Marokko) oder die Leistungsfähigkeit einer Zuckerindustrie mit jahrhundertealter Tradition (wie in Ägypten, Kuba und Brasilien). Für die Entwicklung des Konsums bestimmend ist jeweils, wie z.T. bereits erwähnt, ein ganzes Bündel von Faktoren, nämlich: der Preis des Zuckers oder alternativer Süßungsmittel, das Bevölkerungswachstum, das Pro-Kopf-Einkommen, die Verfügbarkeit von Zucker (sei es auf nationaler oder auf lokaler Ebene), der technische Standard von Landwirtschaft, zuckerproduzierender und zuckerverarbeitender Industrie, die Wirtschafts-, Fiskal- und Handelspolitik nationaler Regierungen ebenso wie die internationaler Organisationen, schließlich die Präferenzen der Konsumentinnen und Konsumenten, beispielsweise die Beharrungskraft regionaler Küchen oder die soziokulturell determinierte Struktur des übrigen Genußmittelkonsums. So hat das Alkoholverbot in den islamischen Ländern den Verbrauch gesüßter Getränke ohne Zweifel stark begünstigt, seien sie nun traditioneller Herkunft wie Tee und Kaffee oder »westlichen« Ursprungs wie die *soft drinks*. In den Ländern des Persischen Golfs beläuft sich der Zuckerkonsum auf ca. 50 kg pro Kopf und Jahr, wobei vor allem Ware aus der EU zum Verzehr gelangt.

Schauen wir uns zum Schluß den Konsum eines Landes, jenen des bevölkerungsreichen Chinas, genauer an. Er stieg von 1 kg pro Kopf und Jahr zu Beginn der 1930er Jahre auf 3,8 kg (1980) und 6,5 kg (1995). Im benachbarten Taiwan wurde 1995 ein Pro-Kopf-Konsum von 26 kg registriert. Hauptzentren des Konsums waren die rasch wachsenden Küstenstädte im Osten und im Süden Chinas, während sich die Produktion des Zuckers seit Beginn der 90er Jahre von den östlichen in die westlichen Provinzen Chinas verlagert hat. 1992 verwandelte sich das Land aus einem Nettoimporteur von Zucker in einen Nettoexporteur. In den Städten wurde nicht nur bedeutend mehr Zucker konsumiert, sondern auch eher in bereits verarbeiteter Form. Zusammen mit dem Bevölkerungswachstum ist der steigende Lebensstandard Chinas ein idealer Nährboden für hohe Wachstumsraten.

Allerdings ist der Zucker der Konkurrenz anderer Süßungsmittel ausgesetzt. Ähnlich wie in Deutschland um 1900 (s.u.) wetteifert er mit dem Süßstoff Saccharin um die Gunst der Konsumenten und vor allem um die der verarbeitenden Industrie. Der billige Süßstoff kommt jeweils dann zum Zuge, wenn die Versorgungslage für Zucker angespannt ist, was auch eine verstärkte Produktionskontrolle durch die Regierung nicht verhindern kann. Wurden zu

Beginn der 1980er Jahre 3.000 Tonnen Saccharin produziert, waren es 1993 14.000 Tonnen. Diese 14.000 Tonnen entsprachen einer Menge von vier Millionen Tonnen Zucker – fast halb soviel wie der tatsächliche Konsum (F.O. Lichts Europ. Zuckerjournal 1995:879-882; 1996:477-482).

Wirtschaft

Produktion

Mit der Produktion von Rohrzucker ist – gewissermaßen als Kehrseite der höfischen Genußkultur des frühneuzeitlichen Europas – eines der traurigsten Kapitel der neueren Geschichte verknüpft: die auf Großgrundbesitz und Sklavenarbeit beruhende Plantagenwirtschaft Mittel- und Südamerikas (Galloway 1989; Schmitt 1988). Im 17. und 18. Jh. dominierte diese damals konkurrenzlos effiziente Form der großbetrieblichen Warenproduktion den internationalen Zuckermarkt. Viele der heutigen Probleme Amerikas haben ihre Wurzeln in dieser Zeit, so – um nur einige zu nennen – die Spannungen zwischen den verschiedenen Rassen, die ökologische Verwüstung ganzer Landstriche, die Abhängigkeit vom Weltmarkt oder die Vernachlässigung einer auf den eigenen Bedarf ausgerichteten Landwirtschaft. Noch von Christoph Kolumbus initiiert, breitete sich der Anbau von Zuckerrohr zuerst in der spanischen Karibik aus; später verlagerte er sich nach Brasilien. Anstelle der Indianer, die an der unmenschlichen Arbeit zugrunde gingen, holte man nach und nach afrikanische Sklaven. Die Versklavung von Afrikanern war nicht etwa eine europäische Erfindung (auch die Orientalen sowie die Afrikaner selber kannten sie); doch im Laufe der europäischen Expansion erhielt sie eine neue, sozusagen industrielle »Qualität«. Alles in allem wurden bis ins 19. Jh. etwa 12 Millionen Schwarzafrikaner nach Amerika verschleppt. Die meisten kamen auf die Zuckerrohrfelder Mittel- und Südamerikas.

Die Plantagenlandwirtschaft stammte ursprünglich aus dem Mittelmeerraum und wurde von den Portugiesen zuerst auf die Inseln vor der Küste Afrikas und dann nach Brasilien gebracht. Mit dem Anbau von Zuckerrohr hatten die Portugiesen eine lange Erfahrung, und Brasilien eignete sich hervorragend für diese Kultur, die ja eine längere Regenzeit benötigt, aber keinen Winter verträgt. Seit dem Ende des 16. Jhs. war die Zuckerwirtschaft für rund 150 Jahre der ertragreichste Wirtschaftszweig Brasiliens.

In der zweiten Hälfte des 17. Jhs. verlagerte sich der Schwerpunkt der Zuckerherstellung wieder in die Karibik und vor allem auf die Antillen, wo die Spanier von den anderen europäischen Mächten bedrängt wurden. Die Holländer setzten sich (vorübergehend) im Norden Brasiliens fest, die Engländer auf Jamaica, die Franzosen auf Martinique, Guadeloupe und Saint-Domingue, dem westlichen Teil der Insel Hispaniola. Die Engländer und die Franzosen hatten ihre Plantagen zunächst mit europäischen Kontraktarbeitern bestellt, nun gingen sie zur Sklavenarbeit über; gleichzeitig ersetzten sie die Mischkulturen der Spanier durch Monokulturen und wandelten sie in äußerst kapitalintensive Großbetriebe um. Die kleine englische Antilleninsel Barbados ging bei der Massenproduktion von Zucker voran. Zählte man dort 1645 erst 6.000 Sklaven, waren es um 1700 eine halbe Million, verteilt auf bloß 350 Plantagen. Im 18. Jh. waren die beiden Zuckerkolonien Jamaika und Santo Domingo die mit Abstand ertragreichsten tropischen Besitzungen ihrer Mutterländer Großbritannien und Frankreich. Die Verarbeitung des Zuckerrohrs geschah überall vor Ort, doch wurde meistens nicht fertiger Kristallzucker in Richtung Europa verschifft, sondern nur das Zwischenprodukt Rohzucker, das dann die Zuckersiedereien in den Küstenstädten Englands, Hollands, Deutschlands und Frankreichs in Raffinade verwandelten (Blackburn 1997; Galloway 1989; Meyer 1989; Stein 1988).

Die für ihre europäischen Besitzer sehr lukrative Zuckerwirtschaft »Westindiens« geriet am Ende des 18. Jhs. in die Krise: die Sklavenrevolution auf Santo Domingo, die 1806 zur Gründung des Schwarzenstaates Haiti führte, sowie die schrittweise Abschaffung des Sklavenhandels und der Sklaverei im atlantischen Raum beendeten ihr Goldenes Zeitalter. Im 19. Jh. verlagerte sich die Produktion von Rohrzucker teilweise nach »Ostindien«, so nach Java (wo sie schon um 1700 eine Blüte erlebt hatte). Die Abschaffung der Sklaverei brachte die mittel- und südamerikanische Zuckerindustrie in große Transformationsschwierigkeiten, die lange andauerten. Zur Modernisierung gezwungen wurde sie auch durch die Entstehung einer kontinentaleuropäischen Rübenzuckerindustrie, die ihr in der zweiten Hälfte des 19. Jhs. ihr süßes Monopol streitig machte (Albert/Graves 1984; Galloway 1989).

Die Anfänge der Rübenzuckerindustrie liegen im 18. Jh. Der Doktrin des Merkantilismus war der Zucker ein Greuel, belastete er doch die Handelsbilanzen der Staaten, die keine Kolonien besaßen, ausgesprochen stark. Bemühungen, aus dem süß schmeckenden Saft verschiedener Pflanzen »einheimischen« Zucker herzustellen, blieben zunächst ohne Erfolg. Der Berliner Chemiker Marggraf hatte zwar schon 1747 herausgefunden, daß die gewöhnliche Futterrübe (Beta vulgaris) »wahren« Zucker enthält, doch erst seinem Schüler Achard gelang es, eine industriell brauchbare Methode der Zuckergewinnung zu entwickeln und die »Runkelrübe« durch Züchtung in eine »Zuckerrübe« zu verwandeln. Am 11. Januar 1799 konnte er seinem König und Förderer Friedrich Wilhelm III. die erste Probe Rübenzucker überreichen. Während der Kontinentalsperre Napoleons, die den Import von kolonialem Zucker unterbrach oder verteuerte, entstanden auf dem europäischen Kontinent Hunderte von oft sehr kleinen Zuckerfabriken. Nach der Aufhebung des Embargos mußten die meisten Unternehmen ihren Betrieb wegen mangelnder Rentabilität wieder einstellen. 1822 kapitulierten sowohl in Österreich-Ungarn wie in Preußen die letzten Rübenzuckerfabriken aus der Zeit der Kontinentalsperre vor der ausländischen Konkurrenz.

Einzig in Frankreich überstand die Rübenzuckerindustrie die Aufhebung der Kontinentalsperre, da der Staat die Konkurrenz durch den billigen Importzucker aus Übersee mit Hilfe von Schutzzöllen milderte. Um so heftiger entbrannte in den 1830er Jahren der Streit zwischen dem kolonialen Rohr einerseits und der einheimischen Rübe andererseits. Es ging damals unter anderem um die Einführung einer Rübenzuckersteuer, und in den Haaren lagen sich Freihändler und Protektionisten, Rohrzuckerraffineriebesitzer und Rübenzuckerindustrielle, Fiskalisten und Liberale, Kolonialwarenhändler und Bauern. Die einheimische Zuckerindustrie Frankreichs konnte sich schließlich sowohl wirtschaftlich wie politisch durchsetzen. Doch schon bald erwuchs ihr innereuropäische Konkurrenz. Auch in Deutschland sowie in Österreich-Ungarn und in Rußland wurde der (koloniale) Importzucker nach und nach durch den einheimischen Rübenzucker substituiert, und in den 1860er Jahren entdeckten die besonders effizient arbeitenden Fabriken Mitteldeutschlands und Böhmens den Export. Der europäische Rübenzucker eroberte in erster Linie den britischen Markt, er drang aber auch nach Nordamerika und sogar nach Japan vor. Sein Anteil an der Weltproduktion nahm laufend zu und kulminierte im Jahre 1899 bei rund 65%. Das Deutsche Reich war in jenen Jahren nicht nur der wichtigste Rübenzuckerproduzent Europas, sondern sogar der führende Zuckerexporteur der Welt. Gleichzeitig befand sich der Zucker in der deutschen Handelsbilanz vorübergehend auf Platz 1, und auch in Österreich-Ungarn war er vor dem Ersten Weltkrieg der wichtigste Exportartikel überhaupt (Merki 1993).

Im Laufe des 20. Jhs. hat die Rohrzuckerindustrie die Rübenzuckerindustrie wieder überholt, und in der Mitte der 1990er Jahre dominierte sie die weltweite Erzeugung mit einem Anteil von etwa 70%. Die Gründe für den erneuten Aufschwung des Rohrzuckers sind vielfältig (Albert/Graves 1988; Abbott 1990): das Zurückbleiben der Rübenzuckerindustrie in den beiden Weltkriegen (die vorwiegend europäische Kriege waren), Veränderungen im Welthandelssystem, neue Anbaugebiete (z. B. in Australien), komparative Kostenvorteile des Rohrzuckers, vor allem aber die Modernisierung seines Anbaus und seiner Verarbeitung, wobei zum Teil Techniken zum Einsatz kamen, die zuerst für die Rübenzuckerfabrikation entwickelt worden waren.

Die europäische Rübenzuckerindustrie des 19. Jhs. war nämlich nicht nur ein Kind des Protektionismus (und über dessen Bedeutung für ihre Entstehung ließe sich durchaus diskutieren), die europäische Rübenzuckerindustrie war auch ein innovationsfreudiger Wirtschaftszweig, der schon früh mit Dampfkraft arbeitete, den Gewinnungsprozeß mit wissenschaftlichen Methoden verbesserte und bald zur Massenproduktion überging (für Deutschland: Krawinkel 1994; für die Habsburgermonarchie: Merki 1993). Bei der Verarbeitung der Rüben kam es zu einer gewaltigen Steigerung der Effektivität. Wichtige Impulse hierzu gingen sowohl in Deutschland wie in Österreich-Ungarn vom Steuersystem aus, das während Jahrzehnten jene Fabriken belohnte, die auf möglichst kostengünstige Art und Weise möglichst viel aus ihren Rüben herauszupressen wußten. Der Zuckergehalt der Rüben beispielsweise konnte zwischen 1836 und 1906 von 6% auf 16% hochgezüchtet werden. Ein anderes Movens war der saisonale Charakter der Industrie, die sogenannte Kampagnewirtschaft (der Zuckergehalt der Rübe vermindert sich nach der Ernte rasch, so daß diese nicht lange liegen bleiben darf). Weil die Zuckerfabriken nur wenige Monate pro Jahr voll ausgelastet waren, wirkten sich kapitalsparende Neuerungen besonders vorteilhaft aus. Verarbeitete eine deutsche Zuckerfabrik 1836 im Durchschnitt 1,3 Tonnen Rüben pro Tag, waren es 1895 392 Tonnen. Die Zentren der Rübenzuckerindustrie befanden sich meistens dort, wo sich auch die Kerngebiete des Rübenanbaus befanden, und in diesen Regionen (Sachsen und Schlesien, Böhmen und Mähren) hatte die Zuckerindustrie mitunter die Qualität eines volkswirtschaftlichen Führungssektors. Über Koppelungseffekte stimulierte sie andere Branchen wie die Maschinenindustrie, den Bergbau (Kohle) oder Teile des Dienstleistungssektors (Verkehr, Banken, Handel). Ihre Bedeutung für die Industrialisierung Deutschlands ist, wie Karl-Peter Ellerbrock kürzlich (1993) nachgewiesen hat, beträchtlich. Die auf die Schwerindustrie (Kohle, Eisen, Eisenbahn) fixierte Industrialisierungsforschung Deutschlands hat dies allerdings bislang kaum zur Kenntnis genommen.

Zwar wurden im 19. Jh. nur wenige Prozent der landwirtschaftlichen Nutzfläche Mitteleuropas mit Zuckerrüben bebaut, gleichwohl bewirkte diese *cash crop* einen gewissen Strukturwandel auch in der Landwirtschaft. So setzte sich die marktorientierte Fruchtwechselwirtschaft zuerst in den Rübenanbaugebieten durch. Die Zuckerrübe brachte eine bessere Ausnutzung des Bodens, eine Steigerung der Bodenfruchtbarkeit sowie eine Vergrößerung der Futterbasis (Blattwerk). Die Methoden der kapitalintensiven Bebauung (Dünger, Maschinen, Saatgut) wurden häufig auch dort zum Vorbild, wo die Zuckerindustrie nicht direkt vertreten war (Krawinkel 1994).

Handel

Wenn wir heute Zucker kaufen, beziehen wir ihn meistens im Warenhaus, sei es in der Schachtel (als Würfelzucker) oder im Kilosack (als Kristallzucker). Diese beiden Sorten waren zwar schon um 1850 bekannt, doch blieb der unhandliche Zuckerhut in Mitteleuropa bis zum Ersten Weltkrieg die gebräuchlichste Verkaufsform. Ihm mußte man mit speziellen Zangen und Messern zu Leibe rücken. Die Form des Zuckerhutes ist uralt. Schon im 6. Jh. n. Chr. ließen die Perser den Zucker in trichterförmigen Gefäßen auskristallisieren – unten, an der Spitze, befand sich ein Loch, durch das der Sirup abfließen konnte. Die europäischen Zuckersiedereien der Frühen Neuzeit boten mehrere Sorten an, fein abgestuft nach Form, Farbe und Konsistenz. Je heller und feiner, desto besser, lautete der allgemeine Qualitätsgrundsatz, so daß der weiße Kandis und die Raffinade mit Abstand am meisten kosteten. Um die gelbliche Farbe von schlecht raffiniertem Zucker zu kaschieren, versetzte man ihn u.a. mit Indigocarmin.

Der Zucker war eines der ersten Güter, für dessen Bezug beim Krämer, Kolonialwarenhändler oder Apotheker Geld unerläßlich war. Doch der Zucker hat die Etablierung der Geldwirtschaft nicht bloß über den Kleinhandel vorangetrieben, wesentlich wichtiger für die Ausbreitung des Kapitalismus war seine Rolle im Groß- bzw. Fernhandel. Fernand Braudel bezeichnete den Fernhandel als den »Ziehvater des Handelskapitalismus«. Zwar war der Handel mit der Neuen Welt vom Umfang her bei weitem nicht so bedeutend wie der innereuropäische, aber er war ausgesprochen profitabel, und es waren diese immensen Gewinnspannen, die ihn zum Nährboden des europäischen Kapitalismus werden ließen. Im Zuge der europäischen Expansion entstand erstmals so etwas wie eine Weltwirtschaft (Schmitt 1988). Die im Fernhandel akkumulierten Gewinne bildeten ferner eine der zentralen Voraussetzungen für die frühe Industrialisierung Englands (Blackburn 1997).

Heute ist der Weltmarkt für Zucker ein Residualmarkt. Die meisten Länder der Welt versorgen sich selbst, und nur 25% bis 30% des weltweit produzierten Zuckers kommen überhaupt in den internationalen Handel. Davon wird ein großer Teil über bi- und multilaterale Handelsvereinbarungen, über sogenannte Präferenzabkommen, abgesetzt. Auf den eigentlichen Weltmarkt gelangt somit lediglich der Überschußzucker, und seinen Preis bestimmen die drei Börsen von London (Roh- und Weißzucker), Paris (Weißzucker) und New York (Rohzucker). Die Börsennotierungen unterliegen heftigen Schwankungen, die von der Versorgungslage, von politischen Ereignissen, aber auch von der Situation im internationalen Schiffstransport oder von spekulativen Einflüssen abhängig sind. Die ursprüngliche Kolonialstruktur des Zuckerhandels blieb bis in die 1960er Jahre intakt. Der Exportzucker wurde in den Ländern der Dritten Welt mit Schwergewicht in Lateinamerika produziert und in den industrialisierten Staaten abgesetzt. Seit den 70er Jahren vollzog sich indessen eine Umkehrung der Handelsströme von der Süd-Nord- in die Nord-Süd-Richtung, die aus gegensätzlichen Entwicklungen resultierte. Während in Asien und Afrika die Verbrauchszunahmen wesentlich über dem Produktionswachstum lagen und liegen, ist der Verbrauch in den Industriestaaten rückläufig; gleichzeitig hat dort die Produktion, angekurbelt durch eine protektionistische Agrarpolitik, zugenommen (Abbott 1990; Egger/Rieder/Clemenz 1992:73-104; F.O. Lichts Europäisches Zuckerjournal).

Politik

Der Zuckermarkt ist heute – allen Liberalisierungsbemühungen zum Trotz – ein stark protektionistischer Bereich, wobei die Interventionen der nationalen oder internationalen Politik verschiedenste Formen annehmen können, seien es nun Zölle oder Subventionen, Garantiepreise oder Importlizenzen, Stabilisierungsvereinbarungen oder Ausgleichszahlungen, Währungsmanipulationen oder Quotenbestimmungen. Wie das nächste Kapitel zeigt, ist der Zuckerpreis bereits seit langem (auch) ein politischer Preis. Seit sich der Zucker dem Wettbewerb anderer Süßungsmittel (Süßstoffe, Isoglukose) stellen muß, hat sich die Zucker- zu einer Süßungsmittelpolitik ausgedehnt.

Akteure und Interessen

Am Zucker am meisten interessiert sind zunächst die Produzenten, also die Plantagenbesitzer der Frühen Neuzeit genauso wie die europäischen Rübenbauern der Gegenwart. Daß sich deren Interessen nicht immer mit denen der Verarbeiter (Roh- u. Weißzuckerfabriken) decken müssen, versteht sich von selbst. So haben sich die Rübenbauern wiederholt in speziellen Organisationen zusammengeschlossen, um von ihren Abnehmern höhere Preise verlangen zu können. Die Zuckerindustriellen Europas entwickelten schon früh moderne Formen der Interessenvertretung. Sowohl im Deutschen Zollverein (1841) wie im Kaisertum Österreich (1854) war die Rübenzuckerindustrie der erste Wirtschaftszweig, der sich in einem eigenen Branchenverband organisierte. Anlaß zu diesen Gründungen gaben jeweils Veränderungen in der Fiskal- und Zollpolitik. Heute ist die Zuckerpolitik Europas weniger durch fiskalische als durch wirtschaftliche und speziell landwirtschaftliche Motive bestimmt. Da die Interessen der betroffenen Ministerien keineswegs parallel laufen müssen, sind Konflikte innerhalb der zuständigen Regierungen an der Tagesordnung. Auch auf internationaler Ebene (EU, WTO) muß immer wieder ein neuer Interessenausgleich gefunden werden. Auf dem Weltmarkt spielen schließlich auch die Interessen der Händler eine gewisse Rolle. Bei der britischen Firma *Tate & Lyle* beispielsweise handelt es sich um einen weitverzweigten Agribusiness-Konzern, der nicht nur an der Börse aktiv ist, sondern auch viele eigene Raffinerien besitzt.

Außen vor bleiben bei diesem Interessenpoker in der Regel die schlecht organisierbaren Konsumenten. Weder die Wirtschaft noch die Politik kann aber allzu kraß gegen die Logik des Marktes verstoßen.

Dazu vier Beispiele:

– Im 17. Jh. blühte der Zuckerschmuggel, weil sich auf diesem Wege die (allzu) hohen Einfuhrzölle Europas unterlaufen ließen.

– Als der Süßstoff Saccharin um 1900 in die Apotheke verbannt wurde, übernahm der illegale Handel die Versorgung der Konsumenten (s.u.).

– Die Rationierung des Zuckerverbrauches in den beiden Weltkriegen führte zwangsläufig zur Bildung von Schwarzmärkten.

– Die politisch gestützten hohen Zuckerpreise in den USA haben in den 1970er und 1980er Jahren weniger den Zuckerproduzenten genützt als dem konkurrierenden Süßungsmittel Isoglukose (s.u.).

Fiskalpolitik

In der Frühen Neuzeit hatten die europäischen Staaten in erster Linie ein fiskalisches Interesse am Zucker, und die Begründung für dessen Besteuerung bzw. Verzollung fiel nicht schwer, galt er doch damals allgemein als ein mehr oder weniger »überflüssiges« Luxusgut. In der ersten Hälfte des 19. Jhs. verloren die Einfuhrzölle auf Kolonialzucker mit dem Aufkommen der Rübenzuckerindustrie an Bedeutung. Um diese Ausfälle zu kompensieren, wurde auch der Rübenzucker oder dessen Rohstoff, die Rübe, zur Besteuerung herangezogen. Die Steuern auf dem einheimischen Produkt erreichten jedoch weder in Frankreich noch in Preußen oder Österreich die Höhe der Zölle, die der Kolonialzucker zu entrichten hatte, so daß das Gedeihen der Rübenzuckerindustrie gewährleistet blieb. Im Gefolge des starken Konsumzuwachses in der zweiten Hälfte des 19. Jhs. nahmen auch die Einnahmen aus der Zuckersteuer deutlich zu. Sowohl in Deutschland wie in Österreich-Ungarn wurde die Zuckersteuer vor dem Ersten Weltkrieg zu einer der tragenden Säulen des Staatshaushalts. So stammten damals zwischen sieben und zehn Prozent aller Einnahmen des Deutschen Reichs einzig und allein aus dieser Quelle. In der zweiten Hälfte des 20. Jhs. verkümmerte die Zuckersteuer zu einer Bagatellsteuer. Gleichzeitig büßte sie ihre ursprüngliche Legitimation definitiv ein. Der Zucker war ja längst kein Luxus mehr, weshalb die Steuer inzwischen auch eher regressiv denn progressiv wirkte. 1994 wurde sie in Deutschland im Zuge der EU-Steuerharmonisierung endgültig abgeschafft (Krawinkel 1994; Merki 1993).

Wirtschafts- und Handelspolitik

Schon mit den Zuckerzöllen der Frühen Neuzeit verfolgten die europäischen Regierungen nicht nur fiskalische Ziele. Um das Raffinieren des Rohzuckers in Europa heimisch zu machen, erschwerten sie den Import von bereits raffiniertem Zucker durch speziell hohe Zollsätze. Einige Regierungen verboten ihren Kolonien das Raffinieren des Zuckers sogar ganz. Einzig Portugal wählte den umgekehrten Weg: es untersagte 1559 das Raffinieren des Zuckers im Mutterland zugunsten seiner Kolonien.

Auch die Höhe der europäischen Rüben(zucker)steuern des 19. Jhs. war, wie bereits erwähnt, nicht nur durch fiskal-, sondern auch durch wirtschaftspolitische Überlegungen (Konkurrenz mit dem Kolonialzucker) bestimmt. Außerdem hatte das Steuersystem sowohl in Deutschland wie in Österreich-Ungarn einen wichtigen betriebswirtschaftlichen Nebeneffekt: Es führte zu einer permanenten Optimierung der Produktivität, da es jene Fabriken honorierte, die ihre Rüben überdurchschnittlich effizient verarbeiteten.

Von großer Tragweite war im letzten Drittel des 19. Jhs. die Anwendung eines weiteren wirtschaftspolitischen Instruments: der Ausfuhrvergütung. Schon die Kolonialzuckersiedereien hatten beim Export (bzw. Re-Export) ihrer Ware jenen Zoll zurückerhalten, den sie vorher für den Rohzucker aus Übersee bezahlt hatten. Eine solche Rückerstattung der Steuer beim Export verlangte auch die Rübenzuckerindustrie, und zwar besonders dezidiert, seit der inländische Markt gesättigt war. 1860 führte die Habsburgermonarchie als erstes Land eine Rückvergütung ein. Sie wurde 1864 so stark erhöht, daß sie dem, der die Rüben effizient verarbeitete, eine indirekte oder »versteckte« Prämie eintrug. Diese Prämie gab der Ausfuhr einen starken Impuls und katapultierte Österreich-Ungarn an die Spitze aller rübenzuckerexportierenden Staaten, von wo es erst 1880 durch das Deutsche Reich verdrängt wurde. Auch das Deutsche Reich hatte mittlerweile ein ähnliches System eingeführt, das bei aller innovationsfördernden Dynamik mindestens einen Nachteil besaß: Es gefährdete die Nettoeinnahmen aus der Zuckersteuer. Um 1890 reformierten beide Monarchien ihre Prämien- und Steuersysteme, und zwar auf ähnliche Art und Weise: Einführung einer Fabrikatsteuer, also einer Steuer auf dem fertigen Produkt, sowie Umwandlung der bisher versteckten Prämien in offene Exportprämien.

Vom nationalistisch inspirierten Prämienkrieg der europäischen Rübenzuckerindustrien profitierten in erster Linie die britischen Konsumentinnen und Konsumenten, die immer weniger für ihren Zucker zu zahlen hatten. In Bedrängnis gerieten dagegen die englischen und französischen Rohrzuckerkolonien sowie die englischen Raffinerien im Mutterland. Es war denn auch primär englischer Druck, der am 5. März 1902 die Brüsseler Zuckerkonvention zustande kommen ließ. Die Konvention erzwang unter anderem die Abschaffung aller Exportprämien. Die teilweise Liberalisierung des protektionistischen Systems nützte einerseits den Staatshaushalten der Rübenländer, die von übermäßigen Exportsubventionen befreit wurden, andererseits den Zuckerindustrien in Übersee, die verlorengegangenes Terrain wieder zurückerobern konnten. Der langfristige Preisverfall auf dem Weltmarkt kam zum Stillstand. Gleichzeitig entdeckten die Rübenzuckerindustrien ihre einheimischen Märkte, die sie seit Jahrzehnten vernachlässigt hatten, wieder neu. In Deutschland beispielsweise wuchs der Pro-Kopf-Verbrauch bei tendenziell sinkenden Preisen von 13 kg (1900) auf 20 kg (1913) (Ellerbrock 1993; Krawinkel 1994; Merki 1993).

Bei der Brüsseler Zuckerkonvention handelte es sich nicht nur um das erste internationale Rohstoffabkommen überhaupt, es hatte mit der Ständigen Kommission auch ein Überwachungsorgan, das – einmalig für jene Zeit – mit supranationalen Befugnissen ausgestattet war. So mußte 1903 das österreichische Zuckergesetz auf Verlagen der Kommission zurückgezogen werden, obwohl es der Kaiser bereits sanktioniert hatte. Die Konvention wurde durch den Ersten Weltkrieg hinfällig. Mehrere internationale Zuckerabkommen sind seither abgeschlossen worden. Ihr wichtigstes Ziel, die Stabilisierung des Marktes, haben sie meistens verfehlt. Weder konnten sie Überschußkrisen beheben noch für ein »gerechtes« Handelssystem sorgen, d.h. für eines, das auch jenen Exportländern eine Chance ließ, für die ein nationaler Agrarprotektionismus zu teuer war (Egger/Rieder/Clemenz 1992).

Die Zucker- bzw. Süßungsmittelpolitik der Gegenwart ist äußerst verflochten und komplex. Sie unterscheidet sich nicht nur von Land zu Land und von Staatengruppe zu Staatengruppe, sie kann außerdem innerhalb kürzester Zeit große Veränderungen durchmachen. So brachte der von den USA wegen der Revolution verhängte Boykott gegen Kuba den Zuckermarkt völlig durcheinander. Für eine umfassende Analyse der Süßungsmittelpolitik der 1990er Jahre fehlt in diesem Handbuch der Platz. Einige Bemerkungen zur jüngeren Entwicklung der europäischen Zuckerpolitik sowie zu ihren globalen Implikationen mögen an dieser Stelle genügen.

Seit 1968 ist in der EG bzw. EU eine gemeinsame, durch die Europäische Kommission formulierte Zuckermarktordnung in Kraft, welche die Produktion aller Mitgliedsländer über genaue Quotenbestimmungen reguliert. Die neuen Mitglieder der Gemeinschaft mußten jeweils in diese Ordnung integriert werden, was im Falle von Großbritannien (1973) mit großen Schwierigkeiten verbunden war. Es wiederholte sich dabei bis zu einem gewissen Grade jene Konstellation, die bereits für die Brüsseler Konvention von 1902 kennzeichnend gewesen war: Großbritannien beharrte, als Erbe eines riesigen Kolonialreiches, auf jenen Rohrzuckerlieferungen, zu denen es im Rahmen seiner Commonwealth-Vereinbarungen verpflichtet war. Im Gegensatz dazu wollten die anderen Mitglieder der EG den europäischen Binnenmarkt für ihre eigenen (Rübenzucker-)Industrien reservieren. Die Commonwealth-Lieferungen wurden schließlich 1975 in das Zuckerprotokoll von Lomé aufgenommen. Im Vertrag von Lomé verpflichtete sich die EG, den sogenannten AKP-Staaten jährlich eine bestimmte Menge Zucker zu EG-Preisen abzunehmen (AKP: Afrika-Karibik-Pazifik). Die Importe aus diesen Staaten (rund 1,4 Millionen Tonnen Zucker pro Jahr) führten zu einer Überschußsituation, und die EG war gezwungen, ihren Weißzucker mit Geldern aus der Gemeinschaftskasse zu verbilligen, um ihn auf dem Weltmarkt absetzen zu können. Die Position der EG auf dem Weltmarkt verstärkte sich im Laufe der 80er Jahre, und seit einigen Jahren ist sie der größte Zuckerexporteur überhaupt. In der ersten Hälfte der 1990er Jahre konnte sie in Osteuropa die Nachfolge Kubas antreten, das bis zum Zusammenbruch der Sowjetunion deren bevorzugter Lieferant gewesen war. Die Exportverbilligungen berappen mittlerweile weniger die europäischen Steuerzahler als – über erhöhte Binnenpreise – die Konsumenten.

Die Meinungen über die Folgen der EU-Zuckermarktordnung sind geteilt. Auf jeden Fall eignet sich die Problematik kaum dafür, auf einen simplen Nord-Süd-Gegensatz reduziert oder einer dogmatisierenden Liberalisierungskritik unterzogen zu werden – dafür ist sie zu ambivalent. Ob und wie die im Zuckerprotokoll von Lomé berücksichtigten Staaten von der europäischen Preis- und Absatzgarantie profitieren können, ist umstritten. Kritiker der Marktordnung verweisen auf die negativen Konsequenzen, so auf das Absinken der Weltmarktpreise, die Besetzung von regionalen Märkten durch die EU, die Benachteiligung von Nicht-AKP-Staaten, Fehlallokationen von Produktionsfaktoren in der EU oder auf die verminderte Wettbewerbsfähigkeit des Zuckers gegenüber alternativen Süßungsmitteln. Das General Agreement on Tariffs and Trade (GATT) dürfte an dieser Situation zumindest mittelfristig nicht viel ändern: die im Rahmen der Uruguay-Runde verabschiedeten Exportrestriktionen beim Zucker tangieren die EU-Ordnung kaum (F.O. Lichts Europäisches Zuckerjournal, div. Jge.).

Surrogate

Der Zucker ist, historisch gesehen, selber ein Surrogat, nämlich für den Honig. Nachdem er diesen als wichtigstes Süßungsmittel abgelöst hatte, besaß er während Jahrhunderten ein mehr oder weniger unangefochtenes Monopol. In Frage gestellt wird dieses Monopol heutzutage durch die Süßungsmittel auf Stärkebasis. Sie sind zwar schon seit dem 19. Jh. bekannt, wurden aber erst vor zwei, drei Jahrzehnten zu einer ernsthaften Konkurrenz für den Zucker. Konkurrenz erwächst ihm außerdem durch die nährwertlosen Süßungsmittel, die sogenannten Süßstoffe.

Wenigstens kurz erwähnt werden sollen schließlich auch noch die Nebenprodukte, die bei der Zuckerherstellung anfallen und die zum Teil als Surrogat in Frage kommen. Zu denken ist hier in erster Linie an die Melasse, den nicht mehr kristallisierungsfähigen Sirup. Bis ins 19. Jh. hinein war die Melasse mengenmäßig ein ebenso wichtiges Produkt wie der eigentliche Zucker und als preiswerte Alternative zur teuren Raffinade hochgeschätzt. Die Melasse diente überdies als Ausgangsstoff für die Herstellung von Rum, dem bedeutenden Nebenprodukt der frühneuzeitlichen Rohrzuckerindustrie.

Kalorienhaltige Süßungsmittel

Die industrielle Gewinnung von Glukose aus pflanzlicher Stärke geht wie die Herstellung von Rübenzucker auf den Beginn des 19. Jhs. zurück. Die erste Stärkezucker-Fabrik entstand 1812 in der Nähe von Weimar. Nach der Aufhebung der Kontinentalsperre kam die Stärkezuckerfabrikation zum Erliegen. Sie erlebte in der zweiten Hälfte des 19. Jhs. eine gewisse Renaissance, stellte aber für den herkömmlichen Zucker vorerst keine Konkurrenz dar: der aus Kartoffeln gewonnene Stärke- oder Traubenzucker besaß – neben anderen Unzulänglichkeiten – nur etwa die Hälfte der Süßkraft von gewöhnlichem Zucker. Constantin Fahlberg, der Erfinder des

Saccharins, warb um 1890 dafür, den billigen Stärkezucker mit Saccharin zu versüßen und ihn so wettbewerbsfähig zu machen – eine brillante Idee, die sich aber damals nicht durchsetzen ließ. (Heute sind solche Kombinationen gang und gäbe.)

In den 70er Jahren des 20. Jhs. gelang es in den USA, die aus Stärke gewonnene Glukose industriell in süßere Fruktose umzuwandeln. Das dabei entstandene zähflüssige Gemisch, die sogenannte Isoglukose, wurde zum Konkurrenzprodukt, das den Zucker überall dort zu verdrängen begann, wo er in flüssiger Form zum Einsatz kam (Getränke, Milchprodukte, Backwaren). Die großen Soft-Drink-Hersteller, allen voran Coca-Cola, stellten in wenigen Jahren vollständig auf Isoglukose um. Die Hausse der Zuckerpreise schuf am Ende der 70er Jahre ideale Voraussetzungen für den Isoglukoseboom. Die USA hatten ein Interesse an der Reduktion ihrer umfangreichen Zuckerimporte, und sie verfügten als weltweit größter Hersteller von Mais über ein ausreichendes Angebot an billiger Stärke. Der Zuckerverbrauch erlebte in der Folge einen dramatischen Einbruch, und schon 1985 war die Isoglukose in den USA wichtiger als das seit Jahrhunderten dominierende Süßungsmittel Zucker. 1975 wurden weltweit 700.000 Tonnen Isoglukose produziert, 1995 waren es 10,2 Millionen Tonnen.

Außerhalb der USA kam die Verwendung von Isoglukose eher schleppend in Gang. Ähnlich bedeutend ist sie einzig in Japan, das für ihre Herstellung vor allem US-amerikanischen Mais benutzt und das auf diese Art und Weise dem im bilateralen Handelsverkehr bestehenden Ungleichgewicht begegnen kann. In der EU ist die Verwendung von Isoglukose durch eine Quotenregelung auf jährlich 300.000 Tonnen limitiert. Auch ein anderes Süßungsmittel auf Stärkebasis, der Inulinsirup, ist in die EU-Zuckermarktordnung aufgenommen worden. Die Quote, die diesem Süßungsmittel zugestanden worden ist, liegt zwar weit über der aktuellen Produktion, sie hat aber den Vorteil, eine mögliche Substitution des Zuckers schon im Ansatz zu begrenzen (F. O. Lichts Europäisches Zuckerjournal, div. Jge.).

Neben der Isoglukose und dem Inulinsirup existieren verschiedene andere kalorienhaltige Süßungsmittel. Am bedeutendsten sind die sogenannten Zuckeralkohole, die vom Körper insulinunabhängig verwertet und deshalb in der Diabetikerdiät verwendet werden können, so u.a. Mannit, Sorbit und Xylit. Die Zuckeralkohole wirken nicht- oder sogar antikariogen, was sie für die Verwendung in der Kaugummi- und Bonbonindustrie prädestiniert.

Kalorienlose oder -arme Süßungsmittel

Um eine ganze andere Kategorie von Süßungsmitteln handelt es sich bei den Süßstoffen. Sie besitzen im Gegensatz zum Zucker oder zu anderen kohlenhydrathaltigen Süßungsmitteln keinen oder höchstens einen vernachlässigbar geringen Nährwert, taugen also, für sich allein, nur zum Genuß-, nicht aber zum Nahrungsmittel, und ihre Süßkraft, d.h. die Intensität ihres Süßgeschmacks, übertrifft die von Zucker bei weitem. Saccharin beispielsweise ist – je nach Konzentration – 200 bis 700mal so süß wie Zucker.

Das Kohlenwasserstoff-Derivat Saccharin wurde 1878 vom deutschen Zuckerchemiker Fahlberg entdeckt und zehn Jahre später in den Handel gebracht, zuerst als Diätetikum für Diabetiker, später als Zusatzstoff in der Lebensmittelindustrie. Nachdem sein Preis drastisch gefallen war und der des Zuckers sich gleichzeitig von einer längeren Baisse erholt hatte, erlebte es am Ende des 19. Jhs. seinen Durchbruch als »Zucker der armen Leute«. Im Deutschen Reich wurden 1902 fast zweihundert Tonnen verbraucht, was mehr als zehn Prozent des damaligen Zuckerkonsums entsprach. Erfolg hatte das Saccharin vor allem dort, wo der Zucker seinen luxuriösen Charakter noch nicht ganz eingebüßt hatte: in ländlichen Gebieten eher als in der Stadt und im östlichen Europa eher als im westlichen.

Das Saccharin kann kulturgeschichtlich als später Vertreter jener Surrogate betrachtet werden, die sich im 19. Jh. ausbreiteten, nachdem die ständischen Schranken gefallen waren und die Nachahmung der repräsentativen Kulturformen der Oberschicht nur noch durch die finanziellen Möglichkeiten begrenzt war. Statt Bohnenkaffee verwendete man Zichorie, statt »echter« Butter das Kunstprodukt Margarine, statt Zucker Saccharin. Die gleiche Funktion hatte früher die billige Melasse erfüllt. Selbstverständlich wurde das Ersatzmittel von denen, die nicht darauf angewiesen waren, eher geächtet als geachtet. Der, der das Original kennen-

und schätzengelernt hatte und der nun, wollte er sein Bedürfnis nach Süßem befriedigen, mit dem Surrogat vorlieb nehmen mußte, empfand dies als Beleidigung für seinen – um mit Pierre Bourdieu zu sprechen – »guten Geschmack«. Aus diesem Grunde schlossen sich in Deutschland einige Dienstboten zu einem Verein zusammen und verpflichteten sich, dort keine Stellung anzunehmen, wo man ihnen den prestigeträchtigen Zucker vorenthielt und sie mit Saccharin abspeiste.

Die wachsende Konkurrenz durch das Saccharin bewog die Zuckerindustrie und die mit ihr verbundene Landwirtschaft zu einem massiven Druck auf die Gesetzgebung, auch wenn das Saccharin für den Zucker nicht wirklich »gefährlich« war. (Noch heute ist es außerordentlich schwierig festzustellen, ob es sich bei den Süßstoffen eher um komplementäre oder eher um substitutive Güter handelt: Nehmen sie dem Zucker Marktanteile ab? Oder schaffen sie eigene, komplementäre Märkte?) Die Bedeutung der Konkurrenz durch das Saccharin bestand am Ende des 19. Jhs. hauptsächlich darin, daß es die Preispolitik der Zuckerkartelle in Frage stellte, ebenso wie die ausgeklügelten Steuer- und Zollsysteme der zuckerproduzierenden Staaten. Doch das genügte: sowohl in Italien (1889) wie in Belgien (1897), Österreich-Ungarn (1898), Rußland (1900), Frankreich und Deutschland (1902) verschwand das Saccharin in der Apotheke – nur noch Personen, die den Zucker aus medizinischen Gründen meiden mußten, durften es fortan gegen Rezept beziehen. Medizinisch hatte das Saccharin damals einen tadellosen Ruf; bei den Verboten eine gewisse Rolle spielte allenfalls die Absicht, die Konsumenten vor der Verfälschung von Nahrungsmitteln, d.h. vor der nicht deklarierten Substitution des Zuckers, zu schützen.

Der deutsche Staat entschädigte die Fabriken, die das Saccharin produziert hatten, mit mehreren Millionen Mark. Doch das Problem war damit nicht aus der Welt geschafft. Dort, wo der Zucker noch nicht zu einem alltäglichen Süßungsmittel geworden war, blieb der Süßstoff eine Alternative, die auf schwarzen und grauen Märkten reißenden Absatz fand. Zur wichtigsten Operationsbasis der Schmugglerinnen und Schmuggler wurde die Schweiz – dort war das Saccharin frei erhältlich und hatte die Süßstoffindustrie, ein Zweig der aufstrebenden chemisch-pharmazeutischen Industrie, ihren Sitz. Allein in Zürich, der Hochburg des Schmuggels, schätzte die Polizei die Zahl der professionellen Dealer auf über tausend. Ihre Phantasie kannte keine Grenzen: das Saccharin wurde flüssig in Champagnerflaschen, als Pulver in Fahrradreifen, en bloc in Lastwagen mit doppeltem Boden, in Westen und unter Röcken »eingeschwärzt«. Auf Anregung der Zuckerindustrie bildeten die deutsche und die österreichische Polizei spezielle Dezernate, die den Schmuggel aber nicht eindämmen konnten. Die verstärkte Repression trug im Gegenteil dazu bei, daß sich auf den illegalen Märkten professionelle, mafiaähnliche Organisationen herausbildeten.

Als Reaktion auf den illegalen Konsum kamen um 1907 Bestrebungen in Gang, den Süßstoffverkehr einer internationalen Kontrolle zu unterstellen. Treibende Kraft der Bewegung war Rußland, das als Land mit einer extrem hohen Zuckersteuer und einem bescheidenen Zuckerkonsum besonders stark vom Süßstoffschmuggel betroffen war. Aus Furcht vor Pressionen ihrer zuckerproduzierenden Nachbarn sah sich auch die Schweiz gezwungen, an den entsprechenden Konferenzen teilzunehmen. Im April 1914 unterzeichneten acht kontinentaleuropäische Staaten die Internationale Konvention über die Reglementierung des Saccharins, ein Abkommen, das sie u.a. dazu verpflichtet hätte, den Handel mit Süßstoffen peinlich genau zu überwachen.

Der Ausbruch des Krieges verhinderte die Ratifizierung der Konvention. Im Krieg wurde das Saccharin vom verfemten Verfälschungsmittel zum begehrten Surrogat, und die meisten Staaten, welche die Süßstoffe vor 1914 aus protektionistischen Gründen verfolgt hatten, hoben die restriktiven Bestimmungen wieder auf. Ausgerechnet in den Jahren, in denen man den Zucker als Nahrungsmittel bitter nötig gehabt hätte, trat das nährwertlose Saccharin an dessen Stelle, und auch im Zweiten Weltkrieg wurde es in rauhen Mengen eingesetzt.

Sozial aufgewertet, werden die Süßstoffe heute nicht mehr verwendet, *obwohl* sie keinen Nährwert haben, sondern *weil* sie keinen Nährwert haben. Aus dem billigen Surrogat für »arme Schlukker« wurde in wenigen Jahrzehnten ein Süßungsmittel für jene fitneßbewußten Wohlstandsbürger, die zwar auf Zuckerkalorien, nicht aber auf dessen süßen Geschmack verzichten wollen. Die globale Nachfrage nach Süßstoffen lag 1980 bei etwa vier Millionen Tonnen Zuckeräquivalent, 1995 waren es zehn Millionen Tonnen.

In der zweiten Hälfte der 70er Jahre geriet das Saccharin in Verdacht, krebserregend zu sein. Zwar ist es mittlerweile toxikologisch weitgehend rehabilitiert, doch andere Süßstoffe haben sich den Imageverlust zunutze gemacht und dem Saccharin Marktanteile abgenommen, so vor allem die ihm geschmacklich überlegenen Süßstoffe Aspartam und Acesulfam-K. Das aus zwei Aminosäuren bestehende Aspartam wird auf chemischem oder biotechnologischem Wege synthetisiert – seine an und für sich »natürliche« Beschaffenheit dient der Werbung als willkommenes Argument, um es gegenüber den anderen Süßstoffen zu profilieren. Überhaupt lösen sich die Grenzen zwischen »natürlichem«, »naturidentischem« und »künstlichem« Süßungsmittel, zwischen Landwirtschaft und chemischer Industrie, allmählich auf. Den »natürlichen« Süßstoff Steviosid beispielsweise extrahiert man aus den Blättern der Stevia rebaudiana, einer Chrysanthemenart, die von den Indianern Paraguays seit langem zum Süßen verwendet wird. Die chemische Industrie ist – so scheint es – dabei, sich ein weiteres Refugium der Natur gefügig zu machen: den Geschmack, der als beliebig gestaltbarer Faktor der menschlichen Ernährung erschlossen wird. Vielleicht gehören die Süßstoffe sogar zur Avantgarde einer synthetischen Ernährung. Die einzelnen Komponenten solcher Lebensmittel (Geschmack, Aroma, Farbe, Konsistenz usw.) würden zuerst als voneinander unabhängige Qualitäten konstruiert und erst dann zu etwas Neuem zusammengesetzt (Merki 1993).

Bibliographie

Abbott, George C. (1990): Sugar, London/New York

Albert, Bill/Graves, Adrian (Hg.) (1984): Crisis and Change in the International Sugar Economy, 1860-1914, Norwich/Edinburgh

Dies. (Hg.) (1988): The World Sugar Economy in War and Depression, 1914-40, London/ New York

*Baxa, Jakob/Bruhns, Guntwin (1967): Zucker im Leben der Völker. Eine Kultur- und Wirtschaftsgeschichte, Berlin [leicht lesbare Überblicksdarstellung]

Blackburn, Robin (1997): The Making of New World Slavery, 1492-1800, London/N.Y.

Deerr, Noel (1949/50): The History of Sugar, London (2 Bde.)

Egger, Urs/Rieder, Peter/Clemenz, Daniela (1992): Internationale Agrarmärkte, Zürich

Ellerbrock, Karl-Peter (1993): Gesch. der deutschen Nahrungs- und Genußmittelindustrie 1750-1914, Stuttgart

Fischler, Claude (1987): Attitudes towards Sugar and Sweetness in Historical and Social Perspective, in: Dobbing, John (Hg.): Sweetness, Berlin, S. 83-98

*Galloway, J.H. (1989): The Sugar Cane Industry. An Historical Geography from its Origins to 1914, Cambridge [zuverlässiges Grundlagenwerk]

Institut für Zuckerrübenforschung (Göttingen) (Hg.) (1984): Geschichte der Zuckerrübe, Berlin

Krawinkel, Max-Ferdinand (1994): Die Rübenzuckerwirtschaft im 19. Jahrhundert in Deutschland, Köln

*Lippmann v., E. O. (1929): Gesch. d. Zuckers seit den ältesten Zeiten bis z. Beginn d. Rübenzucker-Fabrikation, Berlin (2. Aufl.) [Fundgrube mit Tausenden von Verweisen]

Logue, A. W. (1995): Die Psychologie d. Essens u. Trinkens, Heidelberg usw. (engl. 1986)

Mauruschat, Hans Heinrich (1985): Preise und Verbrauch des Kolonialzuckers im vorindustriellen Europa, Berlin

*Merki, C.M. (1993): Zucker gegen Saccharin. Zur Geschichte der künstlichen Süßstoffe, Frankfurt a.M./New York [über die Wechselwirkungen zwischen »natürlichem« und »künstlichem« Süßungsmittel]

Meyer, Jean (1989): Histoire du sucre, Paris

*Mintz, Sidney W. (1987): Die süße Macht. Kulturgeschichte des Zuckers, Frankfurt a.M./New York (engl. 1985) [ein Meilenstein sowohl der Zucker- wie der Ernährungsgeschichte allgemein]

Ortiz, Fernando (1987): Tabak und Zucker. Ein kubanischer Disput, Frankfurt a.M.

Schmitt, Eberhard (Hg.) (1988): Dokumente zur Geschichte der europäischen Expansion, Bd. 4: Wirtschaft und Handel der Kolonialreiche, München

Sombart, Werner (1983): Liebe, Luxus und Kapitalismus. Über die Entstehung der modernen Welt aus d. Geist der Verschwendung (urspr. unter dem Titel »Luxus und Kapitalismus«, 1913)

Stein, R.L. (1988): The French sugar business in the 18th century, Baton rouge

Wiegelmann, Günter (1986): Zucker und Süßwaren im Zivilisationsprozeß der Neuzeit, in: Teuteberg, H.-J./Wiegelmann, G. (Hg.): Unsere tägliche Kost, Münster, S. 135-152

Ziegler, Eugen (1987): Zucker. Die süße Droge, Basel/Boston

Zeitschriften und Institutionen

F. O. Lichts Europäisches Zuckerjournal, hg. von F.O. Licht (Ratzeburg/BRD)

F. O. Licht. Internationales zuckerwirtschaftliches Jahr- und Adreßbuch (Ratzeburg/BRD)

Wirtschaftliche Vereinigung Zucker e.V. (Bonn) (Jahresberichte)

World Sugar History Newsletter (Edinburgh) (seit 1987)

Zucker-Museum (Berlin) (Publikationsreihe)

Honig

Kai Precht

Einleitung

Begrifflichkeit

Das Lebensmittel- und Bedarfsgegenständegesetz der Bundesrepublik Deutschland definiert – ähnlich wie die Welternährungsorganisation FAO – den Honig als ein »flüssiges, dickflüssiges oder kristallines Lebensmittel, das von Bienen erzeugt wird, indem sie Blütennektar, andere Sekrete von lebenden Pflanzenteilen oder auf lebenden Pflanzen befindliche Sekrete von Insekten aufnehmen, durch körpereigene Sekrete bereichern und verändern, in Waben speichern und dort reifen lassen« (Gesetz vom 15. August 1974, geändert am 24. August 1976, §19, Nummern 1, 3 und 4, Buchstaben a, b, c).

Physiologische Wirkung

Bisher sind 181 verschiedene Substanzen im Honig nachgewiesen worden – verschiedene Zucker (Frucht-, Trauben-, Malz- und Mehrfachzucker) sowie Wasser sind dessen Hauptbestandteile. Daneben enthält Honig vor allem Mineralstoffe (Kalium, Natrium, Calcium, Magnesium, Chloride und Phosphate), deren Bedeutung für den menschlichen Stoffwechsel vielfach belegt ist, ferner Spurenelemente (Eisen, Kobalt, Silicium, Jod oder Fluor), außerdem in geringen Mengen Eiweiß (Aminosäuren), Hormone (vor allem Acetylchlorin) und Vitamine. Zudem wurden bislang über fünfzig verschiedene Aromastoffe isoliert. Sie setzen sich zusammen aus den Gerüchen der verschiedenen Pflanzen und aus dem Duft der Bienenwaben, denn Honig neigt dazu, Fremdgerüche anzunehmen. Er enthält überdies organische Säuren (Acethylcholin und Cholin), sei es aus Pflanzen oder aus den Speicheldrüsen der Bienen. Die Säuren wirken anregend auf Appetit und Verdauung, sie unterstützen die Atmung und fördern die Herz- und Nierentätigkeit.

Alles in allem ist Honig ein hochwertiges Lebensmittel. Er kann sowohl als Nahrungs- wie als Heilmittel begriffen werden. Seinen Nährwert erhält er durch Aufbau- und energiereiche Stoffe. Er entspricht im besten Sinne jenen Ansprüchen, die man an eine Vollwertkost legen kann. Seine Heilkraft beruht sowohl auf der Wirkung einzelner Bestandteile (Fermente, Antibiotika etc.) wie auf dem komplexen Einfluß, den er auf den Organismus insgesamt ausübt (Potschinkova 1992:59-64). Gegenüber toxischen Stoffen sind Bienen besonders empfindlich. Eine Biene fliegt, wenn sie hohe Mengen eines solchen Stoffes aufgenommen hat, nicht in den Stock zurück, sondern verendet. So kommt hochbelasteter Honig meist gar nicht erst in die Wabe.

Konsum

Verbreitung und soziokulturelle Bedeutung

Der Honig, wegen seines süßen Geschmackes besonders begehrt, nimmt in der Geschichte der Menschheit einen hohen Stellenwert ein. Schon im Paläolithikum war den Menschen Afrikas, Asiens und der gemäßigten Klimazonen Europas die Biene als willkommener Nahrungslieferant bekannt. Die ersten bildlichen Überlieferungen stammen aus dem Mesolithikum, aus der mittleren Steinzeit. Die Assyrer und die Ägypter verehrten den Honig als Gottesgabe. Kein anderes aus der Antike überliefertes Schriftzeugnis erwähnt die Biene und den Honig so oft wie die Heilige Schrift. Die Gleichsetzung von Milch und Honig mit wirtschaftlicher Prosperität scheint in der Antike allgemein verständlich gewesen zu sein, denn das Land, in das Moses die Israeliten führt, ist nicht das einzige, in dem »Milch und Honig fließt«. Honig war in vielen Ländern der Welt das einzige regelmäßig benutzte Süßungsmittel; Verwendung fand er außerdem in der Medizin. In der Antike wurde er auch eingesetzt, um leichtverderbliche Kost wie Fisch und Fleisch haltbar zu machen (Thäter 1993:11-15). Selbst Leichname wurden auf diese Art und Weise einbalsamiert. So transportierten die Griechen die Leiche Alexanders des Großen in einem mit Honig gefüllten Sarg von Asien nach Mazedonien. In Hellas nahm zudem die wissenschaftliche Erforschung der Biene ihren Anfang. Aristoteles legte einen durchsichtigen Bienenstock an, um die Tiere besser beobachten zu können. Nach der Etablierung des Imperium Romanum gelangten altägyptische Anschauungen über Griechenland ins Zentrum des Weltreiches, und die Römer entdeckten die Imkerei, auch wenn sie sich über die Herkunft des Honigs nicht sicher waren: »Dieser fällt aus der Luft (...); mag dies nun Schweiß des Himmels oder eine Art Speichel der Gestirne oder eine Art Saft aus der Luft, die sich reinigt, sein.« (Plinius der Ältere, zit. in: Wittstein 1881/82)

Da der Zucker bis ins 15. Jh. nur zu horrenden Preisen erhältlich war, blieb der Honig in Europa während des ganzen Mittelalters ein konkurrenzloses Süßungsmittel. Schon im Capitulare de villis, in der von Karl dem Großen erlassenen Verordnung über die Pflege der Landgüter, wurde jeder Musterbetrieb angewiesen, einen Bienenzüchter und einen Methersteller zu beschäftigen. Wie begehrt der Honig im mittelalterlichen Mitteleuropa war, zeigt auch die Strafgesetzgebung: In der Lex Salica aus dem 11. Jh. steht auf das Schlagen eines Baumes mit einem Bienenstock das Abschlagen der rechten Hand, auf das Entwenden eines ganzen Bienenvolkes der Tod (Hörandner 1993:17/18). Honig diente als Süßungsmittel zur Verfeinerung vieler Mahlzeiten, zur Herstellung von Speisen (Pfeffer-, Leb- und Honigkuchen), ferner als Medikament sowie als Grundstoff für den Met, das Getränk aus vergorenem Honig. Die enorme Nachfrage führte zu einer Verbesserung der Gewinnungstechnik, nämlich zu der Entwicklung der aus Baumstämmen hergestellten Klotzbeuten. Diese Bienenstöcke konnten ohne größeren Aufwand in der Nähe vielversprechender Bienenweiden aufgestellt werden. Die neue Technik leitete den Niedergang der Waldbienenhaltung ein, der sich seit dem 17. Jh. beschleunigte (Hörandner 1993:48/49).

Produzierten die europäischen Imker bis zur Mitte des vergangenen Jahrhunderts weitgehend konkurrenzlos, so machte sich seither im Zuge des zunehmenden Welthandels verstärkt der Honigimport aus Übersee, vor allem aus Haiti und Kuba, bemerkbar. Er beherrschte bald den Weltmarkt, denn aufgrund der wesentlich günstigeren klimatischen Bedingungen lagen die Erträge bis zu achtmal höher als in Europa. In Deutschland erlebte die Bienenzucht in der zweiten Hälfte des 19. Jahrhunderts eine seither nicht wieder erreichte Blüte. Der Honig galt als »Ziege des kleinen Mannes«. Ein paar Bienenstöcke lieferten die Süße für das ganze Jahr.

Die Idee, Honig als Brotaufstrich zu nutzen, wurde ebenfalls in dieser Zeit geboren. 1914 zählte der Deutsche Imkerbund 158.000 Mitglieder (heute sind es rund 100.000). Im Ersten Weltkrieg geriet die deutsche Imkerei in eine Krise. Nicht zuletzt die Reparationsforderungen machten einen Neuanfang schwierig: Die Siegermächte forderten als Entschädigung auch 75.000 Bienenvölker. Die Nationalsozialisten vereinnahmten selbst die Biene für ihre völkische Ideologie: Eifrige Bienenzüchter stilisierten das Insekt zum Vorbild für eine »gesunde Volksgemeinschaft«, indem sie mythisierend auf Vorstellungen von der Biene als einem fleißigen und selbstlosen Tier zurückgriffen (Lerner 1984).

In den letzten Jahrzehnten ist die Biene erneut zum Gegenstand biologischer Forschung geworden, nachdem sie schon im 18. Jahrhundert die aufklärerischen Wissenschaftler intensiv beschäftigt hatte und dabei ihre transzendente Aura zu verlieren begann. In der Mitte des 19. Jahrhunderts gelang dann auch der Nachweis der Parthenogenese, der eingeschlechtlichen Fortpflanzung der Bienen (Dzierzon 1861). Dank der naturwissenschaftlichen Fortschritte ist es möglich geworden, besonders »effektive« Bienenarten zu züchten. Gleichwohl ist es nicht zu übersehen, daß die Imkerei in Mitteleuropa gegenwärtig an Bedeutung verliert, dies vor allem wegen einer intensiven Waldwirtschaft, der Ausrichtung der Landwirtschaft auf Monokulturen und wegen des hohen Einsatzes von Pestiziden, Herbiziden und Insektiziden. Als bloßes Hobby ist die Imkerei heutzutage im wesentlichen in den privaten Rahmen verwiesen. Für die professionelle Imkerei fehlt es in Mitteleuropa an Bienenweiden; vor allem läßt sich der dafür nötige Zeitbedarf nicht angemessen abgelten. Als Nahrungsmittel hat der Honig indessen sein hohes Ansehen bewahrt und er findet weiterhin Einsatz auch als medizinisches Therapeutikum, zum Beispiel in der Wundbehandlung (Droege 1993:84 und 217).

Der gegenwärtige Konsum

Es gibt zwei Hauptarten der Honigverwendung: Tafelhonig und Industriehonig. Der Tafelhonig wird zum größten Teil als Brotaufstrich verzehrt, ein kleinerer Anteil wird zum Backen verwendet. Sein Anteil an der gesamten Honigmenge macht rund 80 bis 85 Prozent aus. Der Industriehonig wird von den Bäckereien und von der Süßwarenindustrie verbraucht. Kleinere Anteile entfallen auf die Tabakindustrie, die Pharmazie und die Hersteller von Babynahrung. Sie verwenden dafür Importhonig, weil dieser billiger ist als die einheimischen Sorten. Das Ansehen, das der Honig weltweit und in allen Bevölkerungsgruppen genießt, ist seinem Image als reinem Naturprodukt zuzuschreiben. Entsprechend wird der Honig als Zuckerersatzprodukt auch in der Lebensmittelproduktion eingesetzt, wo er vielerorts für eine alternative Süße sorgt. Der Honigverbrauch ist jedoch, verglichen mit dem des Zuckers, verschwindend klein. Er lag 1996 in der Bundesrepublik Deutschland bei 1,1 kg pro Kopf und Jahr, der des Zuckers bei 35 kg (Stat. Jahrbuch 1997:195).

Wirtschaft und Politik

Produktion

Grundvoraussetzung für die Honigproduktion ist die pflanzliche Assimilation, d.h. die Produktion von Zuckerstoffen aus Wasser und Kohlendioxid unter Verwendung des Sonnenlichts und des pflanzlichen Chlorophylls. Je nach ihrem Ursprung können unterschieden werden: Blütenhonige, die aus Nektar gewonnen werden, und Honigtauhonige, die meist unter der Bezeichnung Waldhonig angeboten werden. Der Nektar ist ein zuckerhaltiger Pflanzensaft, der durch spezielle pflanzliche Organe, die sogenannten Nektarien, abgesondert wird. Honigtau ist eine süße Flüssigkeit, die von pflanzensaugenden Insekten (Schildläuse, Mottenschildläuse, Blattflöhe und die Mehrheit der Blattläuse) zusammen mit körpereigenen Enzymen als zuckerhaltige Tröpfchen ausgeschieden wird. Honigtau ist also nicht nur ein bloßer Rest der Pflanzensäfte, sondern bereits ein tierisches Produkt.

Die Biene nimmt den Honigtau und den Nektar mit Hilfe ihres Rüssels auf und vermischt den Rohstoff mit ihrem Speichel. Im Stock angelangt, liefert die Trachtbiene ihre Beute an die Stockbienen ab. Nach heutigen Erkenntnissen findet die Honigeindickung und -reifung vorrangig im Bienenstock statt. Dabei wird der dünne Flüssigkeitsfilm der trockenen und warmen Luft im Bienenstock ausgesetzt und verliert einen Teil seines Wassers. Das halbreife Produkt wird nun an den Wänden der Wabenzellen angelagert, womit die zweite und passive Phase der Honigreifung beginnt. Die endgültige Ausreifung dauert in der Regel ein bis drei Tage. Erst wenn der Honig nur noch einen Wasseranteil von etwa 18% bis 22% aufweist, füllen die Bienen die Zellen endgültig auf und schließen sie mit luftundurchlässigen Wachsdeckeln. Das Zuckerspektrum verändert sich: Zucker (Saccharose) wird in Trauben- und Fruchtzucker zerlegt, und es entwickeln sich Aromastoffe und die honigeigenen Konservierungsstoffe, die sogenannten Inhibine.

Die Bienenstöcke oder -beuten sind noch heute sehr unterschiedlich konstruiert, die gebräuchlichsten Materialien aber nach wie vor Holz und Stroh, manchmal auch Kunststoff. Die am weitesten verbreitete Form ist der Glockenkorb, auch Stülper genannt. Die moderne Imkerei verwendet in der Regel die sogenannten Magazine: ein stapelfähiger, an der Rückseite zu öffnender Ständer mit bis zu vier Stockwerken. Im oberen Teil befindet sich der Honigraum, den der Imker bei der Ernte leert; heute liegt er auch an der Rückseite oder im unteren Teil. Selbst der Wabenbau ist vorgegeben: Maschinell gefertigte Wachsplatten mit den sechseckigen Wabenformen werden in die Rähmchen eingesetzt. Die Bienen müssen nur die Zellwände hochziehen und verlieren keine Zeit und Energie mit der Wachsproduktion. Das Bienenjahr beginnt bei Außentemperaturen von 7° bis 8° Celsius – nie vor Februar – mit dem sogenannten Reinigungsflug, bei dem die Bienen ihre Kotblase entleeren. Im Juni oder Juli fängt der Imker mit der Ernte an.

Die größten Anbieter von Honig sind die Länder Mittelamerikas und Asiens. Die Situation der dortigen Imker, meist Kleinbauern, ist geprägt von Unterdrückung, schlechter medizinischer Versorgung und Hunger. Bienenhaltung und Honigproduktion stellen für sie kaum mehr als einen kleinen Beitrag dar, einen kargen Nebenverdienst zur eigentlichen Landwirtschaft zu erwirtschaften. Die Honigweltproduktion ist in den letzten beiden Jahrzehnten relativ konstant geblieben. Sie schwankte zwischen 875.000 Tonnen und 1.000.000 Tonnen.

Den bundesdeutschen Honig erzeugen zum größten Teil Amateurimker (etwa 97 Prozent). Sie produzierten in den 1990er Jahren relativ stabil um die 22.000 Tonnen. Im Vergleich zum Import, der viermal so hoch ist, hat die heimische Produktion für den

Markt eine untergeordnete Bedeutung – die meisten Imker produzieren nur für den Eigenbedarf bzw. -vertrieb, so daß es auf dem bundesdeutschen Markt keinen nennenswerten direkten Wettbewerb zwischen ausländischen und deutschen Honigen gibt. Deutscher Honig wird von den Verbrauchern häufig für qualitativ besser gehalten als ausländische Erzeugnisse, eine Einschätzung, die vom Deutschen Imkerbund e.V. (DIB) nach Kräften gefördert wird.

In Bayern leben mit Abstand die meisten Bienenvölker, nämlich 380.000, dreimal soviel wie im zweitgrößten Landesverband Baden-Württemberg (141.000) und ein Drittel aller Bienenvölker der Bundesrepublik. Nach Ansicht von Fachleuten ist der deutsche Honigmarkt mit einem jährlichen Pro-Kopf-Verbrauch von über einem Kilogramm weitgehend gesättigt (Berichte Imkerbund, div. Jahrgänge).

Handel

Der internationale Honighandel spielt sich hauptsächlich zwischen den Ländern der sogenannten Dritten Welt und den Industrienationen ab. Trotz des hohen Honigkonsums in den westlichen Industrienationen stehen die Entwicklungsländer mit ihrem Zwei-Drittel-Anteil am Weltexport aufgrund nachlassender Preise auf der Verliererseite – weltweit wird mehr Honig produziert als nachgefragt. Die großen Erzeugerländer, die (wie Mexiko, Argentinien und China) fast ihre gesamte Honigernte exportieren, sind zu einem ruinösen Wettbewerb gezwungen. Am Ende der Handelskette befinden sich die kleinbäuerlichen Imker der Dritten Welt, die ihr Produkt zu einem Preis verkaufen müssen, der ihnen bestenfalls das Existenzminimum sichert. Gleichzeitig kann sich die lokale Bevölkerung keinen eigenen Honig leisten.

Der mittlerweile relativ stabile Weltmarkt für Honig boomte in den Jahren von 1975 bis 1985. Die weltweiten Gesamtimportmengen von Honig stiegen in dieser Zeit quantitativ um 75%, wertmäßig um 88%. Gründe dafür lagen im zunehmenden Gesundheitsbewußtsein in den Industrieländern und in der Tatsache, daß in den USA, als dem weltweit größten Importeur von Honig für industrielle Zwecke, ein staatliches Unterstützungsprogramm den Honigverbrauch in die Höhe schnellen ließ. Etwa

40 Prozent des US-amerikanischen Importhonigs werden für industrielle Zwecke eingesetzt, namentlich für Großbäckereien, für die pharmazeutische, die Kosmetik- und die Getränkeindustrie.

Die weltweit größten Exporteure sind jene Länder, aus denen die Bundesrepublik Deutschland den meisten Honig bezieht. Das überrascht nicht, ist sie doch das Land, in dem der meiste Honig der Welt verbraucht wird. Gleichzeitig ist sie der größte Honigimporteur – allein ein Drittel des auf dem gesamten Weltmarkt angebotenen Honigs fließt in deutsche Lande. Die Gesamtmenge des importierten Honigs ist seit Jahren relativ konstant. 1996 lag sie wieder bei 90.000 Tonnen, von denen rund ein Siebtel vom Zwischenhandel wiederausgeführt wurde (Statistisches Jahrbuch 1996: 352 und 368).

Eine große Rolle spielen die Agenten und Importeure, welche die Qualität des angebotenen Honigs kontrollieren sowie Spezialhonig einkaufen, den sie selber mischen, damit dieser dem bundesdeutschen Honiggeschmack entspricht. Durch ihre weltweiten Kontakte bestimmen sie den Markt. Zu den wichtigsten Importeuren gehören: Robert Kramer (Bremen), Albert Johann Meyer (Bremen), Joh. Gottfr. Schütte & Co. (Bremen), Hans Sommer (Bremen) und Alfred L. Wolff (Hamburg). Die wichtigsten Agenten sind die Hamburger Firmen Adolf Determann, H. E. Jansen GmbH & Co. KG sowie die Rampold Industrieprodukte Handelsgesellschaft mbH.

Auch größere Abfüller importieren ihren Honig meist mit Hilfe von Agenten oder speziellen Importeuren. Der größte Abfüller, Dr. Oetker, der seinen Honig durch die Hanseatische Bey importieren läßt, kauft vorzugsweise unvermischten Honig und mischt diesen selber, bevor er ihn an den Endverbraucher verkauft. Farbe und Geschmack seiner Marke Langnese variieren nie. Als Marktführer hat sie gegenwärtig einen Anteil von rund 35 Prozent beim Verkauf importierter Honige.

Der zweitgrößte Abfüller Deutschlands ist die Stute Nahrungsmittelwerke GmbH & Co. KG in Paderborn, die ihren Honig für verschiedene Einzelhandelsgesellschaften (unter ihnen Aldi) abfüllt. Nur zwei Einzelhandelsgesellschaften in der Bundesrepublik Deutschland haben oder hatten bisher ihre eigene Abfüllgesellschaft: co op und Edeka. Der größte Teil des aus Deutschland stammenden Honigs wird aber weniger über die üblichen Verkaufskanäle abgesetzt als über Wochenmärkte.

Wirtschaftspolitik

Der Weltmarktpreis richtet sich auch beim Honig nach Angebot und Nachfrage, nach dem internationalen Währungsgefüge, den Transportkosten und Zollvorschriften der verschiedenen Länder und Wirtschaftsgemeinschaften. In der Europäischen Union ermöglichen gemeinsame Bestimmungen die Zollbefreiung für den Import von Honig aus Ländern, die als förderungswürdig eingestuft wurden. Keiner der Staaten außerhalb der EU, die Honig in nennenswerten Umfang ausführen, gehört in diese Kategorie. Innerhalb der EU sind die Handelsspannen fest vereinbart, während die Preise für den Honig Mittelamerikas frei ausgehandelt werden. Diese Importhonige unterliegen einem Schutzzoll.

Im Zuge politischer Bewußtwerdung hat sich in den letzten Jahrzehnten in den Industrienationen ein »alternativer Handel« entwickelt, der die herrschenden Marktstrukturen unterlaufen will. So bezieht die Gesellschaft zur Förderung der Partnerschaft mit der Dritten Welt (GEPA) ihre Honige unter Ausschluß des Zwischenhandels direkt von den Imkerzusammenschlüssen. Die Produzentengruppen erhalten einen Preis, der deutlich über dem Weltmarktpreis liegt. Sie finanzieren damit den Ausbau der Imkerei sowie die Durchführung verschiedenster Bildungsprogramme. Daß dieser »faire« Handel so schnell Fuß fassen konnte, mag auch damit zusammenhängen, daß der Vertrieb über informelle Kanäle, d.h. über den Straßen-, Direkt- und Kleinverkauf, beim einheimischen Honig Tradition hat.

Der Honig unterscheidet sich in mehreren grundlegenden Aspekten von den mit ihm verwandten Genußmitteln. So durchläuft er keine industrielle (Vor-)Verarbeitung; er belastet die ökologischen Ressourcen der Herkunftsländer weniger (handelt es sich doch um ein auf eine »natürliche« Landschaft angewiesenes Produkt); auch liegt seine Produktion meistens in den Händen lokaler Hersteller. Diese Rahmenbedingungen prädestinierten ihn zum Vorreiter eines »gerechten« Drittwelthandels – ähnliche Bemühungen existieren mittlerweile bei allen »Kolonialwaren«.

Bündel, Anton /Herold, Edmund (Hg.) (1960): Biene und Bienenzucht, München
Crane, Eva (Hg.) (1975): Honey – A Comprehensive Survey, London
Evenius, Joachim/Kaeser, Walter (1970): Das Honigbuch, München
Francis, Claude/Gontir, Fernande (1981): Das Buch vom Honig – mit über 200 Rezepten ohne Zucker, Haldenwang
Drescher, W./Crane, E. (1982): Technical Cooperative Activities. Beekeeping, Eschborn
Droege, Gisela (1993): Die Honigbiene. Ein lexikalisches Fachbuch, Berlin
Dzierzon, Johannes (1861): Rationelle Bienenzucht oder Theorie und Praxis des schlesischen Bienenfreundes
Grout, R.A./Ruttner, F. (1971): Beute und Biene, München
*GTZ, Deutsche Gesellschaft für Technische Zusammenarbeit (Hg.) (1993): Making Money with Honey [Hintergründe zum Thema: Honig/Entwicklungshilfe/Dritte Welt]
Hanhart, Tildy (1981): Das Land, wo Milch und Honig fließt, Sonceboz
*Herold, Edmund (1991): Heilwerte aus dem Bienenvolk, München [Medizinisches zum Honig, Pollen, Gelee royale Wachs, Kittharz und Bienengift]
Heindrichs, Horst (1988): Botinnen der Götter, Köln
Hörandner, Edith et. al. (1993): Von Bienen und Imkern, von Wachs und vom Honig, Wien
*Horn, Helmut/Lüllmann, Cord (1992): Das große Honigbuch, München [Überblickswerk über die naturwissenschaftlichen Aspekte des Honigs]
Hüsing, J.O./Nitschmann, J. (Hg.) (1987): Lexikon der Bienenkunde, München
Fink, Hans (1991): Das Öko-Honigbuch, München
Lerner, Franz (1984): Blüten, Nektar, Bienenfleiß, München
*Potschinkova, Pavlina (1992): Bienenprodukte in der Medizin, Apitherapie, München [über die physiologische Wirkung des Honigs]
Statistisches Jahrbuch über Ernährung, Landwirtschaft und Forsten 1996 (1997), Münster
Thäter, W. (1993): Das Zeidlerwesen. Grundlagen der Imkerei, München
Waszink, Jan Hendrik (1974): Biene und Honig als Symbol des Dichters und der Dichtung der griechisch-römischen Antike, Opladen
Wittstein, G. C. (1881/82): Naturgeschichte, Leipzig
UNCTAD/GATT (Hg.) (1977 u. 1986): A Study of Major Markets, Honey, Genf
UNCTAD/GATT (Hg.) (div. Jge.): FAO Trade Yearbook, Genf
Zander, Enoch (1984): Handbuch der Bienenkunde. Der Honig, Stuttgart

Institutionen und Zeitschriften

ADIZ, Allgemeine Deutsche Imkerzeitung, Stockach
American Bee Journal, Hamilton (Illinois)
Bee World, Hill House (United Kingdom)
Deutscher Imkerbund e.V. (Wachtberg-Villip) (jährliche Berichte)
Deutsches Imker-Journal, Sankt Augustin
Honigverband der Bundesrepublik Deutschland (Bremen)
Imkerfreund, München
Institut für Honigforschung (Bremen)

Gewürze

Hans-Jürgen Teuteberg

Einleitung: Das magische Dreieck Würzmittel - Geschmack - Makrobiotik

Die Gewürzmittel (lat. *aromata*) sind, allgemein betrachtet, all jene Stoffe, die man in geringen Mengen menschlicher Nahrung zusetzt, um deren Schmackhaftigkeit in einer bestimmten Richtung zu steigern. Überwiegend handelt es sich um naturbelassene pflanzliche Produkte in getrockneter, frischer, ganzer, gemahlener oder flüssiger Form, die meist ätherische Öle sowie scharf schmeckende Bitter- und Gerbstoffe in konzentrierter Form enthalten. Zu diesen natürlichen Gewürzen gehören im weiteren Sinne auch die Essig-, Frucht- und Milchsäure. Davon zu unterscheiden sind die hauswirtschaftlich oder gewerblich hergestellten Gewürzzubereitungen, -extrakte, -essenzen und synthetischen Aromaersatzstoffe sowie das mineralische Kochsalz. Alle diese den Geruch und Geschmack verbessernden Würzstoffe werden in der Lebensmittelwissenschaft heute unter dem Generalbegriff »Würzmittel« zusammengefaßt. Sie haben charakteristischerweise nur geringe kalorische Nährwerte und sollen vornehmlich den Appetit anregen, weshalb man sie auch zu den Genußmitteln zählt. Sie stimulieren die Sekretion des Mundspeichels sowie des Magen- und Gallensaftes, ferner die Darm- und Herztätigkeit wie auch die äußere Gefäßdurchblutung (Ettl 1980:7; Bund für Lebensmittelrecht 1964; Hlava/Lanska 1977). Eine Ausnahme macht lediglich das für die Nährwertbilanz wichtige Salz, dessen täglicher Zufuhr der menschliche Körper bedarf. Wegen dieser Sonderstellung wird dieses älteste und wichtigste Hauptgewürz hier ausgeklammert.

Die natürlich oder künstlich erzeugten Würzmittel wirken nicht nur physiologisch-neurologisch auf die körperliche Sensorik mit den biologischen Regulationsmechanismen auf Eßverhalten und Verdauung ein, sondern auch auf die davor geschalteten genetisch-psychisch wie sozio-kulturell normierten Geschmackspräferenzen. Das Würzen der Speisen bei der Zubereitung und dem Verzehr ist eng mit der Herausbildung der individuellen Geschmacksmuster im allgemeinen Sozialisationsprozeß, den in Volksglauben und Volksmedizin verankerten Riten, Präferenzen und Tabus sowie schließlich mit unterschiedlichen regionalen, nationalen und sozialschichtentypischen Determinanten verknüpft. Gewürze haben oft auch einen symbolischen Charakter, der nichts mit der inneren chemischen Substanz, wohl aber mit dem äußeren Ansehen, dem Geruch, dem subjektiven Geschmacksempfinden sowie der Lokalität und den Essenszeiten zu tun hat. Die Verwendung der Würzmittel reicht einerseits mit ihren frühesten Wurzeln weit bis in die Anfänge der Menschheit zurück, hat andererseits aber auch viel mit der persönlichen Biographik und Ausbildung des Geschmacks zu tun. Die Funktion der Gewürze verdient daher eine eingehende kulturwissenschaftliche Betrachtung, um ihren Stellenwert richtig erkennen zu können (Teuteberg 1993: 103-106; Burdach 1988; Rolls et al. 1983:101-122, Rozin/ Rozin 1981:225 bis 254).

Die Bezeichnung Gewürze leitet sich von dem alt- und mittelhochdeutschen »wurt« bzw. »wur(t)z« her, das zugleich mit den Bezeichnungen »chrût« oder »krût« ganz allgemein zur Bezeichnung von Pflanzen und Produkten vegetabilischen Ursprungs verwendet wurde (Kluge 1989:266). Offenbar fand seit dem Spätmittelalter eine Bedeutungsverengung statt: Wûrt wie auch krût wurden zunehmend im Zusammenhang mit Arzneien und Zutaten bei der Speisezubereitung erwähnt. Die Funktionen als Heil- und magisches Kräftigungsmittel sowie als Geschmacksverbesserer lassen sich auch danach noch lange nicht genau trennen. Erst im 15. Jh. ist das Substantiv »gewür(t)z« nachweisbar, was wohl mit einer weiteren Spezialisierung auf die kulinarischen Funktionen verbunden war, wobei die älteren Lehnworte »Pigment« und »Balsam« allmählich zurücktraten. Die ebenfalls neuen Verben »würzen« bzw. »gewürzen« bezogen sich nun vornehmlich auf die geschmacksanregenden Speisezutaten (DWB 7:6831ff.). Die Betrachtung der Nahrung blieb, unter dem Einfluß der aus der Antike überlieferten Viersäftelehre, noch bis ins späte 18. Jh. weiter mit der Heilkunde verbunden. Ziel einer übergreifenden Makrobiotik war es, die konträren Elemente Wärme, Feuchtigkeit, Trockenheit und Kälte im menschlichen Körper ausgleichend zu »temperieren«, wobei besonders ausgesuchten Kräutern bei den Speisen und

Getränken wichtige Funktionen zugeschrieben wurden. Gewürze entfalteten nicht nur eine appetitanregende Wirkung, sondern zugleich nervenstärkende und therapierende Wirkungen, wie die modernen Ernährungswissenschaften nachgewiesen haben. Dieser diätetische wie magisch-religiöse Einfluß mancher Gewürze hat sich unterschwellig bis in die heutige Konsumgesellschaft fortgepflanzt, wie man beispielsweise an der Vorliebe für Kräutergesundheitstees und »kräftige Suppen« für Kranke erkennen kann.

Einteilung der Gewürzarten

Ein wesentlicher Anteil der Gewürze besteht aus Wurzeln oder Wurzelstücken, Zwiebeln, Blättern und Kräutern. Andere stammen aus Blüten und Baumrinden oder ganzen Früchten. Schließlich dienen auch Samen wie ganze Pflanzen diesem Zweck (vgl. die Tabelle auf den folgenden Seiten).

Die Gewürzmittel lassen sich nach der Art der Herstellungsmethode wie folgt unterscheiden: 1. Die naturbelassenen Aromastoffe werden mit Hilfe physikalischer Verfahren einschließlich der Extraktion mit Lösungsmitteln und Destillation oder aber durch enzymatische bzw. mikrobiologische Gewinnungsverfahren aus für den menschlichen Verzehr geeigneten pflanzlichen und tierischen Grundstoffen (Aromaten) erzeugt. 2. Naturidentische Würzmittel ahmt man durch chemische Synthese künstlich nach; dazu werden andere Ausgangsmateralien benutzt, doch sind sie chemisch den natürlichen Gewürzstoffen gleich. 3. Die künstlichen Gewürzmittel, auch Zusatzstoffe genannt, sind dagegen bisher noch nicht mit ihrer jeweils bestimmten Geschmacksrichtung in der Natur nachgewiesen. Es handelt sich hier um im Labor neu komponierte, in dieser Form nicht für den unmittelbaren Verzehr bestimmte, flüssige, pasten- oder pulverförmige Zubereitungen, welche die Lebensmittelindustrie zur Aromatisierung ihrer Produkte einsetzt. Die meist erst in den letzten Jahrzehnten aufgekommenen künstlichen Aromastoffe mit ihrer Loslösung von den natürlichen Grundlagen können als eine revolutionierende Zäsur in der jahrtausendealten Geschichte der Gewürze angesehen werden. Der ökologischen Bewegung sind solche Zusatzstoffe wegen möglicher gesundheitsschädlicher Manipulationen verdächtig.

Bei dieser Systematisierung der Gewürzarten darf aber nicht

übersehen werden, daß in der Küchenpraxis ein Gewürz für sich allein gekocht den Charakter eines Lebensmittels annehmen kann. So kann Paprika in kleiner Menge als gemahlenes Pulver zur Geschmacksanreicherung oder in größeren Stücken als eigener Salat respektive Gemüsebeilage dienen. Umgekehrt übernehmen manche Lebens- und Genußmittel wie Rosinen, Nüsse und Likör als kleine Zutaten Würzfunktionen, so daß die Grenzen hier durchlässig bleiben. Entscheidend ist immer die Menge der Gewürze, da viele erst ab einer bestimmten Konzentration von der Zunge wahrgenommen werden. Die Mengenangaben bei Gewürzen sind in Kochbüchern oft unpräzise, da der Wohlgeschmack von vielen, vor allem subjektiven Faktoren abhängt. Auch die Art der Zubereitung kann die Intensität der Geschmacks- und Geruchsreizung wesentlich verändern: Ein gemahlenes Pfefferkorn, nachträglich auf die Suppe gegeben, ist geschmacksintensiver als ein mitgekochtes. Bei fast allen Speisen stoßen schließlich mehrere Geschmackskombinationen zusammen. Im allgemeinen werden hier die gustatorischen Grundempfindungen süß, sauer, bitter und salzig, ferner die trigeminalen Richtungen scharf und beißend (zwiebelig) und schließlich die sehr heterogenen rein aromatischen Geschmacksqualitäten unterschieden. Eine genaue Zuordnung der Gewürze zu diesen Grundempfindungen bleibt aber höchst unsicher, da abgesehen von Salz und Zucker alle anderen keinen »reinen« Geschmackscharakter besitzen und die Mischung die Normalität darstellt. So ist der Zitronensaft nicht nur eine Fruchtsäure in verschiedenen Graden, sondern hat auch einen davon unabhängigen Zitronengeschmack, der ihn von der Weinsäure unterscheidet. Die Gliederung der Gewürzarten ist offenbar nicht minder schwierig wie auch die hiermit eng verbundene Aufstellung von »Duftklassen« der Riechforschung, zumal im Laufe der Entwicklung die Geschmacks- und Geruchsintensität von Würzmitteln auf dem Weg vom Sammeln wilder Pflanzen über den gezielten gärtnerisch-landwirtschaftlichen Anbau bis zur Nachbildung und künstlichen Erzeugung im Labor starke Veränderungen durchgemacht hat. Überzeugende Systematisierungen sind noch nicht gelungen.

Tab. 1: Die wichtigsten pflanzlichen Gewürze

Bezeichnung	*Herkunftsregionen*	*Kulinarische Verwendungszwecke*
Anis (Pimpinella anisum)	Mittelmeeraum	Backwaren, Obstsuppen, Brot, Likör, Crèmes
Basilikum (Ocimum basilicum) (Basilienkraut, Königskraut)	Indien, Iran, Mittelmeerländer	Blätter in Suppen, Fleisch- und Tomatengerichten
Beifuß (Artemisia vulgaris) (Bucken, Sonnengürtel, St. Johannsgürtel)	Europa, v.a. Balkan, Italien, Frankreich	Blätter und Rispen in Suppen, Fleisch-, Gemüsegerichten
Bohnenkraut (Satureja hortensis) (Pfefferkraut, Suppenkräutel, Satrei)	Mittel- und Südeuropa	Bohnen-/Linsengerichte, Rohgemüse, Gurkensalat
Boretsch (Borago officinalis) (Wohlgemuth, Himmelstern, Herzfreud)	Mitteleuropa	Blätter und Blüten in Gurkensalat und Soßen
Cardamon (Elettaria cardamomum)	Indien, Mittelamerika	Getrocknete Früchte in Gebäck, Wurstwaren, Soßen und Spirituosen
Chili (Capiscum frutescents) Roter/Cayenne-Pfeffer, Indianischer/ Brasilianischer Pfeffer, Hot Pepper, Gold Pepper	Mittel- und Südamerika, Westafrika, Indien	Schoten in Fleischgerichten, Soßen, eingelegten Heringen, Chilipowder zum allgemeinen Würzen
(Coriander (Coriandrum sativum) Schwindelkorn, Wanzen-, Dill-, Läusekraut)	Mittlerer Orient, Mittelmeer-raum,Europa	Samen in Gebäck und Wurstwaren, Rote-Beete-Salat
Curcuma (Curcuma longa) (Gelber Ingwer, Gelbwurz)	Südasien, Karibik, Peru	Wurzeln in Reisgerichten
Curry-Pulver	Weltweit	Gewürzmischung aus Cardamon, Curcuma, Zimt, Ingwer, Coriander, Kümmel, Muskat, Nelken, Pfeffer, Paprika, Rosmarin u.a. in Reisgerichten

Dill (Anethum graveolens) (Kappernkraut, Gurkenkräutel, Däll, Dille)	Orient, Europa, Indien, Nord- und Südamerika	Getrocknete Früchte in Suppen, Salaten, Fleisch- und Fischgerichten, Wurstwaren
Dost (Origanum vulgare) (Kostets, wilder Majoran)	Europa	Blätter in Salaten, Pizza, Tomatengerichten, Braten
Estragon (Artemisia dracunculus) (Biertram, Kaisersalat, Eierkraut, Dragon, Schlangenkraut)	Nordostasien, Rußland, Nordwestamerika, Südeuropa	Junge Triebe in Salaten, Fleischgerichten, Soßen, Einlegen von Gurken
Fenchel (Foeniculum vulgare) (Fenikl, Fenis, Fenkel, Finchel, Brotsamen)	Südeuropa, Indien	Trockene Früchte in Suppen, Soßen und Fischgerichten
Galgant (Alpinia officinarum)	China	Trockener Wurzelstock in Reis und Spirituosen
Gartenkresse (Lepidium sativum)	Vorderer Orient, Europa	Salat, Garnieren
Gewürznelke (Caryophyllus aromaticus) (Nägele, Nägelein)	China, Indien, Molukken, Madagaskar, Sansibar, Mauritius, Réunion, Antillen	Getrocknete Knospen in Fleischgerichten, Soßen, Obstsuppen, Kompotten, Süßspeisen, Wein und Spirituosen
Ingwer (Zingiber officinale)	Südasien, Mittel- und Südamerika, Afrika	Fleischspeisen, Kompott, Gebäck, Spirituosen, Ingwerbier, kandiert und in Sirup eingelegt
Kerbel (Anthriscus cerefolium) (Kufelkraut, Kirwel, Kuchelkraut, Suppenkerbel)	Mittelmeerraum, Ukraine, Rußland	Blätter in Suppen und Fleischgerichten
Knoblauch (Allium sativum) (Knofel, Knobel, Gruserich)	Innerasien, Europa, Ägypten	Knollen in Wurst und Salaten
Kümmel (Carum carvi) (Garbe, Brot-/Feldkümmel, Kömmel, Kimm, Kumach)	Mittelmeerraum, Europa bis zur Baumgrenze	Samen in Kartoffel- und Gemüsegerichten, Sauerkraut, Brot, Gebäck, Käse, Wurst, Quark, Spirituosen

Liebstöckel (Levisticum officinale) (Badkraut, Gichtstock, Wasserkräutel)	Mittel- und Südeuropa	Blätter in Suppen, Soßen und Ragouts
Lorbeer, Echter (Laurus nobilis)	Kleinasien, Mittelmeerländer, Europa	Blätter in Suppen, Gemüse-, Kartoffel-, Fleisch-, Fischgerichten, Marinaden, Weinsessig
Majoran (Origanum maiorana) (Wurstkraut, Kuchelkraut, Bratenkräutel, Mairan)	Mittelmeerraum, Frankreich, Nordafrika, USA	Getrocknete Blätter in Fleischgerichten, Wurst, Soßen
Meerrettich/Meerrettig (Armoracia rusticana) (Kren, Fleischkraut, Pfefferwurzel)	Schwarzmeerküste, (Süd-) Europa	Sahne oder Brühe oder Beilage zu Fleisch- und Fischgerichten
Melisse (Melissa officinalis) (Honigblume, Herzkraut, Bienen-/Zahnwehkraut)	Mittelmeerraum	Salate, Soßen, süße Suppen, Fleischspeisen, Tee
Minze, grüne und Pfefferminze (Mentha spicata bzw. Mentha piperita)	Europa, Asien	Getrocknete Blätter in Fleisch- / Fischgerichten
Muskatnuß und -blüte (Myristica fragrans)	Indonesien, Karibik, Südafrika	Samen und fleischige Haut um die Nuß in Fleischspeisen, Soßen, Suppen, Gemüse, Reis
Paprika (Capsicum annuum) (vgl. Chili, Spanischer Pfeffer, roter Pfeffer)	Nordamerika, Spanien, Ungarn, Tschechien, Ostafrika	Schoten in Fleisch- und Fischgerichten, Suppen und Soßen
Petersilie (Petroselinum crispum) (Bittersilche, Peterling, Steinsilge, Garteneppich)	Südeuropa	Suppengrün, Fleisch- und Fischgerichte
Pfeffer, schwarzer (Piper nigrum) (Weißer Pfeffer: reife, geschälte, fermentierte Samen)	Südostasien	Früchte in Soßen, Wurst, Fleischgerichten, Marinaden, Suppen, eingelegte Gurken

Piment (Pimenta officinalis) Nelkenpfeffer	Mittel- und Südamerika	Verwendung wie Pfeffer
Pimpinelle (Sanguisorba minor) (Wiesenknopf, Bibernelle)	Mitteleuropa	Salate, Gurken, Suppen
Porree (Allium porrum) (Lauch)	Mittelmeerraum, Europa	Suppen, Brühe, Soßen
Portulak (Portulaca sativa)	Mittelmeerraum	Rohkost, Salate, Suppen
Rosmarin (Rosmarinus officinalis) (Braut-, Anton-, Weihrauchkraut, Rosmarie)	Süd- und Mitteleuropa	Getrocknete Blätter in Fleischgerichten, Soßen, Suppen
Safran (Crocus sativus) (Saffenblume, Safret, Safrich)	Mittelmeerländer	Färbemittel in Kuchen, Geflügelgerichten, Reis und Likör
Salbei (Salvia officinalis) (Königs- und Kranzsalbei, Muskatellerkraut)	Europa	Getrocknete Blätter in Fleischgerichten und Salaten
Sauerampfer (Rumex acetosa) (Säuerling)	Europa	Salate, Gemüse, Suppen
Schalotte (Allium ascalonicum) (Eschlaub)	Vorderer Orient, Europa	Wie Zwiebelgebrauch
Schnittlauch (Allium schoenoprasum)	Europa	Suppen, Salate, Quark, Gemüse, Eierspeisen
Sellerie (Apium graveolens)	Europa	Samen in Soßen, Salaten, Suppen und Gemüsen
Senf, weißer und schwarzer (Sinapis alba und Brassica nigra) (Gartensenf, Mostardkorn, Mostardsad)	Süd- und Vorderasien, Mittelmeerraum, Europa	Samen in Fischgerichten, Soßen, Marinaden, Wurstwaren, eingelegten Gurken, Senfgewürze

Thymian (Thymus vulgaris) (Kunerle, Welscher/Römischer Quendel, Demut)	Deutschland, Italien, Frankreich	Getrocknete Blätter wie bei Majoran
Vanille (Vanilla fragrans) (Kunstprodukt Vanillin)	Mexiko, Europa	Backwaren, Puddinge, Speiseeis, Liköre, Schokolade
Wacholder (Juniperus communis) (Reckholder Krammetsbaum, Wachandel)	Ganz Asien und Europa	Zerdrückte Beeren zu Fleisch- und Wildbeizen, Sauerkraut, Kohl, Brühen
Waldmeister (Herz- oder Leberkraut, Maiblume)	In allen nördlichen und mittleren Breitengraden	Blätter für die Zubereitung des »Maientranks«
Wermut (Artemisia absinthium) (Absinth)	Mittel-/Südeuropa	Blätter für Fleischgerichte
Ysop (Hyssopus officinalis) (Meßkräutel, Josefskraut, Klosterhysop)	Mittelmeerraum, Schwarzmeerküsten	Soßen, Fleisch- und Fischgerichte
Zimt (Cinnamomum zeylanicum)	China, Südostasien	Gebäck und Dickmilch
Zwiebel (Allium cepa) (Bolle, Zippel, Zwiefel)	Vorderasien, Europa, Nordafrika	Zwiebelstücke, -pulver, -salz, geröstete Zwiebeln für fast alle Speisen

Quellen: Küster 1987; Baltheiser 1981; Ettl 1980; Gööck 1977; Boros 1975; Stobart 1972; American Spice Association 1966; Rosengarten 1966

Sammeln und Anbau heimischer Würzpflanzen

Die ersten Verwendungen von vegetabilischen, animalischen und mineralischen Stoffen zur Steigerung des sinnlichen Geschmacks- und Geruchsempfindens beim Essen und Trinken sind eng mit medizinisch-heilenden und magisch-religiösen Zwecken vereint. Wie die Liste der wichtigsten pflanzlichen Gewürze ausweist, sind nach Erkenntnissen der Archäobotanik viele zu Gewürzzwecken brauchbare Kräuter wie andere spätere Kulturpflanzen in wilder Form allmählich aus Asien in den Vorderen Orient und an die Schwarzmeerküste, sodann in den Mittelmeerraum gelangt, von wo sie sich in Europa ausbreiteten (Hehn 1911; Bertsch 1949; Franke 1992). Über die eigentlichen Ursprungsregionen, die Verbreitungswege und die Anfänge systematischer Nutzung kann man oft nur vage Vermutungen anstellen.

Erste verläßliche schriftliche Zeugnisse über heimische Gewürz- und Heilkräuter finden sich in der von Kaiser Karl d. Gr. 792/93 erlassenen Landgüterordnung »Capitulare de villis«, wo folgende Arten erwähnt werden: Zwiebeln, Sellerie, Porree, Salbei, Petersilie, Dill, Bohnenkraut, Schnittlauch, Schalotten, Kerbel, Rosmarin und Kümmel (Heyne 1901:87). Die sich im Gefolge der Christianisierung auch nördlich der Alpen ausbreitenden Klöster haben den vielfach von den Römern entlehnten Kräuteranbau weiter befördert. So wird im St. Galler Klosterplan die Kultivierung der Gewürz- und Arzneipflanzen getrennt aufgeführt. Für den mittelalterlichen Anbau außerhalb der Klostermauern lassen Namenszeugen nur Rückschlüsse auf kleine Anpflanzungen in Hausgärten zu (Heyne 1901:30). Auch der seit dem Spätmittelalter auftauchende neue Berufsstand der städtischen Apotheker, der das Wissen um die Kräuter allgemein vertiefte, wurde durch die an manchen Orten zeitweilig vorgeschriebene Anlage eines »Kräutter-Gärtleins« in diese Produktion eingebunden. Ein erster feldmäßiger Anbau von Heil- und Gewürzpflanzen ist im frühen 17. Jh. erstmals in der Umgebung von Nürnberg nachweisbar, wo Fenchel und Majoran, nach 1650 dazu noch Anis und Koriander in größerer Menge angepflanzt wurden. Im Blickpunkt stand aber die Gewinnung von Medizinalkräutern und ihren wertvollen Ölen für die Apotheken. Die Haushalte deckten ihren geringen Bedarf wie früher durch wilde Kräuter oder den eigenen Küchengarten.

Die im späten 18. Jh. unter dem Einfluß der Aufklärung einsetzende »Rationelle Landwirtschaft« beförderte solche Anbauformen wesentlich. Einer dieser neuen Agrarökonomen nannte in seinen »Briefen über die bey der Bestellung eines Küchengartens vorkommenden Küchengewächse« 1775 bereits 27 verschiedene Küchenkräuter und Gewürzpflanzen (Lüder 1805).

Auf jeden Fall blieb das Sammeln wild wachsender Pflanzen weiterhin eine Quelle der Bedarfsdeckung für die breite Masse der minderbemittelten Haushalte. Im Ersten Weltkrieg und der anschließenden Notzeit wurde ausdrücklich wieder auf die wild wachsenden Gewürzpflanzen wie Kümmel, Wacholder, Dost (Wilder Majoran), Nelkenwurz und Beifuß hingewiesen. In den Schulgärten sollten Salbei, Borretsch, Anis, Koriander, Basilikum, Thymian und anderes angebaut werden, um die Kenntnisse der Schüler zu verbessern und auch die Großstadtbewohner zum Sammeln anzuregen. Sogar eine besondere »Hortus-Gesellschaft zur Förderung des Sammelns und Anbaues von Arznei- und Gewürzpflanzen und deren industrielle Verwertung« wurde am Kriegsende ins Leben gerufen (Scherzer 1917/18:295; Diels 1918; Ross/Boshart 1918/19). Wegen der im Dritten Reich einsetzenden Autarkiewirtschaft mit ihrer Devisenbewirtschaftung und dem Preisstopp ging die Einfuhr von tropischen Gewürzen stark zurück. Der »Reichsnährstand« als neugebildete zentrale Lenkungsinstanz regte 1935 an, in jedem Garten zur Ersparung von Devisen eine »Gewürzkräuterecke« anzulegen. Diese könnte überhaupt die Keimzelle für einen größeren Anbau heimischer Kräuter bilden, die den tropischen Gewürzen gesundheitlich weit überlegen seien (Limbach 1938:258-262).

Wichtigste Regionen des deutschen Gewürzkräuteranbaus waren seit der Mitte des 19. Jhs. das Harzvorland von Calbe a.d. Saale im Nordosten bis Aschersleben und Quedlinburg im Süden, Mittelthüringen mit den Gemeinden Kölleda und Ringleben sowie dem großen Gartenzentrum Erfurt und das bayerische Franken mit der Umgebung von Bamberg und Nürnberg (Schriefer 1847:386 bis 378; Schmidt 1924/25:112-115; Boshart 1926/27:145-199).

Die wohl ältesten europäischen Rezeptsammlungen stammen aus dem Athen der Zeit um 500 v. Chr. In ihnen werden bereits Gewürze erwähnt, so »wohlriechende Feigenblätter« für Fleischgerichte (Döbler 1972:82). Bekannte griechische Ärzte, Geschichtsschreiber und Naturphilosophen wie Hippokrates, Herodot, Theophrast, Dioskurides und Galenos schildern in ihren Werken nicht nur die ihnen bekannten Nahrungs-, Genuß-, Heil- und Zauberpflanzen, die zum Teil auch Gewürzcharakter besitzen, sondern auch entsprechend zubereitete Diätgerichte für Kranke (Kroh 1972; Hiltbrunner 1964). Der orientalische Einfluß auf die griechische Eßkultur ist dabei unverkennbar. Manche Gewürze behielten auch später ihren griechischen Namen in latinisierter Form.

Die durch Gewürze verfeinerten griechischen Tafelfreuden sind über die wirtschaftlich prosperierenden griechischen Siedlungskolonien an den Küsten Siziliens und Apuliens alsdann nach Rom gelangt. Würzten die alten Römer ihren täglichen Getreidebrei (*puls*) wie ihr Kohl- und Bohnengemüse nur mit Salz, Zwiebeln und Knoblauch, so kam es durch die Begegnung mit den Griechen und anderen Kulturen beim Ausbau des Imperium Romanum zu wesentlichen Bereicherungen des Speisezettels und damit auch der Gewürzanwendungen. Seit der Mitte des 2. Jhs. v. Chr. konnten durch den zunehmenden Seehandel mit der Levante nun die orientalischen »condimenta« auch direkt bezogen werden (Köster 1924). Nach der Schlacht bei Aktum 31 n. Chr. fiel Ägypten bis 395 in die Hand der Römer, was ihnen einen Zugang zum Roten Meer brachte und den antiken Gewürzhandel deutlich intensivierte.

Jahrhundertelang sahen antike Autoren Südarabien als Heimatland aller morgenländischen Gewürze an und verliehen ihm wegen des damit verbundenen sagenhaften Reichtums den Beinamen »Arabia felix«. In Wahrheit war Arabien aber ein Zwischenhändler, der ein gut gehütetes Handelsmonopol zwischen zwei großen Hochkulturen besaß, die wegen fehlender direkter Verkehrsverbindungen zunächst keinerlei Kontakt besaßen. Das Verschweigen der wahren Herkunft der Gewürze und ihre Verknüpfung mit allerhand orientalischen Märchen steigerte ihren

Wert ungemein. Für die älteren griechischen Schriftsteller blieb Arabien das Ursprungsland der tropischen Gewürze. Eine erste bessere Kenntnis über ihre Herkunft lieferte die Reisebeschreibung des Roten Meeres (»Periplus mare Erythraei«) eines unbekannten Autors aus dem 1. Jh. n. Chr., die in Form eines Itinerariums alle großen Häfen Ostafrikas, Arabiens und Indiens mit ihren Haupthandelsgütern auflistete, wobei indische Gewürze weit vor Weihrauch, Myrrhe, Kokosnußöl, Datteln und Reis die Hauptrolle spielten (Miller 1969:37; Schoff 1912; Vincent 1807). Die Schriftsteller der römischen Kaiserzeit wurden bei ihren Beschreibungen und Klassifizierungen wesentlich genauer. Durch den Zug Alexanders d. Gr. nach Indien, die Kriege der Römer mit dem Sassanidenreich sowie die Ausdehnung der römischen Annexionen und Handelsstützpunkte konnte die wahre Herkunft der orientalischen Gewürze immer klarer erkannt werden. Indien wurde von römischen Schriftstellern eindeutig als Heimat der tropischen Gewürze Zimt, Kassia, Gewürznelken, Galgant, Ingwer, Muskatnuß, Narde und Pfeffer sowie Persien teilweise als Transitland hierfür identifiziert, dagegen Arabien und Ostafrika als Lieferant der mehr als Heil- und Zaubermittel, Drogen und Kosmetika genutzten Pflanzen Asafoetida (*Ferula asafoetida*), Balsam (*Commiphora opobalsamum*), Weihrauch (*Boswellia carteri*), Allheilkraut (*Ferula galbaniflua*) und Kreuzkümmel (*Ammi majus*). Alle diese Handelsgüter gelangten entweder durch den Karawanenhandel über die Seiden- bzw. Weihrauchstraße, auf verschiedenen Landwegen oder vor allem auf dem Seeweg in den Mittelmeerraum, wo Byzanz, Antiochia, Palmyra, Petra und Alexandria die wichtigsten westlichen Handelsplätze für die griechischen und römischen Kaufleute waren. Für den Landtransport gab es folgende Strecken: von China auf der Seidenstraße nach Baktra, Ecbatana und Ctesiphon zum Persischen Golf, dann über See nach Arabien bis Leucome und schließlich nach Petra; von Barbaricon über Taxila nach Baktra; von Baktra über die Oase Merw, Hekatomplylos zum Kaspischen Meer nach Ecbatana und Seleukana bis nach Antiochia sowie von Baktra über Kabul und Pha nach Persepolis (Miller 1969; Raunig 1971:19; Altheim-Stiehl 1970:706f.; Speck 1900; Heimberg 1981; Hermann 1910).

Die meisten Gewürze aus Indien, von denen einige auch aus Ostasien stammten, dürften aber hauptsächlich auf dem Seeweg nach Europa gekommen sein. Da sie vielfach zugleich als Heil- und Zaubermittel verwendet werden konnten, zählten sie zu den Luxuswaren, bei denen sich ein so langer und risikoreicher Transport lohnte. Plinius d. Ä., der sich in seiner vielbändigen »Historia naturalis« ausführlich mit Heil- und Gewürzmitteln beschäftigte, schätzte, Rom würde jährlich 5,5 Mio. Sesterzien für Waren aus Indien ausgeben, woraus die Kaufleute einen hundertfachen Gewinn zögen (Warmington 1974:279). Das berühmte Kochbuch des Apicius, von einem unbekannten Herausgeber als eine nachträgliche Sammlung erst etwa zwischen 350 und 450 n. Chr. zusammengestellt, beweist detailliert, wie viele orientalische Gewürze in der feinen römischen Küche tatsächlich benutzt worden sind. Auszählungen aus diesem und einem anderen Kochbuch zeigen, daß mindestens 80 Gewürze erwähnt werden, wobei der Pfeffergebrauch mit 482 Nennungen in den Gerichten mit weitem Abstand an der Spitze rangierte (Apicii librum X:1922; Thüry 1997:36-39). Durch den Handel insbesondere mit dem indischen Pfeffer, der seinen lateinischen Namen aus der Sanskritbezeichnung »pippali« entliehen hat, sind manche Handelsstädte wie Memphis, Theben und Alexandria erst wirklich bedeutend geworden. Der Historiker Strabo berichtete von großen Flotten, die damals vom Roten Meer aus nach Ostafrika und Indien in diesem einträglichen Gewürzhandel ständig unterwegs gewesen seien (Strabo 1877: XVI,4). Den Römern gelang es aber nicht, den Arabern diesen einträglichen Zwischenhandel zu entreißen. Deren kleine Schiffe schafften es, mit dem Sommermonsum von dem Golf von Aden bis zur indischen Malabarküste, dem Ursprungsgebiet des Pfeffers, zu segeln und mit dem Wintermonsum die Rückfahrt anzutreten, wodurch die Transportzeit gegenüber der alten Küstenschiffahrt etwa seit dem 1. Jh. n. Chr. um die Hälfte verkürzt wurde. Die arabischen Kauffahrer drangen später bis Kalkutta, Malakka und vielleicht bis nach China vor und konnten so den großen Gewürzabnehmern in Rom die Preise diktieren. Hier darf freilich nicht übersehen werden, daß es sich dort um einen betont demonstrativen Luxuskonsum relativ weniger reicher Patrizierhaushalte handelte. Einige römische Schriftsteller forderten daher, diese Völlerei mit dem exzessiven exotischen Gewürzgebrauch anklagend, zur Askese auf und predigten den Übergang zu einer rein vegetarischen Kost als richtigen Schritt zu dieser neuen Enthaltsamkeit, was dann von den entstehenden frühchristlichen Gemeinden als Gesellschaftskritik aufgegriffen wurde.

Nach dem Zusammenbruch des Römischen Reiches wurde diesem Speiseluxus der gehobenen römischen Oberschicht wirtschaftlich der Boden entzogen, doch waren offenbar schon vorher einige römische Gewürze aus dem Mittelmeerraum auch zu den Germanen gelangt. Der Gebrauch von Pfeffer, Zimt und Nelken konnte sich über den Zusammenbruch des Römischen Reiches hinaus halten. Diese Würzmittel wurden in den sich ausbreitenden Klöstern zusammen mit den heimischen Gewürzkräutern genutzt. Den mittelalterlichen orientalischen Gewürzhandel beherrschten in den folgenden Jahrhunderten die Araber, durch die wahrscheinlich im 6. Jh. auch die Muskatnuß erstmals nach Europa gelangte (Rosengarten 1969:190). Durch die Kreuzzüge im hohen Mittelalter hat sich die Gewürzzufuhr nach Europa verstärkt, wobei nun Venedig eine Mittlerrolle erlangte.

Dem Venetianer Marco Polo gelang es dann zusammen mit seinem Vater und Bruder auf seinen Asienreisen im 13. Jh., die Herkunft einiger ostasiatischer Gewürze näher zu bestimmen. China wurde von ihm als die Heimat des Ingwer angesehen und nach Hörensagen erstmals die geheimnisvollen »Gewürzinseln« (Molukken) beschrieben, in denen nach seinen Erkundigungen unvorstellbare Mengen von Pfeffer, Gewürznelken und Muskat wachsen würden. Venedig wurde zum ersten europäischen Hauptumschlagplatz für solche kostbaren Gewürze. Eine ganze Reihe von venetianischen Kaufleuten machten weitere Erkundungsreisen.

Venedig blieb zwar noch bis zum Beginn des 17. Jhs. im orientalischen Gewürzhandel mit der Levante führend, mußte aber besorgt feststellen, daß Spanien und Portugal nach der Eroberung Konstantinopels durch die Türken und der nachfolgenden Unterbrechung des Handelsverkehrs zwischen Europa und Asien nach einem neuen Seeweg zu dem sagenhaften Gewürzparadies (»Eldorado«) suchten. Als Christoph Kolumbus im Auftrag der spanischen Krone 1492 erstmals in Mittelamerika landete, hoffte er auch, das reiche Land gefunden zu haben, wo Pfeffer, Zimt und Nelken in Hülle und Fülle wuchsen. Wie das Bordbuch seines

Leibarztes zeigt, wurde er zwar in diesen Hoffnungen enttäuscht, doch entdeckte er statt dessen den Roten oder Cayenne-Pfeffer (Chili, Paprika), der aber nicht zu den Pfeffergewächsen (Piperaceen), sondern den Solanaceen gerechnet wird, und auf Jamaika das Piment (spanisch piementio), das wegen seiner geschmacklichen Ähnlichkeit mit den schon bekannten Gewürznelken als »Nelkenpfeffer« bezeichnet wurde, in Wirklichkeit aber zur Gattung der Lorbeerbäume gehört (Rosengarten 1969:59). Die Verwendung des Namenzusatzes »Pfeffer« zeigt, welches hohe Prestige dieses Gewürz in der Alten Welt genoß und wie sehr man bestrebt war, bei neuen Gewürzen von diesem Namen zu profitieren. Sehr viel mehr Erfolg als Spanien hatte Portugal. Schon 1418 hatte Heinrich der Seefahrer (1399-1469) Entdeckungsfahrten an der westafrikanischen Küste entlang veranlaßt. In seinem Todesjahr brachten seine Schiffe erstmals Körner des wilden Maluegette-Pfefferstrauches mit, die »Paradieskörner« genannt wurden. Sein Nachfolger Johann II. ließ sich bei seiner Krönung 1473 die Einkünfte dieses afrikanischen Pfefferhandels zusichern.

1499 erreichte Venedig die Schreckensnachricht, daß es ein Jahr zuvor dem Portugiesen Vasco da Gama geglückt war, um Afrika herumsegelnd, die indische Malabarküste zu erreichen und voll beladen mit Pfeffer, Zimt, Nelken und Ingwer wieder nach Lissabon zurückzukommen. Die Seerepublik Venedig setzte sofort ihre berühmte Diplomatie in Bewegung, worauf Portugals König entgegenkommenderweise vorschlug, sich an Lissabon als künftigem Haupthandelsplatz für tropische Gewürze zu beteiligen, um damit Alexandria den Rang abzulaufen. Aber die venetianischen Senatoren lehnten ab, weil sie auf ihre alte Monopolstellung an der Levante nicht verzichten wollten. Man dachte sogar an den Bau eines Suezkanals, um die neue portugiesische Konkurrenz zu überrunden. Als der spanische König Philipp II., der sich inzwischen Portugal einverleibt hatte, 1581 und 1585 Venedig Exklusivrechte bei dem riesigen Gewürzhandelsgeschäft zusammen mit militärischem Schutz für die venetianischen Schiffe anbot, schlug der Senat der Lagunenstadt auch dieses Angebot aus. Zu dieser Zeit lebten noch rund 4.000 venetianische Familien allein vom Handel mit dem Vorderen Orient, wo sie sich zum Teil auch dauernd niedergelassen hatten Noch 1603 schätzte man das Handelsvolumen Venedigs allein mit der syrischen Stadt Aleppo auf 1,5 Mio. Golddukaten (Zorzi 1981:193). Im Gegensatz dazu verbündeten sich die großen oberdeutschen Handelshäuser der Fugger, Welser und Tucher zusammen mit anderen oberitalienischen Stadtstaaten frühzeitig mit der portugiesischen Konkurrenz und beteiligten sich mit großen Summen an der Ausrüstung einer »Pfefferexpedition«. 1506 landete ein Geschwader von 22 Karavellen mit 1.500 schwerbewaffneten Soldaten sowie Handwerkern unter dem Befehl des portugiesischen Admirals Francisco d'Almeida in dem indischen Hafen Kalikut und besiegte dank überlegener Schiffsartillerie die 200 Schiffe des indischen Radjahs und der Araber. Dies bedeutete den Anfang vom Ende der jahrhundertelangen arabischen Monopolstellung im Zwischenhandel mit den orientalischen Gewürzen. Venedig verlor nun immer mehr Bedeutung im Gewürzhandel. Vergeblich baten seine Gesandten den Stellvertreter des Sultans in Kairo, er solle die Inder zu einem Embargo gegen die Portugiesen veranlassen, um deren Gewürzhandel lahmzulegen.

Schon 1521 hatte der zur spanischen Krone übergelaufene portugiesische Abenteurer Fernando Magellan, gemäß einem 1518 mit dem Habsburg-Kaiser Karl V. abgeschlossenen Vertrag um Südamerikas Kap Horn herumsegelnd, die sagenhaften »Gewürzinseln« (Molukken) im Südpazifik erreicht. Er selbst fiel im Kampf mit den Eingeborenen, doch seine beiden Schiffe kehrten ebenfalls mit großen Gewürzmengen 1522 zurück. Eine praktische Auswirkung auf den Gewürzhandel hatte diese Fahrt noch nicht, da diese Strecke viel zu lang und unsicher war. Immerhin deckten die 600 Zentner Gewürze nicht nur die Expeditionskosten des Hauses Habsburg, sondern warfen auch etwas Gewinn ab. Wichtiger war der nun erbrachte Beweis, daß die Molukken auf der anderen Erdhälfte lagen, die per päpstliches Dekret 1494 den Spaniern zugesprochen worden waren. Nachdem der spanische Conquistador Hernán Cortéz 1519 in Mexiko die in Europa bis dahin völlig unbekannte Vanille, welche die Azteken zum Würzen ihres Schokoladengetränks benutzten, entdeckt hatte, war auch die neue Vorherrschaft der Portugiesen beim transatlantischen Gewürzhandel durchbrochen.

Zwischen dem 16. und 19. Jh. kämpften nun Portugiesen, Niederländer und Engländer als Erben Venedigs erbittert um die Vorherrschaft im Gewürzhandel. So verteidigten die Holländer bis zum Ende des 18. Jhs. das Monopol für die auf den Molukken (Sundainseln) wachsenden Muskatprodukte und Gewürznelken, wobei sie die Samen der ausgeführten Pflanzen durch Kalk unfruchtbar machten. Erst zwischen 1770 und 1772 glückte es den Franzosen, durch Schmuggel von Samen diese Pflanzen auch anderswo heimisch zu machen. Als diese neuen Plantagen erstmals größere Erträge lieferten, begannen auf den europäischen Märkten die Preise hierfür im ersten Drittel des 19. Jhs. drastisch zu sinken (Dieterici 1838:188). Auch die Engländer konnten ihr 1796 erlangtes Monopol für die Erzeugung von Zimt (Kaneel) auf der Insel Ceylon aus gleichen Gründen nicht länger als bis 1833 halten. Im Gegensatz zu dem Zimtkassia (*Cassia lignea* und *Laurus cassia*), einer in vielen tropischen Gebieten gewonnenen Rinde mit zimtähnlichem Geschmack, und der Vanille, erlebten der echte Zimt wie der Pfeffer in der gleichen Periode aber nur geringe Preisabschläge.

Bei dieser Übersicht über den Gewürzhandel darf nicht übersehen werden, daß die gehandelten Mengen und der durchschnittliche Pro-Kopf-Konsum im Vergleich mit heute äußerst gering blieben. Wegen der hohen Preise für Kolonialgewürze blieb der Verbrauch vor allen Fürstentafeln und sonstigen vornehmen »Herrentischen« oder reichen Klöstern vorbehalten. Der in kulturhistorischen Darstellungen immer wieder behauptete große Gewürzkonsum, insbesondere von Pfeffer, beruht auf unsicheren Importangaben einiger besonders wohlhabender deutscher Fernhandelsstädte, die aber die eingeführten Mengen zum großen Teil weiterverkauften. Wenngleich die Bevölkerungs- und Handelsstatistiken in der frühen Neuzeit noch sehr unsicher sind, läßt sich schätzen, daß der jährliche Pfefferkonsum Westeuropas am Ende des 15. Jhs. nicht mehr als 1.000 t betragen hat (Lane 1968:587). Zusammen mit der europäischen Safranernte von 75 t ergibt sich im Vergleich mit dem Zucker- und Salzkonsum folgender Pro-Kopf-Verbrauch (siehe Tabelle s. 318):

Tab. 2: Gewürz-, Salz- und Zuckerkonsum Westeuropas im 15. Jh.

Ware	Konsum-menge in Mio. Kilogramm	Konsum pro Kopf und Jahr bei Einwohnern. 40 Mio. bzw.	50 Mio	Konsum pro Kopf und Jahr in Deutschland heute
Pfeffer	1	25 g	20 g	64 g
Übrige indische Gewürze	1	25 g	20 g	44 g
Safran	0,075	1,9 g	1,5 g	—
Zucker (Ende 15. Jh.)	2,5	62,5 g	50 g	34 kg
Salz	400-500	10 kg	10 kg	5-6 kg

Quelle: Mauruschat 1973:64

Nach anderen zeitgenössischen Schätzungen dürfte sich der gesamte Gewürzkonsum in Spanien, Portugal, Frankreich, Italien und Oberdeutschland um 1600 um 3.000 t jährlich bewegt haben, was bei einer Bevölkerung zwischen 70 und 90 Mio. einen jährlichen Pro-Kopf-Verbrauch zwischen 21 und 17 g beim Pfeffer wie bei den übrigen indischen Gewürzen bedeutet (Kellenbenz 1956: 7). Daraus läßt sich folgern, daß es auch nach Aufnahme des portugiesisch-spanischen Gewürzhandels noch keineswegs zu dem oft behaupteten exzessiven Pfefferverbrauch gekommen ist (Mauruschat 1973: 110f.).

Erste Versuche für eine präzise Quantifizierung des Gewürzverbrauchs gab es dann im 19. Jh. Wegen der mangelnden und wiederholt wechselnden Differenzierung der Gewürzhandelsstatistiken lassen sich aber nur wenige und nicht ganz genaue Zahlenangaben errechnen. So schwankte nach der Statistik des Deutschen Reiches der Verbrauch von schwarzem und weißem Pfeffer von 1880 bis 1913 zwischen 40 g und 110 g pro Kopf und Jahr. Die Konsummengen stiegen tendenziell bis 1890, um dann bis 1913 bei etwa 80 g zu stagnieren. Nach dem Ersten Weltkrieg und der Währungsstabilisierung 1923 war der Pfefferverbrauch um die Hälfte gesunken und stieg dann bis 1930 wieder auf den Vorkriegsstand. Die Statistiken lassen allerdings nur allgemeine Richtwerte erkennen.

Sicher ist aber, daß der Pfeffer neben dem Salz das am meisten benutzte Gewürz gewesen ist.

Für die anderen Gewürze erweisen sich genaue Konsumberechnungen als nicht minder schwierig. Weder für das echte Zimtgewürz (Kaneel) ist eine Rekonstruktion verläßlicher Langzeitreihen möglich noch für Gewürznelken, Muskat, Mazis, Vanille oder Kardamom. Ihr Verbrauch zeichnet sich durch ähnliche Verlaufstrends in den Jahrzehnten um 1900 wie derjenige des Pfeffers aus. Schließlich darf nicht übersehen werden, daß auch heimische Würzkräuter wegen der wachsenden Nachfrage im späten 19. Jh. eingeführt wurden. So sind 1880 1.575 t und 1910 2.051 t Kümmel vor allem aus den Niederlanden importiert worden, wobei der größte Teil aber zur Arznei- und Branntweinherstellung verwendet wurde.

Die industrielle Fertigung von Würzmitteln und ihre Vermarktung seit dem 19. Jahrhundert

Schon die Schriftsteller des klassischen Altertums haben den Samen des weißen oder gelben und des schwarzen *Senfs* als Arznei wie als Gewürz bezeichnet. So ließ Palladius den zu Pulver zerriebenen Senfsamen mit Honig, Olivenöl und Essig zu einem Gewürz und gleichzeitig Heilmittel mischen; Plinius d.Ä. nannte im XIX. Buch seiner »Naturgeschichte« das »mustum« scharf schmeckend erhitzend und bekömmlich; auch bei Columella und den Hebräern wird der Senf wie im Alten Testament erwähnt. Die Wertschätzung der Senfpaste, die vor allem als Heilsalbe diente, ist auch im Mittelalter nicht verlorengegangen, wie dieser der Medizinschule von Salerno zugeschriebene Ausspruch zeigt: »Est medicum granum, siccum calidumque sinapi, dat lacrymus, purgatque caput, tollique veneum« (Wedel 1718:4). Ihre Anfertigung verblieb wie bei anderen heimischen Würzkräutern der klösterlichen wie privaten Hauswirtschaft sowie den frühen Apotheken. Im 18. und frühen 19. Jh. wurde der Senf zugleich mit dem ähnlich scharf schmekkenden Meerrettich erstmals chemisch-physiologischen Analysen unterworfen, wobei man erkannte, daß ätherische Öle in verhältnismäßig kleiner Menge zusammen mit Wasser bereits den Geschmackssinn reizen können, Wein oder Essig die Schärfe aber merklich dämpfen (Reich 1860:200). Den gemahlenen Senfkörnern wurde – national wie regional verschieden – unter anderem neben Wein und/oder Essig vor allem Zucker, Nelken, Zimt, Ingwer, Muskatblüten, Anis, Kardamom, Vanille, Sardellen oder Zitronenschalen zugefügt. Der Senf führte daher im Volksmund die verschiedensten Namen. Eine erste größere Bekanntheit erlangte der wegen der Zucker- und Zimtbeimischung süßlich schmekkende »Düsseldorfer Mostert«, der seit 1726 in einer Manufaktur offenbar in größerer Menge hergestellt wurde (Mostert 1955:17f.). Der Senf gelangte in Holztonnen oder Steinguttöpfen in den Handel, wo er dann für die Kunden in kleine Krüge oder Gläser abgefüllt wurde. Nach der Einführung besonderer Senfabfüllapparate und Tubenschließmaschinen wurde nach englischem Vorbild die fabrikmäßige Massenherstellung des Tafelsenfs zu Beginn des 20. Jhs. möglich. 1908 gab es im Deutschen Reich bereits 197 Mostrichfabriken, daneben wurde aber immer noch wie früher Senf nach alten heimischen Rezepten in Haushalten, Gaststätten sowie vereinzelt wohl auch Drogerien und Apotheken hergestellt (Hasterlik 1910). Selbst die Konsumgenossenschaften gründeten eine eigene Senffabrik, um minderbemittelte Haushalte möglichst preisgünstig mit diesem Würzmittel zu versorgen. Wie sehr der Tafelsenf seit dem späten 19. Jh. auch in die einfacheren Haushalte einzog, lassen die zeitgenössischen Haushaltslehren erkennen. Nahezu jede von ihnen enthielt Rezepte für dessen Herstellung. Henriette Davidis, die wohl bekannteste Autorin auf diesem Gebiet, teilte 1876 mit, sie habe das Rezept einem befreundeten Restaurateur entlockt, der die Senfherstellung bis dahin als ein Geheimnis behandelt habe (Davidis 1876:418). In Kochbüchern wurden teilweise für die feinere Küche bestimmte Senfsorten gefordert, wobei man zwischen Französischem Senf (schwarze Senfsamen mit Knoblauch und Estragon), Englischem Senf (schwarzer und weißer Senf vermischt mit Cayennepfeffer) und mit Piment gewürztem Frankfurter Senf neben dem erwähnten süßen Düsseldorfer Mostert unterschied. Wenngleich der Senf zu den ganz alten heimischen Würzmitteln gehört, so hat doch erst die industrielle Produktion für weite und alltägliche Verbreitung gesorgt, wobei der alte Heilmittelcharakter verlorenging.

Auch der heute ebenso oft benutzte *Essig* kann nicht zu den eigentlichen naturbelassenen Würzmitteln gezählt werden. Daß aus länger stehenden und sauer werdenden Fruchtsäften, Wein und Bier Essig entsteht, war bereits im klassischen Altertum bekannt; dieser wurde unter der Bezeichnung *acetum* als kühlendes Genußmittel mit Wasser vermischt im Sommer sehr geschätzt. Seit dem Mittelalter füllte man zuerst in Frankreich Holzfässer mit Luftlöchern oben mit einer Maische aus etwas Essig mit Wein, wodurch sich durch Gärung innerhalb von einigen Wochen größere Quantitäten von Gärungsessig herstellen ließen, der dann durch Destillation noch gereinigt wurde. Durch die Versuche der Alchimisten, die ihn besonders gerne benutzten, wurde seit der Mitte des 17. Jhs. nach und nach erkannt, daß die Essigbildung auf Oxydation beruht, der Holzessig vom Gärungsessig unterschieden werden muß und wie Essigsäure chemisch dargestellt werden kann. Zwar waren die Grundzüge einer Schnellessigherstellung schon im frühen 18. Jh. vom niederländischen Gelehrten Boerhaave an der Universität Leyden entdeckt worden, doch gelangen technisch brauchbare Anwendungen in Deutschland und England fast zeitgleich erst zwischen 1818 und 1825 (Aldefeld:1833). Bei der nun beginnenden gewerblichen Schnellessigfabrikation wurde die Maische auf Holzspäne aufgebracht, über die dann der Wein gegossen wurde. Wegen der großen Oberfläche der bakterienhaltigen Maische konnte der Alkohol in kürzester Zeit in Essigsäure umgesetzt werden (Klar 1903; Bersch 1901). Essigsäure wurde jetzt auch in verschiedenen Säuregraden produziert, wobei man den Tafel- oder Speiseessig mit nur 3,5% vom Einmachessig (5%), dem Doppelessig (5%) sowie dem Dreifachessig oder Essigsprit (10,5%) und von der reinen Essigsäure unterschied. Die hochkonzentrierten Essigsäuren dienten keinen Würzzwecken, sondern fanden bei der Herstellung von Lacken, Druckfarben und Photopapier sowie in der Textildruckerei Verwendung. 1924 gab es im Deutschen Reich bereits 19 Essigsäurefabriken, die den genußfähigen Speiseessig herstellten.

Nach den Ausgangsmaterialien wurde ferner der Spritesssig vom Obstessig (aus Äpfeln und Birnen), dem Malz-, Bier- und Weinessig unterschieden. Hatten die Haushaltsratgeber am Ende des 19. Jhs. noch zahlreiche Rezepte für die häusliche Essigherstellung enthalten, so mehrten sich nach der Jahrhundertwende die warenkundlichen Hinweise. Die Hausfrau kaufte nun den fertigen Essig im Laden, wobei die konzentrierte Essigsäure noch zu Hause verdünnt werden mußte (Schreiber 1927:20f.). Durch das Einlegen von Estragon oder anderen Gewürzen konnte die Essigqualität weiter verfeinert werden. Der Essig war zudem seit Jahrhunderten ein unverzichtbares Mittel zur häuslichen Konservierung von Gemüse und Obst, was von der Konservenindustrie im großen Umfang übernommen wurde.

Im letzten Drittel des 19. Jhs. mehrten sich auch die Versuche, die Gewürze durch industriell hergestellte *Gewürzextrakte* und *Gewürzessenzen* zu substituieren. Damit sollten zunächst einmal die seit langem grassierenden und weit verbreiteten Gewürzfälschungen eingedämmt werden. Seit den 1860er Jahren entwickelte sich dieser neue Zweig der Gewürzindustrie. So stellte ein Erfinder namens Dr. L. Naumann aus Dresden 1865 erstmals einen Apparat vor, der dafür eine fabrikatorische Herstellung erlaubte. 1872 trat er mit neuen Produkten an die Öffentlichkeit, die er »Gewürzextracte« sowie »Gewürzsalze« nannte (Naumann 1914). Sein Verfahren beruhte auf folgenden Verarbeitungsstufen: Er legte die angekauften Gewürze in zerkleinerter Form in eine Extraktionsflüssigkeit aus Spiritus und Wasser und filtrierte nach zwei Wochen die Rückstände in kleine Fläschchen. Für diesen Extraktionsprozeß eigneten sich besonders Pfeffer, Piment, Zimt, Ingwer, Nelkenwurz, Vanille, Paprika, Muskatnuß samt Mazis, Safran und Zitronenschalen, aber auch heimische Gewürze wie Lorbeer, Thymian, Kümmel, Basilikum und Majoran. Ein großes deutsches Kochbuch enthielt bald darauf einen neuen Anhang, in dem erstmals solche industriellen Gewürzextrakte vorgestellt wurden (Scheibler 1877:496). Naumanns Angebot umfaßte um 1900 bereits 57 einfache Gewürzextrakte und 50 Gewürzetraktkompositionen (Naumann 1900). Außerdem bot er noch zehn weitere Sorten von Gewürzsalz für den Küchengebrauch an. In seinem internationalen Kochlehrbuch wies er auf die große Haltbarkeit seiner Erzeugnisse hin, welche die Hausfrau von den sonst nur saisonal angebotenen Gewürzen unabhängig machte. Damit war ein Durchbruch gelungen, der mit der Einführung der Konserven, der Kühlkost sowie der industriellen Fertigsuppen verglichen werden kann. Hatte man früher die teuren kolonialen Gewürze in kostbaren Schalen und Dosen aus Silber, Gold oder Porzellan als Prunkstücke des gesellschaftlichen Prestiges zur Schau gestellt, so lieferte nun die Firma Naumann auch für normale bürgerliche Haushalte Kästen mit 5 bis 12 einfachen Gewürzextraktfläschchen, bei denen ein Blechschild Auskunft über den Inhalt gab. Großküchen beim Militär oder auf Schiffen konnten Gewürzschränke mit 54 Flaschen Gewürzextrakt und 6 Büchsen Gewürzsalz erwerben. Für Jäger und Reisende wurden kleine Taschenetuis zwischen 2 und 5 Mark offeriert, um unterwegs auf eine gut gewürzte Mahlzeit nicht verzichten zu müssen. Eine 5 cm große Doppelpatrone für den einfachen Soldaten enthielt ein Fleischgewürzsalz und Pfeffersalz. Naumann war aber nicht der einzige Gewürzextrakthersteller, sondern er setzte lediglich frühzeitig die Mittel moderner Reklame ein. Welchen Umfang die Verwendung industrieller Gewürzextrakte schon vor 1900 gefunden hatte, läßt sich aus einem sehr bekannten Kochbuch für die bürgerliche Küche von Emma Allenstein ersehen, in dem bei jedem Rezept neben dem Naturgewürz eine gewerbliche Extraktion als Alternative angezeigt wurde (Allenstein 1884). Aufgrund des hier angesprochenen Leserkreises und der Kochkunstausstellungen mit ihren Empfehlungen für die gehobene Gastronomie läßt sich vermuten, daß solche Gewürzextrakte zuerst bei der gehobenen bürgerlichen Küche und den Restaurants Eingang fanden. Die Bequemlichkeit und Zeitersparnis beim Würzen der Speisen, ihre längerfristige und übersichtliche Aufbewahrung sowie die Garantie vor Verfälschungen boten Großküchen wie kleinen Haushaltungen Vorteile, die in steigendem Maß genutzt wurden (Universal-Lexikon I/1901:363; Lössnitzer 1925:232).

Die Extraktionen aus den natürlichen Gewürzen bildeten neben der Herstellung von ebenfalls industriell hergestellten Fleischextrakten und Leguminosenmehlsuppen, die nicht zu Gewürzen gerechnet werden, die Vorläufer der bald danach auf den Markt kommenden *flüssigen Suppenwürzen*. Die größte Bekanntheit erlangten zuerst dank der großen Reklame seit 1887 die Produkte des ehemaligen Schweizer Müllers und Getreidehändlers Julius Maggi aus Kempthal, der neben seinen zahlreichen Suppenrollen, Fleischbrühen und Bouillonwürfeln und -kapseln für Fertigsuppen ab

1901 auch die Maggi-Speisewürze »Gusto« in seinem Sortiment führte. Einen ebensolchen spektakulären Durchbruch zum Massenkonsum erreichte auch Maggis großer Konkurrent Carl Heinrich Knorr aus Heilbronn, der zwischen 1873 und 1875 seine Hülsenfruchtmehle mit getrockneten Gemüseteilen und Gewürzen zu vermischen begann, um seine »Suppentafeln« schmackhafter zu machen. Sein Vorbild waren französische Firmen, die bereits auf der ersten Weltausstellung 1851 in London solche »comprimirten und getrockneten Gemüse«, unter denen sich auch verschiedene Gewürze befanden, vorgestellt hatten. Mit seinen 100 g wiegenden »Suppentafeln«, die nach 15 bis 25 Minuten Erhitzen mit Wasser eine fertige und gut gewürzte Fleisch- oder Gemüsesuppe für 5 bis 6 Personen zum Preis von 15 Pfennigen lieferten, wurde Knorr zusammen mit Maggi zum Begründer der Nährmittelindustrie. Schon 1887 konnte er sieben Geschmacksvariationen anbieten: Bohnen-, Erbsen-, Gersten-, Kartoffel-, Linsen- und Griessuppe sowie Erbspüree. Anfangs mußte Knorr die gesetzlich geschützte Markenbezeichnung »Suppenwürze« von Maggi anerkennen, so daß er sein Produkt »Knorr-Sos« nannte. Aber er ahmte die originelle Flaschenform der Maggi-Würze nach und konnte im erbitterten Preiswettbewerb und auch durch ein wenig Industriespionage Maggis monopolartige Vorrangstellung auf diesem neuen äußerst ergiebigen Gewürzmarkt niederringen (Teuteberg 1990: 55ff.). Die damals führenden Ernährungsphysiologen (Liebig, Voit, Rubner und König) stritten sich im übrigen jahrzehntelang, ob die so gutschmeckende und von der Volksmedizin jahrhundertelang vielen Kranken empfohlene Fleischbouillon ein Nahrungs- oder Genußmittel sei und worin eigentlich ihre belebende Wirkung bestehe. Nach heftigen Kontroversen und Laborversuchen mit Hunden einigte man sich darauf, daß die Fleischbrühe wegen des geringen kalorischen Nährwerts und ihren mehr auf die Magensekretion und die Blutzirkulation einwirkenden Folgen als gesundheitlich unbedenkliches und gutschmeckendes Würzmittel anzusehen sei. Auch »Liebig's Fleischextract«, der aus einer in Südamerika aus zu Pulver zerkleinerten sowie mit Salz und Gewürzen angereicherten Rindfleischextraktion bestand, gehört daher trotz der tierischen Ausgangsbasis gemäß der eingangs getroffenen Definition eigentlich in die Rubrik der Gewürze und Genußmittel.

Die heute in der Lebensmittelindustrie weitverbreiteten *künstlichen Aromastoffe*, die so in der Natur nicht vorkommen, haben dagegen im späten 19. und frühen 20. Jh. noch keine Rolle gespielt. Eine Ausnahme machte lediglich das 1887 von Chemikern aus Fichtensaft isolierte Vanillin, das an den Traubenzucker (Glukose) gebunden später auch in sehr geringen Mengen in ätherischen Ölen, Harzen, Baumrinden, Spargelsprossen, Ahornsirup und Zuckerrüben nachgewiesen werden konnte. Die aufstrebende Schokoladenindustrie wie auch die Likörbrennereien sahen hier eine willkommene Gelegenheit, diesen künstlichen Zusatzstoff anstelle des immer noch sehr teuren kolonialen Vanillegewürzes einzusetzen (Rothe 1978:12). Die Firma Dr. August Oetker hat seit 1894 als Backzutat einen künstlich aromatisierten Vanillinzucker in kleinen Tütchen mit dem bekannten »Hellen Kopf« angeboten (Wurst 1928). Offenbar lehnte man sich zunächst an die ältere hauswirtschaftliche Praxis an, durch Einlegen von Vanilleschoten in Zucker einen billigeren Ersatz dieses teuren Importgewürzes zu produzieren, was auch die erwähnte Gewürzextraktfirma Naumann praktizierte (Naumann 1914:525). Wann das künstliche Vanillin die echte Vanille in den Haushalten ersetzte, ist schwer zu erkennen, weil in den Kochbüchern und Haushaltslehren das neue Industrieprodukt nur selten ausdrücklich gefordert wurde, was aber mit den ähnlichen Bezeichnungen zusammenhängen dürfte. Die gelegentliche Mengenbezeichnung »ein Päckchen Vanille« deutet daraufhin, daß hier der billigere Vanilleersatz gemeint war.

Das Würzen von Speisen im Überblick

Die hier skizzierten Grundlinien zur Geschichte der Gewürze lassen noch zahlreiche sachliche, zeitliche und räumliche Forschungslücken erkennen. So sind wir wie bei den anderen Genußmitteln über den im ganzen zunehmenden Gebrauch in der frühen Neuzeit besser orientiert als in den beiden jüngsten Jahrhunderten. Es besteht Konsens darüber, daß diese kostbaren orientalischen »Specereyen« ein wichtiges Mittel zur Demonstration von Sozialprestige darstellten und den Handelsverkehr wie die überseeische Kolonisierung stark beeinflußt haben. Als Manko muß aber vermerkt werden, daß wir über die Einbindung der exotischen Gewürze in die Zubereitung der täglichen und festlichen Mahlzeiten sowie den tatsächlichen Umfang ihres Konsums nur rudimentär unterrichtet sind. Die älteren Kochbücher und Haushaltslehren, aber auch die Beschreibung und Abbildung früherer Tafelfreuden an vornehmen Tischen, ja selbst die Tugendpredigten des Humanisten Ulrich von Hutten gegen die reichen »Pfeffersäcke« in den oberdeutschen Handelsstädten geben für eine gründliche Analyse der Würzgewohnheiten bei der Masse der bäuerlichen Bevölkerung kaum etwas Zusammenhängendes her. Die quantitativen Berechnungen von Mengen und Preisen lassen vermuten, daß der in kulturgeschichtlichen Darstellungen immer wieder behauptete große Konsum von schwarzem Pfeffer wahrscheinlich weit übertrieben ist. Der Gewürzverbrauch eines kaufmännischen Patrizierhaushalts in einer großen, Fernhandel treibenden Reichsstadt kann nicht als repräsentativ für den ganzen Pfefferverbrauch angesehen werden. Hier muß die Frage der Verfälschung und Ersetzung durch billige Substitute wie bei den anderen Genußmitteln erörtert werden. Der Begriff Pfeffer wurde mit ganz anderen Würzpflanzen verbunden, so daß in den überlieferten Quellen leicht Verwechslungen auftreten können. Die Verwendung der Gewürze läßt sich von gesundheitlich-therapeutischen wie magisch-religiösen Zwekken oftmals kaum trennen, so daß auch hier eine Quelle für falsche Bewertungen liegen kann. Die notwendige Intensivierung der Gewürzgeschichte bedarf daher einer multidisziplinären Zusammenarbeit (Wiegelmann 1967; Wiswe 1971).

Betrachtet man abschließend die noch kaum aufgehellten Würzgewohnheiten Deutschlands seit der Mitte des 19. Jhs., dann scheint es insgesamt eine Verringerung der den Gerichten beigegebenen scharfen Gewürze gegeben zu haben. Wie erste vergleichende Durchsichten großer regionaler Kochbücher zeigen, wurden mildere Würzmittel bevorzugt, welche den Eigengeschmack der Speisen nicht mehr wie früher überdeckten. Insgesamt lassen sich immer noch starke regionale Würzunterschiede zwischen 1850 und 1930 feststellen. Hamburg mit seinen traditionell hohen Gewürzimporten hatte eine größere Gewürzvielfalt als das fern vom Welthandelsverkehr liegende Freiburg i.Br. Der Zugang zu einem größeren Gewürzmarkt war daher für die Vielfalt des

Würzens lange noch entscheidend. Zudem prägten die alten landschaftlichen Küchen mit ihren typischen Gerichten weiterhin die Vorliebe für bestimmte Gewürze. Die soziale Differenzierung des Gewürzkonsums ist wegen des Quellenmangels besonders schwierig. Man kann lediglich sagen: Je höher ein Lebensmittel oder eine Speise in der regionalen Nahrungshierarchie stand, desto größer war die Gewürzanwendung und desto mehr wurde auf teurere Kolonialgewürze zurückgegriffen. Die Grundnahrung auf einfachen Tischen war, was kaum überraschen kann, geschmacklich wesentlich monotoner und daher gewürzärmer.

Im späten 19. und frühen 20. Jh. läßt sich ein erster Prestigeverlust der Importgewürze feststellen, was offenbar mit dem gesellschaftlichen Bedeutungswandel von Kaffee, Tee und Schokolade parallel verlief. Infolge der revolutionär sich verbessernden Transport- und Handelsverhältnisse kam es zu schnell wachsender Produktion und größeren Marktangeboten sowie tendenziell sinkenden Verbraucherpreisen, was den soziokulturellen Absinkprozeß einleitete. Die Geschmackspalette wurde wesentlich erweitert und zugleich verfeinert. Der Abstieg einstmals hochgeachteter kolonialer Luxusgewürze zum alltäglichen Würzmittel läßt sich beispielsweise am Pfeffer nachweisen. Der ostindische schwarze Pfeffer als »König der Gewürze« erhielt seit der Entdeckung des Cayennepfeffers in Mittel- und Südamerika durch Kolumbus erstmals Konkurrenz. Nachdem die neuen Capiscumarten, die sich durch größere Früchte und eine geringere Geschmacksschärfe auszeichneten, in Süd- und Südosteuropa heimisch geworden waren und die Bezeichnung »Paprika« (slawisch *piperke* oder *paparka*) erhalten hatten, stieg Ungarn zum Hauptexporteurland empor (Halász 1970). Der Cayennepfeffer, der dann in vielen Teilen der Welt neu angebaut wurde, sowie Paprika drangen offenbar erst im letzten Drittel des 19. Jhs. verstärkt nach Deutschland ein (Höchstetter 1885:57f.). Interessant ist dabei, daß noch bis zum Zweiten Weltkrieg auch auf die gesundheitlich-diätische Seite der Paprika von Medizinern hingewiesen wurde (Obermayer 1919/20; Raunert 1939). Das schnell an Beliebtheit zunehmende Paprikagewürz wurde dann der aus Indien stammenden Gewürzmischung Curry (Carri) beigemischt, die aus England übernommen wurde. Die rote Currypaste verbreitete sich nach 1945 in ganz Europa und sank nun wie der schwarze Pfeffer zum Alltagsgewürz herab. Ähnliche Entwicklungstrends ließen sich bei Zimt, Soya, Essig, Nelken und anderen Gewürzen zeigen. Diesem Abstieg scheint ein gewisser Wiederaufstieg alter heimischer Gewürzkräuter entgegenzustehen.

Bibliographie

Aldefeld, C. L. W. (1821): Das Geheimniß der Schnell-Essigfabrikation (...), Aachen/ Brüssel/Leipzig (2.Aufl.)

Allenstein, Emma (1884): Das beste bürgerliche Kochbuch, vorzüglich für das Haus berechnet, Gera (11.Aufl.)

American Spice Trade Association (Hg.) (1966): A History of Spices, New York

Apicius (1922): Librum X, qui dicitur de re coquinaria, quae extant, hg. von Guirratano und F. Vollmer, Leipzig

Baltheiser, Margareta (1981): Gewürze aus unserem Garten, Frankfurt a.M.

Bersch, Josef (1901): Der rationelle Betrieb der Essig-Fabrikation und die Controle derselben, Wien/Pest/Leipzig

Bertsch K./ Bertsch, F. (1949): Geschichte unserer Kulturpflanzen, Stuttgart

Boros, Georges (1975): Unsere Küchen- und Gewürzkräuter, Stuttgart

Boshart, Karl (1926-1927): Der deutsche Arzneimittelanbau, in: Heil- und Gewürzpflanzen 9, S. 145-199

Bund für Lebensmittelrecht und Lebensmittelkunde (Hg.) (1964): Begriffsbestimmungen f. Gewürze, Ersatzgewürze u. daraus hergest. Erzeugnisse, Hamburg/Berlin/Düsseldorf

Burdach, Konrad (1988): Geschmack und Geruch, Bern/Stuttgart/Toronto

Davidis, Henriette (1876): Die Hausfrau, Leipzig (8. Aufl.)

Diels, L. (1918): Ersatzstoffe aus dem Pflanzenreich, Stuttgart

Dieterici, C. F. W. (1838): Statistische Übersicht der wichtigsten Gegenstände des Verkehrs und Verbrauchs im Preußischen Staate und im deutschen Zollverbande, in dem Zeitraume von 1831 bis 1836, Berlin/Posen/Bromberg

Döbler, Hansferdinand (1972): Kochkunst, Tafelfreuden, Eßkultur, München

DWB (1854ff.): Deutsches Wörterbuch von Jacob und Wilhelm Grimm, Leipzig etc.

Ettl, Alexander (1980): Gewürze, Künzelsau

Franke, W. (1992): Nutzpflanzenkunde, Stuttgart/New York (5. Aufl.)

Glatzel, Hans (1968): Die Gewürze, Herford
Göóck, Roland (1977): Das Buch der Gewürze, München
Halász, Zoltán (1970): Das Buch vom ungarischen Paprika, Budapest
Hasterlik, Alfred (1910): Der Tafelsenf (Mostrich) und die technische Verwertung der Senfpflanze, in: Hartleben's Chemisch-technische Bibliothek 322, Wien/Leipzig
Hehn, Viktor (1911): Kulturpflanzen und Haustiere in ihrem Übergang von Asien nach Griechenland und Italien sowie das übrige Europa, Berlin (8. Aufl.)
Herodotus (1905): Historiae, hg. von H. Kallenberg, Lipsiae
Heyne, Moriz (1901): Das deutsche Nahrungswesen von den ältesten Zeiten bis zum 16. Jahrhundert, Leipzig
Hiltbrunner, O. (1964): Kleines Lexikon der Antike, Bern/München (4. Aufl.)
Hlava, Bohumil/Lanska, Dagmar (1977): Lexikon der Gewürz- und Küchenkräuter, Herrsching/München
Höchstetter, F. M. et al. (Hg.) (1880): Grosses illustrirtes Kräuterbuch, Reutlingen
Kellenbenz, Hermann (1956): Autour de 1600: Le commerce du poivre des Fugger et le marché international de poivre, in: Annales ESC 11, S. 1-28
Klar (1903): Technologie der Holzverkohlung und der Fabrikation von Essig, Leipzig
Köster, A. (1924): Schiffahrt und Handelsverkehr des östlichen Mittelmeeres im 3. und 2. Jahrtausend v. Chr., Leipzig
Küster, Hans-Jörg (1987): Wo der Pfeffer wächst. Lexikon zur Kulturgeschichte der Gewürze, München
Kluge, Friedrich (1989): Etymologisches Wörterbuch der deutschen Sprache, Berlin/New York (22. Aufl.)
Lane, Frederic C. (1940): Mediterranian Spice Trade: Further Evidence of Its Revival in the Sixteenth Century, in: American Historical Review 45, S. 581-590
Limbach, Robert (1938): Die Versorgung Deutschlands mit Gewürzen, in: Die Ernährung 3, S. 258-262
Lössnitzer, Ernst (o.J., d.i. 1925): Lehrbuch der Küchenwissenschaft und Nahrungsmittelkunde, Leipzig
Lüder, Franz Hermann Heinrich (1805): Tabelle über die in dessen Briefen bey der Bestellung eines Küchengartens vorkommenden Küchengewächse, nebst Anzeige ihrer Dauer, Zeit der Aussaat, des Aufgehens und deren Verpflanzung (...), Dresden
Mauruschat, Hans Heinrich (1975): Gewürze, Zucker, Salz im vorindustriellen Europa. Eine preisgeschichtliche Untersuchung, Diss. rer. pol. Göttingen (MS)

Miller, J. I.(1969): The Spice Trade of the Roman Empire 29 B.C. to A.D. 641, Oxford
Mostert - eine Düsseldorfer Spezialität, in: Deutscher Kantinen-Anzeiger 9/1955, S. 17-18
Naumann, L. (1900): Systematik der Kochkunst. Internationales Koch-Lehrbuch für Haushaltungen aller Stände, Dresden (3. Aufl.)
Ders. (1914): Welche Vortheile bieten conservirte Gewürze (...)? Dresden (14. Aufl.)
Obermayer, E. (1919/20): Über ungarischen Gewürzpaprika, in: Berichte der Ungarischen Pharmazeutischen Gesellschaft 31, S. 489
Pearson, M.N. (1996): Spices in the Indian Ocean World, London
Periplus maris Erythraei (1855), hg. von C. Müller, in: Geographi Graeci Minores, Paris, S. 257-365
Raunert, Margarete (1939): Der Paprika, Leipzig
Reich, Eduard (1860/61): Die Nahrungs- und Genußmittelkunde historisch, naturwissenschaftlich und hygienisch, 2 Bde., Göttingen
Rolls, Barbara/Rolls, Edmund T./Rowe, Edward A.(1983): The Influence of Variety on Human Food Selection and Intake, in: Lewis M. Barker (Hg.): The Psychobiology of Human Food Selection,Westport, S. 101-122 (2. Aufl.)
Rosengarten Jr., Frederic (1969): The Book of Spices, Wynnewood, Pennsylvania
Ross, Hermann/Boshart, Karl (1918-1919): Unsere angebauten und wild wachsenden Gewürzpflanzen, in: Heil- und Gewürzpflanzen 2/3, S. 183 bis 191, 204-212, 223-231, 251-259; 16-22, 43-52
Rothe, Manfred (1978): Einführung in die Aromaforschung, Berlin
Rozin, Elisabeth/Rozin Paul (1981): Some surprisingly unique characteristics of human food preferences, in: Alexander Fenton/Trefor M. Owen (Hg.): Food in Perspective, Edinburgh, S. 243-252
Scheibler, Sophie Wilhelmine (1877): Allgemeines Deutsches Kochbuch für alle Stände, mit (...) einem Anhang, enthaltend die Herstellung der flüssigen Küchengewürze etc. von A. Woldt, Leipzig (23. Aufl.)
Scherzer, Chr. (1917/18): Die Bedeutung unserer großstädtischen Schulgärten für unsere Bestrebungen, in: Heil- und Gewürzpflanzen 1, S. 294-296
Schmidt, Ernst (1924/25): Der Kräuteranbau von Aschersleben, in: Heil- und Gewürzpflanzen 2, S. 147-154
Schoff (1912): The Periplus of the Erythraean Sea, London
Schreiber, Martha (1927): Kleine Haushaltungskunde, Breslau
Schriefer (1847): Über den Anbau des Anis und Korianders in der Gärtnerei in Bamberg, in: Centralblatt des landwirthschaftlichen Vereins in Bayern 37, S. 368-376

Stobart, T. (1972): Lexikon der Gewürze, Kräuter und Gewürzmittel, Bonn

Teuteberg, Hans-Jürgen (1990): Die Rolle des Fleischextrakts für die Ernährungswissenschaften und der Aufstieg der Suppenindustrie, Stuttgart

Ders. (1993): Prolegomena zur einer Kulturpsychologie des Geschmacks, in: A. Wierlacher, G. Neumann, H. J. Teuteberg (Hg.): Kulturthema Essen, Berlin, S. 103-136

Universal-Lexikon der Kochkunst (1901), Leipzig (7. Aufl.)

Vincent, W. (1809): Commerce and Navigation of the Ancients in the Indian Ocean, London

Wedel, G. W. (1718): Dissertatio de Allio, Jena

Wiegelmann, Günter (1967): Regionale Unterschiede der Würzgewohnheiten in Mitteleuropa dargelegt am Beispiel der Brotwürze, in: H. J. Teuteberg, G. Wiegelmann (Hg.): Unsere tägliche Kost, 2. Aufl. Münster, S. 203-215

Wiswe, Hans (1970): Kulturgeschichte der Kochkunst, München

Wurst, Maria (1928): Kochbuch für Schule und Haus, Oppeln (7. Aufl.)

Zorzi, A. (1981): Venedig – eine Stadt, eine Republik, ein Weltreich, 617-1797, München

Über die Autoren

Thomas Hengartner
Prof. Dr. phil., Jg. 1960, Professor für Volkskunde am Institut für Volkskunde der Universität Hamburg. Adresse: Institut für Volkskunde, Bogenallee 11, D – 20144 Hamburg (e-mail: hengartner@uni-hamburg.de)

Christoph Maria Merki
PD Dr. phil., Jg. 1960, Oberassistent am Historischen Institut der Universität Bern. Adresse: Historisches Institut, Länggass-Str. 49, CH – 3000 Bern 9, (e-mail: Christoph.Merki@hist.unibe.ch)

Albert Pfiffner
Dr. phil., Jg. 1960, Firmenhistoriker und verantwortlich für die Archives historiques Nestlé. Adresse: Nestec S.A., CH – 1800 Vevey (e-mail: Albert.Pfiffner@nestle.com)

Kai Precht
M.A., Jg. 1961, Verleger, Herausgeber und Autor. Adresse: Edition dià, Elbestr. 28/29, D – 12045 Berlin, (e-mail: Edition.dia@t-online.de)

Dietmar Rothermund
Prof. Dr. phil., Jg. 1933, Professor für Geschichte am Südasien-Institut der Ruprecht-Karls-Universität Heidelberg, Abteilung Geschichte. Adresse: Südasien-Institut der Universität Heidelberg, Abteilung Geschichte, Im Neuenheimer Feld 330, D – 69120 Heidelberg (e-mail: rotherm@ www.sai.uni-heidelberg.de)

Hasso Spode
PD Dr. phil., Akademischer Mitarbeiter am Institut für Tourismus der Freien Universität Berlin. Adresse: Institut für Tourismus, Malteserstr. 74-100, Haus T, D – 12249 Berlin

Jakob Tanner
Prof. Dr. phil., Jg. 1950, Professor für Allgemeine und Schweizergeschichte der neueren und der neuesten Zeit am Historischen Seminar und an der interfakultären Forschungsstelle für Sozial- und Wirtschaftsgeschichte der Universität Zürich. Adresse: Forschungsstelle für Sozial- und Wirtschaftsgeschichte, Rämistr. 64, CH – 8001 Zürich, (e-mail: jtanner@hist. unizh.ch)

Hans-Jürgen Teuteberg
Prof. Dr. phil., Jg. 1929, weiland Professor für Geschichte an der Westfälischen Wilhelms-Universität Münster. Adresse: Historisches Seminar, Domplatz 20-22, D – 48143 Münster (e-mail: teuteber@uni-muenster.de)

Zu dieser Ausgabe

insel taschenbuch 2761: Genußmittel – Eine Kulturgeschichte. Herausgegeben von Thomas Hengartner und Christoph Maria Merki. Der Text folgt der 1999 im Campus Verlag erschienenen Ausgabe: Genußmittel – Ein kulturgeschichtliches Handbuch. Umschlagfoto: Jean-Pierre Dieterlen/ MAGNUM